# 68年5月

Mai 68

Laurent Joffrin

ローラン・ジョフラン

コリン・コバヤシ＝訳

インスクリプト

INSCRIPT Inc.

68年5月

シルヴィーとポーリーヌに
ジョニーへ

目次

## 第二部　五月一四日―二四日［社会危機］

# 謝辞

筆者はまず最初に、とりわけ優秀な学生であり、取材やインタビューに優れた手腕を発揮してくれたセヴェリーヌ・ル・グリ・ドゥ・ラ・サルに感謝しなければならない。彼女は資料検索と対話の整理にあたって、かなりの部分を非常に手際よくカバーしてくれた。

次に、時間を割いて話を聞かせてくれた、この出来事のあらゆる当事者たち、とりわけアラン・ペイルフィット、ベルナール・トゥリコ、ミシェル・ジョベール、モーリス・グリモー、ジャン＝マルセル・ジャンヌネイ、ルイ・ジョックス、イヴ・ゲナ、同様に、アラン・ジェスマール、ダニエル・コーン＝ベンディット、そしてジャック・ソヴァージョに感謝する。

また、セルジュ・ジュリー、ジャン＝マルセル・ブーグロー、ジャン＝ルイ・ペニヌーに特別な謝意を表したい。彼らは、筆者に示唆を与え、誤りを訂正し、出来事の見方についての考察を示してくれた（本文に関する全責任は筆者に帰することは言うまでもない）。

友人にして親愛なる編集者ジャン＝リュック・プーティエは、熱心に私を支えてくれ、かけがえのない存在であった。ジャン＝クロード・ギユボーは、その変わらぬ友情で、筆者を支援し激励してくれた。

## 凡例

一、原文において大文字で始まるMai、Mai 68は、それぞれ〈五月〉〈六八年五月〉と表記した。

一、原文の« »は「 」に入れた。

一、註は原註を*1、*2…で示し、訳註を1、2…で示した。

一、訳註は、割註には〔 〕を使用し、人名、組織名、出来事の説明などについては、巻末にまとめて掲載した。

一、本文中、[ ]は原著者の補足を、〔 〕は訳者の補足を示す。

# 二〇〇八年版の序文

〈六八年五月〉を攻撃するのは誰か？　「権威の失墜」、「教育の放任主義」、「労働の過小評価」、「謝罪の文化」といった〈六八年〉の遺産を清算したがっているニコラ・サルコジ。[1] 同じ陳腐な考えをより哲学的な言葉で表現しているアラン・フィンケルクロート。[2]〈六八年〉が民主的個人主義の進歩の大きな一段階であり、その中に民主主義に対する脅威を読み取っているマルセル・ゴーシェ。[3]〈六八年五月〉に商業的理性の狡知と共和国的諸価値の抗し難い衰退を見るレジス・ドブレ。[4] 要するに、社会が変化し、解放され、常により多くの権利、自立、連帯が同時に要求されるのを目のあたりにして嘆く政治家や知識人の一群にすぎない。

一言で言うと、〈六八年五月〉を攻撃するのは誰なのか？　右翼と左翼の反動主義者たちである。「以前はよかった」と考える者たち、フランスは衰退していると考える者たち、思想は敗北し、価値観が消失しつつあると考える者たち、政治が以前のようなものではなくなってしまい、共和制が過剰な自由によって蝕まれてしまい、平等の要求が正当な位階制を衰弱させたと考える者たち、要するに、個人はあまりにも自由であり過ぎ、絵に描いた平等を無駄に追いかけているに過ぎないと考える者たちである。

結局のところ、〈六八年五月〉を攻撃するのは誰なのか？　過ぎ去った過去を追い求め、魔神をランプの中に戻らせたい者たちだ。つまり、自由の新しい敵たちである。

〈六八年五月〉を防衛しなければならない。突如として現れたこの出来事を擁護しなければならないし、フランスを改革したこの革命を護らねばならない。そしてまたこの希望を護らなければならないのだ。盲目的に？　いや、まったくそうではない。〈六八年五月〉は、たしかに多くの行き過ぎ、多くの馬鹿げたこと、ナイーヴなユートピア、あるいは無内容の革命戦略を源にしていた。しかし、この不発に終った革命は、たとえより平等でより公正な社会をめざすというもう一つの熱望において失敗したとしても、社会的慣例の約束事や人々を閉じ込める伝統から個人を解放するという初期の企てにおいては成功したのである。〈六八年五月〉は自由と平等を欲していたのだ。我々は前者は獲得したが、後者は獲得できなかった。すべてがそこにある。

半分しか成功しなかったこの企ては必ずしも非難されるべきものではない。自律性と集団的な掟に対する個人の意思の優位をわたしたちはすでに獲得したのだ。公正はこの先に獲得しなければならないが、市場社会において、多大な努力を費やして常にやり直さねばならない仕事である。しかしその公正を〈五月〉の蜂起は、一七八九年、一八四八年、あるいは一九四四年の断絶を再度経験しながら、極端な暴力や流血沙汰という動乱を伴わずに、本質的な目標にまで高めたのである。それは模倣された革命、自己制御された革命であり、革命家たち自らが衝突に際して自制を強く求めるものだった。本当の諸革命に弔鐘を鳴らす劇場化した革命だ。二世紀に一度のフランス市民戦争の亡霊を悪魔払いするシミュラークルの革命だ。事故によるもの以外は、死者は一人も出なかった。奪取するにも死守するにも、一発の銃撃もなしに、バリケードが築かれたカルチエ・ラタン。流血騒ぎを何としても避けるために、学生のリーダーたちと合意の上で電話のホットラインを設置した警視総監。鎮圧の責任者たちは発砲を禁じる。なぜなら彼らの息子たちが［バリケードの］向こう側にいるからだ。ダニエル・コーン＝ベンディットはソルボンヌ周辺の占拠を命じた、というのも学生たちは石畳の歩道に座り込んでいるので、すぐに闘うはずはなかったからだ。突撃を始める前に、最も若い連中が最終電車で帰宅するのを待つように指示した内務相。力づくでオデオン座とソルボンヌを奪還するよう強要したドゴール将軍に服従しなかったジョルジュ・ポンピドゥー首相。それはあまりにもリスクが大きすぎたからである。大臣や学生にしろ、警官や労働組合員にしろ、〈六八年五月〉のリーダーたちの誰一人として修復不可能な事態が発生することを望んでいなかった。右派のエリートたちも左派のエリートたちも、極左のエリートさえも、流血を避けるという一点では一致していたのだ。若々しく、ときには幼稚でさえあると言われるこの反抗は、実は成熟した反抗であったのだ。

人々は、教会とドゴール主義の教条的で権威的な二つの遺産にがんじがらめにされた社会にうんざりしていた。この大反抗の起爆剤となった大学や高校の青年たちのあいだでは、主なエネルギーの源はそこにあったのだ。極左の金切り声のレトリックが、小集団の活動によってこの運動に人為的に貼りついていて、そうしたレトリックがこの基本的な事実を覆い隠していたのである。この時期の数年、トロツキストや毛沢東派は衰退しつつあった。党から離れたフランス共産党分離派と学生組織の大半が刷新されたと偽られていたが、実はスターリン主義者と同じほど硬直したマルクス主義の中で窮屈な思いをしていたのである。アルチュセールの周辺にいた幾人かは、キリスト教の教理問答の中で最も教条的なものよりさらに教条的なマルクス主義解釈を教えていた。そして教義を現実に適応させようとする者たちを「修正主義者」呼ばわりしていた。彼らには限られた数の聴衆しかいなかったが、その数もますます少なくなっていった。彼らが皆囚人護送車に載せられて、ソルボンヌから遠いところに連れ去られていたので、反抗は彼らなしに始まり、反抗に革命的なスローガンはなく、「我々の仲間を解放しろ！」という一つの単純で初歩的な民主的要求しかなかった。群集が動き出すのは、文化的理由によるのであり、直接的に政治的な理由からではなかった。すなわち、伝統的な権威と、古色蒼然たる風俗習慣を終りにしなければならなかったのである。〈六八年五月〉の真のリーダー、実のところ唯一のリーダーと言えば、青い眼をして自由な考えを持つティル・オイレンシュピーゲルのようなダニエル・コーン＝ベンディットで、彼はマルクス＝レーニン主義者の諸党派への加入をまさに拒否していたのだ。〈六八年五月〉を予告した最初の騒動は、ナンテール分校で、プールの落成式のときに起こった。大学都市の内部では、女子学生は男子寮の部屋に行くことができたのだが、その反対は、しきたりによって認められていなかった。それに対する不満を後ろ盾にして、生意気な一人の赤毛の男がスポーツ大臣フランソワ・ミソッフに食ってかかった。すなわち、「スポーツ省が刊行したばかりの青少年白書は、性の問題に一言も触れていません」。大臣は、このアジテーターに対して、もしあなたがそちらの面で困っているなら、プールに潜って頭を冷やしてみてはどうかと答えたのだ。もうじき「赤のダニー」と呼ばれるようになる「赤毛のダニー」〔ダニエル・コーン＝ベンディット〕は、体面を汚されるのを黙って見過ごしはしなかった。「これこそ、まさにファシズム政権から得られる典型的な回答です」と反論したのだ。この最初のやり取りからしてすでに、反抗の曖昧さを読み取ることができる。すなわち、風紀にかかわる要求が拒否され、それに対してイデオロギー的なスローガンによって反撃するというものだ。事実がこの順序で起こったことは間違いない。まず、個人が自己解放を望み、そして、政治的アクションの迂回路を見つける、というわけだ。五月のアフォリズムは弁証法的ではなく、詩的なのである。彼らはマルクス主義者ではなく、超現実主義者だった。「敷石の下は浜辺」、「禁止することを禁ずる」、「現実主義者たれ、不可能を要求せよ！」などなど。こうしたスローガンは、レーニンや毛沢東も、すぐに自分の索引に取り込んだことだろう。〈六八年五月〉は、悲しき階級理論家たちを怒らせることもなく、無政府主義的で民主主義的な反抗だったのだ。

ポスト・マルクス主義者たちは、近頃、労働者のストという自分たちにとってなじみ深い領域に重心をおくことで、雪辱できると考えた。「真の左翼」の教訓を垂れる一群の傑出した知識人たち、ピエール・ブルデュー[6]を筆頭にした、いく人かの党派の指導者の信奉者たちは、〈五月〉の真実は発見された階級闘争の安住の地、つまり工場の中にあるのだと厳粛に説明した。あたかも歴史家も証人もこの基本的な側面を忘れていたとでも言うように。最初から、観察者は皆、フランスの反抗は学生運動が盛んだったすべての国々とは一線を画していると理解していたのだ。パリでは、五月一〇日の「バリケードの夜」の暴力は、就業停止の動きをまたたく間に広めたのである。一週間で、数百万人のサラリーマンたちがストに突入するのだ。労働運動は一カ月以上続き、国中をマヒさせ、政権を崩壊の淵に追いやった。サラリーマンたちを作業場や事務所に戻すために、経営者たちは大きな妥協をしなければならなかった。要するに、一カ月前には考えもつかなかったサラリーの値上げや組合活動権の拡大を保証したのである。

しかし、そこでもまた革命を見いだすことはできなかった。ルノー工場の労働者たちは、ソルボンヌの学生たちに門戸を閉ざし、蜂起の冒険へと立ち上がろうと焦った様子は少しもなかったのだ。フランス共産党は運動を再度掌握した。そして、キリスト教に由来を持ち、その改良主義は反抗の弱い環だと指摘されて来たＣＦＤＴ（フランス民主労働連合）が最もラディカルだったのだ。要するに、給与労働者の大衆は、突然反旗を翻したとしても、理論家たちが夢見た断絶をまったく望んでいなかったのである。唯一の要求とはこうである。すなわち、より良い給料、追加の権利、より良い労働条件。共産主義は？　社会主義は？　生産手段の所有は？　そんなものは誰もが信じていなかった。冒険を望まぬフランス共産党に指導された労働者階級は、レーニンが嘆いたように、絶望的なまでに、「トレード・ユニオン主義者」〔労働組合主義〕たちであった。つまり、民主主義者、改良主義者だったのだ。他方、極左の急進性に恐れおののいた労働者の大多数は、六月にドゴールとポンピドゥーに票を投じたのである。ここでもまた、束の間の平穏の中で、ユートピアに開かれた工房で、自主管理を語った工場の中庭で、直感的な知恵が勝利したのだ。蜂起的なゼネストはありえないし、武力衝突となれば、なおさらないだろう。人々は公共の自由と代議制の枠内に留まるだろう。そしてドゴールが解散を宣言した時、「選挙は見え透いた罠」と叫んだのは、権威主義的左翼だけだった。全フランスが、労働者、組合員を先頭に投票箱に向かうのだ。

五月の民衆は、明らかに意識的に以下のことを望んだ。すなわち、〈六八年〉は革命や内戦の苦悩とは異なるもう一つの系譜を得るだろうと。要するに、風俗習慣の平和的転覆、民主主義へのある大きな渇望、権威を行使する条件の再検討、経済的、社会的、エコロジー的な新しい解決法の追求である。今日、〈五月〉の真の獲得物を見直すこと、言い換えれば、権威主義的な社会、上品ぶった社会、宗教的で性差別的な社会を再興することは、誰も望まない。女性たちは再び家に入ろうとは思わない。労働者たちは隠れていたくはない。同性愛者たちは現場監督と話すときに、ヘルメットを取るようなことはもうしたくないのだ。そして学生たちは、当時の基準に合わせた選抜方式によって、入学定員が一〇分の一となってしまうのを望んでいないのだ。誰もがもう一つの世界、もう一つの社会、地球のもう一つの管理の仕方、他者とのもう一つの関係を思い描くことを断念したくないのだ。色とりどりの未来。これらすべてがある年の春、石畳の上で生まれた。その陽の光はまだ輝いている。

二〇〇七年一二月

ローラン・ジョフラン

# 第一部　五月一日—一三日［学生の危機］

# 1　五月三日　ソルボンヌの火花

黒い髪にクラーク・シューズ、[1]タートルネックの若い男が、古いシトローエンの警察車両に向かって前進する。上半身をひねり、腕を振りきる。石はゆっくりと思えるほどの速度で完璧な弧を描く。ガラスが割れ、人影が倒れる。サン・ミッシェル大通りのサン・ルイ高校の前で、五月三日一七時半、一九六八年五月の最初の石が巡査部長クリスチァン・ブリュネ[2]の頭蓋骨に裂傷を負わせたのだ。[*1]この石がその後のすべての石を象徴している。あまりにうまく投げた男に、計画や指導者があったわけではなかった。この光景の目撃者で学生活動家の古株、ローラン・カストロ[3]は、その石を投げた男を一度も見かけたことはなかった。[*2]ダニエル・コーン゠ベンディット[4]は後日、投石者は自分のグループ「三月二二日運動」[5]の一員だと言明することになる。[*3]

しかし、ことに石を投げた男の周辺には他に数千の仲間たちがいて、彼らの大半は今まで警察とぶつかったことなどなかったのに、このあと、三時間以上も官憲とわたり合うのだ。この日、大学での騒擾のリーダーすべてが逮捕された後、潮の引いた学生の動きが冷淡な現行秩序に対して少数派の闘いを繰り返しているあいだ、指導者のいないこれらの一群は、カルチエ・ラタンで行なわれている穏当で型通りのデモの形態を逸脱していた。リーダーたちが解放されていたならば、血気にはやる兵士のような彼らを鎮めていたに違いない。[*4]成り行きに身を任せた小さな群集は、一九六八年五月三日、ソルボンヌ周辺の晴れ舞台に押し寄せ、常軌を逸脱し、大事件を巻き起こすのである。

それは五月第一週の謎であり、その謎が、百戦錬磨の活動家をはじめとして、公の場に生息する指導者たちすべてを狼狽させることになるのだ。当時のレトリックに従えば、そこが「大衆運動」発生の不可思議なのだ。この一週間と五回のデモで、革命的少数派は反抗的多数派に生まれ変わった。この変貌についても、人々はその鍵を探し求める。内戦の開始によっていっそう激化した脱植民地戦争を生き延び、共和制を刷新し、制度を変え、世論をそれに導き、反対意見を潰し、二〇の襲撃と軍事クーデタの企てを封じてきた政権が、現実に抗して歴史の息吹に触れていると信じた、騒々しい若者たちの一群の前に屈しようとしている。そしてこの若者たちは、嵐を巻き起こすことになるとはつゆ知らずに、それに成功することになるのである。これが五月の最初の途方もない一週間であり、想像を超えた学生の勝利の一週間でもあり、信じがたく決定的な出来事であった。

## 聖地に踏み込んだ警察[6]

五月三日は失敗に帰した集会からまず始まった。この日の正午頃、ソルボンヌ大学の中庭には、たかだか二〇〇人足らずの学生しか集まらなかった。その集会はフランス全国学生連合[7]（UNEF）が、ナンテール分校を襲った「ファシストのテロと警察の弾圧」に抗議するために呼びかけたものだ。「弾圧」とは、コーン゠ベンディットを含んで、アジテーションを行なった八人の学生が大学の懲罰委員会に召還されたことであり、「テロ」とは、大学当局に雇われた極右セクトの小さな集団「西洋《オクシダン》」[8]のヘルメット部隊との数回の乱闘のことである。しかし、そもそも懲罰委員会はめったに召集されない。だから、委員会への召喚状は、ひと悶着を起こした。とりわけ、これらのことすべては一つの明白な事実の現れであり、世論は騒然となった。つまり前夜、グラッパン学長[9]がナンテール校の授業の停止措置を決定したのだが、それは、この三カ月間で二回目の決定だったのである。

「三月二二日運動」はその拠点から追放された。このグループのリーダー格で、名が売れはじめたダニエル・コーン゠ベンディットが、いささか活気のない集会の唯一の呼び物だった。[*5]まず最初に、革命的学生連合[10]（FER）のトロツキストがアジ演説を行ない、労働者階級との架空の同盟が必要だと訴えた。次に、一人の活動家が『ユマニテ』[11]のジョルジュ・マルシェ[12]の社説を読み上げた。ナンテール事件はマスコミが大きく取り上げていた。党は旗幟を鮮明にせねばならなかった。マルシェはモーリス・トレーズ[13]の昔の協力者であり、執行部のメンバーで、エネルギッシュで頑強な男だ。フランス共産党（PCF）の権力掌握レースに加わっていた同志でもあり、この仕事（ナンテール事件）を担当する。共産党員たちは新左翼の台頭を流行病のように警戒していた。新左翼の連中は学生たちに対する共産党の影響力に風穴を開け、党によるマルクス主義の独占に抗議し、昔からの宿敵トロツキストを活気づけたり、あるいはソ連や親ソ的政党の「修正主義」に反対して中国の毛派を真似たりしていたからだ。マルシェが強硬に反撃するのはもっともなことだった。彼は教条的な紋切り型の文章に大いに有効なその鈍重な文体を用いて、躊躇なく反撃した。[*6] 表現を強めようとして、マルシェは会議のときの大げさな表現を真似た。

「民主的な労働者勢力の統一が前進するときには、常に極左集団があらゆるところで騒ぎ出す」

その通り！　と聴衆が叫ぶ。

「互いに矛盾を抱えてはいるものの、数百人の学生からなるこれらの集団は、ドイツのアナーキスト、コーン＝ベンディットに率いられた「三月二二日運動」と自称するグループに結集した」

声だけは大きいが、そのままを信じているわけではない笑い声。「ドイツの」という形容詞はあまりに雑なため、何かを剽窃したように見えたのだ。「そのうえユダヤ人だ！　ユダヤ人！」と、群集の中で叫ぶ者がいる。

「……これらの「革命家たち」の主張と活動は、笑いの種となるかもしれない。彼らは、その大半が大ブルジョワの息子たちで労働者階級出身の学生を軽蔑しているので、たちまちにして「革命の灯火」を弱め、父親の会社の後を継ぎ、労働者たちを搾取するからだ」

今度は、抗議の声が湧きおこった。マルシェは、フランス共産党の分析を学生階層に当てはめたに過ぎない。すなわち、ブルジョワの世界においては、労働者出身の学生だけが政治活動の健全な基盤となりうる、というものだ。しかし彼の指摘は的はずれだった。極左の学生には質素な家庭の出身者が多く、奨学生もいた。ジョルジュ・マルシェの論旨は馬鹿げているとともに侮蔑的でもある。学生の指導者たちの多くが、かつての共産主義者ないしは共産党員の子息であり、またしばしばその両方であったゆえになおさらである。ここにおいて、政治的対立は根深い様相を示している。〈五月〉をつらぬく世代間の抗争は、感覚的で感情的なはけ口を見いだしたのだ。最初の日から、反抗の主要な特徴の一つはすでに決まっていた。〈五月〉の運動は、反資本主義であると同等に反共産主義だったのだ。そして、この見かけ上の対称形は、実は釣り合いの取れたものではなかった。その後、フランスの資本主義はわずかに敗北するだけだが、共産主義が大きな敗北を喫することになるのは、今日ではよく知られている。

余興のようなマルシェの演説が済んで、集会が平穏に再開された。コーン＝ベンディットが話し、細面の顔立ちで、か細い声の見知らぬ男が続いた。この人物はジャック・ソヴァージョ[14]という。統一社会党（PSU）の活動家で、実は自ら望んだわけではないが、辞任した代表の代わりに全国学生連合の先頭に立つことになった。凋落した組織を代行する若者だが、一カ月の間、彼は学生の反抗の最も正統的な代表者になるのだ。頭はよいが経験が浅いこの若者は、嵐の中で舵取りするために、統一社会党の先輩を頼らねばならなくなるだろう。彼の演説にはほとんど反応がなかった。時刻は一三時だ。集会の失敗は明らかだ。懲戒処分の脅しをかけられて、異議申立て派は、いつも集まる極左の活動的シンパたちだけだった。迫り来る「ファシズム」と荒れ狂う「弾圧」にもかかわらず、学生の大半は、無関心に試験の準備をしていたのだ。昼食をとるために解散する。午後はたぶん、もう少し多い聴衆を期待できるだろう。

この時刻、ドゴール将軍[15]は上機嫌だった。というのも、まず彼は、〔面会時〕いつもたいてい話が弾むフェルナンデル[16]を来客に、一緒にエリゼー宮で昼食をとっていたからだ。そのうえとりわけ、一つの勝利を告げるコミュニケを大統領府が発表したばかりだったからである。アメリカとベトナムの代表団が六年越しの戦争の妥協点を探るためにまさにパリで会見するのだ。ドゴール外交は長い間、西側諸国のタカ派の大損を承知で、戦争の終結と交戦国同士の会議の開催を勧めてきたが、ここで輝かしい成功を収めることになったのだ。ドゴール将軍はソルボンヌの集会のことは何も知らなかった。ナンテール分校での騒動については報告を受けており、断固として対処するように指示を出していた。五月一日、レ・アール中央卸売市場の荷担ぎ人夫らが、恒例のスズランの花束[17]を運んでいるとき、将軍は内務相クリスチャン・フーシェ[18]のほうに身を乗り出した。「ナンテールの事件を早く片づけなければならん[*7]」。煽動家たちが、和平会議の開かれるときにパリに来て、混乱の種を撒かねばよいのだが！　それ以外は必要な改革を進めればいい。ドゴール将軍はずっと以前から歴代の大臣たちに、大学入学に選抜制度を導入するよう急がせてきた。疲弊したこの大制度を、グラン・ゼコールによって選抜された上層部のリーダーたちとは別に、国が必要とする二番手のエリートを引き抜く目的で改革するためだった。[19]しかし、大臣たちはぐずぐずして、民主化だの、学部の門戸開放だの、柔軟なオリエンテーションだの、大学制度全体を社会変化に合わせることなどについて論議ばかりしていて、将軍の眼には、すべて空々しいおしゃべりに過ぎないと映る。将軍はこの騒動に、非選抜制から予想された結果を見ている。だから、少なくとも秩序を維持して、小さな政治が国家の政治を邪魔しないようにしてもらいたいのだ。

一四時頃、大学左翼お決まりの集会広場《アゴラ》であるソルボンヌ中庭には、三〇〇人ほどの学生がまた集結する。午前中の集会の同じ繰り返しだ。コーン゠ベンディットはジョルジュ・マルシェの論説について共産主義学生連合[20]（ＵＥＣ）の活動家をののしり、ちょっとした成功を勝ち取る。ののしられた人物は健気にもそれに耐え、マルシェを擁護し、これから始まろうとしていた運動の中で、共産党員を完全に孤立化させていった。

精彩のない一時間が経過する。革命的共産主義者青年同盟[21]（ＪＣＲ）とＦＥＲの警備係が舞台に出て、彼らの戦闘歌やプロレタリアの歌を歌って音頭をとり、聴衆の関心をつなぎ止めておかねばならなかった。一五時に見世物は店じまいだ。息を急かせた伝令が電撃的な情報を運んで来たためだ。一〇〇人ほどの「ファシスト」たちが大隊を組んで天文台〔リュクサンブール公園の正面、入口のポール・ロワイヤルにあるパリ天体観測所の天文台のこと〕に集結し、隊列を固めてソルボンヌへ前進しているという。やっと動ける！　煮詰まらぬ議論に行動がとって代わる。共産主義青年連合マルクス゠レーニン派（ＵＪＣｍｌ）の親中国派とＪＣＲのトロツキストたちは、再び活き活きとしだす。みんなはビニール袋からヘルメットを出し、椅子の足をもぎ取り、工事中の通路から石を集める。騒々しく、興奮した小さな戒厳令がソルボンヌを襲うが、大半の学生は講義に出ているか、近くの大講義室で、教授資格試験《アグレガシオン》を静かに受けていたのだ。そこに運良くファシストどもがやって来る。好敵手が彼らを迎え撃つだろう。

戦術的な準備が進んでいることに、ロッシュ[22]大学区長[23]は驚き、彼はナンテールの事件が伝染するのではないかと恐れた。そして、ナンテール号の無力な船長グラッパン学長の境遇を哀れんだ。彼はまず、講義を行なっているすべての大講義室から人々を退出させ、それらを閉鎖させたが、結果として、中庭をミニ塹壕陣地に変えつつあった集団の数を増やすことになった。それから、彼は自分の上司たち〔知事や国民教育相〕に電話した。警察はそれまで集会の成り行きを控えめに監視していた。たいした心配はなかろうと。その最高責任者、警視総監モーリス・グリモー[24]も、これくらいのことで午後の約束をキャンセルすべきとは思わなかったのだ。

同時刻、グリモーは警視庁内の部署が作成した新しい交通プランをある専門記者に見せるために、パリの上空をヘリコプターで飛んでいた。[*8] 彼は晴れ渡った空からソルボンヌだけを見ていた。ソルボンヌはわずかな数の群集に埋められているだけで、その高度からでは、それは全く取るに足らない数のように見えた。警察はありきたりの指示を適用して、ソルボンヌに通じる道路を封鎖し、二つの区域に分けるにとどめた。今回もまた「ファシズム」がリュクサンブール[25]の境を越境することはないだろう。ソルボンヌの活動家たちはこのことを知らない。彼らは殺気立って敵の部隊が到着するのを待っていた。このやっかいな守備隊をすぐにでも追い払いたいロッシュ学区長の目はますます不安になっていった。若い教育相アラン・ペイルフィット[26]の部署を通して上から送られてくる命令は断固としたものだけに、ロッシュの心配はいっそう募った。[*9] ロッシュは教育大臣の官房長に電話した。二人とも、機動隊の介入のすべての条件が整ったことに合意した。ソルボンヌはナンテールとはならないだろう。受け継がれて来た大学の自治権を侵さざるをえないとしても、ソルボンヌは解放されるだろう。ロッシュは上司〔教育大臣や知事〕の後ろ盾を得て、警視庁に電話した。上司は問題の場所からはるか上方を飛んでいて留守なので、モーリス・グリモーの官房長ジャン・パオリーニはためらっていた。[*10] 警察はソルボンヌの蜂の巣に飛び込まなくてはならないのか？ 警視総監の右腕で治安維持の古参兵ジャン・パオリーニは、自分の上司がどのようなものの見方をしているか、よく知っていた。警察は大学に対してできるだけ介入しないようにすべきなのだ。大学の騒動は世間に知られておらず、学生の間だけの問題で、マージナルなものに留まっていた。憲兵たちが首を突っ込めば、たちまち異議申立て派はそれまで無関心だった大量の学生たちから連帯の援軍を得るだろう。

そこで、パオリーニ[27]は文書による出動要請の提出を求めた。デュリー、ザマンスキ[28]両学部長の同意を得て、ロッシュは警察が介入すると決定した短い文書に署名した。「攪乱者を排除し、ソルボンヌ内部の治安の回復を要請する」[*11]と。

一六時五〇分、濃紺の制服隊が学校《エコール》通りの入口から姿を現す。何人かの活動家はキュジャス通りから逃げる。[*12]大半の隊員たちは武器を足元に置いて、その場に残留する。リーダー格は残り、冷静に指示を与えたからだ。学生たちは進退きわまっている。闘いになれば、彼らは逃げる望みもないままにひどく殴られるだろう。それは無益で危険なことだ。JCRのアラン・クリヴィーヌ、[29][*13]UNEFのジャック・ソヴァージョ、FERのステファーヌ・ベルグが代表団を作って、この作戦を指揮している警視に向かって行った。おとなしく退出すると、交渉した。〈六八年五月〉はまず調停から始まった。それは短かいものだった。警察の慣行から、大学区長が「攪乱者」と名指した者たちの身元調査を行なわねばならない。現場でそれを実行するには、学生の数はあまりにも多かった。そのため、五百数十人の学生は外に待機していた護送[30][*14]バスに乗せられた。ピエール・ヴィアンソン・ポンテによれば、これがすべての発火点となった過ちだった。騒動を起こしている者たちを確実に解散できるようにして、彼らに勝手に立ち去らせればよかったのだ。そうすれば、すべてが秩序に復しただろう。グリモーが現場にいたら、恐らくそう判断をしただろう。だが、カルチエ・ラタンのど真ん中での大量検挙は、連帯の運動を引き起こした。アラン・ペイルフィットは二〇年後、答えている。「この運動は遅かれ早かれ始まっていたでしょう。口実が一つでもあれば十分だったのです。だから、今日か、あるいは明日か……」[*15]と。

### 最初の暴動

四人護送車の不足で、パリの異議申立ての精鋭たちを護送バスに乗せるには、三時間以上かかった。その間、裏から逃げた幾人かの学生たちは、カルチエ・ラタンで増援部隊を探していた。サン・ミッシェル大通りをぶらついていた者たちや集会に遅刻して来た野次馬や活動家たちは、その騒ぎの前で足を止めていた。警察が大衆の注目を浴びたのは、久方ぶりだった。そのとき、小さな奇跡が起こった。群集から叫び声が上がった。「仲間を解放しろ！」、「ソルボンヌを学生の手に！」、「弾圧阻止！」。やがて大合唱になった。ブリース・ラロンド[31]と共に、小さな異議申立てグループ「大学行動運動」（MAU）を組織していたジャン＝マルセル・ブーグロー[32]は、目の前で黙って苦痛に耐えているアラン・クリヴィーヌに尋ねた*16。

「叫んでいる連中は誰なんだ？」

「ファッショかもしれんな……」

　騒擾の古株たちにとっては、現実は想像を超えたものだった。何カ月にも及ぶ戦闘的活動が生み出しえなかったことを、大学自治権の侵犯や公衆の目前での大量検挙によってわずか一〇分間で起こすことができたのだ。学生たちは騒擾のプロたちに自発的に連帯する。最初の護送車は、群集の怒号のただ中で出発する。「CRS[33]＝SS！[34]」〈機動隊＝ナチス親衛隊〉と叫ぶ声。そこには市の警官たちしかいかなかった。二番目と三番目の護送車は群集に押されて揺れた。ソルボンヌ周辺から彼らを掃討しなければならない。警官隊は催涙弾を発射する。まさにそのとき、巡査部長クリスチャン・ブリュネは、二〇メートル先から投げられた舗石で頭に裂傷を負った。このニュースは警官隊の間ですぐ広まる。情報には尾ひれがつき、幾人かの警官たちは、自分たちの同僚は死亡したものと思っている。

　出動部隊はデモに対する経験はなく、ましてや暴動は未経験だ。手荒い攻撃を受け、警官や刑事たちは暴力をどう手加減すればいいのかわからない。ソルボンヌ周辺で開始された解散作戦は見境がなくなる。催涙ガスがそこら中に打ち込まれ、警官たちは群集を下方のセーヌ河のほうへ向かって押しやる。彼らは誰かれかまわず攻撃する――学生、通行人、ビストロの客、商人、観光客、地元住民など。青みがかった呼吸しがたい空気の漂う中、警棒の雨が降る。

　そのとき、驚くべきことが起こった。デモ参加者も闘いを欲したのだ。普段、トラブルがある場合、デモ隊を散らすには警官隊の一、二回の攻撃で十分だったが、今回は学生たちがはねつけたのだ。彼らは反撃し、警官隊を押し返し、隊列から抜け出しては、石を持って戻って来る。抗議は暴動となる。警官隊に石を投げつけ、リュクサンブール広場では三台の自動車を動かし、三〇センチほどの最初のバリケードを築く。即興的に、〈六八年〉の暴動の技術が配備される。警官隊の攻撃は投石を招く。アンリ・ダシエはガールフレンドとムッシユー・ル・プランス通りの映画館「トロワ・リュクサンブール」に映画を見に来ただけなのに、彼女の前で倒れるほどに警棒で叩きのめされる。彼らは二人ともその後、暴徒たちに合流する。医学学校〔レコール・ド・メディシンヌ〕通りの角では、IBMのソフト販売員クロード・フレッシュが運転していたプジョー404を停めて、何が起こったのか警官に尋ねたところ、警棒で二度ほど叩かれる。彼もデモ隊に合流する。サン・ミッシェル大通りで、車を降りたトラック運転手は、手に持っていたクランクをふり回す。警官隊は後退する[*17]。ブール・ミッシュ〔サン・ミッシェル大通りの愛称〕[*18]周辺の小さな道では、ニコル・ル・ゲネックと何人かの親中国派の活動家が、自分たちでも面食らうほどやすやすと駐車中の車をひっくり返す。サン・ジェルマン大通りとサン・ミッシェル大通りの交差点では、UECの古参、アンリ・ヴァカンは若者たちが警察車両をプラムの木のように揺すっているのを見る。「お前ら、狂ってる!」——「だまれ、おいぼれ! あんたのほうが何もわかっちゃいないんだよ!」[*19]。ヴァカンはアルジェリア戦争に反対するデモにはすべて参加してきた。だが、こんなことはつゆぞ見たことがなかった。もう少し離れて、サン・ジェルマン大通りとサン・ジャック通りの交差点では、郊外の青年たちのたまり場となっているロメオ・クラブの不良たちがいかにもプロレタリアートといった活力をみなぎらせてダンスをリードしている。車の上に乗っかってFERの活動家が叫んでいる。「狂気の沙汰だ。仲間たち! 撤退しろ! 挑発者についていくな!」 まったく効果がなかった。

二一時に暴動は収まり、二三時頃になって最後のデモ隊が解散する。通行人の協力も受け、二〇〇〇人近い学生たちが三時間以上にわたって道路を占拠したのだ。警察は完全にお手上げだった。次の日曜日、第一〇軽罪裁判所で、ドゥミュリエ巡査部長はその大混乱を語ることになる。「金曜日〔五月三日〕、私は、怒り狂った少年たちがバリケードを築き、あらゆるものを破壊し、道路のアスファルトを溶かし、敷石を剝がしているのを見ました。私の人生で初めて、投石を続けるデモ隊の攻勢を前に、警察力が後退を余儀なくさせられたのを見ました。騒動を指揮する者たちが何人かいました。おそらく四〇人くらいです。しかし、デモ参加者たちはおおむね、壊すのが楽しくて自発的に行動したのではないかと思います[*20]」

## 躊躇する政府

グリモーの影響を受けて、政府の反撃は穏健なものとなるだろう。たしかに、二〇時に、ロッシュ大学区長は平穏が戻るまでソルボンヌを閉鎖すると発表する。しかし、フーシェ内相がグリモーに、警察署に拘留している活動家たちをどうするつもりなのかと問うと[*21]、警視総監は、訴追せずに彼らを釈放するつもりだと言った。暴動は彼らなしに始まったのだ。グリモーは内相に、法的手続きと学内の手続きは続行するようにと提案した。フーシェは自問し、不安に思ったが、干渉しないことにした。厳罰を下すのは判事と大学当局の仕事だ。実際、最初の夜から、政府は寛容を示すか、断固たる態度をとるかで揺れている。現場では、グリモーは和解、議論、沈静化を確信を持って主張する。

エリゼー宮〔大統領官邸〕では、世界規模の事案にかかりっきりで、この事件は完全にありふれた問題であり、多少、毅然とやれば解決するだろうと確信していた。ドゴール将軍は大学の権威と、とりわけ国家の権威を回復するよう求めた。暴動者がいれば、罰する。煽動者がいれば、彼らを訴追する。学生の大半は勉強したいのだ。一つか二つの見せしめで、この多数派は、興奮した者たちを圧倒するだろう。

ドゴールの厳格さと警視総監の柔軟さという二つの主張の間で、政府は優柔不断の態度を延々と続けるに違いない。つまり政府は本当には指揮されていないのだ。サン・ミッシェル大通りで暴動が起こった時点において、首相はテヘランにいた。彼はイラン王立メリ銀行の地下室にいて、イラン王室の王冠を見せてもらっていた。〔首相の〕ジョルジュ・ポンピドゥー[35]は前日、一〇日間の予定でイランとアフガニスタンに飛び立っていた。儀礼規約によって、首相不在の折りの代理は、ルイ・ジョックス[36]法務大臣に委任された。機転を利かせ、法相はヴァンドーム広場の法務省に留まり、マティニョン館〔首相官邸〕を、いつも皮肉っぽい首相官房長ミッシェル・ジョベール[37]の控え目ながら有能な監督下に置いていていた。ジョックスはドゴール主義者の大物だ。しかし、危機が嵩じれば、明白な事実に屈せねばならなくなるだろう。彼は状況に際して決定を下して行くタイプではなかった。常に決定より交渉を優先させた人物である。一九〇一年生まれで、外交官のキャリアを選び、一九六二年のエヴィアン会議[38]では、ルイ・ド・ブログリー[39]とロベール・ビュロン[40]の横で、フランスを代表して交渉に当たった経歴を持つ。ジョックスのドゴール主義は、彼がロンドンに合流した一九四〇年に始まる。しかし、戦前はピエール・コット[41]の官房の一員だった。そして彼は穏健派でリベラル左翼出身だったことを決して隠さなかった。そして、一九六七年、難しい選挙区で国民議会議員に選出された。選挙結果が思わしくなかった多数派の中にあって、彼の小さな壮挙は閣僚のポストというおあつらえ向きの威光を保証した。ワシ鼻の赤ら顔で、ワインと詩をたしなみ、コメディー・フランセーズで文学の宵[*22]を組織したときには、舞台に彼の姿が見られた。政権の中で最年長であり、彼の三人の息子たちは左翼、むしろ極左となった。〔息子の〕ドゥニは、人文科学系の学生で、すべてのデモに参加していた。「彼は一着のスーツを三、四人の仲間で使い回しています。彼らは代わりばんこにそれを着ていたんですよ」と父親は微笑みながら語る。彼がどうして学生たちに対して厳しい対応ができるというのか。二〇年後、ルイ・ジョックスは愛想良く当時の精神状態を打ち明けた。「彼らは子供だったんですよ。いくら何でも、彼らに発砲するなんてことはしませんでした[*23]」。この代理首相が最初の一〇日間、この危機を管理することになるのだ。少なくとも、たしかに彼はギャリフェ将軍[42]のように振る舞うことはないだろう。

　彼の下に二人の大臣がおり、彼らもまた勇猛な兵士以上の者ではない。アラン・ペイルフィットはドゴール派の若きスターだ。エコール・ノルマルと高等行政学院（ＥＮＡ）出身で、ドゴール将軍によって認められ、将軍は彼を評価している。彼は教養豊かで、野心家で、自分の名を残すべく教育改革を念入りに準備している。学生の異議申立てはペイルフィットに横槍をさす。彼はそれにどのように対処すべきか準備ができていなかった。クリスチャン・フーシェははるかに好戦的な態度だ。レジスタンスの闘士で初期からのドゴール派の彼は、一九四〇年六月一七日にロンドンに行き、一九日にドゴールに合流する。ドゴールの忠臣中の忠臣で、真っ黒な眉毛と声が大きいのが特徴だ。体格的には、ボーヴォー広場〔内務省〕は、彼によく似合っている。精神的にはほとんどだめだ。むろん、彼はすべての知事たちに剛腕を振るう。しかし、この不平家もまた、文学的な素養を持っている。彼は大学人の団体を高く評価しながら、教育改革をやり残したまま、教育相を離任したばかりだ。またジョルジュ・ポンピドゥーが皮肉ではなく、「彼は第五共和制の最も優れた成功者だった」と語った教育分野を指揮していたことを誇りに思っている。どちらかと言うとお人好しのヒューマニストで、ひょっとすれば自分たちの子供かもしれない――事実彼らの子供も含まれていた――若者たちを警官隊に警棒で殴打させなければならないのを本当は遺憾に思っているこの三人の大臣たちが、最初の動乱の嵐の中で、舵取りしようとしているのだ。たしかに彼らは保守派で、しばしば権威主義的、ときには時代錯誤な権力の番頭であり、その権力は〔国営〕テレビの絶対的なコントロール、四方八方に触手を広げた国家の遍在、司法の監督、あるいは議会の活動の抑制を国家の権勢の袖の中に隠している。しかし、彼らは何としても流血だけは避けるという強迫観念とともに、権力を守ろうとするだろう。フーシェは後日、フィリップ・アレキサンドル[43]にそのことを語っている。「私が唯一気にかけていたことは、流血のエスカレートを避けることでした。一九三四年二月六日のことを思い出しますよ。そう、当時、私は若い学生でした。私は何度も死者や負傷者たちを見ました。パリ中が茫然自失した出来事を思い出します。むろん、我々が望みさえすれば、暴動を技術的にくい止めることはできたのです。しかし、我々の銃声はヨーロッパ中に響き渡っていたでしょう[*24]」

　暴力を制御しつつ秩序を回復するという相反した任務の中で、彼らによって控え目ながらも強力な補佐を受けることになる、そもそもその任ではないのに職務上の偶然によってこの役職に収まったその人物とは、警視総監つまりパリの警察のトップであるモーリス・グリモーのことだが、彼は、もし入学していれば、文学や詩にためらうことなく傾倒したに違いないエコール・ノルマルに入れなかったことをいつも悔やんでいた[*25]。礼儀正しく繊細で、外交手腕と毅然とした態度を要求する県行政によって鍛えられ、有能な行政官になった。彼は勇敢に自分の道、つまり流血なく暴動を沈静化させる原則と折り合いをつけるプラグマティズムの方向を辿るだろう。

　学生たちは厳しく弾圧され、遠慮なく殴られたため、警官隊は彼らの眼からは黒いヘルメットをかぶった権力としか見えず、体制を悪魔のように見なすようになるだろう。これが、これから始まるドラマの大きなパラドックスなのだ。秩序の中枢は遠くから見ると、警棒よりペンを、手榴弾より言葉を好んでいる。ドゴール将軍とその叱責がなければ、彼らは学生の要求にすぐ譲歩してしまっていたことだろう。彼らはまたデモをする人々が世論を味方にしていることも知っている。硬直した対応は、政治的にかなり高い代償を払うかもしれないのだ。行動指令における断固さと実行における穏健さとの組み合わせは、暴動者たちに決定的な通路を開いたのである。即興的に作られた若い参謀本部は、この裂け目に驚くべき巧妙さで殺到し、政府の政策を巧みにかわして翻弄した。実際、彼らは豊かな運動の経験に裏打ちされている。

## 2　学生の反抗、その二重の起源

あの自然発生的に起こった爆発、五月三日の謎は、もちろん、新左翼諸党派や「三月二二日運動」の行動や大学の危機によって説明できる。しかし、ここで立ち止まってしまうと、たいしたことはわからない。サン・ミッシェル大通りの暴徒たちは、もう一つの起源を持っている。すなわち、自ら深く意識することがないとしても、彼らはある共通する世代に属しているのだ。西洋諸国の歴史においてはきわめて特殊で、この種のものでは初めての世代である。だから、反抗する学生たちの系譜に入る前に、この世代の話をしておくべきだろう。そこには、見かけは浮ついた名前と出来事がでてくる。ビートルズ、ローリング・ストーンズ、エルヴィス、ボブ・ディラン、ジョーン・バエズ、ナシオン広場でのコンサート、カーナビー・ストリート[1]、「サリュー・レ・コパン」[2]〔やあ、仲間たち〕。これらは、この世代の性格を規定する決定的な構成要素となっており、

〈五月革命〉ではジョン・レノンがレーニンより重要な役割を演じたのだ。[*1]

若者たちは社会階級の一つではないとマルクス主義の座右の書には書いてあった。[*2] しかしながら、〈六八年五月〉において、彼らは独自の集団として決定的な役割を担ったのだ。彼らはパリ、また地方で、大学生、高校生の大部隊を形成した。デモだけではなく、運動が立ち上がるとき、大学で、高校で、カフェで、街頭で、広場で、さらには家庭でも、あらゆる場所においてそうだった。各所の工場では、若い工員たちが、志気、熱狂、運動の有効性を鼓舞しながら、しばしば第一線に立っていたのだ。若者は階級ではない。おそらくその通りだろう。一九六八年のこの春には、若者たちがまぎれもなく運動の前衛だったのだ。この運動のおかげで学生の反抗は共感のこもった反響をすぐに見いだしたし、ついで、もう何年も白日の下に機能していた世代という共通の性格的特徴のおかげで、社会全体の調停者となったのだ。そこには厳密な理由が存在するだろう。それらを明らかにすることは、ある階級のではなく、ある世代の歴史を顧みることである。[*3]

## 「ベビーブーマー」たちの伝説《サガ》

彼らは世界紛争のまっただ中、一九四二年という途方もない時期に誕生したのだ。人口学者たちは明言している。この暗い年の最中に、出生率が突然急上昇しているのだ。それはおそらく、一九四〇年の捕虜たちが解放されて、この時期から故郷に戻り始めたことによるだろう。これは長く続く多産な時期の始まりだった。たぶん同盟諸国の勝利によって鼓舞され、また国の再建という巨大な任務によって楽天的であることを強いられ、自国の歴史の中で最も苛酷な試練を乗り越えた一つの制度の未来に自信を深めていたこともあるだろうが、西洋民主主義国の人々は突如として、戦前よりはるかに多くの子供を作る気になったのだ。一九四五年と一九六五年の間の出生率は、人口の再生産の限度を大きく上回っていた。それは一つの特別な世代を生み出した二〇年間であり、この世代は三〇年後の一九八〇年代には社会の責任ある地位に就くことになるのである。

西洋の戦後において、「ベビーブーマー」たちは歴史の偶然によって、三つの大陸にまたがって、数百万の子供たちに共通した際立った性格を一挙に持つことになる。彼らは自分たちの生まれた土地、ヨーロッパでもアメリカでも日本でも、戦争を体験することはもはやないだろう。彼らは規則的で急激な発展の雰囲気の中で成長することになる。彼らは、それが文化的か、有益か、邪悪かは別として、「豊かな社会」のあらゆる影響を受けて暮らすことになるのだ。彼らの数の多さという単純な事実が決定的な要因となる。彼らを育て、住まわせ、服を着せ、教育しなければならないのだ。消費拡大と不動産ブーム、大きな教育施設の建設ラッシュは、それらから直接派生したのだ。西洋のすべての家庭からほとばしり出る巨大なエネルギーがひたすら生産、生産、また生産に注がれた。欠乏の時代に生まれた「ベビーブーマー」たちは、モノが溢れ始める時代の初期に年頃を迎え、その繁栄のときに大人になったのである。

　勤勉をいとわぬおかげで、彼らの両親たちはたちまちにして、皆が同じというわけではないがしばしば相当な購買力を得ることになる。その購買力はとにかく一世代前よりもはるかに向上した。この一九五〇年代の成人たちは数えきれないほど多数の中産階級を生み出すことになり、やがてそれはあらゆる資本主義的民主主義の支柱となる。途端に、人類の発祥以来続いてきたあらゆる先行世代とは逆に、子供たちは幼年期から成熟期にすぐさま移行する必要がなくなった。一五歳から二五歳までの間、親から学費を出してもらえる立場を享受して、ますますその数が増える中間の年齢を生き、勉学にお金をつぎ込めるし、自律しつつ依存もしていて、ときには勤勉で残りの時間はぶらぶらしながら読書したり、勉強したり、夢見たり、恋したり、遊んだりできる世代である。この年頃というのは、青春期という、西洋では新しい概念だ。

　一九五〇年代に、この特別なカテゴリーはこうして出現し、二〇歳になり、誰にでもそれは人生でいちばん美しい時だと、好きなだけ言わせることになるのである。[3]西洋は商人である。すなわち、戦後の働き者たちから小遣いをたっぷりもらった若者たちが支払い能力のある市場を形成するのだ。青少年はすぐに自分たちの音楽、自分たちの服、自分たちの映画、そして自分たちの新聞を手に入れた。それらは、彼らの目印であり、彼らの言語、彼らの世界なのだ。

　物質的な制約には縛られないこの青年層には、古い世界の規範は時代遅れに見える。彼らの眼の前で産業と手を組み、科学は自然も社会もすべてを変えてしまう。宗教は時代錯誤のモラルを垂れて衰弱している。リラックス、セックス、音楽、人工的な陶酔などが、若者たちにとっては社会的成功をめざす伝統的規律とは異なって、魅力的なのだ。

**反抗は歌から始まる**

ジャズはこうした個人的解放へと道を開いた。そこから派生して生まれた荒削りでエネルギッシュなロックンロールは、あらゆるもののプリズムとなった。最初、その中には何の社会批判も込められていなかった。エルヴィスやバディ・ホリー、チャック・ベリーやジーン・ヴィンセントのファンたちは、大人になるまでの間、ただ単に自分たちが好きなように踊ったり、女の子に言い寄ったり、飲んだり、お祭り騒ぎをしたいだけなのだ。しかし、産業的厳格さと宗教道徳の世界では、このような主張そのものがすでに反体制的なのだ。ロック歌手たちは語調の粗暴さ、彼らの服装、官能的な身のこなしでスキャンダルを引き起こす。映画は若者たちの心をつかみ、別の新しい若者、ジェームス・ディーンやマーロン・ブランドを半分神の位に担ぎ上げる。

アメリカのロック歌手たちはイギリスで一派をなす。そして三、四年経つと、ポップ革命によって揺り動かされた古いイギリスは、世界のひのき舞台に、ドラムとエレキギターで頂点へと突き進んだ若い無産者たちを送り返すことになる。[*4] ビートルズとローリング・ストーンズは、西洋の若者たちの巨大な大部隊を自分たちの前面に押し出しながら世界を制覇する。フランスでは「イエ・イエ」調の流れがアングロ・サクソンの模倣から生まれる。ジョニー〔・アリディ〕、シルヴィー〔・ヴァルタン〕、エディー〔・ミッチェル〕、デイック・リヴァーズ、リシャール・アントニー、シェイラ、クロード・フランソワやフランソワーズ・アルディたちはショービジネスと若者たちの意識を大転換させる。安価な四五回転レコード、トランジスター、小型レコードプレーヤーのおかげで、産業社会はこの文化革命に物質的な基盤を与える。世界中の若者が同じ単純なリズムと少し間の抜けた同じリフレインと同じ熱狂的なダンスを分かち合うのだ。

仕事と家族の価値しか信じていない彼らの両親——彼らこそが成長とベビーブームを作り出したのだから、

それも当然だ――は、あまりの軽薄さのせいで途方に暮れていた。雑誌とシナリオライターはどれも空疎な常套句を吐き、世代間の争いはこうしたギャップからまったく自然と生まれたのだ。若者たちを抑えようとすれば、かえって彼らを離反させる。五〇年代の終りから六〇年代の中頃まで数年の間に、音楽で結ばれた若者たちは、ますますはっきりと自分たちの両親のものとは対立する生活様式や価値を採用するようになる。

　というのも、労働者階級あるいは最下層の中産階級出身の歌手たちは、両親たちの世代の生産にますます批判的な様相を示すようになるからだ。[*5] ジョン・レノン、ボブ・ディラン、ミック・ジャガー、ジョーン・バエズなど、リーダーに祀り上げられた才能あふれる大道芸人たちは品行方正なことを考えているのではない。反対に彼らは、労働者階級（彼らのうちの幾人か）の出身であり、挑発的な姿勢で、アメリカ黒人ミュージシャンたちと足繁く交際したり、過度の飲酒や麻薬にのめり込む傾向を持ち、音楽性や服装の新しさを常に追求して、現行の規範から年を追うごとに遠ざかっていった。ビートルズは人工的な天国、共同体的なやさしさ、音楽のバロック性と瞑想的な宗教を探究する。ローリング・ストーンズは効果的なリズムと挑発的な言葉だけからなる飾り気のないロック本来の暴力を蘇らせる。ボブ・ディランは、すぐ後にベトナム戦争を拒否することになるアメリカ人学生の一世代のすべてを、罪人であるかのような歌詞で育みながら、格別の才能でアメリカの「プロテストソング」の伝統を継承する。これらの色鮮やかな教導者の下で、何十万もの若者たちがジャークに酔い[4]、マリファナを吸い、果てることのない夜会に興じ、長旅や不謹慎な性や覚醒した夢などを学ぶことになる。[*6] 七〇年代には、寛容、柔軟、ナイーヴなユーモア、平和主義、嘲弄、お金やキャリアに対する蔑視、権威の拒否などでできた新しいモラルがはっきりしてくる。誰もがそれに同意するわけではない。むしろ現実はそれとはほど遠く、多くは古いモラルに敬意を払いつつ、それらすべてを用心深く、あるいは控え目に見ているのだ。だが、誰もがその影響を受けていた。初めて若者たちは年上の者を裁く権利を集団的に手に入れる。民主主義諸国家の若者は多かれ少なかれ、モラルに反旗を翻すことになるのだ。

　そのとき、「ベビーブーマー」たちの眼には、一つ目の歴史の余白に二つ目の歴史が展開している。大人の世界を知らないか無視しているが、彼らにとっては、過ぎ去る時間のほんとうの横糸を織り上げている一連の出来事のことである。「ビートルマニア」の急激な広がりは、些細ではあるが決定的な論争で、ビートルズ派とローリング・ストーンズ派の間で世界的な対立を生んだ意見の衝突をもたらし、一九六二年のナシオン広場でのジョニー・アリディのコンサート、シンプルなメロディーと辛辣なリフレインを伴ったボブ・ディランの初期の曲の到来、ラジオ番組〈サリュー・レ・コパン〉の成功、カルフォルニア・ロックの誕生、ハシッシとマリファナの流行と共にピンク・フロイドの最初のサイケデリックな編曲、消費にたいするフラストレーションの賛歌「サティスファクション」の世界的な成功、ミニスカートの出現とカーナビー・ストリート、ローリング・ストーンズのギタリスト、ブライアン・ジョーンズ[5]の死、あるいはソウル・ミュージックの偉大なる司祭、オーティス・レディング[6]の死。そして一九六七年には六〇年代の芸術的事件としていつまでも残ることになる出来事が起きる。リヴァプールの四人組が一年間磨きをかけて作った作品で、その後のポップ・ミュージック界に大きな革命をもたらすことになる、「サージェント・ペパーズ・ロンリー・ハーツ・クラブ・バンド」が出たのだ。「ビートルズ時代」の中でも最も創造力豊かなこのアルバムは、多くの人の心の中に記憶されることになるだろう。これらは「ベビーブーマー」たちにとって、一九六五年のフランスの大統領選やイギリスの労働党の勝利、一九六四年のアメリカ合州国のリンドン・B・ジョンソンの勝利よりも、ずっと真実の歴史的事件なのだ。

このような、人を戸惑わせる現象を前にして、大人たちの反応はぎこちない。嘲笑的で疑い深い態度を示す者もいれば、伝統的モラルや政治の安定を案じる者もいた。ところが、それは世代を対立させる象徴的な小ゲリラで、完全に溝を深めることになるのだ。すでにエルヴィス・プレスリーのコンサートの中継を禁止しようとしたり、次には、「キング」〔プレスリーのこと〕については、彼の示唆的な足の動かし方が写らないように上半身だけ撮影させるよう強要したりしていた。学校や高校では、ミニスカートと長髪が追放される。ローリング・ストーンズはアメリカのテレビに出演するには、「夜をぶっとばせ《レッツ・スペンド・ザ・ナイト・トゥゲザー》」という彼らのヒット曲を穏やかなタイトル「レッツ・スペンド・サム・タイム・トゥゲザー」と変更しなければならない。フランスの学校やリセでは、教壇、整列行進、操行〔＝授業態度〕の評価、一世代の全員を失望させぞっとさせる身体監督官など、昔の規律を維持している。大学都市で女学生の寮を訪問する男子学生の権利に騒ぎが集中して全国的事件となり、閣議の議題にまで上がったことも、そしてダニエル・コーン＝ベンディットが初めて公衆の前に姿を現したのが青少年スポーツ大臣との性教育に関する激しい口論だったとしても、何ら驚くにはあたらない。こうした取るに足らない事柄も、世界を変える前にまず自分たちの暮らしを変えたいと思っている自信に満ちた青少年たちにとっては重大事なのだ。

　このような〔前世代の〕硬直した反応を、ドゴール派のフランスは戯画的なまでに体現している。フランスは、日本流の高度成長率に従いつつも、地方のカトリックのブルジョワジーの文化的規範によって統制されている。ヒエラルキーの尊重、時代遅れの性道徳、古びた美的基準、権威に基づいた知の普及など、これらすべてが窒息状態の気分を引き起こす。この理由のせいで、〈六八年五月〉の爆発は、フランスにおいては、他の国によりも暴力的だったのである。

## ベトナムとポップ・ミュージック

　まだ政治の手ほどきが必要だろうか。多くの人々にとって、〈六八年五月〉がその役割を果たすことになるだろう。だが、リーダーもスポークスマンもその爆発の前に長い準備期間がなかったならば、活動家さえ生まれていなかったろう。六〇年代の初期には「ベビーブーマー」の一部が政治に関与し始め、当初は周辺的な小集団だった彼らに、年とともに多くのシンパが合流することになる。ポップ・ミュージックと芸術とファッションにおける異議申立ての土壌の上に、政治的な草が芽を出し、真っ赤な花を咲かせることになる。戦後においてしばしばあったように、アメリカ合州国がその道を開いたのだ。エルヴィス・プレスリーのもとで現れた政治のスターはジョン・F・ケネディである。世論にとっては、彼の若さ、そのカリスマ性、市民意識と正義への雄弁な訴え、彼の弟〔ロバート〕の人種差別との闘いやマフィアに対する闘いが青少年を魅了していたのだ。ロックファンたちは日常生活の〔規則の〕柔軟化への闘いの中で、アメリカ社会全体を問題にする理由など何もなかった。アメリカ社会の最も傑出した代表〔ケネディ〕は彼らにふさわしい人物だった。彼の死は数百万の「ベビーブーマー」たちにとって、まさに初めての政治的衝撃だったが、それは、その後、多くの物事を変えていくことになった。強く正しい大統領をこうして抹殺するシステムは無垢ではありえない。ケネディを継いだ大統領リンドン・ジョンソンは社会改革を敢行するが、ベトナム戦争（ケネディが始めた戦争なのに、若い大統領の殉死によって、時折皆そのことを忘れている）の泥沼にはまっていった。その間、社会の継続的な富の増大は、その豊かさがモラリストの大統領によってもはや保護されず、優越した価値を帯びなくなるやいなや、ついには疑わしいものとなる。誰かからものを奪うことなくして、どうやって両親たちはこれほどの富をかき集めることができたのだろうか。豊かで民主的なこれらの社会が自分たち自身の原則に明確に違反しつつ、植民地化された国々の独立を拒否するとき、物事は耐え難いものとなっていた。インドシナ戦争、アルジェリア戦争の後、ベトナム紛争も同じ欺瞞から発しているように見えた。ベトナムの革命家たちに向けられるいかなる批判的な眼差しにも増して、彼らの闘いは一挙に正当化された。おおっぴらには広言されないが、北の正規軍に支えられた南のゲリラの闘いはベトコンのプロパガンダによってたくみに演出され、善人対悪人の闘い、太っちょで非人間的なゴリアテに対するつましく正義に駆られたダヴィデの闘い、という模範的な戦争の姿を取った。北ベトナムの情報操作に乗じ、また時には共犯関係だった西洋のマスコミは、アメリカの略奪、大量空爆、ナパーム弾の使用、南の独裁者たちの行なったたしかに現実的には卑劣な行為ばかりに言及したがり、共産主義の兵士たちの残忍さと北側の現体制の強制収容所的性格については意図的に口をつぐんだままだった。青年たちを筆頭とした世論は、そこからアメリカの介入原則の根本的な非道徳性とベトナムの共産主義者たちの存在論的に当然の権利を結論づけていた。同じ世論は一〇年後、北ベトナムの制度の本当の姿が明らかになったときに幻想を捨てることになるのだ。それまでの間、ゲリラに対するアメリカ部隊の戦いは光に対する闇の戦いだったのである。

　貧相で数だけは多いザップ将軍[7]とホー・チ・ミンの軍隊の前で、泥沼にはまったアメリカは、ベトナムでの戦争を勝利に導くために、この反抗的青年たちに大挙して助けを求めることを思いついた。するとそれは「徴兵革命」の爆発となり、徴兵に対する大量の不服従を生み出した。何千人ものアメリカの青年が軍隊への編入を拒否し、武器を手に国に奉仕するよりはカナダへ渡ることを選んだ。それでも他の若者たちは、軍隊に入ってベトナムへ出発したが、泥だらけの田んぼや南ベトナムのごった返した都市で心理的打撃を受ける経験を重ねた。彼らは、それまでドノヴァンやポール・マッカートニーの優しいメロディーを通して人生を眺めていたのだ。[*7] 若者の騒動はキャンパスで恒常的に行なわれるようになった。そして、反戦の異議申立てデモはアメリカの若者の日常生活の糧のように連日行なわれた。知識人たち、作家や映画監督たちは、この拒否の運動の文化的な枠組みを与えた。ソ連人やキューバ人、またそのあらゆる同盟者たちによる「アメリカ帝国主義」に反対する弾劾演説は、このときとばかり花咲いた。三、四年でケネディのアメリカ、市民権のアメリカ、宇宙征服とマルチン・ルーサー・キング（一九六八年に、ジョンの弟ロバート・ケネディと同様暗殺された）のアメリカ、寛容で理想主義的なアメリカは、青年たちの想像の中では、ほとんどファシスト独裁者と同一視されるジョンソン〔大統領〕のアメリカ、多国籍企業、ナパーム弾や消費の疎外、黒人差別、クー・クラックス・クランのアメリカと化していた。アンジェラ・デイヴィスやホー・チ・ミンやチェ・ゲバラのポスターが何十万もの青少年の部屋を飾りつつあった。レーニン主義の方法には仰天したかもしれないが、これらの人物たちに一種の近代的で革命的なロマンティシズムの英雄を見出していたのである。快楽主義的、平和主義的カウンター・カルチャーに、マルクス・レーニン主義をすぐ同化して、薬味を利かせた戦闘的な毒を含んだ層が加わった。この層は、西洋は有罪であり、第三世界の共産主義者たちは「地の塩」であると言明していたのである。

## フランスの場合

フランスでは、ベトナム反戦運動は、アルジェリア戦争の後、〈五月〉の主な指導者たちに経験を積ませるものとなったが、それは特殊な道筋を歩もうとした。アメリカ合州国と違って、フランスには強力な共産党があった。セーヌの河岸を支配していたイデオロギーの雰囲気は、太平洋を揺さぶっていた雰囲気とは何の関係もなかった。

　幾人かの単独行動者たちを別にすれば、「進歩主義的」インテリゲンチャは、皆多かれ少なかれ「労働者階級の党」〔フランス共産党〕の同伴者たちだった。知識人の眼には、この党は幾つかの欠点を持っていたが、金に身を捧げた世界で苦しんでいる人類を代表するという巨大な利点を持っていると見えた。党はまた共産主義ブロックに支えられ、そのイメージはフルシチョフによるスターリンの犯罪の暴露や、スーヴァリン、[8] クラヴチェンコ、[9] ダヴィッド・ルーセ[10]や他の幾人かによるソ連の弾圧についての実態の公表にもかかわらず、不可思議な思考錯乱によって、見識ある保守的な世論の目にはきわめて肯定的に映っていた。[*8] 全体としてはマルクス主義は、その古典的スターリン主義版においても、アルチュセールが構築した一見新しい装いの神学においても、あるいはまた「新左翼」の理論家たちが構築した分派的変形版においても、常に人々の精神を支配していた。換言するなら、フランス共産党を打倒するためであれ、人々はフランス共産党の使う言葉を話していたのだ。硬直した言辞は、フランスのスターリニズムの支持者たちにとっても敵にとっても等しく妨げとなっていた。


フランス共産党は選挙に巨大な影響力を持ち、表向きは民主主義的な無数のグループや活動家たちを身近にコントロールし、主要な労働組合[11]や大学の中にしっかり根を張り、強力な新聞[12]を抱え持って、一頭身抜きん出て左翼を支配していたのだ。フランス共産党はソ連の忠実な補佐役として、モスクワの主人たちにとってまったく好都合な、両陣営の均整を保つドゴール主義的な外交をできるだけ奨励し、自らの権力の地位を管理することに満足しつつ、ヨーロッパのこの地域での革命を当てにしてはいなかった。この党はスターリンの後継者たちよりスターリン的で、本音ではフルシチョフ報告やソ連共産党書記長が推進している改革を否定していた。K氏〔匿名で行なわれた秘密報告でフランスのメディアではフルシチョフをK氏と呼んだ〕の失墜に彼らは大喜びした。党は、モスクワが安定のカードを切っていたとき、西洋の共産主義運動の中で、モスクワに忠実な正統派スターリン主義の番人という恩知らずで気楽な役割を守っていたのだ。

　秘密であると同時に激しい内部抗争が、それでも「近代化」陣営と「保守」陣営の間で行なわれていた。時には多少の進歩もあったが、不用心な改革主義者たちを定期的に除名することによってすぐさま反撃された。

改革者たちはこれまで常に自分たち自身が先達の改革派共産主義者たちの世代に対して用いてきた人を黙らせる方法が自分たちに対しても向けられるのを見て常に驚いた。トレーズ亡き後、フランス共産党の運命を取り仕切っていたヴァルデック・ロシェは、変革の主張には慎重な立場だった。しかし、党の諸部門と兄貴分ソ連の多少とも厳しい圧力の間で、彼はいつも右往左往しなくてはならなかった。その時点では、フランス共産党は選挙による躍進と左翼の統一という合法路線を歩んでいた。一九六二年には、ギー・モレ[13]の労働者インターナショナル・フランス支部（ＳＦＩＯ[14]）との間に、第二回投票時、候補者を取り下げにする協定が結ばれていたし、一九六五年には、あまりにも大西洋主義者〔＝アメリカ寄りの〕のドゥフェール[15]やマンデス[16]と比べて汚点が少なく見えた左翼統一候補フランソワ・ミッテランを支持していた。以来、フランス共産党は、民主社会主義左翼連盟（ＦＧＤＳ[17]）の急進社会主義者の不安定な共同戦線の中に集う「非共産主義左翼」と、困難であっても継続的な関係を維持してきたのだ。

　一九六七年、選挙の同盟は良い結果をもたらしていた。というのも、ドゴール派はもう少しで議会の多数派を失うところで、ＳＦＩＯの強力な部隊、急進派、そして、フランソワ・ミッテランに忠実な党派、共和制度会議（ＣＩＲ[18]）のメンバーらなどがブルボン宮[19]の国民議会[20]で、共産党議員たちの強力なグループの横に座ることになったからだ。フランス共産党は党機構の上にどっしりと腰を落ちつけて、繁栄する金儲け主義の自治体帝国の上に胡座をかいて自信満々で未来を眺めていたのだ。だが一つだけ彼らを悩ませていたことがあった。つまり彼らの青年との関係、とりわけ大学の若者との関係だ。

　それは、「ベビーブーマー」たちと彼らの親たちとの間の世代間の衝突の結果が、反社会的共産主義者の中でも、一般社会と同じように感じられるようになってきたからだ。五〇年代の終わりから六〇年代の初めにかけて、しばしば共産主義者の子弟で構成された共産主義青年部の数少ないが非常に活発な少数派が問題提起を始めていた。隔世遺伝で、皆ＵＥＣに加盟していたのだ。しかし、トレーズ派の執行部メンバーがいかに体制順応主義的で退屈な者たちであるかを悟り始めていた。彼らの無気力な合法主義、うっとうしい規律、想像力の完璧な欠如、ソ連に対する絶対的な畏敬の念、内部の民主制にたいする絶対的な軽視、キューバからローマを経て北京まで、共産主義運動を揺さぶっている論争の拒否、揺るぎない知的順応主義や現代的な生活に対する徹底した閉鎖性、攻撃的に押しつけられるプチ・ブル的モラル、これらすべてが戦線から若者を急速に離脱させ、彼らを別のイデオロギーの極へと危険なまでに押し流していったのだ。結局、フランス共産党は権威主義的で古いフランス社会に、彼らなりのやり方で参加しているように見えた。それに加えて、多くの活動家たちにとっての問題は、アルジェリア戦争のときに共産主義者たちがとった臆病な態度だった。親と断絶していたブルジョアの息子たちは線路工夫の娘と結婚し、錆びた貨物船に乗って海を越え、ボリス・ヴィアンの本を読み、トウモロコシの黄色い紙のゴロワーズを吸ったり、あるいはビル・ヘイリー[21]の曲を聴いたりしていたのだ。反旗を翻した共産主義者の息子たちはトロツキーやアルチュセールを読み、幾人かはマルクーゼを読んでいた。そしてイタリア共産党をねたましげに見、毛沢東の中国を崇拝し、そしてＵＥＣ内部の民主制を訴え、挑発の極みとして、カヴォー・ドゥ・ラ・ユシェット[22]に踊りに行く者までいた。このようにして、共産主義者の帝国〔フランス共産党〕の周辺で、また忙しく活動しているＵＥＣのまっただ中で、多くの未来の〈五月〉のリーダーたちは経験を積んだのだった[*9]。

## 大学の危機

二つ目の要因は大学に関することだ。大学生の数は一九三六年に五万人、一九六〇年には二五万人となり、一九六八年には五〇万人になった。数によるこの民主化にたいして、教育法の民主化と現代世界への適応は欠けていた。老朽化した諸機構はそれらの変化にとても耐えられないように見えた。大教室での講義が依然として知の権威主義的な伝達のすべてであり、それは、孤立した学生をよそよそしい無名の教育機関の前に放置していた。この原則は、一九六〇年以前なら基本的に国民の中でも最も教育を受けた階層から集めた人々には通用したかもしれない。親子間の文化の継承が大学教育の不充分な点を補っていたからだ。そうした家族の恩恵を受けていない中産階級の子供たちが大挙して大学に入学するようになると、学生をより身近に指導し、教える側と教えられる側との関係を強め、よりしっかり組織化された教育を与えることが必要となった。しかし教授陣はそうする代わりに、ほとんど例外なく特権階級としての自己に固執していたのである。

突然の定員膨張と、完璧に予測可能だった人口増加の津波をくい止めるために急遽建てられた新校舎への大人数の若者たちの割りふりに加えて、学生の「非人格化」は無言ながら恒常的なフラストレーションを生み出していた。ギー・ドゥボールの才気あふれた逆説的なテーゼに影響されたストラスブールのシチュアショニストの小グループは、予兆を感じさせる政治的パンフレットを発行した。当時はほとんど無視されたが、その題名はまったく正当にも「学生生活における貧困について」というもので、〈五月〉の異議申立ての反権威主義的な反射的行動を見事に予告していたのである。

## 女子寮を訪れる男子学生

無関心と不適応に対するこうした漠然とした感情は、大学都市の閉鎖的世界で先鋭化した。そこには、たいていの場合、最も質素な学生たちが親元を離れて住んでいた。清潔で機能的な大学都市の建物は、建築的な個性の点でも、仕上げの良さの点でもぱっとせず、蛍光灯と灰色のコンクリートの冷たい舞台装置を作っていた。当時通用していた狭い性道徳に則って（そして、まだピルがなかったことにも対応して）、国民教育省は事細かな規則を作り、夜間の外出を制限し、女子学生と男子学生が夜間に訪問し合うことを禁止していた。こうした個人の自律の束縛は、学生の目にまったく正当に見えた自然な性向を抑えつけ、時代遅れの苛酷な規律を時流に反して維持するもので、寮生たちの恒常的な反対運動を引き起こしていた。それが運動の系譜に占める重要性はとても大きかった。一九六五年、六六年、六七年と、紛争は定期的に大学都市の生活を彩った。教育省は少しずつ譲歩せざるをえなくなっていった。一九六五年になるや、教育相クリスチャン・フーシェは女学生の男子学生寮への訪問の権利を認めざるをえなくなった。同年秋、警察は、堕胎を隠している部屋があると巷で噂されていたアントニーの学生寮を捜索した。この事件は数週間の騒動の末に、やっと収束した。

一九六八年年頭、パリ地域の寮生たちは、寮の時代遅れの規則[*10]に再び反対して立ち上がる。学生たちの要求と、世論の大方に根強く残っているピューリタニズムに板挟みとなりながら、政府は妥協策の解決を長々と模索する。新たに国民教育相に任命されたアラン・ペイルフィットは、自分のエネルギーの大半をこの問題に費やしている。一月二六日、一堂に会した学長たちを前に、規則の改正案を発表する。成年および親の許可を有する未成年（この時代、成人とは二一歳からと定められていた）には、全面的な自由を与える。未成年には、フーシェ規則はそのままである。すなわち、女子の男子部屋への訪問は可、逆は不可ということだ。解決案は成年と未成年の学生の間での割り振りとともに、この規則の実施を保証する管理人たちの増員任命を前提としたものだ。新しい規則案は議論と手直しを経て、閣議にかけられ、そこでアラン・ペイルフィットは二月七日、法案を提出する。この手続きは今日から見るとアンバランスだ。しかし、第五共和制始まって以来、初めて政府が直接、まだ進化の途中にある性の風俗に関わる問題を取り上げた。

　ドゴール将軍は不平そうな口調で幾つかの言葉をぶつぶつ唱えたが、その言葉にはどうも「臭化物」〔臭化物は性欲抑制の作用があると言われている〕という語が目立ち、結論は次のようなものだった。「彼らは大講義室で会いさえすれば、それでいいじゃないか」。ジョルジュ・ポンピドゥーは逆に、「時代に合わせて生きねばならない」という常識的な格言を言って自分の大臣を支持する。こうして新しい案は承認された。

## 選抜の至上命令

　こうした時代遅れの心配事に加えて、学生たちにはより厳しい問題、選抜という問題が降りかかっていた。軍隊の選抜の産物であり、規律と近代性を兼ね備えた人間であるドゴール将軍は近代主義者で高名な大学人ジャック・ナルボンヌ[*11]の助言を受けて、教育問題の解決を単純な原則の中に見いだす。すなわち、高水準の管理職からなる国の要求に大学制度を適応させ、大学入学に選抜制を導入して、学生の流れを調整すると共に、国に最も役立つコースに彼らを導くことである。その前提にあるのは、大学の計画化と高等教育への入学時の、さらにはそれ以前の学生の選別である。ドゴール将軍の目の前には、方法は異なるが目的は同じ二つの例がある。アメリカ合州国の例とソ連の例だ。将軍には産業社会の進展が当然のこととして課してくるこの単純な規則をフランスが回避できようとは思えない。

　したがって、ドゴールは、自分の願いを満たすよう大臣たちをせかすのだが、大臣たちの方はなかなかそうしようとはしない。教育者と学生の世界は、実際、これほどまでに厳格な処方に対して伝統的に敵意を感じている。戦前の進歩的な教育大計画ランジュヴァン＝ワロン案[23]と戦後の解放の希望を強く刻み込まれた大学を管理者の世代は、社会に開かれた大学の性質や普遍的教育の任務を信じていた。だから、その世代にとって、バカロレア〔フランスにおける高等教育機関入学資格とその国家試験のこと〕保持者の一部の者たちに大学の門を閉ざすことは民主化の原則に反するように見えたのだ。時には権威主義的に見えながら実はリベラルであるクリスチャン・フーシェのようなドゴール派の何人かの大臣たちは、学生による学問の自由な選択の原則、権威主義的な計画化と相容れない規則に敏感だった。

　左派では、この拒否に加えて高等教育の選抜が引き起こす様々な結果に対する批判が巻き起こった。増えつつある教員と学生たちは、ブルデューとパスロン[24]の研究を論拠として[25]、大学もまた複数の社会階級を再生産する機械であると見ていた。上流階級の言語的コードと文化的参照項に合わせた教育モデルを適用することによって、大学は庶民階級の子供たちを犠牲にして少数の社会的エリートの子供を優遇することになる。庶民階級の子供らの大半は、自分とは異質なそうした文化モデルに適応することなどできないからだ。選抜を強化すること、それは貧困階級の子供たちをもっと厳しくふるい落とすことであり、彼らの実際の能力がどのようなものであれ、単純作業の中に彼らを追いやることになるのだ。統計も、その無味乾燥な数字によって、この社会学的推論を裏づけている。統計によって明らかになったことは、充分な教育を受けた住民層（その大部分は富裕階級と合致する）は大量に入学し、「過剰に代表」されているのに対し、それとは対照的に、サラリーマンや農民、工場労働者の子弟は「過小に代表」されているということである。

　見かけは陸軍大佐のようだがリベラルなブルジョワであるクリスチャン・フーシェは一九六二年、教育省に呼ばれたが、ジャック・ナルボンヌの原則を乱暴に適用することを嫌がった。彼はジョルジュ・ポンピドゥーにひそかに支持されていたが、教育に関する己の個人的経験に基づいて、その計画も同様にリベラルなものだった。「私はフランスの若者たちを兵営に入れるようなことはしたくない」とフーシェは言っている。ナルボンヌが目論んでいた生徒や学生の進路指導の組織化に際しての制限は、家族の自由な選択を侵害することになるように彼には思えたからだ。質素な家庭に生まれ、高等師範学校に学んだフーシェは、免状による昇進という共和制の徳性を信じていた。高校での成績が他の者より悪いという理由で、自分のような貧乏な生徒が一方的な決定で大学への門戸を閉ざされてしまうことになると考えることは、おそらく彼にはつらかったのだろう。

大臣は長い間、時間をかけて専門家の意見を聞き、充分に考え、案を練り上げて、共和国大統領の指示を大幅に和らげたプランを実施する。ジャック・ナルボンヌは、あまりにも意気地がないプランに落胆して、一九六四年に辞職する。一九六七年四月、総選挙後に、クリスチャン・フーシェは内務省に異動させられる。

### ペイルフィットの計画

内心優しい老兵〔フーシエ〕の後を継いで、器用だが政治には新米の一人のインテリがこの複雑な案件を受け持つ。その人物は一九六七年四月の選挙の後、教育大臣に任命されたアラン・ペイルフィットだ。クリスチャン・フーシェは、ペイルフィットに教育省事務次官ピエール・ローランの準備した重要な改革を残していった。つまり、高校一年で生徒に進路指導を行なうというものだ。この計画によれば、最終権限を有する委員会が生徒の進路を定めることになっていた。最優秀の生徒たちは長期課程に留まり、それ以外の生徒たちは有無を言わさず短期の職業教育課程に送られる。新大臣はこの選抜の原則を維持したが、その適用は柔軟にした。四つの決定機関が順次、各生徒のケースを審査するため、生徒たちは一方的に判定されたと不満を訴えることができなくなるのである。

数カ月のうちに、アラン・ペイルフィット[*12]はとりわけ大学の組織を一新する計画を準備する。フランスの原則によれば要となるのは免状《ディプローム》である。バカロレアが中等教育終了の承認であると同時に大学へのパスポートである。ドゴール将軍とジャック・ナルボンヌの期待とは逆に、ペイルフィットはこの二重の特質に終止符を打つことを望まない。しかし、前任者のリベラルな規則とは逆に、彼はその適用方法を変更させたいのだ。大学が自分たちの受入れる学生を選ぶ権力を持つべきだと彼は決めるのだろうか。したがって、バカロレアを持っていたからといってもどの課程にも進めるわけではない。その反対に、バカロレアを持っている生徒に対しては、大学であれ、後に作られる職業技術教育待機大学課程「ＩＵＴ」のような短期の職業教育を授ける機関であれ、高等教育の場所をこの国が必ず確保しなければならない。興味深いことだが、この妥協は、シラク政権の高等教育担当相アラン・ドゥヴァケが一九八六年に練り上げた改革案の基礎となることに留意すべきである。一九八六年の改革案もまた非常に強い学生の異議申立て運動の引き金となるからだ[26]。

アラン・ペイルフィットは、一九六八年初頭から大学教師らにこの案の検討と修正を行なわせる。それを四月二四日の閣議に提出する。カルチエ・ラタンのデモが始まる一週間前のことである。政府発表の後、議会で討議するのは、五月一四日と定められた。

大臣は同時に、もう一つの改革も準備する。今度は、教育に関するものである。それは、知的教養よりも教育にもっと力を入れ、教育する者とされる者との間の対話を組織し、教師に視聴覚設備を使うように推奨することだった。そうすれば、統治者は教育の危機を理解していないと言って非難されることはなくなるだろう。彼らはこの問題を長い間分析し、議論し、仔細に吟味して来たのだ。彼らは自分たちの目から見て悪弊を改善するはずの改革を行なって来た。厄介なのは、すでに遅すぎるということだ。法学部、文学部の学生の増大、大学の匿名性、卒業後の就職口の不安、コンクリートの建物、方法の古くささなど、これらすべての問題が数年のうちに増幅した。これらの改革は雰囲気を鎮めるにはほど遠く、大学生とそれに続く高校生の上に選別の脅威を重くのしかからせることになる。アラン・ペイルフィットは、一九六八年度の新学期から、改革を実施し始めるつもりだった。もう時間はない。幾人かのとらえがたい扇動者によって火がつけられ、既に火事が起きていたのである。

## 三月二二日

鉄棒の一撃のもとに、ガラス窓は木っ端みじんとなる。スクリーブ通りとオーベール通りの角のオペラ座のゆったりした建物の足元で、一〇〇人ほどの者が叫んでいた。そう、叫んでいる。「ＦＮＬ〔アルジェリア民族解放戦線〕は勝利するぞ！　ＦＮＬは勝利するぞ！」

怯えている店員たちの目の前で、彼らはアメリカ国旗を燃やし、地下鉄オペラ駅の中へ姿をくらました。警察は出動する間がなかった。おそらく、ベトナムにおけるアメリカの戦争支出に対するアメリカン・エキスプレスの貢献は、限られたものだったろう。だからと言って良いわけではない。、パリ支店への象徴的な攻撃は完全な成功である[*13]。

だが一つだけ微妙な点がある。活動家の一人が、与えた被害を見積もるために現場に戻って来てしまったのだ。それはナンテールのトロツキストの学生、グザヴィエ・ラングラッドである。彼はすぐにオルフェーブル河岸通りの警視庁に連行された。夜には「ベトナム委員会」の四人の高校生のメンバーが自宅で逮捕された。次の早朝に「ベトナム全国委員会」書記長ニコラ・ブールトも、警官に連れ去られた。一九六八年三月二二日のことである。

このニュースがナンテールに知れ渡ったとき、ダニエル・コーン゠ベンディットはすぐさま、これは好機だと見抜く[*14]。ラングラッドは大学では名が知られている。彼はJCRの警備班の責任者で、冷静で皆に尊敬されている青年だ。自称「怒れる者たち《アンラジェ》[27]」を名乗るグループは、動員の絶好のテーマを手に入れる。そこで、赤毛の男〔コーン゠ベンディットのこと〕は幾人かの活動家を連れて、すべての大講義室を回り、「警察の弾圧」に抗議するために動員をかける。午後五時には大講義室B2に一〇〇人ほどの学生が集まる。議題は反撃だ。「怒れる者たち」のリーダーはぴったりの行動を思いついた。大学の建物の一つを象徴的に占拠することである。大学当局は挑戦を受け、学生は衝撃を受け、世論は喚起されることになるだろう。満場の拍手で採択され、計画はすぐに実行に移される。キャンパスにそびえ立つ事務管理棟は、奪取すべき重要な場所だ。都合のいい状況である。建物は空っぽで、ドアは開いており、下の階に警備員が二人いるだけだ。扇動家たちは一瞬迷ったが、機転の利くアナーキスト、ジャン゠ピエール・デュトゥイユの助言に従って、彼らは階上に上がり、ナンテールの権力の場である評議会室を占拠する。普段は教授たちが議論する楕円形のテーブルの上にビールとサンドウィッチが並ぶ。みんなで議論がなされ、笑い声がはじけ、論証が行なわれ、動議が出される。一時三〇分になって、次の三月二九日を大学、労働者の闘い、東欧と反帝国主義の闘いについて研究し討論する日に変更することが決定される。皆は静かに寝ることにする。警察に捕まった学生たちは夕方には解放された。しかしもう遅すぎる。怒れる者たちはすでに象徴の恵みを手に入れてしまったのだ[*15]。

フィデル・カストロは、一九五三年の夏の間、モンカダ兵舎を襲撃した後、自分の組織を「七月二六日運動」と命名した。キューバ革命の比喩を使うことは、「チェ」をいわば神格化したJCRのトロツキストたちを魅了したのだ。この大げさな崇拝を茶化すために[*16]、ダニエル・コーン＝ベンディットのアナーキスト・シンパの友達は、「三月二二日運動」と呼ぶようになった。

陽気で雑然としているが、頭もよく熱血漢の何をしでかすかわからない一団は〈六八年五月〉の主要成分の一つとなるだろう。花瓶に落ちる一滴の水、火薬樽に繋がる導火線、ダニエル・コーン＝ベンディットは切れ味鋭い演説家で、ずば抜けた論争家、勘が鋭く人情味のある、生得の扇動家としての才能を持っている。彼の戦術的な想像力、ユーモア、即答のセンスは、極左の活動家たちの硬直した態度とは際立った対照をなしていた。異端者中の異端者、自分だけのレトリックにしがみついた党派の間でも分類不可能な人物、学生運動の錆びついた機械の中で唯一動く部品である彼は、一九六八年には、まだ二三歳だった。「ドイツのアナーキスト」は実際、ドイツ人の両親から生まれたが、出生地は、両親が一九三三年にヒトラーから逃れて居を定めたモントーバン〔フランス南部〕だ。一三歳で一度ドイツに戻るが、高等教育を受けるために、両親が亡くなってからフランスに戻って来た。彼は奨学金を受け、ナンテールとパリの下宿を往復してつましい暮らしをしている。フランスとドイツを往来して、ドイツの学生運動から影響され、アナーキストのテーゼに惹かれ、本をむさぼり読み、言語中毒にかかっていた。ナントで文学の教鞭をとる彼の兄、ガブリエルはアナーキストの知識人である。彼は若い頃のダニーの知的形成に重要な役割を演じた。この赤毛の男は進路を決めかねて、ナンテールの社会学科に登録した。大学では、彼はあまり勤勉でなかったが、優秀な成績を残す。活発であけっぴろげな性格の彼は、質問や指摘、発言することなしに授業を終えることはなかった。「一九六八年には、学士課程の私の授業で、少なくとも一〇分間彼が一言もしゃべらずに済むことはなかった」と、社会学部を指揮するアラン・トゥレーヌ[28]は、後日、述懐している[*17]。挑発的な言葉の天才、「三月二二日運動」

のリーダーは、分裂し衰弱している学生運動に決定的な斬新さ――直接行動を軸とした団結――を持ち込んだのだ。

### 学生政治の衰退

この二、三年前から、学生政治は見る影もなかった。アルジェリア戦争の間は、それは最も重要な役割を果たしていたのだが、〈五月〉の多くのリーダーたちが活動家の経験を積んだのもアルジェリア戦争の最中で、FLNの支援ネットワークやフランス領アルジェリアのために動員された極右学生に反対する運動の中でのことだった。

当時、一〇万人以上の学生会員を擁するUNEFが彼らの活動の場で、UECが彼らの自然の住み家だった。[*18] アルジェリアの独立が獲得されるや、討論は他のテーマに移る。学生の組合活動は、左翼組合運動の地盤だったUNEFにおいて大きな再検討の主題となり、フランス共産党路線の批判がUECのお気に入りの練習問題となる。フランス共産党の学生支部はマルクス主義のあらゆる分派、レーニン主義のあらゆる変異形が湧き出る知的な坩堝と化した。党のお偉方には損害を与えたが、分派を形成する権利は事実上、既定のものとなる。コシュト広場の党本部のある「四四番地」[29]のスローガンには異議が申立てられ、年老いたスターリン主義者の堅苦しいスタイルは馬鹿にされ、この上なく非正統派の著者の書いたものから引いてきた難解な論拠を用いて、トレーズ亡き後の重苦しいレトリックに反駁される。

「UECは、左翼の政治に興味を抱く者たちすべての、おそらく、とりわけ反スターリン主義者であるならなおさら、当然行き着く場だったのだ」と、今日、ジャン＝マルセル・ブーグローは語っている。彼もまた〈五月〉の指導者たちの小集団の一員となった。

三つの主要な傾向が生まれる。フランスの共産主義周辺でのこれらの激烈な闘いから、ベルナール・クシュネール[30]やジャン・シャリ[31]が名を馳せた「イタリア派」は、イタリア共産党の革新的な進化に影響を受けた。彼らは反スターリン主義者で近代主義者であり民主主義者である。彼らは、UNEFの「組合主義左翼」[32]の推進者たち、ジャン＝ルイ・ペニヌーやマルク・クラヴェツ[33]とあまり遠いわけではない。トロツキストのアラン・クリヴィーヌとアンリ・ウェベール[34]は、ともに予言者

〔トロツキーのこと〕を崇拝し、フランス共産党が採用したあまりにもおとなしい修正主義的方針を前にして激怒し、スターリン以前のボルシェヴィキが行なっていた、かつての組織内部での民主制を厳しく要求していた。

ロベール・リナール[35]という峻厳な人物がことのほか目立つマルクス゠レーニン主義の親中国派は、ルイ・アルチュセール[36]*[19]に影響された教条主義的な若い高等師範《ノルマル・シュップ》の学生たちで構成されていたが、彼らは鋼のような理論的純主意主義を主張し、そこから、彼ら自身の手で神秘化された中国に接近していった。アルチュセールは、フランス共産党が採択したマルクス主義に対してガローディ[37]風の人道主義的な逸脱を激しく非難した。彼は厳格に真のマルクスへ戻るよう論陣を張る。真のマルクスとは、科学的社会主義を打ち立てた「認識論的切断」という意味において、すべてのヒューマニズムと袂を分かつものである。高等師範の教員でフランス共産党員のこの哲学者〔アルチュセール〕は、この学校の幾つかの世代の学生に影響を与えた。学生たちは、彼の承認を得て、党のテーゼを新しい革命的科学のふるいにかけるような理論雑誌*[20]を創刊した。

これら三つの潮流の中で、一匹狼たちは異議申立てに個性的な貢献をしたのだ。それは、自分の夢のように悲劇的な運命を求めているピエール・ゴールドマン[38]、あるいは並外れた厳格な分析力によって人を魅了しまたいらだたせもするジャン゠ルイ・ペニヌーたちだ。

一九六五年から、フランス共産党はアナーキスト的な依存状態の中で秩序を回復させることになる。ローラン・ルロワと彼を補佐するギイ・エルミエらは、学生組織の中に過半数を確保できるよう忍耐づよく再建した。除名、派手な辞任、あるいは知らぬ間にいなくなってしまうなど、異端者たちは数カ月のうちに皆離党することになった。自らの主になった党は、ともかく最も活気のあった部門、学生の世界とほとんど分断してしまったのだ。内部の敵として、当時はまだ〔共産主義ではない〕左翼主義と呼ばれていなかったこれらの潮流のリーダーたちは、いまや打倒すべき敵となったのだ。

## 左翼小集団党派

では、幾つかの小集団党派の小さな物語《サガ》から始めよう。クリヴィーヌとその仲間たちは「革命的共産主義者青年同盟」（ＪＣＲ）を創設する。この組織は刊行物と有能な警備班を持った、革命騒ぎを起こすための秩序立った装置であり、理論的討論の場であり、また活動家世代の後継者を養成する学校でもある。

ＪＣＲは、トロツキストのもう一つの根城、「革命的学生連絡委員会」（ＣＬＥＲ）からぴったりマークされている。ＣＬＥＲは一九六八年四月に「革命的学生連合」（ＦＥＲ）と改称し、最も攻撃的な活動を行ない、最も党派主義的だ。ＣＬＥＲはここ一〇年ほど、日陰で細々活動している「国際派共産主義者組織」（ＯＣＩ）という小さな党の学生組織で、ピエール・ランベール[39]という「労働者の力」（ＦＯ）の組合員によって創設され、指導されている。ＪＣＲの理論家で精神的支柱となっているのはピエール・フランク[40]である。この予言者の後継者たちの間で定着している伝統に従って、フランク派とランベール派の間の理論的な討論は、抽象的であると同時にまた辛辣だ。

もっと年上のイタリア派の連中は、大半は関係を維持しながらも学生たちの世界からは間もなく去っていく世代だ。五月三日には参加しなかったので、四日以降、彼らは運動というものが必要としている経験や自由闊達な論議を持ち込んで闘いの前面に出てくるだろう。五〇年代末の学生運動の古株で若い活動家、ミッシェル・ロカール[41]に主導されるＰＳＵには、ジャングルのように混み入った運動の中で、より伝統的な左翼をどうにか代表している小さな学生組織「統一社会主義学生連盟」（ＥＳＵ）がある。

最後は親中国派だが、彼らは鉄壁の言語、労働者至上主義、明らかに傲慢で秘教的な党派集団をいち早く形成した。この組織は「マルクス－レーニン主義共産主義者青年連合」（ＵＪＣｍｌ）と名乗り、小さな活動家たちの世界では、すぐＵＪと略称で呼ばれるようになる。労働者階級に根を下ろすことが不可欠だという観念に囚われているこの親中国派は、フルシチョフ流の修正主義に辛辣な批判をして、異色の色彩をを放っている。毛沢東に続き、彼らはソ連共産党の総書記が実行する改革がスキャンダルだと判断していた。そして、中国人たちにならって、フルシチョフ流の誹謗中傷に対して、スターリン自身を認めるマルクス－レーニン主義の系譜の擁護者である。

彼らは、他の連中に比べいっそう個人的関与に熱心である。ある者たちは工場で基盤を築き、他の者たちは肉体的訓練よりはレトリックの訓練を倍加させる。

ＵＪには、棍棒と鉄棒の扱いに慣れた、粗野で秩序立った警備班がある。親中国派の派閥争いの中でも、ごく小さな党、ジャック・ジュルケに率いられたもっとオーソドックスで、言ってよければ中国共産党に評価される、より党派主義的で、フランス共産党が公式には追放したスターリン主義を継承している「フランス・マルクス＝レーニン主義共産党」（ＰＣＭＬＦ）がある。この党は、中国大使館から公式の全面的賛同を得ているという利点があったが、党の影響力のないことはそれでは埋め合わせようがなかった。

## 活動家たちの世界

左翼党派の増殖はカルチエ・ラタンに突発的な騒動を引き起こす。この増殖はとりわけ、縮小し同時に厳格になった活動家の世界に実体を与える。すべてのグループのリーダーたちは共通の歴史を持っている。要するに、彼らはみんな互いに顔見知りで、争っても相互に尊重し合っている。彼らを対立させる激しい論争を超えて、基本的な連帯感が彼らを結合させているのだ。彼らの日常生活すべてが、まだ学部が分散される前の大学生活の中心地、カルチエ・ラタンという小さな世界で終始する。サン・ミッシェル広場からポール・ロワイヤル、ワインのレ・アル〔卸売市場〕と医学部など、こうした政治的ヴィレッジは、彼らが選定した場であり、噂話や独自のしきたりをともないながら、独特のリズムとコードで動いている。すべてが近く、ＵＮＥＦの事務所からソルボンヌ、シャンポ〔映画館の「シャンポリオン」〕からジュシュー〔パリ大学ジュシュー校。現、パリ第6大学〕、エコール通りから幾つものビストロ、ポール・パンルヴェ広場のＵＥＣのある場所からＭＮＥＦ、「ジョワ・ド・リール」〔読書の喜び〕書店や「フランソワ・マスペロ[42]」書店から師範学校の学生たちの待ち合わせ場所によく使われる「ル・ビーチ」〔当時流行のディスコ〕まで、すべて徒歩で歩き回るのだ。読書や会合、ビラや新聞の原稿書き、異端者たちの秘密会議、巧みな駆け引き、果てしない理論的討論などで時間は過ぎていく。勉強はしないが、議論の論拠を求め、歴史的例証、また敵をやり込めるための明快な前例などを猛烈に学んだ。もともとはアルジェリア戦争に反対するために組織されたもので、この活動家たちの世界が、その後、（できる限りの）反抗を部分的には牽引し、知的な雰囲気をもたらした。それはＵＥＣの小競り合いや小集団の党派に優るものだ。ダニエル・リンデンベルグ[43]は一九八八年三月号の『エスプリ』誌で、まさにそれに注目する。行動によってブルジョワ的知識人の「買収」を説いた〝説教師〟サルトル[44]は、こうした教育期間において抜きん出た存在だ。ロマンティックで革命的なニザン[45]は、歴史と政治参加に魅了された学生たちに英雄的人物像を提供する。批判的マルクス主義とさらに自由な共産主義の探究は、知力と想像力を取り込む。みんな一心にローザ・ルクセンブルク[46]、カール・コルシュ[47]、グラムシ[48]、若い時のルカーチ[49]を読んでいる。また、みんながレジスタンスの記憶の中で生きているのだ。マスペロは公的には出版者である。また、その折衷主義的な出版活動で論争や議論を巻き起こしたクリスチャン・ブルゴワ[50]もいる。ハバナから北京まで世界の共産主義運動を揺さぶっていた複雑な議論の中に、みんなまだ没頭しているのだ。いちばん硬直したマルクス－レーニン主義から、アンドレ・ゴルツ[51]のような、現代的な革新に至る新しい革命の道を探求しているわけだ。端的に言って、全員が執拗に観念に生き、人生を思考しているのだ。一九六八年、学生の左翼筋は三、四年以前に比べると活気がない。そしてそれ自体、異常に増大した学生集団と接点を失っている。しかし、学生左翼は存続している。それは、政治的幹部、大講義室のリーダー、総会の演説者、デモの組織者たちの手強い育成の場なのだ。彼らの目前には、学生の世界を揺さぶる様々な抗議行動に参加するすべての人たちによって構成された征服すべき広大な場がある。その抗議行動とは、あれこれの改革に反対するデモであったり、大学都市の騒動に対するものだ。

二つの閉鎖的世界は、定期的に起こる対立を内包している。UNEFは、過去における組織規模の大きさからくるある種の威光と、議論の枠組、その精密化を維持してはいるのだが、組織の急速な衰退に歯止めをかけることができず、パリにおいては、いずれにしろ、組織のメカニズムをめぐる内部闘争という争点しか持ちえていない。〈五月〉の前に、UNEFはPSUの学生たちによって指導される。そして彼らは相対的な多数派しか得ておらず、従って彼らの競争相手の分裂によってしか、優位に立てないのだ。競争相手は主にトロツキストたちとUECだ。UNEFの組織を最近指揮し始めたのは、副会長のジャック・ソヴァージョである。彼は六年間の組織活動によって仕込まれていたが、全国的な組織運営にはまだ経験のないディジョンのUNEFの活動家だ。彼はPSUに加盟したばかりである。ベトナムの共産主義者たちへの支援行動は、微妙で執拗な闘いのための二度目のチャンスだ。この行動に二つのネットワークが競合している。一つは、とりわけJCR（や他の組織）の活動家たちが多く、左翼の著名人、ジャン＝ポール・サルトルやローラン・シュワルツ[52]などによって統轄されている「全国ベトナム委員会」、もう一つは「底辺のベトナム委員会」（CVB）で、大衆の主要な組織であり、UJCmlの下部組織で現場の行動を優先し、ベトナム共産党のプロパガンダのテーマをぴったりなぞった、より攻撃的な言語を用いている。

## 3　一九六八年一月－五月　事件に火をつけたのは、ナンテールだ！

大学の危機、そして若者の危機には、その原型、その実例がある。それはパリ郊外の新しい近代主義的な大学、ナンテール分校である。スラム街と陰気な一戸建て住宅群の間の広々した空き地に、ドゴール派の都市計画家たちが、傑作ではあっても寒々しい建築を建てるのに成功したのだ。プールのまわりに楕円形に配された建物は、灰色で幾何学的な形をしている。コンクリートのブロックに芝がまだらに植えられ、延々と続く工事場の泥が大学の周辺を埋め尽くしている。文学、法学、経済学、そして非常に目覚ましい学問である人文科学の学部がある。ナンテール分校は様々な階級の学生たちを受け入れている。大学区の区分によってここに集められた金持地区の子弟たちは、ミニ・クーパーで駐車場を埋め尽くし、大講義室は、タータン・チェックのミニスカート、肌にぴったりあったシェットランド・セーター、ピカピカのハイヒール、ブーツ姿の女学生たちで溢れている。彼らが多数派だ。彼らの中に、しばしば質素な家庭出身の少数派の異議申立ての学生たちがいて、ちぐはぐでおかしな恰好をしている。彼らの関心は偉そうな講義よりもむしろキャンパスの政治の駆け引きにある。最も戦闘的な者たちは学生寮から来ていた。それは大学都市内の小都市であり、八つの団地風の建物を二つずつまとめたもので、どの建物も穏やかな管理人によって監視されていた。この冷たい壁から一〇〇メートルほどのところに、板の上に波形のトタン屋根を打ちつけた小屋の集まる町[1]が広がり、洗濯物が風になびいているが、その風は、しつこい悪臭をなかなか追い払えない。巻きスカートをはいたヌイイー[2]の若い娘たちと、ぬかるみを歩くアフリカ人労働者たちの間で、寮の学生たちは一日中、無上の応用社会学を学んでいるのだ。

ナンテールの「怒れる者たち《アンラジェ》」は、大学キャンパスで自律した生活を送り、他とは切り離された社会を形成した。夜中に生活し、深夜に床につき、脈略のない読書と夜のコンサート、終りのない長談義に明け暮れ、活動家生活の新展開に忙殺されて、彼らはこの陰鬱な舞台装置の中で生き生きと成長した。挑発的で攻撃的、冗談好きで統制不可能な彼らは、〈五月〉のごく少数の前衛を形成する。事件の爆発に至る年表の中で、ナンテールの動向は、新聞の最後のページに追いやられているものの、特上の位置を占めている。

新年度は映画で始まった。いつも目ざといジャン＝リュック・ゴダールには、すでにナンテールの気配が漂っている。彼の監督作品「中国女」は、革命に取り憑かれた一人の大学の女性活動家のポートレート――いささか素っ気ない感じだが――を描いている。フランソワ・モーリアックの孫娘、アンヌ・ヴィアゼムスキー[3]は、大胆不敵なカメラの前で延々と語る。予兆を感じさせる作品だ。

## ダニーとプール

教育の配分を〔研究者養成のための教育と、産業界が要請する人材育成のための教育とに分けるように〕変更するフーシェ改革案を実施すると、〔改革前と後との〕学士号の同等性という微妙な問題が起きる。〔一九六七年〕一一月になるや、ナンテールはストに突入する。この運動は長引き、授業再開にたどり着くためには、かつてのレジスタンスの闘士で左翼の男グラッパン学長のあらゆる妥協のセンスが必要だ。対話を気遣うリベラル派の彼は、長い間、大学の共同管理を要求していた「怒れる者たち」に妥協した。時代を象徴するような反応が起きた。共産党のナンテール市長バルベがストライキ参加者たちに支援を表明しにやって来たのだが、彼は学生たちから罵倒された。

ナンテール事件はその時には政府の関心からほど遠いものだった。権力者たちにとっては、フランスはアルジェリア戦争の嵐の後、平和な繁栄の道を最終的に選択したように見える。産業の発展したこの穏やかな風景の中には、混乱や反逆の形跡はない。フランス社会は豊かになり、その元首を彼の壮大な夢に没頭させていた。したがって、新年の挨拶で、ドゴール将軍が次のように宣言したとき、誰も彼に反論しようなどとは思わなかった。「私たちが昔苦しんだような危機によって、マヒ状態に陥ることがありうるなどと想像することは、もはやなくなったのです」と。

一月八日、青年スポーツ相フランソワ・ミソッフは、現政権が果たした素晴らしい成果、ナンテールの五〇メートルプールの新設工事の進行具合を見にいくことにする。エネルギッシュで熱情溢れる大臣は新参者である。彼が任命された時、ドゴール将軍は彼を呼び、こう言った。「若者たちを見ていただきたい。研究していただきたい。私はあなたに影響を与えるつもりはないが、青年たちの間に何か問題があるのに気がつくはずです」と。すると、ミソッフは早速、調査に乗り出した。エキスパートの諮問委員会を召集し、山積みの研究と世論調査を元に、彼らに「青年白書」をまとめさせた。大変動を予測することはできるだろうか？　後になってよく引き合いに出されるこの作業の結論は、微笑を誘わずにはおかない。そこにはこう書かれていたからだ。「フランスの青年は早期に結婚を望んでいる……。彼らの第一の目標は、職業的成功である。……彼らはすべての大問題に興味を持っている。しかし、彼らは政治生活に早期に参入することは望んでいない。近いうちに戦争が起こるとは思わないし、未来は、とりわけ産業的効率と国内の安寧、住民の団結にかかっていると考えている」

ダニエル・コーン゠ベンディットから見れば、この白書は別の欠陥を持っている。大学都市では、周期的に女子寮への訪問権に関する要求が元で騒ぎが起こっており、すべての青少年が、日常生活における性道徳の変更の必要性を明らかにしていたというのに、ミソッフが主導して作られた白書には、この問題についての言及は見あたらないのだ。大臣が視察を終えて、用心深いグラッパン学長が裏口から出るよう示唆したのを拒否し、大臣を待ち構えていた学生たちの前を進んだ時、タバコの火をもらうために近づいた「赤毛」の男〔コーン＝ベンディット〕から呼び止められた。

「スポーツ省の白書を読んだのですが、無気力の六〇〇ページです。青年の性の問題についてさえ、一言も触れていません」

「もし、君がその次元の問題を抱えているなら、プールに三度潜って頭を冷やしたほうがよろしい」

「これこそ、まさにファシズム政権から得られる典型的な回答です[*1]」

この一悶着は学部で大きな反響を引き起こす。コーン＝ベンディットはそこでいっそう知名度を獲得する。当局は大臣の威厳を損ねかねない行為に深い恨みを抱いた。「怒れる者たち」のリーダーが処分されるという噂が広まりはじめる。UNEFの弁護士フランソワ・サルダの助言で、ダニエル・コーン＝ベンディットは大臣に非常に礼儀正しい謝罪の手紙を書き送り、大臣はこの不祥事を水に流す。「赤毛」の男はフランス国籍を持っていなかった。いつでも彼はドイツに追放される恐れがある。コーン＝ベンディットは非を認めて謝罪するほうを選んだのだ。彼の言うところでは、フランス共産党が垂れ流した噂によると、コーン＝ベンディットはフランソワ・ミソッフの娘フランソワーズの恋人だということにされていた[*2]。彼女は二〇年後、フランソワーズ・ド・パナフュー[4]の名でシラク派の国会議員になる。その噂はまったくの虚報だった。二人の若者は学年も異なっているし、知り合いではない。ともかく、プールのヒーローは活動を続けることができるようになった。

一月二四日、「怒れる者たち」は表玄関でデモをする。学長の協議の努力は「グラッパン、ナチス！」というデモ隊の主要スローガンから判断するかぎり、実らなかったのだ。左翼の教授たちも学生たちからの非難を免れなかった。「ああ、これで《サ・イラ》上出来《サ・イラ》！。モラン[5]、ルフェーヴル！[6]、もうクソくらえだ！　ああ、これで《サ・イラ》上出来《サ・イラ》！。トゥレーヌ[7]を懲らしめろ」。今度は、学長もそのリベラルなやり方に終止符を打つ。扇動家たちを捕らえるために、警察が表玄関に乱入する。するとすぐに、今まで無関心だった学生たちも彼らと連帯し始める。小さい規模だが、〈五月〉の騒動のメカニズムが機能し始めたのだ。

学長は右派の教員たちにせかされて、屈強な警備員による小さな自警団を組織することに決める。教育省の合意を待ってから、この自警団は五月の試験期間に配備されることになる。

### 労働者たちの警告

この一月末に騒いでいたのは、学生たちだけではない。ほぼ完全に平穏な社会の風景の中で、幾つかの労働争議が劇的な展開を見せていた。一月二六日、靴製造と繊維工業の街フージェールで、昨年閉鎖された一〇の企業を表わす一〇個の棺桶を先頭に、大きなデモ行進が行なわれる。住民の三分の一は二〇歳以下で、二つの基幹産業が住民の労働人口の六七%を雇用している。一九六七年には、二〇六件の雇用が創出される一方で、九三五の雇用が消滅した。フージェールの住民は、産業優先のドゴール主義の結果として生じた経済再編のひどいツケを、自分たちが支払わされることになると知っているのだ。一時に、群集は役所の前に「失業広場」をオープンさせる。それから、代表団がショーメイユ副知事に招き入れられる。このとき、ある若者のグループが庁舎の鉄柵をよじ上り、窓ガラスを割り始める。彼らは国旗を鷲掴みにし、足で踏みつける。警察が彼らを追い払う。しかし、午後になって、騒動は再開する。今度は、機動隊が投石の雨の中で攻撃を仕掛けねばならない。催涙ガスの匂いがフージェールの街に立ちこめる。

カーン市では、サヴィエム社[8]で、ストが三日間続いている。この近代的な工場は、農民出身の単能工の大部隊を雇用していたが、大半がフランス民主労働連合[9]（CFDT）に加盟する組合員だった。通勤手当、昼食代に関する幾つかの紛争の後、多数派の労働組合はゼネスト突入を投票で決議した。会社指導部はピケを機動隊によって排除させる。しかし、五〇〇〇人のうち、わずか五〇〇人が工場に出勤したに過ぎない。一月二六日、CFDTはUNEFと全国教職員組合連合[10]（FEN）の後援の下、カーン市内で集会をやることになる。前日、カーン市で初めてのデモは機動隊によって乱暴に蹴散らされた。学生と若い労働者たちは、街路をびっしり並んで行進する。彼らは活発で攻撃的だ。すぐさま機動隊と乱闘が始まる。ボルトや敷石、火炎瓶などが機動隊の頭上に飛び、機動隊は催涙弾で応戦する。戦闘は数時間に及ぶ。仕事は機動隊の工場占拠の後、二九日にならないと始まらない。この二つの紛争は一九六八年の最初の季節を特徴的に示すものだが、労働者の暴力の度合が少しずつ上っていることがわかる。

## 占拠されたソルボンヌ

　二月中旬、活動家のリーダーたちはインターナショナリズムにどっぷり浸かる。これはすでに一つの伝統となっていた。世界中で、力のある学生運動が発展している。ベトナム戦争のおかげで、西側のすべての大学キャンパスで、騒擾は恒常的に起きるようになっている。ずっと前から、アメリカの若者たちは先輩たちの夢に反逆していた。バークレーはカウンター・カルチャーに浸っている。カルフォルニアは、ジェファーソン・エアプレイン、ママス・アンド・パパス、そしてサイケデリックなロックによって人々に知られるようになり、世界中の青少年にとって神話となったのだ。

　フランスの学生指導者たちは、定期的に諸外国の学生指導者と会っていた。UNEFの国際関係担当の専従組合員ジャン゠ルイ・ペニヌーとジャン゠マルセル・ブーグローは、そうした国際的な接触を得意とし、西ヨーロッパの組合員と学生と左翼諸党派の間の調整機関を準備していた。今回は、ドイツ社会主義学生連合（SDS）がベルリンですべての国の革命組織の大会合を組織した。そこには、三〇〇人のフランス人を含む二万人の若者が集まり、学生たちは二四時間の集会に参加した後、ホー・チ・ミン、チェ・ゲバラ、レーニン、カール・リープクネヒト[11]の巨大な肖像画を掲げて、ベルリンの市街を練り歩いた。ベルギーのトロツキスト、エルネスト・マンデル[12]、ドイツの若い革命家たちの指導者ルディ・ドゥチュケ[13]、JCRのアラン・クリヴィーヌが発言する。ダニエル・コーン゠ベンディットもそこにいる。逆説的なことに、フランス人はドイツ人の独創性に魅了され、ドイツ人はフランス人の組織とその理論的厳格さに驚いた[*3]。参加者全員がこの出会いでこれまで以上の力を得たのだ。

　二月二一日、パリの異議申立て派は「ベトナム反戦デー」を組織した。多くの学生が映画や討論、講演などに参加した。この年の初めから、「ベトナム委員会」

が次々と作られ、その数を増していた。二つのライバル組織は暗闘を繰り広げる。親中国派はベトナムの共産主義者たちの立場をとり、滑稽なほど教条的で目を引く冊子を配布する。共産主義者青年連合（ＵＪ）は、北ベトナムの言い回しをそのままなぞって、敵組織の修正主義をやり込めようとする。異議申立て派は「ベトナムに平和を！」というスローガンは気休めにすぎないとして望まなかった。それよりも「ＦＮＬは勝利するぞ！」という闘争的なスローガンを好んでいた。なぜなら、彼らによると、人民は決して負けることがないからだ。

こうした絶え間ない分裂を、唯一の運動だけが乗り越えることができるようになった。それが「三月二二日運動」である。管理棟の占拠は急に学長との関係を緊迫させた。占拠者たちが宣戦を告げる「一四二人宣言」を出したからだ。コーン＝ベンディットの友人たちは、二九日の金曜日に、革命をテーマとする一日討論を組織するはずだった。学長は二日間の休校を決定して応戦する。それでも、学生たちは閉鎖された建物の下に集合する。皆、「オクシダン」の活動家の襲撃を危惧している。親中国派はキャンパスの中を鉄棒を持って歩き回り、すべての入り口に見張り番をつけ、学部を城塞にして閉じこもる。しかし、「オクシダン」は現れない。夕方には、ＭＡＵという小集団が、ソルボンヌで集会を催した。この組織はＵＮＥＦの「組合主義」左翼の旧運動家たちとジャン＝ルイ・ペニヌーとマルク・クラヴェッツらや、ソルボンヌ文学部学生連盟（ＦＧＥＬ－ＳＯＲＢＯＮＮＥ）の書記長を務めるブリース・ラロンドが指導していた。ナンテールの学生が到着したとき、警察はこの古い学部周辺に陣取った。大学当局は集会を禁止した。ソルボンヌの学生たちはそれを無視すべきか躊躇する。コーン＝ベンディットは堂々とメガフォンを取って、躊躇を一掃する。「我々はここ数日以来、ナンテールの大講義室を占拠している。我々はここにいるのだから、同じようにやろうではないか」と。警察は動かない。学生たちはデカルト大講義室を奪い取る。というのもモーリス・グリモーが自分の主義を大臣に表明したからだ。たとえ無秩序を我慢せねばならないとしても、大学当局単独で難局を切り抜けさせるほうがいいと、大臣は距離を置いて考えていた。

こうして、行動に次ぐ行動で、学生運動はナンテールの学生たちのイニシアティヴの周りで少しずつ統一されていき、〈五月〉のメカニズムの実地運転を小規模で行なった。権威のマヒ、「ファシストたち」との小競り合い、共産主義への敵意、即時の要求と革命のレトリック、すべてが混ざったその気体は、いつ爆発してもおかしくはなかった。ここでもまた、暴力の度合はゆっくり上がっていった。すでに二月に、初めて親中国派の実行部隊が「CVB」〔ベトナム下部委員会〕のデモのときに、警察を殴りつけていた。これは次第に緊迫しつつ合った雰囲気の中で、一つの前例となった。

### やつらがルディを殺した！

ナンテールの授業再開の際に、学部は新しく生まれ変わった。ポスターはすべてはがされ、壁は塗り直された。「三月二二日運動」の気力を削ぐにはこうした措置がもっと必要かもしれない。相変わらずリベラルな学長は、政治集会には五〇〇席の大講義室を割り当てた。ダニエル・コーン＝ベンディットは、その決定に自分の影響力にたいする侮辱を感じる。少なくとも一〇〇〇席は必要だ。そこで「三月二二日運動」は予定されていた講義室を拒否し、別の講義室を占拠する。大学当局は電気を切ることくらいしかできない。「赤毛」の男の声は闇の中で高まる。「もし二分以内に照明が復旧しないなら、我々は評議会室でミーティングを開こう」

照明は戻った。四月四日から始まる復活祭の休暇になれば、ひと休みできるかもしれない。しかし、ベルリンで四月一一日一六時三〇分、若いヨーゼフ・バッハマン[14]が、クルフュルシュテンダムを自転車で走っていた男の頭を数発短銃で撃ち抜く。撃たれたのはドイツの異議申立て派の指導者ルディ・ドゥチュケだ。すぐさま、ニュースはヨーロッパのあらゆる活動家の間を駆け巡る。「やつらがルディを殺そうとしたんだ！」と。「やつら」とは、結託して陰謀を謀っている保守主義者たちや権力者たちのことだ。実行を働きかけたわけではないが有罪だとして、一人の敵が名指された。シュプリンガー・グループ[15]だ。このグループは幾つもの新聞を系列下に置き、その中には、極めて大衆的、極端に反動的な新聞「ビルト」紙もあった。その日の夕方には、デモがベルリンのシュプリンガーの事務所を包囲する。警察はデモ参加者たちを阻止するために、激しく闘わねばならない。デモ隊はそれでも駐車場を占拠するのに成功し、車を一〇台燃やした。

翌日、サン・ミッシェル大通りを「シュプリンガー、人殺し！」と叫びながら行列が下って行く。オデオン座の前では、SDSの代表者が演説し、その次にダニエル・コーン＝ベンディットが学生たちに行動するよう説いた。デモは組織者の求めによって解散するが、夜になると、警察車両一台が投石を受けた。

翌日、ソルボンヌのそばの大講義室でUNEFの臨時総会が開かれる。学生組合は大学生活全般に関してと同様に、ナンテールの騒動からは取り残されている。それはやがて形だけのものになり、とりわけ左翼セクトの小さな世界に属する様々な反対勢力が闘う場となっていった。そうした組織のリーダーたちは、いずれにせよ、コーン＝ベンディットの友人たちの提案を支持するのは不本意だった。その友人たちは統制不可能で、さらには無責任だと彼らには思えたからだ。一九六八年四月までは、「赤毛」の男は周辺に存在した学生の一人に過ぎなかった。ソヴァージョはコーン＝ベンディットと面識はなく、彼を警戒していた。あまりにもアナーキーであまりにも予測不可能な人間である二人が知り合うのは、五月三日に一緒に拘留されてからである。〈五月〉の幕開けは、ナンテールの扇動者たちと学生政治の古株たちとの力関係の逆転の物語なのだ。

貧血気味の学生組合は「統一社会主義学生連盟」（ESU）によって指導されているが、委員長のミッシェル・ペローは役を降りたいと願っていた。彼は辞任する。彼と交代することになっていたのは、二五歳のPSUの活動家、ジャック・ソヴァージョだ。しかし、形式に則ってきちんと選挙をするには時間がない。二二時三〇分になって、「オクシダン」の特攻隊が会場に乱入する。乱闘は短かいが、激しいものだった。FERの実行部隊が反撃し、襲撃者たちは撤退する。後で数人のけが人が出たことが判明する。

トロツキストたちは、今のところ組合指導部を共に担当するESUを非難するために、自分たちもこの事件を利用する。何の結果も得られずに、午前零時過ぎに解散する。ソヴァージョは委員長を欠いた組織の副委員長職に留まる。ESUはトロツキストの野望を挫くために、UECと同盟を組むことに決めた。大反抗の一五日前に、UNEFは部隊も指導者もなく、衰退の深みに沈んでいた。

### ジュカン＝ユダ

　翌日、異議申立ての連中から怒りを買うのは、ピエール・ジュカン[16]の番だ。ジュカンが共産主義者の学生たちから招かれて、ある集会に出席するために、ナンテールに到着したとき、大講義室に大きな横断幕が広げられていた。そこには「労働者階級と進歩的学生たちは、修正主義的知識人たちに反吐を吐け！」と書かれていた。親中国派は断固とした手段を講じることに決めたのだ。フランス共産党と労働総連合（ＣＧＴ）の「健全な」人員を探すことに取り憑かれて、彼らはフランス共産党の中で最も「修正主義的」と見なす者たちに、攻撃の矢を向けていた。ピエール・ジュカンはそうした者の一人だ。そこで、マルクス＝レーニン主義者たちは、「フランス共産党のルカニュエ[17]」をしかるべくかわいがってやることにしたのだ。彼が演壇に着席するや、観客席の上の方に大挙して陣取っていたＵＪの活動家たちは、全員立ち上がって「毛語録」を掲げた。叫び声が演説者の声をかき消した。それから、ロベール・リナールがジュカンのほうへ突進し、その後を彼の部隊の連中が「ジュカンはユダだ！」と叫びながら、ついて行った。国会議員は逃げるしか策はない。主催者たちはジュカンを裏口に案内し、彼は支持者らに連れられて姿を消した。これがもう一つの前例だ。初めて、フランス共産党に対して暴力が向けられたのだ。

　左翼の有名人で、人々の尊敬を集めている教授でもあるローラン・シュワルツが、親中国派からその後、「ジュカン＝小ウサギ」というあだ名をつけられた人物の後を継ぐことになる。今度は、ＦＥＲのトロツキストたちが、シュワルツの演説を妨げようとした。シュワルツは彼らに言わせると「選別主義者」なのだ。この点で、シュワルツは労働者の運動から排除されねばならない。コーン＝ベンディットが立ち上がる。自分の得意とする弁論の場で、ジュカンと一緒に論戦をしようと準備していた彼は、ジュカンが退去したことを残念に思っていたのだ。「シュワルツさんに発言させたまえ。たとえ卑劣な相手でも、ちゃんと答えてやろうじゃないか」と発言した。その時、トロツキストたちは親中国派たちによって彼を尊重するよう威圧されたが、親中国派はシュワルツを守ったのではなく、ランベール派のＣＬＥＲがあまりにも影響力を持つのを望まなかっただけのことだ。シュワルツは言うべき言葉を見つける。うっかり皮肉が漏れたのだ……。「あなたがたがドゴールを転覆させるのは、ナンテールをマヒさせることによってではないでしょう」[*4]と。

四月二六日は、再び、コーン゠ベンディットの一日となった。今度は、まだ若い「三月二二日運動」がその場をとりしきる。「赤毛」の男は参加の規模を確認して、共産主義者以外の学生政治の構成団体の代表が参加しているのに気がついて満足する。UJの活動家たちでさえも、かつての「イタリア派」から純粋で強固なマルクス‐レーニン主義に乗り移ったローラン・カストロの呼びかけで、自己批判しにやって来た。ダニーはまとめ役として出世した。長い討論の末、ふたつの「反帝国主義デー」が五月二日と三日に設定された。

翌日、ダニエル・コーン゠ベンディットは逮捕される。ナンテールでは、数日以来、またしても「三月二二日運動」の署名のあるビラが回っていた。緑色の表紙の「機関紙　第五四九四の二号（第五四九四号の付録）」である。そこには、運動の総会の告知が記されている。しかし、最後のピンクのページが特に注意を惹いた。表にはインターナショナルの言葉が書かれており、裏には「火炎瓶の作り方」という物騒な言葉が書かれてあった。その内容はほとんどが冗談だ。しかしながら、そのページは、警察と大学当局の感情を逆撫でするのに充分である。これに加えて、右翼の学生イヴ・ケルヴァンダエルがUNEFの保守的な競合組合、フランス全国学生連盟（FNEF）の事務所の前での乱闘の際に怪我をした事件がある。彼はコーン゠ベンディットの関与を証言したのだ。そして、この四月二七日八時、自宅を出たところで「赤いダニー」は警察に呼び止められたのだ。

その名が学部を超えて有名になりつつあったこの「ナンテールの扇動者」の逮捕によって、政府内部では頻繁な密談が生じていた。グリモーは殉教者を望まなかった[*5]。彼はナンテールでまた起こるに違いない混乱を回避するという望みを託して、「三月二二日運動」のリーダーの早期釈放を訴えた。告発された事件は、ナンテールの学部の内部で起こったということを彼は主張した。なぜ、大学当局に責任のあることを彼らに任せておかないのか。事件はポンピドゥーのところまで上達され、彼は寛大な措置を選択する。ダニエル・コーン゠ベンディットは、夜八時少し前に釈放される。騒動は未然に防がれた。少なくとも、しばらくの間は。

**「オクシダン」**

この不幸な出来事は「赤いダニー」を公的人物に仕立て上げた。裁判所の出口で、彼はカメラマンたちに待ち構えられ、二人の警官から数メートルのところで、長い間、ポーズを取ったのである。ナンテールに戻ると、彼は学生たちから拍手喝采を受けた。それに続く集会で「ぼくは今週、結婚するよ」と言ったのだ。笑い声の中で彼は続けた。「この秘密を皆さんに打ち明けるのは、なぜかと言うと、ぼくがどうやら先導者、リーダーということになっているらしいからです。だから、ぼくは個人崇拝に従うことにします」と。

翌四月二八日日曜、昼の陽射しを受けて、サン・ジェルマン・デ・プレの広場は静かだ。カフェ・ド・フロールのテラスは、春の空気を吸う観光客や物見高い人々で溢れていた。レンヌ通り四四番地の入り口の前に、突然、一台のルノー4L[18]が止まる。*6 そこでは、パリの極右の好戦家ロジェ・オランドル[19]が「共産主義者の攻撃の犠牲者となった南ベトナムの戦士たち」に捧げる展覧会を開いていたのだ。UJCmlの指導部は、こうした「ファシスト」たちの存在を耐え難いものと見なしていた。ユルム通りの赤い拠点で、実行部隊の責任者、ジャン＝マルク・サルモン[20]によってある作戦が周到に準備された。ルノー4Lには、棍棒と鉄棒が満載されていた。建物の壁にはり付いて静かに待機していた若者たちは、他の若者が自動車から武器を出している間、入り口に殺到した。インドシナ戦争と〔アルジェリア戦争時の〕OAS[21]の元兵士オランドルは、頭を剃った二〇名ほどの若者たちと内部にいた。彼らは猛烈に殴り返すが、襲撃者たちの人数と攻撃の激しさに、なすすべがない。会場は荒らされ、極右の活動家たちはめった打ちにされた。少し後になって、UJはこの輝かしい行動の犯行声明を出した。アラン・マドラン[22]、アラン・ロベール、ジェラール・ロンゲ[23]が指導する「オクシダン」は、全面戦争宣言によって応じる。「今後、警察はカルチエ・ラタンに横たわる傷ついたボルショをかき集めることになるだけだ。ボルシェヴィキ狩りの戦いの幕は斬って落とされた。我々は奴らを粉砕する」と。これは空約束ではない。「オクシダン」は、動員力こそ小さかったが、言ったことは実行し、とことんまで相手を叩く連中だった。その時から、左翼の学生活動家のすべては、反撃が行なわれ、それはひどい暴力沙汰になることを理解するようになる。極右の火打石が極左の火打石をこすり始めた。火花は近い。

**異状なし**

しかし、誰もそのことを知らない。アフガニスタンへの出発の四八時間前、ジョルジュ・ポンピドゥーは、かつての「新共和国のための連合」[24]（UNR）である「第五共和制のための民主主義者連合」[25]（UD－Ⅴe）の事務局で、現在進行中の事柄についてまとめる。首相は満足である。

「国民議会で拒否されたばかりの不信任案は、多くの反対票を獲得した。政府はその多数派の上にしっかりと成立している。左翼に関心を持っているのはマスコミだけだ」

「四週目の有給休暇[26]について討議がなされている。政府は社会的エスカレートを避けるだろう」

「高校と大学の進路指導に関する改革案は、豊かで有益な「大論議」を起こすだろう」

ジョルジュ・ポンピドゥーだけが第五共和制の安定、政治的平穏、社会的平和を当てにしているわけではない。あらゆる分野のあらゆる責任者たちは、同じように見ている。四月に、ジャン＝マルセル・ジャンヌネーは組合の指導者たちと面談する。要求事項を聴取する慣例的作業が順調に進む。会合の最後に、労働大臣は雰囲気を尋ねる。すべて平静だ、と幾人かの組合員は彼に耳打ちする。「秋までは何もないでしょう」と。重大ではないが腹痛に苦しんでいた経営陣の責任者の一人が手術を受けねばならなかった。一番暇なときに休暇を取って、彼は五月に入院することにする。[*7]

しばらくぶりだったが（デモの代わりに集会を行なっていたのだ）、組合が組織するメーデーの行進は完璧な平穏の中で展開し、地下鉄フィーユ・デュ・カルヴェール駅前でCGTの組合員たちと学生たちとのいざこざがあっただけだ。コーン＝ベンディットとUJのリーダー、ロベール・リナールが、CGTの活動家たちをこっぴどく罵倒する。彼らも二人にたっぷりと言い返す。「赤いダニー」は数週間後に騒擾が大きくなると踏んでいたおそらく唯一の男だ。彼はすでに数カ月前にUNEFの集会で、ナンテールの闘いを高揚させ、学生の責任者たちの疑い深い眼差しの下で、「暑い春」を予告するために発言していた。そしてこの五月の初め、学生のリーダーたちは、戦闘的な騒擾に関与して世界が沸騰するのをはっきり目にすることになるのである。〈五月前〉にも、カルチエ・ラタンでは、ベトナムのために、ルディ・ドゥチュケのために、あるいはファシストたちに反対して、二、三日に一回はデモがあった。しかし、学生政治の半専門家の見解では、大集会は政府の選別主義的な法案が施行され始める新学期の秋に行なわれることになっていた。*8

三月中旬、ピエール・ヴィアンソン＝ポンテはそれ以来有名になったある記事の中で、嵐が来るのを予感していた。三月一五日付きの『ル・モンド』紙の第一面を飾ったこの大ジャーナリストの「フランスが退屈するとき」と題された記事は、少なくともこの〔予言の〕名声だけは保持するだろう。二〇年後、半ば伝説的なこの文章を再読してみると、その診断ははるかに含みのあるものである。もちろん、雰囲気を書き留めることでは完璧だ。「今日、公共の生活を特徴づけるものは退屈である」と。国際的な激動は、三〇年ぶりに、もはや国外の紛争に巻き込まれなくなった国にとってはもう興味のないことなのだ。「若者は退屈している」と彼は続ける。若者たちは「異性を征服せねばならない」という印象を持っている。しかし、ヴィアンソン＝ポンテが学生の闘いの主要目的と見る、女子学生の部屋への訪問権の要求は「人権についてのごく限られた理解の仕方」から生まれたものに過ぎない。嵐のまっ只中で国の偉大さを讃えてきたのに、今やただ管理しなければならないからだ。「ドゴールもまた退屈している」。幾つかの文章は、予言的でさえある。「フランス人たちは、変化のための変化を好むことをこれまでしばしば示してきた」が、「左派政権のほうが、右派政権よりも楽しいものになるだろうか」。「人々の熱狂なしには何も建設されることはない」。しかし、ピエール・ヴィアンソン＝ポンテは、市民社会の活力については、とりわけ悲観的だ。「ほぼフランスだけに縮まってしまった小さなフランスは、真に不幸でもなければ真に繁栄してもおらず、誰とも仲良くし、世界的な出来事に対して大きな影響力を持たなくなってしまったが、そこでは、熱意と想像力が、満足感や発展と同じように必要だ」と言う。最後には、彼はこう締めくくっている。「一つの国は、退屈さで死ぬこともあるのだ」。要するに、ヴィアンソン＝ポンテは、漠然とした不安を感じていたのであって、やがて来る爆発を先取りしていたわけではない。それどころか逆に、彼は国の指導者たちが、たるんだ身体になってしまったこのフランスに、少し生命を吹き込んでくれるよう救いを求めているのだ。この時代の空気を最も敏感に感じ取っていた者（コーン＝ベンディットを除いて）の一人である彼は、一カ月半後に、激しい反撃を加えようとしていた市民社会を信頼するのではなく、無気力な国を信じて、その国の目を覚まさせるために体制側の人間に呼びかけるのである。〈五月〉は、どう考えても予測不可能なものだったのだ。

**導火線に火がついた**

もう長い間、導火線がナンテールに引かれている。五月二日に突然、それが炎を上げる。「三月二二日運動」が総会で決めた二日間の「反帝国主義デー」最初の日だ。討論、上映会、活動家たちの販売スタンドなどが、ナンテールの革命家たちの四八時間を彩るに違いない。ダニーとその仲間たちは、ゆったり落ち着ける部屋を要求した。大学当局はなかなか承知しなかった。朝、当局の建物に押し入ることになった。部屋は認められたが、学生の目からすれば小さすぎた。午後になって、歴史学の教授ルネ・レモンは、自分が授業する大講義室が占拠されるのを目にする。「レモンの授業はありません」と張り紙がしてあった。彼はひどく傷ついたが、それでも自分の学生たちを連れて講義室に入った。すると、彼の脚に長椅子が投げつけられたので、怒りで蒼白になりながらも、撤退せざるをえない。

しかし、朝から緊張が高まった。学部内で、極右の介入があるという噂が学内に広がった。パリから持ち帰られた「オクシダン」のチラシが手から手へと渡る。「我々は五月三日金曜に、赤色テロに対抗し、断固たる手段によって秩序を回復する力が我々にあることを示すだろう」とある。すぐに動員だ。ナンテールの学生たちを救援するためにやって来た親中国派が大勢そこにいる。ゲリラ戦のエキスパートである彼らは、大学の防衛を引き受けた。彼らは至るところに見張り番を置き、ボルトや石を集めた箱を荷車で運び、近くの森にパチンコを作るための木の枝を切りに行く。傲慢な言葉が書かれた横断幕が飾られている。「パラノイアたち、おまえたちはディエン・ビエン・フーを逃れることはできたが、ナンテールではそうはいかない」。この熱気の中で、「三月二二日運動」の八人の学生、コーン＝ベンディット、デュトゥイユ、カストロとすべての指導者たちは、五月六日に開かれる懲罰委員会への召喚を受け取った。コーン＝ベンディットは再び、左翼諸党派の長をすべて集めて反撃の策を練る。その間、新しい事件に失望したグラッパンは、同僚と協議する。解決法は一つしかない。すなわち大学を再び閉鎖することだ。彼はそれを、その日の終りにコミュニケで発表する。

　異議申立て派は、そこで翌日、ソルボンヌの中庭での集会を呼びかけることに決める。ＵＮＥＦもまた同じように、抗議を呼びかけることに決める。「反帝国主義デー」は多くの動員はできなかった。たぶん明日は、今にも振りかかろうとしている弾圧によって、群集はさらに大きな騒ぎを起こすことになるだろう。金曜日の回答はすでに見たように、輝かしいものとなる。

## 4　五月四－五日　判事たちの週末

　五月三日金曜日の夜には、生まれつつある運動は早くも一つの指導部を備えた。それは、非公式でメンバーの変更はあったが、有能な指導部だった。午前〇時少し前に、左翼諸党派のリーダーたちはオペラの警察署に集められて解放され、しばらく後に、親中国派とアルチュセール派の砦となっていた高等師範学校《ノルマル・シュップ》に再び集まり、そこにアラン・ジェスマール[1]が合流する。

### 学生の司令部

　一九六三年にＰＳＵの学生組織（ＥＳＵ）の全国委員長だったジェスマールは、その後、大学助手となり、今は二九歳である。ここ一年、彼はフランス共産党の影響力を脱していた全国高等教育教職員組合（ＳＮＥ－Ｓｕｐ）の命運を握る議長だ。ＳＮＥ－Ｓｕｐは名の知れた組合で、ＦＥＮの会員組合であり、大学への集団要求を行なうときの伝統的パートナーであり、省の交渉相手でもあり、あらゆる左翼にとっても、討論と総括が活発に行なわれる場となっていた。数年来、この組合は大学の運営方法の近代化を要求しているが、無駄だった。熟練した政略家で、学生のリーダーたちより年長だが他の組合の責任者たちよりも学生たちに近いジェスマールは、これらの事件にすぐ反応した。彼が反抗のリーダーたちに与えた担保は決定的だ。ジェスマールは彼らに全国的な突破口、学生組織だけでは持ちえなかった当然の代表権を与えるのだ。

ソルボンヌの事件の報に接して、アラン・ジェスマールはカルチエ・ラタンに急いで駆けつけた。彼が着いたのは闘いの後だった。夜九時に、ジェスマールは連絡のついたSNE－Supのメンバーと協議して、大学でのゼネストの指令を出した[*1]。この決定が要である。それまでの数年間、警察とデモ隊の間の衝突があるたびに、学生運動の指導者たちは、全労働組合を回って支援を求め、その結果は、普通、コミュニケの発表か、デモに象徴的に参加してもらう程度だった。しかし今回は、ジェスマールのおかげで参加の度合はすぐに競り上がることになる。

深夜二時頃、師範学校の由緒ある教室で討論が始まる。UNEF、「三月二二日運動」、JCR代表のクリヴィーヌとウェベール、PSU、MAU代表のブーグローとペニヌー、UJ代表リナールなど、すべての組織が代表者を送っている。これは手強いチームである。彼らは皆五年から一〇年の政治的な実践経験を持った熟練の活動家たちだ。最終的に、彼らにチャンスがめぐって来たのだ。彼らはそのチャンスを活かすことができる。

ロベール・リナールはUJCmlの無愛想な演説家だが魅力的な力を持っていて、まず彼が口火を切る。彼にとっては、カルチエ・ラタンの騒乱は無意味な変節にすぎない。労働者階級に訴え、大学を去って工場に行くべきだ。全員が反対を叫ぶ。親中国派たちは深く傷つき、おのれの科学的社会主義の絶対的正しさを確信しながら会場を去って行く。五月一〇日まで、彼らはこの運動は革命的活動家たちを落とす罠だという同じ分析を展開することになる。それを止めて、カルチエ・ラタンを放棄し、人民との接触を追求すべきである、と。すべての学生運動史の中で最も激しかった一週間の間、UJCml指導部はかたくなに闘いの場外に留まることになる。

他の連中は残り、その後、毎夜ムッシュー・ル・プランス通りのＳＮＥ－Ｓｕｐの事務局に集まることになる。大学の雰囲気を推し量る熟知した専門家として、彼らはほんのわずかな暴力の前兆にも、一目で混乱を見抜いていた。[*2] 疑いなく、準備されていたのは尋常でない嵐だ。二つのデモを行なうことが決定される。一つは月曜の朝で、規律委員会に出頭するコーン゠ベンディット、デュトゥイユ、その他の者を支援するデモ、もう一つは、一八時三〇分からダンフェール・ロシュローで行なうデモだ。翌日にはすぐ、ＭＡＵがサン・ミッシェル大通りへの動員を始めることになる。それから彼らは、明け方までのわずかな夜の間、別れることにする。

**寝ること……**

とても長い一連の夜の最初である。多くの政治危機の場合と同じように、五月は徹夜ばかりの月となった。運動が高まり始めたばかりの頃には、すべての役者が元気溌剌としている。だが一〇日も暴動が続くと、疲労感がじわじわとやって来る。この指摘は陳腐なことに見えるかもしれない。しかし睡眠不足は危機においては重要な役を演じることになる。高度の緊張とわずかばかりの休息が二、三日も続くと、主役たちの明晰さや冷静さ、分析能力が鈍り始める。戦術的な間違い、逆上、パニック、失望、逃亡、辞任などが、この幕間のない芝居の主たる役者である。この視点からだけでも、〈五月〉の歴史を書くことができるかもしれない。最も耐久力があったのはジョルジュ・ポンピドゥーだ。彼は一度として弱音を吐かず、己の勇気と元気を保ち続け、徹夜に徹夜を重ね、その悪影響を大量のアスピリンの摂取によって打ち消した。それとは対照的に、シャルル・ドゴールは持ちこたえることができなかった。このエネルギッシュな怪物の上にも年齢が重くのしかかりはじめていた。ベルナール・トゥリコは、大統領府《エリゼー》官房長官としての主要な任務の一つは大統領の健康管理だったと告白している。[*3] ドゴールが姿を消す前に、事態に対処するためには、コロンベーで一晩じっくり寝る必要があると首相に説明したのは、言い訳などではまったくなかった。

同様に、危機が頂点に達しようとしているとき、ダニエル・コーン゠ベンディットは物理的に距離を取る必要があった。彼は運動を置き去りにして、ドイツに静養に行くが、そのおかげで政府は、彼をフランス滞在禁止処分にすることができた。治安部隊の疲労やオルフェーヴル河岸通りのパリ警視庁司令部の疲労は、モーリス・グリモーの主たる関心事の一つだった。彼は疲れきった憲兵隊や働き過ぎの機動隊を軍隊に代えさせる時期が来るのを見計らっていたのだ。

最も困難な勇気は朝三時の勇気だ、とボナパルト〈ナポレオン〉は言っていた。〈六八年五月〉の当事者たちは、そこから多くの教訓を得たに違いない。おそらく勝者は、最も大きな貯えを持っていた者たちだっただろう。

## 罰せられた者たち

五月四日土曜日の明け方、クリスチャン・フーシェは新聞に目を通す。異議申立て運動のインパクトは莫大だ。暴動の最中に現場に駆けつけることのできた記者たちは、皆一様に双方が行使した暴力にショックを受ける。大臣はひどく興奮している。おそらく彼は主要な闘いの一つ、言論の闘いがこんなにも早朝から開始されるとは思ってもみなかっただろう。右派の諸新聞は驚いた様子もなく、手厳しく非難している。「学生なのか、これらの若者たちは?」と『フィガロ』紙の折り込みページは疑問を呈し、「彼らはむしろ軽罪裁判所の管轄だ」と答えている。政府にとって得点となる記事もある。学生を糾弾する点において、『ユマニテ』紙が競うように学生を非難したのだ。「今日、極左主義者、アナーキスト、トロツキストらの諸集団の冒険的陰謀が、何に行き着くのかはっきりとわかる。彼らは客観的には、政府とその反学生的な政策を利することをしているのだ」。少し後で、フーシェはまだ知らなかったのだが、当時、弱さの印として「非共産主義左翼」と呼ばれていたFGDSの指導者フランソワ・ミッテランもまた、自分のためらいを表し、彼は政府を批判しつつも、「学生たちが用いている方法に価値があるかどうか留保しておきたい」と述べている。政界は、当初、世論がどちらに傾くかわからないまま、二つの態度の間で揺れている。暴力は一方的ではないこと、また警察が応酬したのは、まったく予知できない自然発生的な爆発に対してだったことは、皆よくわかっている。この時点では、金曜に起こった政治的発明、学生たちによる自発的で象徴的な暴力の使用が、政府にとって有利に働くのか不利に働くのかはまだわからない。論理的には、衝突の激しさは運動を少数派に導くはずだった。だが、実際にはその反対のことが起こることになるのだ。たしかに「警察の暴力」という主題は、まだ舞台の前面には出ていなかった。しかし、それは見え始めている。午後になって、『ル・モンド』紙は政府の「冷静さの欠如」を批判するだろう。[*4]学生たちの間では、警察への非難はすでに誇張された姿を取っている。金曜日の夕方の終りには、デモ参加者たちの間では、信じがたい噂が広まっている。警察署でひどい仕打ちを受けたとか、殺された学生たちの遺体を警察が勝手に処理してしまったらしいなどと噂されていた。これらの噂はまったく根拠のないものだが、ある雰囲気を作り出し、すぐにデモの参加者たちの輪を越えて広がった。そして、すでに教育者たちの一部は、その問題に敏感になっている。ジェスマールのSNE－Supが起草し、ローラン・シュヴァルツやアルフレッド・キャストレール[2]が呼びかけ人となった左翼大学人たちの請願書がやがて回されることになるだろう。そしてあらゆる種類の良識派が自ら調停役を買って出て、世論における政府の立場を弱めさせることになる。

　クリスチャン・フーシェはこれらすべてのことを先取りしているのだろうか。朝七時、ひどく不機嫌に、モーリス・グリモーに電話した。[*5]彼は事態の進み方にとても苛立っている。この暴動をもっと早く押しとどめ、パリの中心での殴打の濫用を避けることはできなかったのか。グリモーは、メディアは全体としては警察を批判しているわけではない、と答える。後のことは判事の管轄であり、前夜に逮捕された暴動参加者、あるいはその被疑者は、迅速な手続きによって、現行犯として、判事の手で裁かれるはずである。グリモーは改めて寛大な裁きを望む。しばらく後に、彼はパリの検事、パジョー氏[*6]に電話する。司法官にとっては、現行犯を立証するのは難しいだろう。二七人の学生は現場を押さえられたわけではない。彼らは逮捕時に単に現場にいたか、「武器の用途を有する物」を運んでいたことを咎められているにすぎない。彼らの誰も警察に名を知られている者はおらず、確実な暴力行為を彼らに負わせることはできない。グリモーは承認する。もちろん断固とした刑は、多くのけが人を出した警察の部下たちを満足させるだろう。しかし、グリモーは他のデモを弾圧せねばならなくなることを望んでいなかった。彼は連帯運動に歯止めをかけながら情状酌量の評決を出せば、紛争を鎮めることができるかもしれないと感じている。ちょうどその時、ルイ・ジョックスからグリモーに電話があった。その朝、ジョックスはフランソワ・サルダの訪問を受けたのだ。サルダというのはカタロニアの弁護士で、気が短く血気盛んな左派ドゴール主義者だ。彼はドゴール主義に神父主義を加味した数々のサークルの一つで同じ政治結社に通っていたことからジョックスをよく知っていた。サルダはまたＵＮＥＦの弁護士の一人でもある。彼の二重の肩書きは、当然のこととして、彼を調停者の立場に置くことになる。彼は、月曜にコーン゠ベンディットとその仲間たちを審査する規律委員会を一〇月に延期することを首相代理に提言する。そうすれば、ＵＮＥＦが事態の沈静化を図るだろうと熱血漢の交渉者は請け合う。ジョックスは喜んで彼の言うことを聞く。しかし、憲兵隊の影が頭をよぎる。彼は大統領官邸の雰囲気を知っている。どんな譲歩もドゴール将軍の目には後退と映るだろう。ジョックスは何か適当なことを言い、何の確約もしない。反対に、彼がグリモーに言うときには、また断固とした態度でやれと言う。警視総監はこれらの言葉の裏にあるドゴールの指示を推測する。*7 大統領も毎朝六時に起きて新聞を読み、自分の確信を強くしたのだ。国家の威信が脅かされかかっている。譲歩することは、続いてさらなる譲歩に追い込まれることになる。公共秩序の原則は侵してはならないのだ。

首相兼法相のジョックスは検事局に指示を出す。当時、官庁の意思は検事局の司法官たちにとっては、判断の重要な要素だった（これはほんとうに変わったのだろうか）。彼らはその意思を受けて裁定することになるのだ。最初の学生の一団は、午後にパリ軽犯罪裁判所第一〇室で有罪の宣告を受けた。執行猶予付きの禁固刑だ。節度のある判決だ。しかし、翌日、日曜日に例外的に再び法廷が召集され、今度は、四人の学生が二カ月の禁固刑となる。司法官たちは政府の戦略を考慮した形だ。四人の有罪は高くつくことになるだろう。第一〇室はソルボンヌに警察が立ち入ったことで引き起こされた象徴的なショックに加え、学生指導者たちに、もう一つの論拠をお膳立てしてやったわけだ。「仲間を解放しろ！」というスローガンは反抗の触媒となるだろう。そしてその触媒によって、政治化していない大勢の学生集団、クリスチャン・フーシェの机の上に届く総合情報局のすべての調査に現れる、もの言わぬ多数派が、やがて先導者たちより大声で叫ぶことになるのだ。ある警官が法廷で、何人の学生が負傷したのか自分は知らない、なぜなら「彼らは警備当局に出頭せず、うまく逃れたから」と平然と述べていること からも、そのことは明白である。*8

ドゴール主義は首領の指示に従って、この週末中、権威主義的な態度をとっていた。この主義にはそれなりの理由があった。すなわち、公共秩序を前提とする共和制の合法性を守ることである。しかし、ドゴール主義は一つの世代全体と断絶することになるのだ。午後になって、ASカルカッソンヌとSCリムーがラグビー・フランス選手権の決勝戦でつかみ合いをしているとき、グリモーは押し寄せてくる敵を見据えて戦闘の計画を練っていた。二つのデモが予定されている。一つは朝で、コーン゠ベンディットが懲罰委員会に出頭するのに同行するデモ、もう一つのデモは夕方六時三〇分に、ダンフェール・ロシュローから出発する。午後五時に、グリモーは自分の計画をかかえてフーシェに会いに行く。彼は、警察の出動は最小限度にして、デモ隊に対して介入せず、監視するだけにして、自由にデモをやらせることにする。フーシェはそのことを承認する。大臣はこの時点では、深刻に考えたくなかった。しかし、夕暮れが始まる頃、警視総監を再度呼び出し、断固としてやること、あくまでも法に則って行動すべきことを強調した。グリモーは、この態度の豹変の裏にはドゴールの厳命があることを再び見抜いた。同じように、アラン・ペイルフィットはコミュニケを発表して、試験が行なわれること、そして扇動者たちは罰せられることを断言する。サルダもまたジョックスに再度面会に来て、逮捕された学生たちを助けてほしいと頼む。ジョックスは答えることができない。そのようなことをすれば、UNEFに代表権のある交渉団体としての役割を認めることになるからだ。ところで、政府はアルジェリア戦争のときにあれほど強力だったこの学生組織が衰退の一途をたどっていることを確認して満足した。官庁は、この団体に対して年間補助金の支給を取りやめたので、組合は財政困難に陥っていた。なぜこの瀕死の組織を蘇らせねばならないのか。サルダには、今回も丁寧にお引き取り願った。UNEFとSNE－Supは、五月六日月曜のデモへの参加を呼びかけた。アラン・ジェスマールは金曜日午後に出したゼネスト指令の承認を事務局から受けとった。その日の終りに、彼は報道陣を前にして、その後の運動の要綱となる三つの要求事項を発表した。すなわち、拘束された学生の解放、ソルボンヌの再開、カルチエ・ラタンからの警官隊の退去である。他の人のために犠牲となって捕まった者たちの釈放は、高貴で議論の余地のない目標である。地理的な目標としては、ソルボンヌという知の象徴、学問をする人間の共有遺産を野蛮な者たちから奪還せねばならない。単純で明白で嫌悪すべき敵としての警察。この三位一体は完璧だ。今度の月曜は熱くなるだろう。

## 5　五月六日　暴動

マルクーゼ[1]はパリにいる。この時期に、アメリカに亡命したこのドイツの老理論家の著作を読んだことのある活動家は、ごくわずかしかいなかっただろう。マルクーゼにとって革命を引き継いでいくのは、西洋社会のあらゆる周縁的人間、落伍者、移民、反抗する学生たちなどである。だが、マルクーゼは五月六日の朝、ここにいる。彼は、哲学と人文科学国際評議会にまったくおとなしく参加していた。この会議は一九六八年五月六日月曜日、その日がちょうど生誕一五〇周年にあたるマルクスについてのもので、そのテーマは「カール・マルクスが科学的思考に及ぼす影響」という、まるで意図的に選んだかのようなものだった。マルクーゼは『ル・モンド』紙[*1]でピエール・ヴィアンソン＝ポンテの適切な質問に答えることになるが、しかし、デモの中には足を踏み入れることはない。マルクーゼはたしかに間違っている。というのも、マルクーゼが長々と語っている間、彼の精神の後継者たちが道路を占拠しているからだ。その最初の一人は、まさにこのとき、モーリス・グリモーがソルボンヌの周辺に配置した約一五〇〇人の警官が注視する中、、学生の小さな行列とジャーナリストたちの一群を引き連れて、サン・ジャック通りを上っていくところなのだ。

## 出頭

ぼさぼさの赤毛の頭髪、格子縞のシャツ[*2]を着たダニエル・コーン＝ベンディットは、この上なく嘲笑的な表情をして、青くきらめく眼差しで反り返った笑いを浮かべている。彼は仲間たちと、ナンテールの扇動者たち八人のたかが知れた過ちを裁定するためにソルボンヌで裁定審議を開くパリ大学規律委員会に出頭するのだ。判決は前もって知れていた。学部からの除籍、またそのうえ外国人であるために国外追放も加わるという公算は、自分の未来をその大切な革命に捧げることには無頓着な「赤いダニー」を深刻に悩ますだろう。そのため、特権的な擁護者たちは被告人たちに同行する。アラン・トゥレーヌ、ポール・リクール、アンリ・ルフェーヴル——有名な社会学者一人と哲学者二人だ。法律的にはあまり弁護の余地のない理由を彼らは擁護するだろう。すなわち、大学の合法性はこの八人の若者たちによって数えきれないほど破られたのだ。もう一つ別の次元、より政治的、より強固な次元で論証していくことになろう。

ソルボンヌに到着するや最初のもめ事だ。すなわち、ダニーやその他の連中は規則によって予定されていた一人ずつの出頭を拒否する。歩道に座って「インターナショナル」[2]を歌う。ついで、個人的な替え歌、ナンテールの学長に捧げた「ラ・カルマニョル／グラッパニョル」を歌う。「厳かな裁判所」はすぐに譲歩する。被告者たちをグループで裁定することになる。審問は四時間続くだろう。その間、コーン＝ベンディットは不遜な態度をしたり、同時に慎重な態度を見せたりするだろう。終って出て来たところで、彼は単にこう言うのだ。「四時間の間、結構楽しませてもらったよ」と。

本物のスペクタクルは外だ。ナンテールの学生たちを支援するために、三〇〇〇人の学生がやって来た。親中国派たちは、もちろん労働者支援のあまり効果があるとはいえないチラシの第一弾を、朝郊外で配ったが、何の成果もなしだ。もっと賢明なＭＡＵは幾つかの学部で、またおそらく労働の場でも運動を組織できる行動委員会の即時設置を呼びかけた。最初の行動委員会は一三区にできた。他の委員会は準備中だ。それは、「ベトナム委員会」のネットワークを利用したものだ。複数の高校にも委員会が設置された。このネットワークの二人の代表者、後に兄弟と自らの小集団を作ったパブリスト[3]系のトロツキスト、モーリス・ナジュマンとクリヴィーヌのJCRに加入していたミッシェル・レカナッティ[*3]は、すぐにムッシュー・ル・プランス通りにある運動の合同指導部に合流することになる。

　部隊の本隊には、ラジオと新聞で知って駆けつけた、どんなことにも感動しない者たちをがいた。メディアは、彼らを惹きつけるほど、金曜日の昼の出来事についてリポートを流していたのだ。そこにいなかった者たちは、何が起こったのか自分自身で確かめたいと思い、そこにいた者たちは、自分たちにもう一度できるか試してみたいと思っていた。大学をすでに卒業し、昔の活動の場に戻ってきた卒業生たちの姿もある。大半がクリヴィーヌを支持する、毅然として固く結束した実力部隊にしっかりと統率されている。活動家たちはそこにいる。しかし、とりわけ多くいたのはこの週末に態度を変えた者たちだった。ノンポリでどこの組織にも属さない彼らは、自らの連帯の意思を表明したいと思っているか、ただ単に今のパリを包んでいる時代の空気に捕らえられてやって来たのだ。その空気は、不遜な態度と突然解き放たれた攻撃性と、人々を解放する不意の権威への挑戦と、大人の世界、つまり分別のある者やあくせく働くだけの者、責任ある立場の者や野心溢れる者たちの陰気な社会に対する、瞬時の反逆によって作られていた。

　コーン＝ベンディットの入場後一五分して、警察は群集を蹴散らし始める。審議は平静のうちに行なわれなければならないからだ。この日の最初の催涙弾と投石がある。デモ隊は撤退し、再度一時間後にラスパイユ通りに集まることにする。グリモーは放置しておく。これが五月の最初の長征だ。ミーティングのためにワイン卸売市場で休息し、それからセーヌ河岸を封鎖するバリケードの前を通って右岸に渡り、三時間の行進を行なって、サン・ジェルマン大通りを通ってカルチエ・ラタンのほうに戻って来た。サン・ジャックの交差点に隊列がさしかかると、隊列は突然ソルボンヌの方に向かって向きを変える。この行動は完全に意図的なものだった。金曜日の即興の後を継いだＪＣＲの実力部隊の戦術で、彼らが隊列を導いたのだ。[*4]クリヴィーヌのトロツキストたちは、突破口を見出した。出来事を作るのは暴力だ。緊張が緩み、運動が瓦解するのを避けたければ、暴力を挑発せねばならない。本当は、乱闘を引き起こすためにトロツキストたちが術策を弄する必要などあまりなかった。群集はいかなる指令もなしに、早く警察と渡り合いたい衝動に震えている。暴動の喜びは、かつてなく学生たちの間に浸透していた。対決が始まる。

グリモーは衝突を回避したいと思っている。しかし、ソルボンヌを守らねばならない。エコール通りから、機動隊が突然現れ、小銃を掲げた。一瞬、彼らは持ちこたえる。しかし、群集の圧力があまりに強いため、モーベールへと撤退する。闘いが始まる。まずは、敷石と催涙弾の応酬による即席の砲兵戦だ。前線には、投石者たちが構えていて、警官隊の黒いバリケードの壁に向かって走り、敷石を投げると、急いでその場から逃げ去るのだ。この狙撃者たちの一人は、他の者たちの先まで行く。彼は機動隊に投石するために数メートルのところまで近づく。すると、機動隊の一人が隊を離れ、追いかけて、棍棒を振り上げるが、的には当たらない。このデモ参加者はひらりと身をかわし、コートの中から長い棒を出し、軽率な反撃者を念入りに連打する。[*5]デモ隊の前には、ヘルメットとマフラー姿の防衛部隊が催涙弾を投げ返す術を身につけている。その術は、足での正確な一撃と鋭い目が必要なスポーツだ。催涙弾に着火するのは時間がかかることがすぐわかった。そこで弾を集めて、投げ返すと、黒い制服の隊列の真中で炸裂した。

後ろでは敷石をはがし、最前列に供給する人の列が形成される。道路工事の小屋には火が放たれた。警官たちは呆然とする。このとき、機動隊は、プロを相手にとは言わないまでも、少なくとも彼らより迅速に移動し、冷静で手強い組織を備えた、訓練された活動家たちを相手に一戦を交えていると感じたのである。

グリモーはすぐに攻撃させたいとは思っていなかった。彼にとっては、ソルボンヌへのアクセスを禁止すれば充分だ。乱闘は無益である。だから、機動隊は武器を置いたまま、投石やボルトやビンの雨の中で、じっとしたまま、強化安全グラスの楯でわずかに身を守られて、侮辱と嘲笑を浴びていなければならなかった。定期的に、彼らの一人が叫び声を上げて崩れ、同僚たちによって勢いよくバスのほうへ引きずられる。押し殺した怒りが隊列から上がる。怒りは攻撃の時にそれだけいっそう激しく解き放たれるだろう。

警視総監は部隊を押さえて、自分で判断したいと思っている。彼は執務室から歩いてモーベールに向かう。そこで、みんなから姿を見られた。学生たちや記者たちが彼を取り巻く。人々は警察を非難した。「デモ隊が最初に暴力を行使したのです」と、グリモーはクリスチャン・ブリュネ機動隊長が敷石で頭を割られたことを引き合いに出して答える。彼は笑みを浮かべながら落ち着いて議論し、そして最後に、「あなた方の中に、多分、一人、警視総監になる人物がいるとしましょう。そうしたら、その彼も自分の仕事を全うしなければならないのですよ。そして、パリの街の秩序を確保しなければならないのです」と結論を言い残して現場を離れる。

**サン・ジェルマン・デ・プレの闘い**

夕方六時頃、暴動は、暴徒がいなくなって中断する。デモ参加者たちはUNEFが召集した一八時半からのダンフェール・ロシュローのデモに合流するため、こっそりと逃げ出していた。道すがら、マフラーを首に巻きヘルメットを手にして駆けつける元気なグループに出会った。六〇〇〇人の学生たちがベルフォールのライオン像を取り巻いている。熱狂が群集を高ぶらせる。彼らはこれほど多くの人が集ったことに驚いている。FERのランベール派は彼らの横断幕をむりやり広げようとするが、みんなに野次られて、素早く幕を丸めざるを得なかった。そこには、〈五月〉のスタイルが出される。すなわち紋切り型の硬直した言語よりも嘲弄の言葉だ。「俺たちみんな極左集団だ！」。言葉の発明が始まる。群集は陽気にラスパイユ大通りに流れ出る。みんなは「インターナショナル」を歌い出すが、二番目以降の歌詞を知らないから、一番だけを繰り返す。若い女性たちがバルコニーから赤いバラの花を投げる。「ブルジョワ女性たちは我々と共に！」。幾つかの赤い旗が現れ、行列は有頂天になる。ヴァヴァンの交差点、レンヌ通り、サン・ジェルマン大通りへと進む。ヘルメットをかぶった最前列が止まると、列が重なり合って動かなくなる。沈黙が覆う。一〇〇メートル先、ディドロの銅像の目の下に、陽に輝くヘルメッ

CRS（機動隊）に向かって敷石を投げる若者。1968年5月6日、サン・ジェルマン大通り。

トと、灰色の舗道の上の長靴姿の機動隊のバリケードが黒く光っている。お互いが相手の力量を見定めるためにじっとにらみ合う。躊躇と不安。しかし、リーダーたちはそこにいる。ＪＣＲは相変わらず突撃に賭ける。前進すべきだ。狙撃者たちは投げる物を持って隊列を離れる。視線を交わし合う。マフラーを鼻の上にぴったりとつける。それから投石を開始するのだ。

警察は石を投げつけられ、攻撃され、フール通りの裏手から挟み撃ちに遭うことを恐れて、後退する。群集が殺到する。初めて機動隊は退却せねばならなくなった。指揮官たちは茫然としている。

群集が仕事に取りかかったのだからなおさらだ。彼らは敷石を砕くために、道路標識を引き抜いた。砕石舗道の間に最初の割れ目ができると、一〇本の手が一〇個の敷石をはがし、その敷石は最前列に送られ、制服に向かって飛んでいく。幾つもの自動車は舗道から押されて、ひっくり返され、街路樹を保護している鉄格子は、ひっぱがされた。警察が催涙弾の一斉射撃によって反撃すると、催涙弾は次々と爆発する。走り、どなり、見つけた物を手当り次第に投げ、逃げ、身を隠し、恐れを抱き、そしてまた始める。夜が訪れ、戦場を闇に包む。催涙ガスでいっぱいになった空気は肺や目を刺激し、炎が機動隊の黒い防水服に反射する。通行人たちは棍棒で殴られ、ショーウインドーは割られ、怒号とののしりと爆発の音しか聞こえない。

警察は二台の消防車を呼ぶ。よく狙って投げられた敷石が最初の車のフロントガラスを割った。投石の雨の中を後退せざるをえない。ＣＲＳ〔内務省直属の共和国保安機動隊〕が攻撃するが、待ち伏せしていた連中に裏から攻撃され、至近距離から背中に投石された。一つの中隊がパニックに陥り、指揮官が棍棒の雨を浴びせたにもかかわらず、逃亡四散する。一人の擲弾員はガスで目が見えなくなって走り、木にぶつかって嘲笑を買う。突然、小型トラックが警察のバリケードに向かって走り出す。そのアクセルの上には敷石が置かれていたのだ。運転手は直前になって飛び降りていた。ＣＲＳは一瞬の差で車をかわすことができた。[*6] 治安部隊は現場に釘づけになっている。部隊はデモ隊が荒れ狂い、組織化されている限り、正面攻撃を仕掛けることはできない。そこでだいぶ時間が経った後で、警官隊は暴動者たちを背後から捕まえようと、包囲作戦を試みる。群集はレンヌ通りに退却して、そこで潰走する。時刻は夜九時を過ぎている。ついに戦場を掌握した警察は、まだ闘いたい小グループを追い散らす。それは報復的な人間狩りで、手当り次第に叩き、負傷者が続出する。というのも、今度ばかりはデモ参加者も太刀打ちできないからだ。衝突の音は夜一一時まで続くことになる。翌朝、道路清掃局の努力にもかかわらず、サン・ジェルマン・デ・プレ界隈は、台風が通り過ぎた後のような有様だ。敷石の剝がされた車道、粉々になったショーウインドー、焼けただれた残骸、しつこく残るガスの匂いなどだ。パリは暴動の最初の夜明けを経験する。（公式発表では四八一人の負傷者、そのうち、学生が二七九人、八一人の逮捕者のうち、四〇人がそのまま拘束された。

**世論は学生たちを支持する**

　夜八時半、テレビで、アラン・ペイルフィットはイヴ・ムルージという名の若いジャーナリストの質問に答える。「わたしたちはたいへん忍耐強く対していました。しかし、学生たちが暴動の真似事をしたかったのです」と大臣は語る。これらの事件は組織された扇動者たちの犯行だ。「暴力のエスカレート」を終らせなければならない、と。技術的にも、法的にも、政府は自己弁護の論拠をすべて持っている。ソルボンヌ周辺の立ち入り禁止は、正しいとは言わないまでも合法的だ。デモの権利は治安部隊に投石する権利を含んではいないし、ましてや集団で治安部隊を攻撃する権利は含まない。衝突はデモ側の組織された少数者集団（一般的には、ＪＣＲの警備班）によって、承知の上で引き起こされた。たとえ、群集がその動きに、喜んで追随したとしてもだ。また警官の中にも多くの負傷者がいる。この警官たちは、自分たちの出動によって引き起こされたのではないとは言えないが、自ら進んで挑発したわけではない攻撃に、厳しく反撃したのである。

　しかし、政治的には、この公式の弁明はもはや通用しなかった。学生の群集にとっては、金曜日に逮捕された下役たちの刑務所行きが乱闘を正当化する。ソルボンヌの閉鎖は、フィリップ尊厳王[4]がパリの学生たちに警察力と国王裁判権が及ばない身分を与えた中世まで遡る伝統を侵害するのだ。警察の乱暴さ、とりわけ、逃げる者たちに情け容赦なく振るわれた暴力は、衝突の実際の原因についてのすべての疑問を帳消しにしてしまう。そして、とりわけ、一つの世代全体が体制に反対して動員されているという漠然とした感情を世論が抱くとき、秩序の言説は空回りする。学生の青年層は多くの著名な教育者たちの後ろ盾を得たので、彼らはごく自然に共感の恩恵に浴するのである。憲兵たちと扇動者たちの紛争においても、不正行為が恐怖を生まない限り、扇動者たちが自然と人々の心をつかんだのだ。しかしながら、恐怖はまだそこにはない。権威が挑戦を受けるのを見て楽しむ者もいれば、また棍棒の殴打という暴力を前にして、激しく抗議する者もいる。純粋な論争の論拠をここで使っているように見える政府を除いて、影響力のある少数派が現実的な役割を果たしたことについて口を閉ざしている。まだそれを知らない学生運動は万々歳で世論との戦いに楽々と勝ったのだ。

マスコミはこの大異変を集中的に報じた。『コンバ』紙は「カルチエ・ラタンの大虐殺」というタイトルを掲げ、一般感情を誇大にあおる。要するに、興奮はしているが、武器は持っていないデモ隊を前に、警察は冷静さを失ったというのである。治安部隊員たちは若い娘たちに襲いかかり、CRSは通行人を攻撃したり、映画館に催涙弾を投げたり、黒人やアラブ人と見るや例外なくひどく殴打した。新聞は制服の警官たちの暴力を長々と記述した。興奮しすぎた警察官が警察署内で行なった数えきれない暴力は、警察幹部の否定にもかかわらず広く明るみに出始めた。「私は簡単な身元確認のために、警察署に入らざるをえなかったんです……。数分後、そこから出てきた時には、つるはしの取手を巧みに操った警部に鼻を折られていました」[*7]と書かれている。逮捕されたデモ参加者の大半が集められたボージョン中央警察は、たとえ噂がいささか誇張されたにせよ、違うとは言えない確実な評判が立ち始めていた。袋だたきはよくあることで、常に侮辱と乱暴な取り扱いを受けていた。警察の恨みは人種差別や、時には反ユダヤ主義と混ざって、そこでは自由に溢れ出していた。モーリス・グリモーは警察幹部を誡め、自分の部隊の熱が鎮まるように、たいそうな姿で即座にやって来なければならなくなる。[*8]これらすべてが危険なほど政府の立場を弱めさせる。政界はそれを感じ始める。ドゴール将軍は断固とした措置が維持できるよう、大臣たちに圧力をかけ続ける。しかし、大統領官邸に議員団を迎え入れて、大統領は二段がまえの緊張緩和の話をした。「皆さん、大学は改革を必要としています……しかし、街頭の暴力を許すことはできません」[*9]と。言わんとすることは、もはや秩序や改革ではない。話は一見、無害なものに見える。しかしながら、ドゴールはデモ参加者たちを部分的に認めているのだ。誰も気がつかなかったが、この言葉は五月二九日まで続くドゴール将軍の態度すべてを暗に含んでいる。対称的に、フランス共産党もまた自分たちの態度をつつましく改心させねばならない。ジョルジュ・セギー[5]の言葉に、その変化が読み取れる。彼はCGTの名で語っているが、誰もが、彼は労働組合連合の態度決定がいつも議論されていることを知っているフランス共産党の政治局員でもあり、その党では、今やお決まりとなった極左の「挑発者たち」の非難から始める。しかし、共産党は金曜日以降、何かが生まれつつあり、ただちにそれと接触を断つべきではないと感じていた。だから、セギーは「断固として労働者階級の側に身を置いている知識人たちへの共感」を表明する。その学生運動に対する称賛はもってまわった、条件付きのものである。にもかかわらず、称賛していることは明らかだ。

## 6　五月七日　長征

二つのデモによって、学生運動は舞台の前面に飛び出した。どうやってそこに留まるのか？　思いもよらず力強いこの動員を、今後どのように政治的な勝利に変えるのか？　運動の指導部は早くから自問する。ジェスマールがすでに作成していた三つの要求事項、すなわち投獄された者たちの解放、警察力の撤退、ソルボンヌの再開という目標については、全員の意見が一致した。

### プラグマティズム

〈五月〉の現実感覚の欠如や、錯乱的な言葉、革命幻想やイデオロギーの転移について、人々は後になってからあれこれと無駄な註釈をつけるだろう。左翼小党派のリーダーたちはこれらの評価をしばしば正当化する。しかし、それらはとりわけ一つの視点からの見方にすぎない。これらの見方が正しいとしても、それは〈五月〉の出来事それ自体よりもむしろそれ以降に当てはまるものである。七〇年代の左翼諸党派の開花がこの評価を狂わせる。一九六八年には、イデオロギーの芽しか存在していない。樹木の方は政治色を持っていない。虎にまたがっている戦術家たちは本能的にそこから大きな結果を引き出す。この最初の週の計画に空疎な雄弁はまったくない。連帯、初発の怒り、仲間意識による反射的行動を誰もが演じる。政治的な出口ができるのはその後になってからだ。今は運動を拡大し、運動に参加させ、普及せねばならない。イデオロギーで充満したコーン゠ベンディット、クリヴィーヌやジェスマールやペニヌーらも、彼らの複雑な小さな旗をいつポケットにしまって、いつ感動の大きな旗を広げるべきなのかを知っている。

同じように、暴力の使用が一貫して行なわれたわけではない。人々は〈五月〉を一連の長い激しいデモ、連続する暴動の一種として記憶している。その点でもまた、記憶は選択的だ。暴力の爆発は三度、そのうち二度は五月に、一度は六月にあり、危機の六〇日間に、激しいデモが全部で一〇回あった。それらの激しさにゆえに、その数をオーバーに言われることになるのである。バリケードが過去に遡って、視界を塞ぐのだ。

この火曜の朝、ムッシュー・ル・プランス通りの小さな参謀本部に、まったく戦闘気分はない。メンバーたちはデモ参加者の数の多さにびっくり仰天している。しかしパリの一六万人の学生のうち、六〇〇〇人しか参加しなかったこともよくわかっている。信じられない数だが、少数派だ。また、暴力のもたらす影響についても心配だ。弱体化したとはいえ責任ある組織のスポークスマンで、ジェスマールとともに公権力と交渉できる唯一の人物にして、他の党派の指導者たちよりも法を重視する精神の持ち主であるジャック・ソヴァージョは、今晩にでもデモをしたいが、今度は穏やかなデモにしたいと望んでいる。他の連中は彼を支持する。ヘルメットと投石具は物置にしまっておいて。カルチエ・ラタンから近く、広々として幅の広い道路からのアクセスがあるという点で、ダンフェール・ロシュロー広場はデモの出発点にするには都合がいい。午後六時半に、そこにデモを召集することにする。

少し後になって、ジェスマールは記者会見し、SNE–SupとUNEFの名で以下の決議を伝える。「我々の善意を示すために、今晩のデモは可能なかぎり暴力の伴わないものとすることを約束する」。これは政治的リスクでもある。つまりもしデモ行進が悪化すれば、ＳＮＥ－ＳｕｐとＵＮＥＦには、何であれ、統制する能力がないと判明してしまうことになる。仕方なかろう。運動の指導部は賭けを打つ。指導部には少なくとも注意深い聴衆が一人いる。それは、モーリス・グリモーだ。彼は学生の強い恨みと政府の非妥協性が約束されているデモの夕べを不安を抱えながら憂慮し始めた。[*1] 衝突はまた始まるだろう。そして、それとともに、逸脱や不測の事態が常に生じ、デモの参加者の誰かが一人死んだら、衝突の停止以外に何の手だてもないことになってしまうだろう。むろん、彼はデモを禁止することもできる。だが、軟弱な連中は断念させられるが、それ以外の者たちの決意をもっと強固にさせることになってしまう。技術的には首尾よく禁止させるのはとても難しい。集合場所を包囲し、そこにたどり着く——特に地下鉄で——すべての者たちを攻撃せねばならない。暴力は避けられない。そして、とりわけ、デモ隊は集結地点を素早く変えることができるのだ。その時は、すばやく中隊を移動させねばならないが、彼らが交通渋滞に巻き込まれる恐れもある。歩いて移動させることもできる。しかしその場合、あまりよく訓練されておらず、重装備でしばしば太鼓腹の警官は、学生に簡単に距離を空けられてしまう。「どうしようもありません、彼らはバスケットシューズを履いているんですから」と、ＣＲＳの警部は騒々しくかけずり回る一夜、上司にそう言うことになる。[*2] この場合も、デモは混乱の中でも行なわれ、そして治安部隊は滑稽な姿をさらす。いっそあらかじめデモコースを交渉し、それに応じて部隊を配置した方がよい。この日、学生組織の指導者たちは、どちらかというと抑制の利いた話し方をしていただけになおさらだ。そこでグリモーは、午後に彼らと会おうと努めた。彼はＳＮＥ－Ｓｕｐの事務局に電話した。

「あなたを捕まえるのにたいへん苦労しました」と電話が繋がった瞬間、グリモーはジェスマールに言った。

「私たちには電話が二回線しかないのです」と相手が返事する。

「たいしたことではありません、私が何とかしましょう」[*3] と。

その後すぐに、ムッシュー・ル・プランス通りに技師が来て、直通回線を設置したが、それは、六カ月の間、機能することになる。これはまったく象徴的な出来事である。危機の間中、暴動の参謀本部と弾圧の参謀本部は、仲介者なしに継続的な接触を保っていたことになる。これは、とりわけ技術的な議論、デモのコース、時間、デモの目的を話し合うためのものだ。学生運動の責任者たちは何年も前からデモに慣れており、デモ・コースについて交渉し、禁止事項について議論し、どこどこの場所で迂回すると譲歩することが習慣になっていた。彼らは五月中も同じことを続けた。規模だけが変わったのである。それは、ほとんど常に破壊を最小限にすること、流血を回避すること、要するに、たとえ失敗した革命であっても、革命のリストからは「事件」を決定的に遠ざける暗黙の確信を尊重するものだ。つまり、いかなる場合も極端な行動に出ることはないだろう。たとえ内戦であっても、〈五月〉の戦争は起きないだろう。というのも、誰も殺したいとは思っていないし、誰も死にたいとは思っていないからだ。

### エトワール広場へ

一八時半になって、ダンフェールで、学生指導部は賭けに勝った。そこには六〇〇〇人以上の人がいる。動員はまだ続いている。正面には、グリモーが四五〇〇人の警官を配置して、彼らは群集を包囲し、ソルボンヌの周辺を固めている。ベルフォールのライオン像の周りには、古くからの活動家もこの二日間で活動家になった者も全員がそこにいる。彼らはそれが信じられず、カッと目を開き、感情を押さえている。彼らはもはや一人ではない。他の多くの者たちが彼らに合流した。好奇心に満ちた者、楽しんでいる者、熱狂している者、転向した者たちがみんなダンフェール広場の敷石を埋めつくす。ソヴァージョが発言するが、堂に入ったと言えるものではない。幾つかの文章とたった一言、すなわちソルボンヌと言っただけだ。話は、アルマ・マテール[1]〔校母〕へとゆっくり移って行く。「我々は皆左翼小党派だ！」

グリモーは警視庁を出た。デモ隊の方に向かってサン・ミッシェル大通りを上った。ポール・ロワイヤルで、彼は前へ出て敵と交渉する。「ソルボンヌに辿り着こうとしないでほしい。そんなことをすれば、あなた方はしたたかに殴られるだろう。モンパルナスに行くことは許可しますよ」[*4]。最初の隊列はそれに応じ、セーヌ川の方へ進む。カルチエ・ラタンには進めないが、仕方がない！　別の大陸である右岸から、抗議のメッセージを送ることも悪くはないだろう。これが学生の長征の始まりだ。みんなはアンヴァリッド大通りを下って行く。行列はふくれあがり、警察は身動きせずに眺めている。群集の右手には、国民議会が手の届くところにある。議会には一瞥もせず、かろうじて幾つかの皮肉が飛ぶだけだ。「権力は街頭にある」と。

　この静かな軽蔑、議会の主権に対するこの上ない無関心について、後で数限りなく解説がなされることになる。そこにはいささかの真実があるのだ。つまり、〈五月〉の群集は合法性の欠落の中で行動したのだ。制度のメカニズムが突然拒否され、「突破口」がわずかに開いたのである。しかし、もう一つ別のこともあった。実は、一九六八年の青年たちは第五共和制しか知らなかったのだ。第四共和制は、彼らが幼年期を脱するとき、死にかけていた。その終焉は議会権力の終焉だった。一〇年後、なぜ、威信も権力もないこの評判が落ちた有名無実の集まりを非難する必要があるのか。

　実際、権力は街頭にあったのだ。しかし、それは国家とドゴール将軍とその政府の権力があり、それが黒い警官隊の人垣によって物質化されていたのだ。獄中にある者たちを解放するためには、街頭での闘いにすべてがかかっていた。それは、革命的ロマンティシズムというよりもむしろ正常で直感的な現場感覚だった。将軍はそのカリスマ性、度々の公的旅行、大衆との直接的な触れ合い、そしてテレビによって、民衆と権力の間に媒介なしの接触を確立していた。学生たちはドゴールの権威の下で育ったので、彼のことは完全に理解していた。これはひどく興味深いパラドックスで、アンヴァリッド〔軍隊〕の無関心は、おそらく革命的であるよりはむしろドゴール的だったのだ。議会の野党はずっと以前から、ドゴール主義の体制――政党と議会と連合の体制――の中で長期間それを逸脱するものとして常に生きてきたため、第五共和制の新しい正統性について理解するのに、ずっと時間がかかるに違いない。そして、デモ隊はこの第五共和制に、暗黙のオマージュを捧げているのだ。

　いずれにしろ、こうした微妙な問題から遠く離れて、夕日がきらめくセーヌ川を前に、群集は自分たちが強く、勝ち誇り、無敵であると感じている。〈五月〉の詩的な幻想はこの日に生まれたのだ。「我々は皆主人公だった」とジャック・バイナック[2]は語った[*5]。忙しいパリで、一万二〇〇〇人の扇動者たちが歴史のそよ風を吸い込んでいる。

警察はアレクサンドル三世橋を封鎖する。デモ隊はオルセー河岸通りに沿って、コンコルド橋に向かって前進する。一九三四年二月六日、コンコルド広場は悲劇の現場だった。その時には警察の最後の警戒ラインが国民議会を守っていて、発砲せねばならなかった。今回は戦術的エラーで、通過は自由だ。大したことではない。群集は反対の方向に向かっているのだ。ブルボン宮に背を向けて、デモ隊は右岸の冒険へと繰り出す。陶酔は続く。上機嫌で、うっとりして、赤旗を先頭に、シャンゼリゼ大通りを上って行く。「あれは最高の瞬間でした。わたしたちは一日中歩いたんです。パリ中をくまなく歩き回り、最後には、シャンゼリゼをいっぱいにするのに充分なほど、行列は膨らみました。本当に信じられないくらいでした」[*6]とジャン＝マルセル・ブーグロー[3]は今日、語っている。

ボーヴォー広場[4]では、クリスチャン・フーシェが大臣室のスタッフと急いで食事をとっていた。雰囲気も手伝って、パリの「闘いの日々」が話題になった。都市の戦略家に昇進した大臣は、知ったかぶりで確信に満ちて、暴動を右岸に波及させないことが決定的に重要だと説明した。たしかにエリゼー宮はすぐ近くで、それを守る部隊はいない。その時、電話が入る。「彼らは右岸に入っています」。「くそ！」[*7]。怒ったフーシェはグリモーに電話する。「橋を全部封鎖すべきだったんですよ。わかるでしょ、基本的なことじゃないですか」。まさに、そのとおりだ。しかし、大臣は勘違いしている。群集は木立で隠されたエリゼー宮を忘れていたのだ。

夜一〇時になって、群集は、赤旗と黒旗を立てて、凱旋門の周りに座り込む。わずかに残っていた共和国への熱情につき動かされ、その時、一人のアナーキストが無名戦士の墓の炎に小便をかけようとするのを、トロツキストたちが止めさせたらしい[*8]。みんなはスローガンを叫び、歌を歌い、再び出発する。グリモーは大急ぎで部隊を再編成させた。ジョルジュ・サンクのところに、巨大な警戒ラインを作って、シャンゼリゼを封鎖した。今回は、万が一に備えて、エリゼー宮への道は遮断される。一人の警視が学生の指導者たちに左岸に戻らねばならないと通告する。UNEFは警官たちの前で列を作り、流れは橋のほうへ方向を反らされた。デモ隊はへとへとだったが、アサス通りの小競り合いをラジオで聞いて、カルチエ・ラタンへ戻る。午前零時だ。ソルボンヌは見えている。雰囲気は熱を帯びて来る。ムッシュー・ル・プランス通りでは、SNE−Supの「ホットライン」を使って、ジェスマールがグリモーに封鎖を解くよう懇願し、「さもなければ虐殺になります」と伝える。グリモーはそうする気になる。が、彼はソルボンヌの将来について、保証がほしかった。二人は議論する。すると、突然、警視総監の声の調子が変わる。すなわち、デモが解散し始めたことをグリモーは知ったのだ。現場では、秩序あるUNEFの実働部隊が停戦を告げる。帰らなくてはならない。群集は慌てることなく、それを受入れる。そこでもまた、親中国派は目立つ行動をとる。彼らの労働者の合い言葉は功を奏さなかった。今は何とか学生を衝突に向かわせたい。ジェスマールとコーン＝ベンディットの不在を利用して、デモの主導権を取るために、彼らは密集した少数のグループを幾つか作って、バリケードを攻撃する。[*9] 群集を解放するのに、それ以上する必要はない。彼らもまた乱闘をしたかったからだ。なすすべもない防衛部隊の目の前で暴動は再び始まった。敷石が飛び、自動車は燃やされ、催涙ガスがパリの闇に広がる。ボンデ警視はその報告書の中でこう述べている。「ポール・ロワイヤルに近いモンパルナス大通りで、私はUNEFの四人の警備班に呼び止められたのです。彼らは動揺し、一人は涙さえ流していました。完全に動転し、この出来事でお手上げ状態の彼らは、自動車を破壊したり治安部隊に石を投げて抵抗している妥協をやめたデモ参加者たちは、彼らの組織のメンバーではなく、親中国派の革命組織のメンバーであると私にわからせようとしました。警備班は私に私の部隊を使って、こうした破壊行為を止めさせるよう懇願しました」[*10]。衝突はカルチエ・ラタンの周辺で、三時間続く。長征は騒乱で終る。デモの最後は乱闘という伝統が定着する。〈五月〉の神話が形を成してくる。

# 7　五月八日　後退

エトワール広場での行進にも、ドゴール将軍は動揺しなかった。水曜日の閣議で、アラン・ペイルフィットが大学の危機と必要な変化、秩序回復の要請についての長い報告を終えたばかりだが、大統領の考えははっきりしている。フランソワ・モーリヤックの署名もある三人のノーベル賞受賞者たちからの今朝の電報も、彼の決意を揺るがせはしなかった。この下級案件には少しエネルギーが必要だというだけだ。大学は相当な手段を使ってきた。その民主化は必要だが、その計画化も必要だ、とドゴールは言う。選別の問題は緊急を要する。そしてまず、秩序が維持されねばならない。その後、話し合えばいいではないか。そしてこう締めくくる。「暴動というのは火事と同じで、始まった最初の数分が勝負なのです[*1]」

閣議のコミュニケに反応して、ＵＮＥＦは挑発だと叫んだ。学生が要求した三項目に一言も言及がないし、柔軟な態度もない、その上、あの選別への脅威も蘇っている。ジェスマールは記者会見を開き、「警察が解放しようがしまいが、今晩、ソルボンヌは我々のものになるだろう！」と表明する。

**交渉**

対立はそれゆえ全面的である、表面上は。しかし、舞台裏では、密かで不確かで曖昧な交渉が、難航しながら一つの筋道を開きつつある。参謀部は二つの判断の間で揺れている。「三月二二日運動」、ＪＣＲ、ＭＡＵは、今回のような動員はそう早くは再び行なえないだろうと感じている。この運動のダイナミズムを維持するために、完全な非妥協的態度に徹して継続すること、衝突とエスカレーションをうまく操作することだ。だから、一度力関係が確立すれば、世論は一極に集中し、我々はその果実を収穫できるだろう。さらには、おそらく労働組合と連結することで、大学以外にも食い込むことに成功するかもしれない。実のところ、ここにいる連中は、それを言わずして妥協するのは最悪だと考えているのだ[*2]。

ＳＮＥ－ＳｕｐとＵＮＥＦ、そして理由は別だが、

FERのトロツキストたちは、交渉に傾いている。組織の性格上、二つの組織にとっては、それは正常な反応だ。街頭での乱闘は彼らの活動の主要目的ではない。組合の目標とは、自分たちの要求を前進させることにある。三項目の基本的な部分に満足を得られるなら、その利益を確保して、運動を勝利で終結させ、秋の新学期に強い立場で臨めるよう準備できるかもしれない。ジェスマールとソヴァージョは、おまけに彼らの兄貴分にあたる大人の組合運動、特にFENとの接触もある。これらの組合は当然、妥協するように勧める。自分たちの側のより理性的な姿勢と引き換えに、SNE‐SupとUNEFのリーダーたちは、伝統的な組合勢力の力から公の支援を確保することが期待でき、そうして自分たちの行動を拡大することができるだろう。一方ではFENの指導者たちが、他方ではUNEFの弁護士フランソワ・サルダが、おそらく学生のリーダーたちと調整する方法があるだろうと国民教育省に伝えた。すでに、前日、UNEFのリーダーたちはグリモーに平和的な行列を約束していた。彼らは約束を守り、警視総監は、夜の終りの小競り合いはUNEFの防衛隊の意図に反して起こったのだということを確認していた。ところで、夜のデモのために、ジェスマールとソヴァージョはザマンスキ学部長から、ジュシューからワイン卸売市場までの広い中庭を自由に使用する許可を得た。警官たちの目から離れたその場所で、伝統的な集会をした後で、カルチエ・ラタンに向かって平和的な行進をするのである。

それを知って、アラン・ペイルフィットは一つの手立てを講じる。国民議会での口頭質問による審議の際に、政府に質問した野党の批判に答えて、ソルボンヌの再開の可能性を示唆した。「もしこれらの諸条件が整えば、パリ・ソルボンヌ大学の学部の授業の再開は、総長と関係学部長が可能と判断し次第、実行されるでしょう。すなわち、私が願うところでは、明日の午後です」[*3]と。これを聞いた『フランス・ソワール』紙のあるジャーナリストは危機の解決を信じる。その日の夕刊では、ソルボンヌの再開が確かなこととして報じられる。[*4]しばらくして、これを読んだジョックスは、ペイルフィットに電話して、彼を叱りつけ、ドゴール将軍の指示について彼に念を押す。[*5]大臣は自分が誤解されたのだと説明した。しかし、結果はすぐに現れる。翌日、『コンバ』紙は、「ドゴールは妥協した」と見出しに掲げることになるのである。学生リーダーたち自身もまた、ひょっとすると権力は屈服するかもしれない、と思い始める。グリモーはすこぶる満足している。フランス西部での一連の農民デモのせいで、CRSと憲兵隊の要員の一部が地方に送られていた。だから、カルチエ・ラタンでもう一度新たな暴動が再燃したら、権力は対応できないだろう。

この曖昧な雰囲気の中、打ちつけるような雨の下で、ワイン卸売市場での集会が始まる。組合のリーダーたちは要求項目について話をするが、高いところに設置されていた強力なスピーカーのせいで、群集との対話はすべて不可能になり、政府の固い約束が儀式的に求められるだけだ。そしてとりわけ、集まった人々は雨にぬれてひどくうんざりする。それまで不在だったフランス共産党は、己の体面を再び保てると見るや、運動にまたくっついてきた。党の代議員たちもそこにいて、党の活動家たちは機械的に「挑発」を糾弾し、平静を呼びかける。

**迷い込んだ運動**

カルチエ・ラタンに向かって行列が進み始めたときには、至るところに人がいて一万人以上に膨らんでいる。[*6]「弾圧をやめろ!」、「責任者はドゴールだ」、「怒れるフーシェ」と声が上がる。グリモーの警視らにこっそり監視されながら、みんなは平和裡に行進する。警視総監は学生の防衛隊の効果を試すために、介入しないよう求めた。それから、何の問題もなくしばらく歩いた後、リュクサンブール公園のスフロ通り側の入り口に到着する。まさにそこで、あらかじめ取った決議に従って、責任者たちは解散を呼びかける。ソヴァージョがUNEFを代表して、シスレイがFERを代表してエドモン・ロスタン広場を回って、解散を呼びかける。しかし、学生たちは立ち去ろうとはしない。激怒している者もいれば、涙を流している者もいる。彼らは責任者たちに詰めより、不満をぶちまけ、たるんだ組合幹部によって間違った道に連れて行かれ、自分たちの力がそんな風にがたがたになるのを見て憤激している。幾つかの小さなグループが、SNE-SupとUNEFを敗北主義と公然と侮辱して、リュクサンブール公園の鉄柵のまわりに集まり出す。朝、空威張りして、夜はソルボンヌで寝ると約束していたジェスマールは、その非難の声を聞いている。ソルボンヌはすぐそばだが、相変わらず固く守られたままだ。解散の直前に、警察と顔を合わせたことが、やる気をかき立てていた。暴動の楽しみはなかなか消えない。この夜もまた、学生たちはあらゆる駆け引き、党派のあらゆる密議の枠外で、治安部隊に立ち向かいたいと思っていた。責任者たちはそれを理解していなかった。最も賢明な連中は政府にとっての望外のチャンスとなるリスクを読み取っていた。すべてが秩序に復すためには、また不可能に向かってわずかに開かれた扉を「責任ある」鍵で回して容赦なく閉じるためには、翌日、ソルボンヌの再開校と機動隊の退去という身振りさえあれば充分だろう。コーン゠ベンディットはBBCの質問への回答で忙しく、着くのが遅れた。彼もまた群集の苦渋、信じられないことを信じていた者たちの落胆を察知した。「こうなるに違いなかった、またしても組織が我々を売ったのだ」と彼は理解した。どう考えても、抵抗しなくてはならない。どこから出現したわけでもないこの運動が正常な常態を防衛するものすべてを吹き飛ばし、あれほど望んでいた冒険に打って出る時には、理性派たちの陰謀は、すべてを危うくしかねなかったのである。

## ジェスマールの苦悩

この告発ムードの中で、アラン・ジェスマールは精神的危機に陥る。*7 FERとUNEFが解散を呼びかけたとき、いかなる組織も介入しなかった。しかし、群集の意思は明白だった。下部が対決を望んでいるとき、指導者たちは思いとどまらせることができるだろうか。ラジオでは、皆に傾聴され堂々と人前に出せるリーダーを有する運動をついに目の前に持つことができた、彼らは暴力を回避し、交渉をすることができると言って祝福している。政府は本当の学生たちに対しては寛大な態度を示し、彼らを釈放するかもしれないと言われている。ジェスマールは涙にくれる。これこそが、妥協の行き着く先だ。しかも善人と悪人が区別され、学生たちは解放され、プロレタリアは運動から守られることになるのだ。しかも世論の拍手喝采の下に。少ししてから、彼は勝利に向かって前進することを考えていたSNE-Supの仲間たちに話しかける。「我々の行動はこの運動のロジックとまったく嚙み合っていないと思わないかい……。組合間の統一を優先するあまり、我々はこの運動に、枷をはめてしまい、それ

ダニエル゠コーン・ベンディット（左）とアラン・ジェスマール。
1968年5月8日、パリ大学ジュシュー校にて。

は動員された大衆が望んでいるものとは正反対の方向に行っているんだ。我々は右派と左派の旧弊の中で、政治の罠にはまってしまった。その結果、我々は、学生でない者たちを見捨てなければならないが、彼らこそがまさにこの運動がその狭いゲットーから脱出し始めていた印なのだ[*8]」

パリのもう一つの端で、「三月二二日運動」のメンバーたちの会合が行なわれている。ジェスマールは彼らと合流しにいく。最終的に彼は「三月二二日運動」こそが運動の正当性を代表しているのだと判断する。集まった活動家たちは怒っている。コーン゠ベンディットはUNEFとSNE－Supの間に取り交わされた合意を非難する。会議の途中で、ジェスマールがやつれた顔で闖入し、深く傷ついている活動家たちの間に加わる。彼は発言を求め、頬に涙を浮かべ、涙声で悲愴な自己批判をする。彼はいかにして組合の機関がこの運動を誘導し回収しようとしているのか、いかにして妥協支持派が夢のような三つのデモに蓄積されたエネルギーを削ぎ落としているかを説明する。「おれが最も我慢ならないのは、おれがきっとあいつらを引き渡したと非難されることなんだ[9]」と彼は言う。みんなは疑わしそうな目で彼を見る。グループの緊張はピークに達する。「そうだ、今、警察はフランス人学生たちは解放して、その他の連中、外国人や労働者たちは拘束したままだ」。もう何年も、あらゆる形のマルクス主義を吸収した仲間の間では、この差別の脅威は劇的な効果がある。ほんのわずかな躊躇があったとしても、そうした躊躇は一掃される。最後まで進まねばならず、いかなる妥協もありえない。

翌日、学生参謀部は同じ考えで再会する。即時の降伏がない限り、衝突までいくべしと。ペイルフィットから出されるどんな美味しそうな提案にもおまけをつけて飾るために、共通基本方針の三項目に、四つ目の要求を加えることに決める。[10]政府はソルボンヌを再開し、警察隊を遠ざけ、さらに、拘束されている仲間を解放するだけではなく、暴力の責任者である警視総監を辞任させねばならない。それまでの間、次回のデモは一〇日金曜日の夜六時半、ダンフェール・ロシュロールから出発することに合意する。ＵＮＥＦとＳＮＥ－Ｓｕｐだけが動員を呼びかけるのではなく、チラシの下に、高校生行動委員会（ＣＡＬ）とコーン＝ベンディットの「三月二二日運動」の名が加えられた。こうして五月一〇日、バリケードの夜は、八日の迷いと苦渋の日から抜け出すのだ。

## 8　五月九日　試練の前夜

どう考えてもこれらの日々の主役はダニエル・コーン゠ベンディットであり、彼は、翌日には「三月二二日運動」のテーゼへの穏健派の賛同を手に入れる。ＵＮＥＦは相変わらず躊躇し、ジェスマールは考えを変えたが、穏当にするようにという兄貴分の諸組合の圧力は続いている。ＦＥＲのトロツキストたちもまた自分たちの運動の「拡大」、すなわち伝統的な組合との対話に傾いている。「すべて決まったよ。金曜日の夜、一八時半からデモするんだ。夜の間に五〇万枚、チラシを刷ったよ。今、ばらまかれているところだ」[*1]と「赤いダニー」が言う。短い討議でスローガンが採択される。最も急進的な者たちが勝った。運動は続く。

**人気**

学生の視点からみれば、彼らは正しい。大衆は三項目の要求は最低限のものだと見なしている。そして、とりわけ運動は人気の絶頂にあるのだ。パリ市民を対象にＩＦＯＰ[1]が行なった前日の世論調査は、質問に答えた六一％の者たちが学生に賛成し、一六％だけが三項目を正当化できないと見なしていることを示している。他方、運動の「拡大」は今のところ、敬虔な願いにすぎない。ＣＧＴのセギーとＵＮＥＦのソヴァージョが少し後で会見を行う。この会見は、実際のところ、ＣＧＴ書記長が喋っただけだ[*2]。彼はまず、ＵＮＥＦの代表団が一時間遅れて到着し、おかげでＣＧＴの組合員たちが「物置」のような場所で、いらいらして待たされたことに、頭に来ている。ソヴァージョは無精髭のままだ。「勝利のあと、ヒゲを剃りますよ」と彼が言ったと思ったセギーは、そのかぼそい急進主義をひどく皮肉った。とりわけ、合意は行なわれず、ＵＮＥＦが提案したスローガンはこの尊敬すべき組合のナショナル・センターにとっては、あまりに攻撃的すぎる。次の土曜日、ジョルジュ・セギーは目が覚めるはずである。ヒゲ面の者たちは、彼の言いなりにはならないだろう。

相変わらず優柔不断の政府は、頑なであると同時に軟弱だ。新聞を読んだドゴールは、「ドゴールは譲歩した」という『コンバ』紙のタイトルに腹を立てている。しかし、一四時半になって、ロッシュ学長は授業再開と、コーン゠ベンディットの規律委員会の無期限延期を告げる。どうしようもない。前日の晩、デモの間に、リーダーたちが全員当局からの対処を待っていたときなら、譲歩はおそらくある効果を生んだかもしれない。深夜の急変の後では、唐突に出された譲歩は完全に無視される。

**アラゴン**

同じ時刻に、今や運動の象徴となった三人組、ジェスマール、ソヴァージョとコーン゠ベンディットは、ソルボンヌ広場にいて即席の集会のためにメガフォンをとる。ＵＮＥＦの副会長が話す[*3]。

「昨日、我々は解散の指令が出せると考えた。我々にとって有利ではないと思われた力の対決を始めることはできなかったからです」

誰かがジェスマールに尋ねる。

「もし指令が出せなかったんだったら、なぜその夜にはソルボンヌに行くと言ったんだい？」

「たしかに、ぼくは昨日の朝、我々はソルボンヌで寝るだろうと予告した。でも、それはぼくの判断ミスだったんだ」とジェスマールは答える。

やがて解散して行動委員会の中に吸収されることになるＭＡＵのチラシが、すでにソルボンヌが解放され次第、それを占拠するよう呼びかけている。

数人の演説者が続いて、マイクを握る。ちょうどそのとき、アナーキストの活動家のジャック・バイナックとピエール・ギヨームが進行をさえぎり、叫んだ。

「ゲー・ペー・ウー[2]万歳、スターリン万歳！[*4]」

彼らはマイクの方に進み出る白髪の老人を指差していた。それはアラゴン[3]だ。群集は彼を罵倒し始める。ダニエル・コーン゠ベンディットは、彼にメガフォンを差し出した。

「ここは、誰でも発言権はあるんだ。たとえそれが売国奴でもだ！」

アラゴンは聴衆をなだめようとした。

「私はあなたたちと共にいる。それについて、どう考えてもらってもかまわない」と彼は叫ぶ。

すると、コーン゠ベンディットは、

「もしあなたが学生たちに賛同するなら、なぜ、ぼくらと一緒に街頭に出なかったんですか？」

「私はあなた方の味方をできるだけ多く集めるために、何でもするつもりだ」

とアラゴンは言い返した。

そして、笑いと拍手の入り交じる中で、退場する前に、彼の新聞『レ・レットル・フランセーズ』の次号に学生の異議申立てを載せると約束する。

その間に、警察は騒擾の周りに人員を増強した。

ダニエル・コーン＝ベンディットは叫ぶ。

「我々はここで集会をしたいだけだ！」

さて、彼は現場にいたJCRの活動家たちのほうを向く。クリヴィーヌのグループは今晩、共済組合会館《ミューチュアリテ》[4]で開催されるはずの「国際主義者」の集会を、ずっと以前から予定していた。コーン＝ベンディットはその集会を「すべての革命派たちに」開くよう求める。満場の拍手を受け、トロツキストの活動家たちはそれを受入れる。

**共済組合会館《ミューチュアリテ》での感動**

かくしてこの晩は、古い「ミュチュ」〔共済組合会館の愛称〕のひびだらけのホールで、緊張した聴衆は熱のこもった一連の演説者たちの話に聞き入る。演壇には大きな横断幕が張られていて「反抗から革命へ」と書かれている。事件のすぐ後に出版された『〈五月〉の物語』の中で、このシーンはルネ・バックマンとリュシアン・リウによって活き活きと語られている。[*5]

タバコの煙と感動と、笑いと拍手喝采の中で、これは、運動の偉大なる試練の前夜、歴史的な日に先立つ徹夜の式である。

ドイツSDSの招待者たちが、オルリー空港で警察によって追い返されたということを知らされる。

ダニエル・コーン＝ベンディットは呼びかける。

「政府が彼らを入国させたくないなら、我々が彼らをもう一度招待して、そしてみんなでオルリー空港に迎えに行こう」。それからコーン＝ベンディットは活動家の同盟者たちのセクト主義に反対して、数週間来、熱心に追求してきた方針に沿って話を続ける。「革命的グループならびに活動家たちは、弾圧に反対して行なう行動に基づいて団結せねばならない。すべてのグループがこの運動に対するヘゲモニーを取るという考えを捨てなければならない、この団結を表現するためには、ただ一つの解決法しかない。下部委員会の形で組織されたただ一つの運動を作ることだ……。「三月二二日運動」は、ナンテールを再占拠することに決めた。ソルボンヌでも同じようにやるべきだ。そしていずれにせよ、フランス人であれ外国人であれ、学生や労働者がまだ刑務所に拘束されている限りは、フランスの大学の機能をマヒさせることだ」

　発言はＵＪＣｍｌの親中国派の活動家に引き継がれるが、その男はこの熱狂状態に教条主義の冷や水を浴びせる。

「同志たちの中には「ソルボンヌを学生に！」というスローガンを選択した者もいる。だが我々はむしろこう言いたい。そしてこう提案する。「ソルボンヌをＣＲＳへ！」ソルボンヌをＣＲＳの宿舎にしない理由は何もない。その反対に、サン＝トゥアンには、移動憲兵基地があるが、それを改修すれば、とても立派な文学部の校舎になるだろう」。親中国派たちは彼らの妄想を続ける。労働者階級との同盟だけが「このプチ・ブル的な運動を、それが閉じ込められている罠から、抜け出させることができるだろう」と言うのだ。「社会民主主義はこの学生運動を利用しようとしている」と演説者は続ける。「彼らの目的は学生を労働者階級から孤立させておくことだ。ＵＮＥＦのここ数日間の方針は、この姿勢を暴露している」。それから彼はマルクーゼを攻撃する。「こいつはひどく出来の悪いイデオローグだ。労働者階級には、自分たちと関係ないマルクーゼの理論などどうでもいい」。結局、彼が言うには、学生たちは人民に奉仕せねばならず、学生たちは「労働者階級を学生運動の補助的な勢力と見なすことを止めねばならない。闘いの前衛は労働者階級なのだ。本当の革命家であるかどうかを判断する基準は、プロレタリア大衆と結びつく能力があるかないか、なのだ」

　翌日、ＵＪＣｍｌは自分たちの活動家にデモへの参加を禁じた。親中国派の指導者ロベール・リナールは、デモの大きさと彼のテーゼを残酷にも打ち消した衝突の暴力を前に、宵の終りになって屈服し、夜中に、一人で立ち去ることになる。彼は長い鬱病の後でしか、立ち直れないだろう。

　ダニエル・コーン＝ベンディットが発言する。

「あれこれの党派集団に審判を下すのはもうやめておこう。それは終った。今、問われている唯一の問題は我々が闘いたいのか、否かを知ることだ」

　優れた演説家の資質とトゥールーズなまりを持つ

ＪＣＲの有名な指導者、ダニエル・ベンサイドが彼を引き継ぐ。

「ダニーの言ったことに賛成だ。少なくともその基本的な点については。ここは、我々を引き離す問題、すなわち革命党の形成と役割を持ち出す場所でも時でもない。今、重要なのは、すべての人が受入れることのできる闘いのテーマを見出すことだ。運動の方針や指導部の不在は、運動の発展にとって重大な障害になるかもしれない。しかし、だからといって、闘争の文脈の外で、抽象的にその必要性を押しつけるのは問題外だ。そんなことをすれば、全体の統一を壊す危険性があり、それは絶対に避けなければならない。それ以上に、この運動が労働組合の執行部の言いなりになることも問題外だ。前衛集団に関して言えば、大衆の中に溶け込むのが有益で必要だとも私は思わない。その反対だ。なぜなら、彼らは世界の革命的潮流と繋がっているからだ。彼らの役割は他の前衛集団をあくまでも尊重しつつ、大衆運動と接触して、彼ら自身の方針を修正しながら、理論的、イデオロギー的作業を深化させることだ」。ベンサイドは続けて「大学を占拠したらすぐに、その中で、ブルジョワ大学に対する恒常的な異議申立てとしての批判的な大学を発展させるために、学生評議会を作らねばならないだろう」と発言した。

しばらくして、行動委員会の推進役で、ＵＮＥＦの旧指導者、ジャン＝ルイ・ペニヌーが厳しい報告をし、聴衆は傾聴する。

「政府が、昨夜、最終的には譲歩しなかったことは、幸いだった。なぜなら、そうしていたら、我々もまた譲歩しただろうからだ。その非常に大きな闘いの能力にもかかわらず、この運動は、どれほどもろいかを示した。そして、我々が組織化されない限り、そのままだろう。あらゆる回収、あらゆる妥協がありうるだろう。我々には、ストの中央委員会は必要ないのだ！　ストの中央委員会の役割を負っているのは、今のところ、ＵＮＥＦとＳＮＥ－Ｓｕｐだが、我々が必要なのは下部の委員会だ。行動の中で、とりわけ、行動を組織するために下部での統一を組織するための下部委員会が必要なのだ……。闘いの起源と発展において、幾つかのレベルの政治意識と社会参加の動機を区別しなければならない。例えば、たくさんの若い労働者たちは、警官に対する憎しみから、学生に合流した。学生の反抗と、若者の反抗の間には、一致点が存在し、「黒い皮ジャン」現象[5]は、その現れの一つだ。街頭では、学生たちのかたわらで、若い労働者たちが、自分たちが毎日犠牲になっている警察の攻撃についに反撃することができた。ＪＣＲが今晩、彼らの集会をすべての革命的運動と学生たちに開く決心をしたことはいいことだ。その他の運動体も全体の運動とは別の主導権をとるのを避けたほうがいいだろう」

　夜遅く、疲れていたが、集団的高揚の炎に浸った群集は、カルチエ・ラタンの街に散る。彼らはバリケードとともに再会の約束を交わす。

## 9　五月一〇日　バリケードの夜

学生たちは衝突を望んでいる。政府も、すべる路面の氷に怯えた運転手のように、不器用にブレーキをかけながらもそこへまっすぐに進んで行く。この日は〈五月〉の要となる日、乱闘を戦闘に変える日、政府のあらゆる希望を打ち砕き、平原に火を放ち、蜂起の夢の扉を開き、ゼネストと体制危機を始動させることになるその日である。

　一九六八年五月一〇日、歴史はゲイ・リュサック通りのバリケードの後ろから、出現することになるだろう。

### 失敗に終った交渉

　歴史はクレベール大通りに召喚されていると思われていた。その日の早朝に、アメリカ人サイラス・ヴァンス[1]とベトナム人マ・ヴァン・ローが互いに手を差し出したのだ。パリ和平会談[2]の代表団のナンバー２たちは、象徴的な行為に身を任せた。だが、アジアの和平はパリでの小競り合いによって消し去られる。一日中、政府は手の施しようのない事態を避けようと空しい努力をしていた。ジョルジュ・ポンピドゥーはそうすることを迫っているのだろうか。彼はアフガニスタン北部のアイン・ハヌーンとクンドゥズの間で、黒い瞳をグルグル動かし、皮肉っぽくたばこをゆらゆら吸っているが、心はサン・ミッシェル大通りにある。ポンピドゥーは幾つもの憂慮すべき外交電文を受け取っていたのだ。その日の終りに暴動の嵐がパリを脅かしている時、カブール周辺は天候が悪化する。飛行機で首都に戻ることはできそうにない。アフガン人たちは翌日を待つように提案する。首相は拒否する。彼は情報がほしいのだ。疲れた派遣団は激しい雨の中で石ころだらけのアフガン山脈の山道を何時間もかけて帰路につかねばならない。到着するや否や、ポンピドゥーは電話に飛びつく。ジョベール〔首相官房長〕は彼に連絡を取ろうとして、一日中誰もいない大使館に電話をかけ、フランス語のわからないボーイにメッセージを託していた。[*1] 首相は官房長官の話を深刻に聞くが、何の指示も出さない。「恐らく彼は、多くの者が把握しがたいと見なしていた状況の中に、急いで身を投じる気はなかったのだろう」とジョベールは後で書くことになる。[*2]「把握しがたい」という言い方は〈五月〉のすべての支配者たちの決まり文句になっていく。ジョックスとフーシェはこの日一日、この言葉のあらゆるニュアンスを感じとる。ドゴール将軍はこの二人とグリモーを参謀部の要点を伝えるために召集する。将軍はその夜に予定されているデモを禁止するよう求める。「それには相当な手段が必要ですが、私にはそれがありません」と自らの原則に忠実なグリモーはそう答える。フーシェは同意する。将軍は折れる。治安部隊は七区と右岸のデモを禁止し、ソルボンヌを守ることになる。朝八時になるや、高校生たちがクリシー門からパリに入場した。多くの行動委員会（クリヴィーヌのＪＣＲがそこで決定的な役割を演じている）の呼びかけで、彼らはサン・ラザール駅前へと集結する。彼らはＵＮＥＦが集合場所に決めたダンフェール・ロシュロー広場に最初に到着することになる。彼らがそこにいるだけで、警察の動きは非常に混み入ったものとなっていく。

　二日前から行なわれて来た二度の交渉の試みはまだ続いている。[*3] 左派のドゴール主義者フランソワ・サルダは、ＵＮＥＦと途方に暮れるルイ・ジョックスの間の橋渡しを続けている。ＦＥＮの組合員たち、そして様々な大学教授たちは、教育省とＳＮＥ－Ｓｕｐの間に接点を作ろうとしていた。すべての責任が集約される交渉相手であるジャック・ソヴァージョとアラン・ジェスマールは、これから一日中、議論することになる。しかしその甲斐はない。あらゆる手段で、政府はソルボンヌを再開したい、カルチエ・ラタンを自由にしておきたい、しかし、平静状態に戻る確約と交換で、と説明するのだが、非拘束者たちの境遇については何も約束しない。堂々巡りである。

**カルチエ・ラタンの占拠**

一八時に、ベルフォールのライオン像は、激しく叫ぶ群集に囲まれていた。高校生たち、医学部、法学部、あるいはこれまで騒動に無関心だった装飾美術学校の学生も、全員がそこにいる。座り、立ち上がり、叫び、笑い、聞き、議論している。催涙ガスで目が見えなくなった仲間が治療を受けているサン・タントワーヌ病院に行こうと言う者や仲間が拘束されているサンテ刑務所へ行こうという者もいる。ソヴァージョが発言する。政府は三つの条件のうち、二つは受入れたが、拘束されている学生たちについては何一つ受入れていない。「仲間を解放しろ！」と群集が怒鳴る。ナンテールの学生たちが突然声を張り上げる。「ダニー万歳！かっこいいぜ、われらのダニー！」[*4]。ダニエル・コーン＝ベンディットは、今までになく絶好調だ。彼の赤髪が幟の役割を果たす。ソルボンヌに向かおう！、警察はこの地区から出て行け！、恥の牢獄の開放を！と彼は呼びかける。デモは始まった。

サンテ刑務所の前で「インターナショナル」が歌われる。先頭を切るのは「三月二二日運動」で、ＵＮＥＦの警備班は役を外されていた。「我々みんなが警備班だ！」とコーン＝ベンディットが決断する。[*5]モンジュ通りの下で、黒装束の機動隊が橋を遮断している。全員左へ、ソルボンヌのほうへ。ＲＴＬ[3]の夜七時のニュースで、学生たちはパリ市民の大半が自分たちの運動に共感を抱いているという世論調査の結果を知る。太陽は傾き、士気は最高潮だ。空は赤く染まり、熱狂している。今晩は激情に駆られる夜となるだろう。

その間、役人たちは交渉に難航していた。サルダは熱っぽく悲愴な声で、ジョックスに譲歩するよう懇願していた。特赦と大学改革を敢行すべきだ、さもなくば大事件になるぞ、と。首相代理は成り行きに任せようと思っている。ドゴール将軍だけがそれを望んでいない。アラン・ペイルフィットはＦＥＮの指導者マランジェとドーバールにもう一度面談する。彼らは不安定な作業に再び取りかかる。ペイルフィットは細心の注意を払う。懲役刑を受けた四人のデモ参加者たちは控訴した、と彼は言う。彼らの境遇については、早急に寛大な決定が下されるだろう。特赦の問題はもはや出されることはない。学生たちはこの前提事項を放棄すべきだ。その代わり、政府は四八時間以内に警官を退去させる。ソルボンヌは入り口での学生証の検査と共に再開することになる。うまく引っかかったのだ。マランジェとドーバールは壊れやすい提案を持って引き上げる。ペイルフィットはサルダと話し合いをしたばかりのジョックスに電話する。二つの交渉が同時進行する。首相は議論の主導権を取り戻したい。ペイルフィットはマランジェとドーバールを逮捕せねばならなかった。そうなると、サルダだけが密使となり、ソルボンヌの学長ロッシュと話をつけなければならない。現場での動きを落ち着かせるためにデモの代表団を受入れるよう要請されていた。最終的な配置が決まった。学生たちは授業が再開されるのを邪魔しないと約束するだろう。翌日、政府はソルボンヌを開校することにする。拘束されている学生たちは寛大な処置の対象となるだろう。サルダはこの調停案を擁護する。彼の交渉相手はこの案に惹かれるが、拘束されている者たちの解放という最重要点の保証を求めている。政府は検察の理論上の独立を軽視せずに、この保証を彼らに与えることができるのか。妥協にはもう少しだ。この時間ならば、合意のニュースはデモを無害なお祭に変えさせることができる。この金曜日の二〇時頃に〈六八年五月〉は終るかもしれない。歴史はすんでのところで動くのをためらっている。しかし、最後の点ですべてがつまずく。政府は殉教者に祀り上げられた四人の下っ端を投獄したのだが、どのように彼らを解放していいのかわからない。この些細なことがすべてを台無しにするのだ。「政府は無節操だった。彼らは本当に交渉する代わりに、曖昧な提案を抱えた決定権のない者たちを我々のところによこしたのです。そこに失敗の原因があったのです」と今日、ジェスマールは語っている。確かに、指導者たちも群集も心の底では妥協を望んでいない。彼らはかれこれ二時間も、学生の基本方針にある三項目の要求を叫んでいる。彼らには降伏するか闘うしかないのだ。この一週間、あまりにも楽しみすぎた。こんなにうまくいっているのに途中で止まるわけにはいかない。では、こうした地道な交渉すべてが空しいのだろうか。

いずれにせよ、一〇分後、その時機は過ぎ去る。パリ市民の遺伝的特性か、群集は突破口が開いたと感じた。指導者たちがまだ回避案を模索している間、群集は大事件に向けてなだれ込んでいくのだ。群集が歴史を作る、とレーニンの要綱には書いてある。一度だけ、要綱は本当のことを言う。デモ隊はモンジュ通りか、サン・ジェルマン大通りで進むべき道を探していた。彼らはじっとしている機動隊に向きを変えられ、エドモン・ロスタン広場に再結集する。この広場で、サン・ミッシェル大通りがリュクサンブール公園に接している。学生組織は皆躊躇し、疑い深く確信を持てないまま、お互いに他の組織の動向をうかがっていた。いかなる時期尚早の指令も出さないことに決められていた。雨の中で、欲求不満を抱えたまま解散した五月八日の苦い記憶は大きかったからだ。それで指令の不在と指導者たちの沈黙の中で、有効な戦術を見つけるのは下っ端の連中だ。

誰が道の敷石を最初にはがしたのだろう？　誰が工事現場で資材、板や砂や柵を最初に見つけたのだろうか？　そんなことはどうでもいい。暴動の最初の日々に現れた萌芽期のバリケードがまた新たに出現する。しかし、今回は時間は充分ある。自動車をひっくり返し、樹を切り、ドラム缶を積み重ね、交通標識を引き抜き、時間の経過とともに規則正しく積み重ねられたバリケードは、時には三階に達するほどだ。興奮して「攻撃だ！」と叫んでいる群集を前にして、ダニエル・コーン゠ベンディットは対応策を見つける。彼はまだ交渉が続いていることを知っている。「分散するんだ！　カルチエ・ラタンは君たちのものだ！　小グループに分かれて、地面に座り込むんだ！　そしてポリ公たちを囲むんだ！」[*6]。そして、群集は包囲する。五月の生暖かい夜、デモ隊は土方になる。あるデモ参加者の言い方では「セックスするように」みんなが一列になり、切った枝、樹の柵、ゴミ箱、自動車、セメントの袋など、みんなですべてを積み重ねる。警官たちには、真っ黒な者たちや輝いた者、震えおののいている者や大きな防護メガネの陰に顔を隠した者、恐ろしい顔をした者や無表情の者がいたが、皆デモ隊の動きを見守っている。指令を待つばかりで無力な彼らは、嫌悪の象徴、絶対的な敵、動かぬ案山子、挑まれた主人の目だ。彼らの前では、バリケードは反抗と友愛の印なのだ。こうしたバリケードには軍事的価値はまったくない。発砲する戦闘部隊なら、小型戦車を使うまでもなく、ましてや大砲を使うこともなく、ものの三〇秒もしないうちにそれらを撤去してしまうだろう。バリケードは偶然、ゲイ・リュサック通りとその周辺に配置されていたが、それらは事前の計画も暴動の合理性もなく、しばしばお互いが近寄り過ぎ、退路もないため、バリケードの防衛者たちが封じ込められてしまう危険があった。中には、袋小路になっている入り口に築き上げられているバリケードさえあったのだ！[*7] 一八三〇年[4]、あるいは一八四八年[5]には、パリの下層民が国防隊に反旗を翻し、銃撃に抵抗し、騎兵隊の攻撃を打破することができた。バリケードは一つの技術だった。〈六八年五月〉には、それは一つの印なのである。時代遅れの道具、一九世紀の生き残りではあるが、それは決定的に近代的なものなのだ。内戦を望む者は誰もおらず、誰もが政治的勝利を望んでいる。パリの歴史的な日々の記憶を難なく呼び覚ましつつ、あらゆる暴力の始まる前に、ドゴール派をヴェルサイユ派〔パリ・コミューンを暴力的に弾圧したヴェルサイユの政府軍のこと〕に変貌させる。バリケードはロマン主義者たちを味方につけ、熱狂した者たちをさらに奮い立たせ、共和主義の無意識を助長し、小学校以来眠っていたガヴロッシュ[6]と老いたヴィクトル[7]の民主教育を、一人一人のフランス人の心の中にむずむずするように思い起こさせたのだ。この言論闘争において、その民主教育は断絶の武器だ。それは歴史を学生の側に置くのである。

## バリケード

事態の進行を早めたのはラジオだ。二一時五五分、ル・ゴルフ通りに最初のバリケードが築かれたことを速報が報じる。進むべき道は示された。一時間の間に、ソルボンヌの南に隣接する錯綜した街路が、あり合わせのバリケードで遮断され、一時間で一〇箇所ほどのバリケードが築かれ、真夜中には三〇箇所ほどになった。ゴブランからリュクサンブール、パンテオンからヴァル・ド・グラースまでだ。カルチエ・ラタンは要塞化された基地となった。トランジスターラジオが連絡係を果たした。ラジオのリポーターは極度に興奮して、出来事を言葉にして描くが、大げさに増幅して語る。群集の中にとけ込み、暴動者たちに混ざり、記者たちはたちまちにして彼らの代弁者となる。それぞれの記者がひっくり返される自動車と積み上げられる敷石の音の響く夜の中で、自分が経験した現実を、野次と喝采を背景に極度に興奮した声で語る。ヴズール[8]のサロンで、あるいはカルパントラス[9]の台所で、ラジオの聴取者は生放送の革命を経験する。数分ごとに、ラジオの伝える物語は輝かしい章を加えていく。

　暴動のリーダーたちは敷石がはがされた道路を巡回して、それぞれに平静になるよう説いて回る。これは困難な任務だ。この夜を体験した者たちは、それを忘れることがないだろう。生まれて初めて、彼らの普通の生活よりずっと高みに昇ったのだ。あの時から二〇年を経た今、頭の中であの夜の街路を歩き回ってみなければ、その後の数年間の新左翼のエネルギーや、世代の全員が受けた衝撃や、〈五月〉の神話の創設について、何も理解することはできない。築かれたバリケード群の中で、熱狂した流れ作業の列の中で、歌やスローガンの中で、一秒一秒が永遠の厚みを獲得するのだ。秩序は解体し、旧弊は消え去り、誰もが友愛精神に溢れる見知らぬ者の中に溶け込むのだ。アドリアン・ダンセット[*8]に、ある学生は後にこう語っている。「私は幸福でした。それまでの人生の中で、あのような力の印象、あのような幸福感を感じたことはありませんでした。私は歴史を作っていたのです、いやむしろ、解体していたのです。私はほとんど楽しみながら破壊していました。他人は存在していませんでした。私は群集の感情に従っていたのです。自分が自由で力強いと感じていました……」と。エドモン・ロスタン広場では、敷石をはがされた舗道には金色のきれいな砂が広がっていた。詩人の魂を持った学生キリアン・フリッシュは、白い大きな壁にこう書く。「敷石の下、そこは浜辺[*9]」「赤いダニー」は用心棒を買って出た若い与太者を引き連れて、あちこちに出現する[*10]。この役者は立て籠もった将軍といった風情でしゃべる。ムッシュー・ル・プランス通りのSNE‐Supの事務所では、ソヴァージョとジェスマールが電話で政府の密使たちと話を続けている。彼らはデモ参加者たちが指令を無視して行動し、衝突へと突っ走ることを危惧している。しかし、誰もがカルチエ・ラタンの占拠は自分たちの計画に役立つとすぐに納得する。占拠は権力側との力関係に大きく作用するだろう。圧力は最大限になっている。

　ボーヴォー広場の内務省では、みんなが不安に駆られていた。グリモーからの情報は遅れていた。警視総監は現場の警視から送られてきた情報が警備体制の調整役の警視によってまとめられるのを待たねばならない。[*11]異常なまでの欠陥なのだ。大臣〔内相《フーシェ》〕はトランジスターラジオを持っていなかった。グリモーとその鈍重な手続きに依存していたせいで、彼はデモ参加者の中で最も情報に疎い者よりも事態に通じていなかった。報道担当のジャン＝ピエール・ユッタンが、待っていましたとばかりに迎えられる。[*12]彼はリンゴの形をした玩具のような携帯ラジオを手にして戻って来たのだ。それでようやく〈ユーロップ1〉と〈ラジオ・リュクサンブール〉の放送を聞くことができた。クリスチャン・フーシェの秘書官たちはなす術もなく呆然として、一晩中、このリンゴの周りで過ごすことになる。というのも、今のところ、交渉はヴァンドーム広場のジョックスとペイルフィットによって進められるからだ。二二時頃になって、ムッシュー・ル・プランス通りとの新たな電話協議の後、新妥協案がまとまった。ロッシュ学長は声明を発表することを許される。彼は、授業再開についての条件を検討するために、学生の代表者たちに自分に会いにくるよう提案するのだ。[*13]会談の終りに、UNEFが次のように表明することになっていた。「ソルボンヌでの正常な授業再開を目にしたいという我々の願いと、それを占拠しないという我々の約束を前提に、月曜以降のソルボンヌの再開の保証を得た。平静化への展望の中で、我々は拘束されたデモ参加者たちの弁護士が提出した仮釈放の要求に対して、当局が反対しないという確証を持っている」と。原則的には、事態は実際上、解決した。幾つかの平静化の約束と交換に、学生たちは満足を得る。警察はソルボンヌを去り、投獄された者たちは釈放される。しかし、一九時なら平静を取り戻すことができたかもしれない事態は、二二時にはもう何の役にも立たなくなった。デモ参加者たちは敷石はがしで真っ黒になった手をして、意識は完全に現実を離れている。交渉者たちの時間は過ぎたのだ。熱情的な幻想は巧みな調整の影響を受けても消え去ることはないだろう。

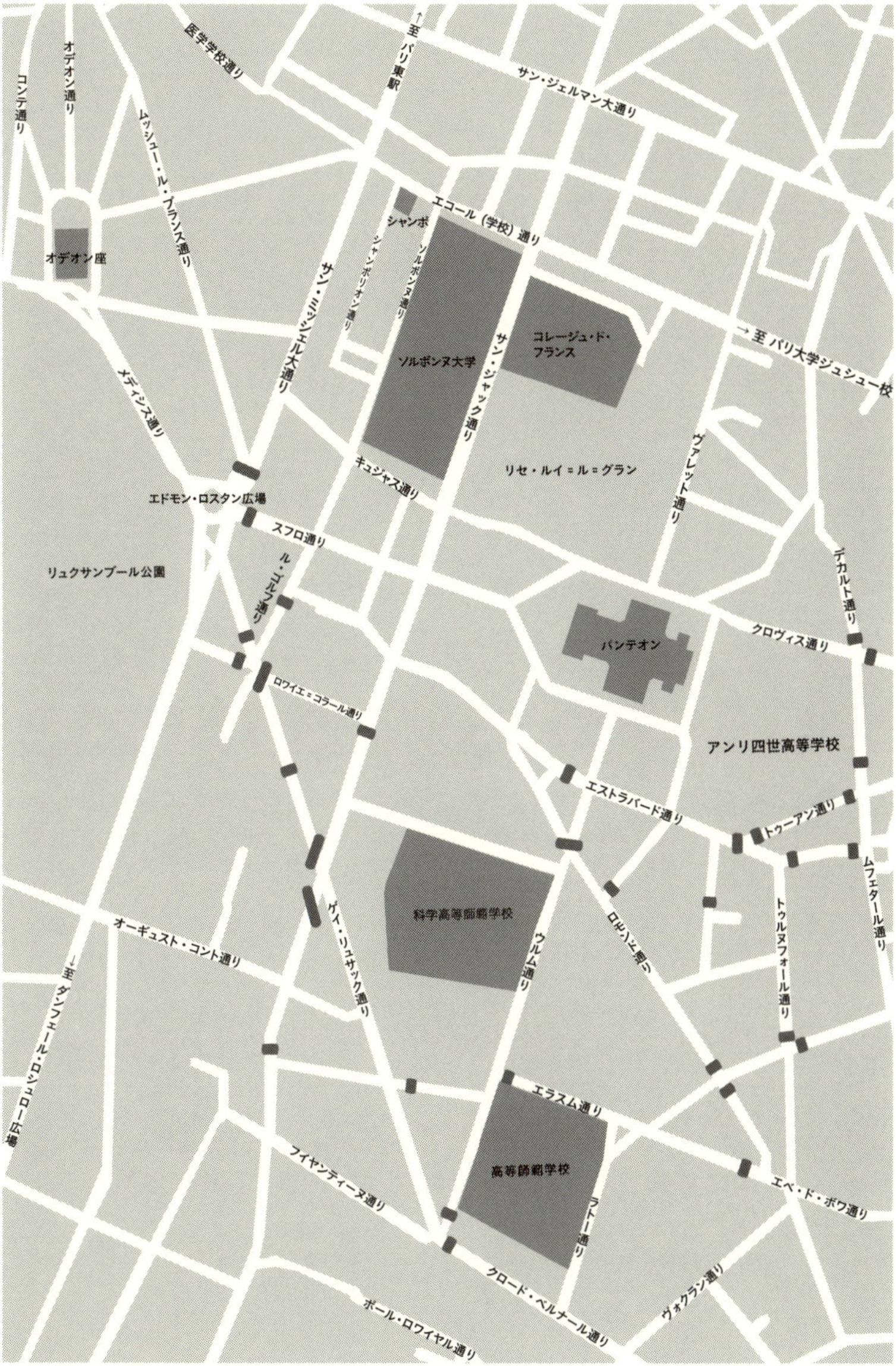


カルチエ・ラタン周辺に築かれたバリケード。▬ はバリケードの位置を示す。

## ソルボンヌのギャグ

責任者たちはこの次元の変化を捕らえきれなかった。デモ参加者たちが今、秩序と法、支配者と伝統に反対して闘い、一〇年にわたる欲求不満の青春期を悪魔祓いし、彼らの想像力の地平線に浮かび上がってくる革命的な亡霊を憑かれたように見ている時、責任者たちはまだ単なる一つの大学問題として事態を扱っているのだ。ところが、交渉者たちは反抗の生者の上に取ってつけた滑稽な機械仕掛けの人形のように、調子はずれの役割を演じている。二二時になって、ロッシュ学長は予定されていた声明を発表する。政府は折れる。すなわち、暴動者たちを受入れ、群集の圧力の下で話し合いをするだろう。しばらく後に、シャラン大学区長がRTLから借りた電話回線を介して、アラン・ジェスマールからの返事を受け取る。学生リーダーとは逆に、大学区長は自分がなぜラジオで話しているのかを理解していない。ジェスマールは占領した道路から自分の考えを語り、その考えは最も非妥協的な姿勢を崩さないデモ参加者たちと同じである。それは突発的な出来事だった。ジェスマールはこう語ったのだ。「私はどんな条件でもソルボンヌに行く用意をしているわけではないのです。まず第一に、ソルボンヌが警察に包囲されていないこと、第二に、ロッシュ氏に我々が当初から要求している三項目に答える準備があることが必要です」。フランソワ・サルダが苦労して作り上げ、一方でルイ・ジョックスが、他方でUNEFのジャック・ソヴァージョによって保証した構築物は、たった一つの文章で崩壊する。[*14] 今や、前提条件の前提条件があり、その条件は、ラジオの聴衆とデモ参加者の両方の前に置かれているのだ。午後の終りに調停役だったアラン・ジェスマールは、夜には強情者になってしまった。彼には学生の三項目の要求を満たすことを五時間前から要求している群集を、公衆の面前で欺くことができないのである。会話は惰性で続く。[*15]

シャラン大学区長「ジェスマールさん、私はあなたと話し合うために、個人的には、あなたが現在いるところに出向いてもよいと思っています。それは可能でしょうか」

アラン・ジェスマール「それは可能です。もちろんですとも。しかし、問題は次のことです。誰も和解できない一点があります。そして、ベルフォールのライオン像の前で、デモの最初に、私たちがそこに集まったすべての人たちに、政府は最初の二つの点については我々に与えてもいいが、特赦について何も表明しなかったと告げたとき、デモ参加者たちは全員が声をそろえて、「仲間を解放しよう!」と答えました。ですから、この点について目新しい回答がいただけないなら、大学区長さん、わざわざおいでいただかなくとも結構です」

交渉は八方ふさがりとなる。デモ参加者たちは公式の解放の約束を欲している。体裁にこだわって、政府は約束を与えたくない。シャランは「この点について約束をするのは、不可能です」と言う。

この間にも、サルダの案は続いている。ジャック・ローラン警部は大学区長のもとにデモ組織者の代表団を連れてくるために、大学区長に従うよう指示を受けた。ロッシュ学長は大学評議会で訴追されるダニエル・コーン゠ベンディットが代表団に入らないようにとだけ依頼する。ローラン警部はスフロ通りの先で、UNEFの責任者たちと連絡を取る。彼らは予めの保証を要求する。ジェスマールの路線がUNEFの路線となっている。二二時四〇分、シャランとジェスマールの対話が再開される。

シャラン大学区長「さて、すでにラジオで放送されたコミュニケを再度繰り返す許可を得ました。これはロッシュ学長の公式な見解です。学長は学生の代表たちと会う準備があること、そして学生たちとソルボンヌでの授業再開が平静に行なわれるための条件を、学部長たちとの合意の元に検討する用意があります」

シャランは相変わらずサルダ案を実行していた。しかし、投獄された学生たちのゆくえについて彼が黙過していることは、交渉を実況で聞いているデモ参加者たちに惨憺たる効果を与えたのだ。

アラン・ジェスマール「今、私たちはこの放送を聞いているすべての住民たちの前で、ある質問をしました。この問題について、政府が自らの責任を取ることができないなら、民衆がその責任を取るべきです。私たちにとっては明白なことです」

シャラン大学区長「ジェスマールさん、私が今言った以上のことは、私には言えません。交渉がこのようなやり方で繰り広げられるべきだとは、私は思いません。あなた方を受入れることに合意しているロッシュ学長は、恐らくこれ以上のことを話せるかもしれませんが、しかし、私はこのやり方で交渉の口火を切ることは、絶対にできません」

アラン・ジェスマール「もし、ロッシュ学長が私たちにこれ以上のことを言う準備があるとしたら……」

シャラン大学区長「ラジオ放送ではない形で、あなたが彼とされるだろう対談の中でのことです……」

アラン・ジェスマール「ロッシュ学長は、デモ隊が一方に、警官隊がもう一方にいるかぎり、私たちはデモ隊の側につくのであり、私たちが難局をこれ以上切り抜けられないということを、確実にわかっていますよ」

　ＲＴＬの編集長ジャン＝ピエール・ファルカスが介入した。

「アラン・ジェスマールさん、私たちは放送局に過ぎないので、あなたがあなたがたの活動家たちに指示を出すのを放置できません。私たちの役割は、あなたが聞いたところまででおしまいにしたい」

　この和解交渉の間、バリケードの建設は続く。ダニエル・コーン＝ベンディットは相変わらずアナーキーなヴォーバン[10]を演じている。「二つのバリケードの間に三〇〇人以上いないこと、いつも後ろから撤退できるようにしておくこと」。ル・ゴルフ通りで、コーン＝ベンディットは、再び警察を攻撃したがっているサン＝ドニのごろつきたちと長い間、話し合わなければならない。彼は後でこう言っている。「ぼくはすごく怖かったよ。破壊行為は避けなければならなかったから[*16]」と。カルチエ・ラタンは工事現場だ。住民たちは、水やビスケットを暴動者たちに持って来る。商店主たちは店の倉庫を彼らに開放する。そこにいたみんなが全員で話している。「あの晩は、多くの精神分析家たちを失業させたよ」[*17]と、コーン＝ベンディットは後で語ることになる。学生たちの人気は絶頂に達する。パリのすべてが異議申立てをしているのだ。向かいでは、警視たちが激怒している。待てば待つほど、撤退させるのが難しくなり、デモ参加者たちを殺す危険性が高くなる。しかし、グリモーの指令ははっきりしている。待機である。侮辱され、ビンや石を投げつけられ、あざ笑われた警官隊は、武器を足元において、地団駄踏んでいた。すぐ後で、押さえ込まれた怒りを解き放たねばならなくなるだろう。

　ヴァンドーム広場では、ジョックスは協議し、議論し、推し量り、言い逃れをする。確かに、フーシェの態度は明確で、複数の大臣から支持されている。夜が明けるまでに、バリケードを撤去すべきだろう。バリケードは革命の象徴なのだ。朝になってもまだ立っていれば、政府の権威は損なわれる。一九六〇年、アルジェでは、ラガイヤルドの[11]「ピエ・ノワール」[12]によって築かれたバリケードの数を減らすのに、一週間かかったのだ。このようなことが二度とあってはならない。とりわけ、パリのど真ん中ではなおさらだ。ジョックスは充分認識していたが、調停工作をまだ信じたがっている。いずれにしろ、グリモーは午前一時の地下鉄の終電が出発するまでは、突撃をかけたくない。彼はこのとき、一番歳の若い連中は帰宅し、警官は高校生たちを攻撃しなくても済むだろうと思っている。グルネル通りでは、ペイルフィットは喜劇に変わった交渉の糸口を見つけようとまだ模索している。ナンテール分校の教授で、今や異議申立て派と当局との伝統的な仲介者となったアラン・トゥレーヌは、二人の同僚と三人の学生代表に賛同した。スフロ通りのバリケードで、トゥレーヌは大事件を避けるためにロッシュ学長に会いたいと申し出る。これは見かけ上はサルダの案だ。しかし、実際は、学生たちは本質的なことについてはもうこれ以上、交渉をしたいとは思っておらず、単に警察の撤退を求めようと思っているだけだ。ローラン警部はグリモーから学長のところに学生の代表団を連れてゆく許可を得る[*18]。しかし、三人の学生の間に赤毛がいるのを見て、警部は、ダニエル・コーン゠ベンディットは規律委員会の手続きが現在進行中のため、学長に会うことはできないと、再度告げる。トゥレーヌは教授たちがまずロッシュ学長に面会し、その後、学長が学生代表団の構成を決めるだろう、と答えた。ローラン警部はそのままに放っておく。教授たちは学長に会いに上っていく。三人の教授が部屋の中に招き入れられる。教授たちは学長にコーン゠ベンディットの名前を出さずに、学生たちを中に入れてもいいかと聞く。ロッシュは了解する。彼は「赤毛のダニー」とは面識がないのだ。勝負は決まった。赤毛は自ら交渉する。警察が撤退するよう圧力をかけてくれと、彼はロッシュに依頼する。学長はそれを受入れた[*19]。

――「あなた方は何を望んでいるのですか?」

――「警官を去らせてください。そうしたら、ソルボンヌを取り囲み、三つか四つほど楽団を呼んでお祭をします。それ以外、何もありません」

電話が鳴る。アラン・ペイルフィットだった。五分前に、ラジオはコーン＝ベンディットと学生代表団が学長室に入ったことを告げていた。ボーヴォー広場では、プラスチックのリンゴの周りで茫然自失状態だ。フーシェの協力者ダノーは、大臣室で、飛び上がった。

――「学長はコーン＝ベンディットと交渉しているんですよ！」

――「えっ!?」

フーシェはジョックスに電話し、ジョックスは交渉が許可されたことを確認する。

――「気でも狂ったのか！」とフーシェは答える。

ペイルフィットの大臣室長ペルティィエも大臣に警告する。

――「学長はだまされている」

ペイルフィットは怒っている。彼は電話に飛びつく。受話器を取ったのは、ロッシュだ。

――「あなたの目の前に、赤毛で丸顔の男の子はいませんか？」

――「閣下、たしかに」

――「彼がコーン＝ベンディットですよ！　一体どういうことですか。あなたはＵＮＥＦとＳＮＥ－Ｓｕｐの代表団を受入れるはずでした。ところが、あなたはコーン＝ベンディットと交渉しているんですよ。話の続きは他の部屋でできないでしょうか」

学長は隣部屋に移った。ペイルフィットは学長に直ちに議論を打ち切るよう厳命した。彼は解散の指令を出すのは彼ら三人ではない、と学長に言う。アラン・トゥレーヌが近づいて、大臣に話したいと頼んだ。トゥレーヌもペイルフィットも互いに高等師範学校時代の同期生だったのだ。教授と大臣の間の会話は悲愴だ。

――「お願いだから、君の警察に退去命令を出してくれ。さもなければ、もうじき、数十人の死者が出ることになるんだよ」

――「これはぼくの警察じゃない。共和国の警察だ。そして、この警察は発砲しないだろう」

――「もし退去が実際にあるなら、我々はソルボンヌに侵入しないことを約束する。我々はソルボンヌを一周するだけにするよ。警察が退去してしまうだけでいいんだ。そしたらすべてがうまくいくだろう」

――「君のする約束を守らせるどんな力が君にあるんだい？　君の話はマルタン・デュ・ガール[13]を思い起こさせる。彼はもしフランス軍がカイザーの軍隊の前から撤退すれば、仏独問題は解決するだろうということとを書いていた……」

――「じゃ残念ながら、もうこれ以上、君に言うことはないよ！　血が流れるだろう……」[20]

ロッシュは受話器をとり、群集の熱狂を説明する。しかし、ペイルフィットはもはや妥協を信じていない。出撃しなければならないのだ。

――「代表団を帰してください」

出口で、コーン＝ベンディットはマイクを手にして空威張りする。

――「我々は交渉はしなかった。我々は「今晩、街頭で起きていることは、若者の全員が、ある種の社会に反対の意思を表明していることを明らかにしている」と当局に伝えた」と。

**突撃**

午前二時。ジョックスはボーヴォー広場のフーシェと合流する。メスメール、ドブレ、トゥリコもそこにいる。ドゴール将軍は二二時から眠っている。誰も将軍を起こさないだろう。「何人かの大臣は物理的な解体過程にあったのです」と、強硬案を取ることを主張していたトゥリコは後にそう言っている。[21]グリモーは次第に不安の種を撒く人物となっていく。彼にはもう自分の部下たちを抑えきれない。すでに機動隊の一部隊は命令なしに攻撃したのだ。心配になった上官たちはすべての武器から弾を抜かせた。警官たちは午後一時からずっと街頭に出たままだ。もし、時間稼ぎをしたいなら、彼らを引き上げさせるべきだろう。しかし彼らを引き上げさせたら、すべてのバリケードを撤去する人員が不足してしまう。決断しなければ。ああ、ポンピドゥーさえいてくれたら……。ジョックスは協力者の一人に、学生指導者からの解散指令を待つことができるかどうか、サルダと一緒にもう一度見て来るように頼む。しかし、サルダには学生との接触が取れなくなっていた。そこで断腸の思いで、絶対に発砲することを禁ずると繰り返した後、攻撃の命令を出す。フーシェはグリモーに電話する。「攻撃を始めましょう！」

作戦室で、フリードリック警視は現場の指揮官に命令を伝える。一分間、グリモーは何も言わずに、警視たちが次から次へと命令を伝達するのを聞いている。彼らの声の調子だけで緊張が伝わってくる。[22]戦術は明快だ。すなわち、全般的なパニックになるのを避けるために、また警官の側に自らの力を感じさせるために、大挙してバリケードを一つ一つ襲うのだ。治安部隊が押し返されてしまうのを見る恐れは低い。さあ出発だ！

　デモ隊の構成は変わっていた。予期していたように、最も若い連中は大半が帰宅し、政治的分析――マルクス・レーニン主義なのだから科学的分析でもあるが――の複雑な駆け引きによって戦場から離脱していた者たちもそこにはいなかった。ＦＥＲのトロツキストたちは、月曜日に学生と労働者の統一を実現すべきだと自分たちには見えているときに、バリケードを作ることはプチ・ブルの幻想に過ぎず、場違いだと判断している。彼らは暴徒たちに家に帰って寝るように説き伏せる。それから、赤旗を先頭に戦闘の舞台から堂々と立ち去った。親中国派もまた、労働者階級に惚れ込んでいる。彼らの指導者にして導師であるロベール・リナールはカルチエ・ラタンの要塞化された基地に労働者階級と革命運動に対するアメリカとドゴール派による陰謀の究極の化身を見る。数多くの〈ｍ－ｌ〉〔マルクス・レーニン主義者〕派が相変わらずそこにいるのは命令に従っていないからに過ぎない。リナールはすぐに理性の限界を越えることになる。[*23] 残っているのは、アラン・クリヴィーヌが数時間前に軍事的な訓示を与えていたＪＣＲの戦闘的な部隊、アナーキストたちと「三月二二日」のベテランたちと、そしてとりわけ、暴動に加担する大群衆、騒動に新たに参加した学生たちやごろつきや、そしてこの比類ない夜によって変貌した通行人たちだ。

　午前二時一分、この熱気を帯びた駐屯部隊は突撃の合図を聞く。オーギュスト・コント通りとエドモン・ロスタン広場で、警告のために二人の警視が進み出た。[*24] 彼らの後ろには重装備の黒い歩兵部隊が塊になってじりじりしている。騒音が止み、奇跡のような静寂の中で、警察の指揮官の声が響き渡る。一瞬、暴動は中断する。そして、怒った「インターナショナル」の歌がそれに応え、やがて手榴弾の炸裂音と攻撃の鈍い足音に覆われる。マフラーを鼻まで上げ、手は石とつるはしの柄をしっかり握りしめる。

　警官隊は最初のバリケードを三〇秒で占領する。楯を前にかざし、棍棒を振り上げて。彼らは敷石とボルトの雨の中、ロワイエ・コラール通りにある二番目のバリケードでつまずく。警視は部隊の者たちを集め、再出発する。叫びながらバリケードをよじ上る。バリケードを防衛していた者たちは、車に火をつけながら退却し、ところかまわず振り回される警棒に追いかけられる。住民たちは、息苦しい催涙ガスを弱めるためにバルコニーから道路に水をかける。階上に上ったデモ参加者たちは敵に上からものを投げつける。機動隊はガラス窓への水平射撃で応戦し、ガラスは粉々に砕ける。時には、警官隊は階段になだれ込む。屋根から逃れられなかった者には不幸が見舞う。

三つ目のバリケードは催涙ガス弾の一斉射撃を浴び、弾は学生たちの背中で爆発する。毒性のある厚い雲が陣地を襲い、すぐに機動隊の攻撃に屈する。しかし、突然、風向きが変わり、ガスが襲撃者たちを襲う。デモ隊はそれを利用して、体勢を立て直す。やがて、数千名の防衛隊が彼らの後に再び結集する。爆発と叫びの中から、しわがれた声の「インターナショナル」が湧き起こる。時刻は三時一〇分。ゲイ・リュサック通りはまだ持ちこたえている。

負傷者たちは、親中国派が後方基地に変えた高等師範学校に溢れ始める。デモ隊側でも、警察側でも、一時間で数百名の負傷者が出た。内務省には、取り乱した電話が殺到する。フーシェは心配したドブレを安心させねばならない。「我々には、他に方法はなかったのだ。そう、たしかに破壊や負傷者は出るだろう。しかし、うまく切り抜けねばならないのだ」[*25]

ラジオ放送「ユーロップ1」では、ジャック・ソヴァージョが指令を維持していた。

――「我々の目的はカルチエ・ラタンにできる限り長く留まることであり、そして留まることができる限り、我々は動かない」

コーン゠ベンディットの声がそれをさえぎる。

――「くそ、くそ、重大事なんだ！　マイクをかせよ！　こっちだ、早く。駄弁を売っている場合じゃないんだ！」

――「コーン゠ベンディットにマイクを渡します」

――「聞いてくれ。ぼくが発言したいのはなぜかというと、最初のバリケードから戻って来たところなんだ。警察は今、催涙ガスを投入していて、ある物は何でも出してくる。ただ、現在の警察の配置や彼らが採っている戦術を見ると、デモ参加者たちは、撤退することができないだろう。それは次の二つのうちのどちらかを意味している。すなわち、警察が「シャロンヌ」[14]の虐殺よりもひどい虐殺の責任者となろうとしているのか、あるいは、警察が退去して殺戮を止めるかだ。というのも彼らが何をしようとしているのか、理解しがたいからだ。カルチエ・ラタンの占拠には今まで何の事故もなかった。催涙ガスで攻撃して、事故を発生させたのは警察のほうだ」

　ジェスマールが続ける。

――「ぼくはソヴァージョの行なった分析に全面的に賛成だ。我々にはある考えがあって、弱いバリケードは放棄し、強いバリケードを維持するのだ。もちろん、今のところ、政府には教授や大学の青年たちを虐殺するか、あるいは警官たちを退去させるかの選択があることは明らかだ[*26]」

　学生の「アラモの砦[15]」の中では、噂が絶え間なく飛び交う。「モノー教授は片腕をもぎ取られた」、「妊娠している女性が殺された」、「赤ん坊が窒息させられた」、「二万人の労働者がストラスブール＝サン＝ドニに集結している」など。騎兵隊の攻撃のように、労働者の分遣隊の轟きが聞こえて来たと思って、今から皆お互いに抱擁し合っている。「革命だ！」。そして皆、味方のカフェの店主が差し入れてくれたサンドウィッチにかぶりつく。

　ゲイ・リュサック通りでは、まだ暴動の生命線ともいえる八個のバリケードが道路を遮断している。炎に照らし出された警察の大群が何も邪魔されずに、ガスの雲の中で前進を続ける。彼らは、投げられる物には動ぜず、行く手を遮るものはすべて棍棒で打ち砕きながら進んでゆく。しかし、障害物競走の一端までくると、様々な物を積み重ねた巨大な障壁が、ウルム通りとクロード・ベルナール通り、フィヤンティーヌ通りの交差点のところで機動隊を足止めする。師範学校の新しい建物の工事現場から、バリケードの物資が調達されたのだ。小型ワゴン、工事用バラック、テーブル、椅子、鋼鉄管は、現場に見つかったパワーシャベルで三時間かけて積み上げられていた。制御できるように見えたエンジンがたった一人の職工の手で操作されるのを見たとき、活動家たちは、ここにいる連中、「まさにこれこそ労働者だ！」とまで言ったのだ[*27]。機動隊はゆっくり近づいて来る。即興的に作られた壁の前に張られた罠につまずいた。道路には、二〇センチの高さに浮かせて鉄線が張られ、油やガソリンが一面に撒かれ、いく握りもの釘があちこち撒かれていたのだ。治安部隊は退却する。歓喜は爆発し、ニュースは四方を包囲された陣地中を駆け巡る。「奴らは後退する！」しかし、警官隊は周辺の他のバリケードが陥落するのを待っているのだ。挟み撃ちの力が再び強まる。

最後の陣地は執拗に抵抗したため、ひどい犠牲を払わなければならなかった。攻撃はますます激しく降ってくる。ガスは濃厚になり、手榴弾は水平打ちされる。逃げようとする者たちは走っている最中に殴打され、若い娘たちは足で踏みつけられ、殴られ、服を脱がされる。転んだ者はめった打ちにされ、降伏した者も同じ運命に会う。通行人たちであっても暴動に手を貸した者は皆足蹴りと殴打にあって、車で連行された。一二時間以上に渡って、警察はやりたい放題、暴力をふるって、思う存分うっぷんを晴らした。四時頃には、四、五カ所のバリケードしか残っていなかった。他の場所では、至るところで逃げ惑う者たちが追いかけ回され、屋根の上まで追跡され、中庭の奥では警棒に打たれた。六時まで、多くは経験のある活動家たちで構成された非妥協派が、コントルエスカルプ広場の周辺に命令に従って再結集し、最後の孤立した陣地を守り続ける。[*28] その界隈の住民は学生か知識人たちだ。警察は、窓から投げられる様々な物の雨あられの下を前進せねばならなかった。機動隊と機動憲兵隊は、忍耐強く、鈍い動きでへとへとになりながら、柵を撤去し続ける。デモ参加者たちは何度も警官に攻撃を加え、彼らの作戦の裏をかき、待ち伏せ戦術を組織し、貯蔵タンクから抜き取ったガソリンの海から吹き出す炎の壁の陰に身を隠し、まるでライオンのように闘う。だが五時には、完全に包囲される。投げる物もガソリンも底をつき、バリケードもなく、そして闘う者もほとんどいない。みんな、自分にできる方法で散り散りになり、建物の上部に逃げ、時には二〇人も一緒に友人のアパートに駆け込んで、夜明けまで続く迫害の様子を、びくびくしながら一言も発せずに、じっと見守り続けた。最後のバリケードはトゥーアン通りのもので、そこでは一晩中、軍人のように一徹な白髪の男が、簡潔な指示を出して三〇人ほどの暴徒の抵抗をいっとき指揮した。[*29] 五時三〇分になって、機動隊の一隊が近づいて来た時、彼は解散を命令する。男は太い鉄棒を手に機動隊を制止して、それからゆっくりと、とある街角に姿を消す。これで終りだ。

## 10　五月一一－一二日　労働組合の登場

朝六時、パリ八区の穏やかな早朝、ボーヴォー広場を、そこから三〇メートルのところにある静かなエリゼー宮に向かって、青白くやつれた面持ちの者が数人、横切って行く。勝利をしたものの、驚愕の念に打たれた司令官たち、つまりジョックスとフーシェとメスメールが心穏やかに寝たドゴール将軍に、バリケードの夜を報告しに行くところだ。

五時三〇分、ジョックスの依頼で担当副官がドゴール将軍を起こした。首相代理は国家元首に夜の事件をラジオで知ってもらいたくないのだ。主人というものは横柄だ。フーシェはまず、ひげを剃っていないことを詫びることから始めた。「私だって同じだよ」と言いながら、ドゴール将軍は大臣たちの軟弱さを嘆く。国防相がまず矢面に立つ[*1]。

メスメール「発砲の危険性があります。強硬な弾圧をお望みなら、その危険性を認めねばなりません」

将軍「その通りだ。あなたは使える部隊を充分に持っているかね」

メスメール「午後にならパラシュート連隊を確保することができます」

ドゴール「もうしばらく待ちたまえ」

確かに、政府には二つの路線がある。ドゴール路線と他の者たちの路線だ。

大臣たちは流血の強迫観念にとらわれている。ドゴールは国家の威信が心配で、それを保証する物質的手段があるかどうかを、総司令官として探っているのだ。学生たちは軍隊の介入の脅威を一つの妄想、一つの理論的推論として煽り立てている。同じ頃、ドゴール将軍は軍人として、この最終手段を夢見ている。万が一の場合にそなえてのことだ。それまでの間に、彼は政府に断固とした態度を取り、火種を発火時点で消し止めるよう、せき立てる。

### 警察の暴力

困ったことには、事態はもはや発火時点ではない。決定的な曲がり角であった。バリケードの夜は数時間のうちにその効果を現すことになる。学生たちはフランスを揺るがせたのだ。午前五時に、ダニエル・コーン＝ベンディットは解散の指令を出した。彼は九時頃、労働組合に、殴打された学生たちへの連帯のためのゼネストを打つよう呼びかける。それから彼は床に就く。ジェスマールは師範学校に撤退した。彼は地下道を通って、ロモンド通りの物理学実験室へたどり着いた。彼は消耗し、不安に駆られている。当局は軍隊の助けを借りるだろうか。反抗する若者と老いた将軍の考えが結びつく。しかし、まだ事態はそこまで進行していない。反対に、ジェスマールはSNE－Supの責任者フォンテーヌから、アラン・ペイルフィットが朝五時頃、連絡を取ろうとしていたことを知らされる。大臣は午前中の面談を提案している。ジェスマールは行かないだろう。というのも、彼はまず当局と彼との仲介者であり組合との仲立ちでもあるFENに会いたいからだ。カルチエ・ラタンをひそかに抜け出さなくてはならない。車の奥に隠れて、前夜の破壊で混乱したソルフェリノ通りに到着する。[*2] そこでも、FENの者たちが、政府の密使たちが彼に会いたがっていると確認する。彼は「私は大臣としか交渉しない」と言う。学生の指導者たちは焦ってはいない。ゲイ・リュサック通りの警察の勝利は、たとえ暴動による圧力のもとで、受け手の派手な譲歩のほうがもっとひどかったとしても、政府にとっては一つの政治的失敗であることを、彼らはよくわかっていた。彼らは待っている。彼らは労働組合が今回は関与せざるをえないことも知っている。ラジオや新聞によって演出され、増幅された弾圧の粗暴さは、国民感情を逆なでしたからだ。

グリモーは内心では、むしろ満足している。[*3] 一九三四年二月六日以来、最も洗練された治安維持作戦は、一人の死者も出さずに展開したのだ。訓練された暴徒たちを前に、警官たちは長い待機時間の後、ものを投げつけられ、侮辱され、時には殴られながら、誰も殺さなかった。奇跡と言うべきだ。その朝、警視総監は「パリは、今までで最も無惨な夜の一つを体験した」と語った。グリモーは事態はもっとひどかったかもしれないと、考えている。

しかし、これは技術者の判断だ。世論にとっては、治安部隊は前代未聞の蛮行を働いたように見えたのだ。警官の行使した無意味な暴力の話は、電波と新聞の紙面を埋めはじめる。押し倒された者への警棒での殴打や、負傷者たちへの執拗な攻撃や、機動隊のバス内でのリンチ、若い娘たちや通行人への連打、これらすべての過剰な暴力は一九六八年五月の警察黒書を飾ることになる。もっとも、それには折れた歯、骨折した腕、ガスで痛めた肺、傷ついた目、あばら骨の骨折、切り傷を負った頭部などは勘定に入っていない。機動隊組合は「我々の役割はバリケードを取り除くことであり、ひとたび仕事が完了すれば、決して執拗に攻撃したりはしなかった」と言って、自己弁護している。機動隊は暗に逃亡者を追い、拘束を行なう役を負っていた市の警察を非難する。地域の警察の任務に慣れたこれらの男たちは、治安維持の具体的経験はまったく持っていない。暴力が吹き荒れる状況の中では、彼らはすっかり冷静さを失う。警官が一番粗暴だったのだ。自分の部隊を防護し、抑制する役割を負っていたモーリス・グリモーは、別の説明をしている。[*4] 彼にとっては、発砲の禁止が白兵戦における暴力を生んだというのだ。戦闘部隊は何らかの形でストレスの解消を計らねばならない。指揮官によって殺戮を禁止された彼らは、その代償として、より強く警棒を振るったのだ。

　しかし、警察側の過剰な暴力についての説明がどうであれ、人々の反応を左右するのはその暴力である。五月一一日の朝、フランスは警察を非難する。政府与党であるＵＮＲを除く全政党は警察の態度を糾弾する。新聞の社説も競い合って怒りをあらわにする。国の主だった代表的権威者すべてが、治安部隊に反対する意思を表明したのだ。政府はＡＦＰに、デモ参加者たちは「パリ会談やベトナム和平とパリ会談に反対する勢力によって」操作されていたと伝えさせて、惨めな牽制をしようとするが、原因は明白である。世論にとっては、現体制は今や黒いヘルメットをかぶった抑圧的な体制と映っている。

## 仲介

　労働組合の指導者たちにはそのことがよくわかった。午前五時になるや、ＣＦＤＴのユージェーヌ・デカンは中央本部へ出向いた。そこへジョルジュ・セギーが電話をよこした。ＣＧＴの指導者は工場で労働者たちが反応を示しているのを知っている。フランス全国でそうだったように、彼らは前日、夜遅くまでラジオを聞いていた。彼らは暴動の騒ぎに心を揺すぶられ、若者たちが「権威主義的」で譲歩しない体制に抵抗するのを茫然として聞いていた。反逆は伝染しやすい。朝からもう労働者階級は沸きかえっていた。

　彼らは会合をすることに決める。それは九時に労働組合会館で行なわれる。本人の言うことが本当だとすれば、セギーはただちに次の月曜にゼネストをしようと提案し、他の組合指導者たちから驚きの声が上がったというのだ。続けて彼は、CGTが「動いている列車にただ乗りしたわけではない」ことを示す目的で、主導権を取ることを強く主張したらしい。他の情報源によると、事態はそれほど明確ではなかった。ジェスマールは、FENの警備班にエスコートされて、少し遅れて到着する。セギーとデカンはこの出来事の外に置かれていたことに不平を言う。「もし、皆さんが私にお会いになりたかったのなら、それは簡単でした。フランス中の人々が私がどこにいたか知っていたのですから。バリケードの中ですよ[*5]」とジェスマールは答える。学生と労働者の連帯の始まりはぎくしゃくしたものだった。その後、すれ違いは増大する一方である。しかし、その時点では、まだ仲介者は不可欠だった。ジェスマールは鼻高々だった。そして彼と共に、他の学生リーダーも皆そうだった。普段は、学生たちはいくらか恩着せがましい兄貴分の組合に支援を乞わねばならなかったが、今回は、自分たちが主人になったつもりで話している。

　正午になって、CGTとCFDTは、それまで一週間の間ずっと、慎重に協議を重ね、労働組合員たちの目にはうぬぼれきっているように見える学生リーダーたちとさして感激もなく会って来たのだが、その彼らが、その日の正午には一三日月曜のゼネスト指令に付帯して、すべての大都市でのデモの呼びかけを発した。そして、双方は午後にもう一度会う。この最初のときから、CGTと学生の敵対関係が議論を支配し、CFDTは、彼ら双方の観点を何とか近づけさせようと苦慮していた。ジョルジュ・セギーはカルチエ・ラタンで終るデモは望んでいない。UNEFとSNE－Supのリーダーたちは「我々には、そんなことを学生たちに理解させることはできません」と反論する。行列は共和国《レピュブリック》広場からダンフェールまでのコースで、学生たちはまず北駅に集合する、ということで合意する。CGTは最後の条件を出す。CGTはデモの先頭に「好ましからざる人物」を入れたくない。

　ジェスマール「どんな危険人物なんですか」

　CGT組合員「我々としては名前を出したくないん

だが……、あなた方がどうしてもと言うなら言いますよ。それはコーン＝ベンディットです。我々は、彼を先頭に入れたくありません」

ジェスマール「我々はみんなで一緒に危険を冒してきたんです。ダニエル・コーン＝ベンディットは我々のそばに並ぶでしょう。さもなくば、この交渉はやる意味がなかったと考えていただくしかありません」[6]

ＣＦＤＴはＣＧＴを説得した。合意は成立した。

学生のリーダーたちは後になって、あまりに素早く公式な労働組合と関係を持ったことを後悔することになるだろう。ＵＮＥＦとＳＮＥ－ＳｕｐがデモのＳ呼びかけをすれば、伝統的な労働組合と複雑な交渉をしなくとも、群集を動員するには充分だったかもしれないのだ。ともあれ、基本的なことはできた。バリケードのショックが、その力を示したのだ。異議申立ては大学のゲットーから抜け出す。暴力に憤慨し、政府の無能力に困惑した給与生活者たちが運動に参加していくことになるのだ。〈五月〉の大きなバネが巻き直される。

### ポンピドゥーの帰還

政府は危険を感じている。政府はどのようにその危機に備えればいいのかわからない。寛大な処置はおそらくデモを終了させるかもしれないが、学部での騒動は終らない。それどころか、騒動を助長することになる。何万人もの学生が政権を屈服させたというのに、給与生活者たちは静かなままでいるなどということがありうるだろうか。一九六七年、統一左翼が選挙で貴重な得点を上げた。連合政権は過半数を割るところだった。ドゴール派の敵は元気を取り戻し、一九六五年にフランソワ・ミッテランに対して、ドゴール将軍が当選未定《バロタージュ》〔仏大統領選で、第一回目の投票で過半数を獲得した候補者がいない場合、決定が第二回投票に持ち越されること〕の状態にいた時は、青天の霹靂として驚いた彼らだが、それはこの権力の逆説である。ドゴール派は伝説に包まれ、レジスタンスの栄光の歴史に根ざし、国家とテレビ放送の主であり、また自分に合致した制度に支えられている。海外では尊敬され、幾つかの国家的危機を克服し、すべての選挙に勝利してきたが、ドゴール派は実際は見かけより脆いのである。有力者や保守的ブルジョワ階級のフランスの上に許容された一つの接ぎ木にすぎないのだ。管理職の社会的上昇や給与生活者の組織化の増大、この古い国の工業化や都市化を前に、ドゴール主義はその社会的基盤を模索している。得票率二〇％のフランス共産党と、革新的な「非共産党」左翼が労働界のフランスを惹きつけている。中道派は小都市や田舎ではまだまだ影響力を保っている。平時の国の長として、ドゴール将軍は争乱時の正統性を失う。第五共和制が根づき始めなかった一九五八年の敗北者たちにとって、元首の治世は、議会制の常態へ不可避的に回帰する前の一つの余談にすぎない。彼らは常に、物陰で機を伺っている。学生の暴動は一つの機会なのだ。

しかし、弾圧を強めると、火事は一層激しく広がるのではないかと、政府は自問している。奇跡が繰り返されることはない。学生との妥協なしには、他の暴動が起きて流血騒ぎを起こすだろう。ゼネストの危機と世論の反発の両方の危機をはらんでいるのだ。大臣たちは地雷の上を歩いているのがわかっている。ドゴールは依然として、これらすべてに秩序の維持という二次的問題しか見ようとしない。彼は外交政策に集中していて、相変わらず断固とした対応を望んでいる。

午後の間中、閣僚たちはドゴールを説得して妥協させようとする。一六時には、ジョックス、フーシェ、グリモーの番だ。学生の要求する三項目を受入れるよう懇願する。さもなければ、熱は加熱する一方で、デモを弾圧するのにますます大きな危険を侵さねばならなくなるだろう。ジョックスは熱を込めて理屈をこねる。「これらの子供たちを反抗児として扱うことはできません」と語り、一九四〇年、自由フランスや国家とドゴール主義へ果たした彼の任務など、自分の職歴を次々と喚起した。しかし、何の効果もない。「暴動には譲歩しない。国家は後退しない」[*7]とドゴールは言うだけだ。

ロッシュが三閣僚を次ぐ。質問が噴出する。ドゴール将軍はすべての細部を検討する。そしてペイルフィットが入場した。ドゴールはこの若い大臣が好きだ。ドゴールはペイルフィットの昇進を後押しし、彼を高く評価している。ペイルフィットはジョックスより繊細なプランを持っていたが、それはその夜の前の段階のものを繰り返したに過ぎない。「ギブ・アンド・テイクでいけばいいじゃないですか」と彼は言う。沈静化と大学での厳しい管理の確約と交換に、学生の三項目を受入れてもかまわないのではないかと。

――「そうすれば、我々は補正され釣合が取れたプランを得られるでしょう。この計画には、政府にイニシアティブがあることを証明し、人道主義と断固とした処置の混合によって、世論を安心させることができ、さらには過熱した状況を冷やすにも適しています[*8]」

今度はドゴール将軍が魅了された。このプランの構成では、国家は面子を失わずに済む。ペイルフィットは急に深刻になって、話を続ける
――「大統領が私の考えたこの措置を受入れられないとお考えになるとしても、私にはよく理解できます。私が状況に対応できる人間ではないのかもしれません。それならば、私は大臣の職務を大統領に返上せねばならないでしょう。私が去るほうが危機の解決に功を奏するなら、私はそういたします」。

ドゴールは大きな身振りで打ち消した。

――「いや、このプランで了解だ。これで行きましょう！」

時刻は一九時一〇分、ペイルフィットは平静を取り戻す。彼は大学区長と学部長たちを翌日九時に召集する。協力者の一人に「すべてうまく行っている。月曜日には、ソルボンヌは再開され、学生たちも解放される」と語った。

しかし、このまったく同じ時に、ジョルジュ・ポンピドゥーの飛行機がオルリー空港の滑走路に着陸する。首相は笑顔でリラックスして降り立つ。空港の来賓室で一服した後、公用車ＤＳにジョベールと潜り込む[*9]。詰めかけたジャーナリストたちに謎めいた言葉を残した。「私には私の考えがある」と。それはペイルフィットの考えでもなければ、ましてやドゴールの考えでもない。

この一九六八年の中頃、ジョルジュ・ポンピドゥーは首相の座に就任してから六年目になっていた。例外的に長い在任期間だ。自分の才能を十全に把握した男で、自信に満ち、自分のチームに信頼を置いていた。そのチームには、ジョベール、バラデュール、若いシラクを筆頭に、将来を案じるドゴール派の地歩を拡げる軍勢がきらめいていた。この政治家には自分の性格を鍛え、野望を研ぎすます時間があった。一九四五年のこの「ものが書ける」若い師範学生《ノルマリアン》は、当時、出発間際だったドゴールから召喚され、この偉人の影で全キャリアを積んできた。知性的で、活動的で、エネルギッシュで、控え目で、有能な特別秘書であった。彼は雌伏の時期を経て、ドゴールにとって最も大切な人間の一人となった。ところが、彼は戦争の英雄的行為に参

加したことはなく、ドイツ占領下では、用心深く余力を蓄えていたのだ。その総合能力、厖大な書類を消化する能力、人間関係のセンスの良さ、世渡りのうまさなどのおかげで、たちまち彼はドゴール派の軌道の中に特別の場を獲得したのだ。一九五四年に一時、ポンピドゥーが彼の友人たち、ロスチルド家の銀行に、銀行業務を覚えるために入って、政界から離れた時でさえ、ドゴール将軍のそばにいて、組織化を行ない、事態を解明し、微妙な状況を切り抜け、この上なく堅固な糸を織り上げた。ドゴール派が政権に就くと、ポンピドゥーは一九五九年初頭に憲法評議会のメンバーに指名されるまで、マティニヨンにある首相官邸でドゴールの官房を指揮した。その間、彼は様々な人物の訪問を受け、協議し、ドゴール将軍の知恵袋となって情報提供者の役を果たし、将軍は彼と定期的に面談する。このようにして、一九六二年、ドブレ[1]がアルジェリア問題で力尽きた時に、脱植民地化の嵐を受けて深い痛手を負った首相の後を、この未知の男が引き継いだのだ。ドゴール将軍は政治家よりも参謀長によって指揮される、自分の手で動く政府を望んでいた。ポンピドゥーはこの役に打ってつけだったのだ。

　彼は繊細な文学性を持ち、ドゴール主義の理論と実践の完璧な理解者であるとしても、自分の上司ドゴールよりももっと保守的で、もっと腹黒く、英雄的行為にドゴールほど夢中にならない。少しずつ、最初は謙虚に、やがてより力強く、ほとんど農民と言っていい彼の田舎風のスタイルを、安心感を与える小太りの体型と常に手にしている黄色い紙巻きタバコや大食漢のような笑いと低い声を押しつけていき、世論の方も最後にはそれを認めるようになったのだ。時とともに、首相の周りにポンピドゥー派ができ上がり、首相は自分の仲間を選び、彼らを前面に押し立てて、やがて、自分の親衛隊を形成することになる、このドゴール主義の「共和国の青年貴族」[*10]を自在に操るようになる。ポンピドゥーは、外交はドゴール将軍に任せておいて、自分は国内の産業化に集中している。産業化がもたらす激変が不安の種ではあるが、それこそが自分にとっては主要な任務と思えるのだ。そこで、成長の小メッテルニヒ[2]として、ポンピドゥーは毎年六％の成長によって移りゆくフランス社会を安定させようと努める。彼は農民や商人など、ブルジョワ共和国の基盤であるこれら地方の人々に気を配る。議会の術策、国家機能の構築、他の派閥や重要人物との際限ない交渉などの不可欠な仕事を行ない、かつ体制の政治的強化に尽きせぬエネルギーを注ぎながらも、繁栄の傍らで不満を漏らしている労働階級に対してもできることは譲歩する。UNR[3]は彼の手なづけるところとなり、仕舞いには実力者や仲間を熟知して、無限に開かれていると予感している自分の政治的未来の基盤を辛抱強く築くのだ。自分をもドゴール派の世界をも支配したこの男こそが、嵐の最中で舵を取るのである。

　ポンピドゥーは前夜に決心していた。ジョベールはポンピドゥーに定期的に情報を流し、政府の優柔不断、デモ隊の堅い決意、とりわけ、世論調査によって証明された運動の人気を引き合いに出した。首相は一八時に自分の内閣官房長と話をしていた。「ジョベールは稼いだ時間はどの一時間も大切であり、最悪の事態が起こりえるし、恐らくそうなるだろうと考えて、私に帰るように言ってきたのです。私が帰国したらどうするかについて、よく考えておいてほしいとも頼んで来ました。私はパリが迷走状態にあることはすぐわかりました。ドゴール将軍は恐らく、事態をよく把握していませんでした。大臣たちは互いに逆の決定の間を揺れていました。私には取るべき道が明白に見えているような気がしていました。私は帰国するや否や、ソルボンヌを再開し、事態収拾のための最善の手を尽くすことを将軍にわからせたのです[*11]」。帰国は二時間早められる。途中の空港に着く度に、ポンピドゥーはジョベールに電話する。ポンピドゥーはプランを念入りに準備し、自分が計画している演説の草稿を書く。飛行機が着陸すると、彼の作業はストップする。政府は難局に立たされている。その立場は理解されず、撤退のベルを鳴らさなければならない。だが、これが攻勢だと受け取られるようなエネルギーを持って行なうべきなのだ。ポンピドゥーにはまだこの演説を行なうことはできる。彼は遠方にいたので保護されており、意見を変えたわけではない、自分が事態を引き受けることができるからだ。政府はしたがってすべての前提条件を受入れるだろう。学生の危機は終り、伝染はくい止められる。マテイニョンでジョックスが彼に状況を報告し、三つの点について、比較的寛大なプランを提案すると、ポンピドゥーは話を遮ってこう言った。

――「恐縮ですが、私はすでに断じました。ソルボンヌの再開と、投獄者たちの解放、警察の退去です[*12]」

ジョックスとフーシェは安堵する。彼らは承諾する。抵抗しているのはペイルフィットだけだ。

──「もし首相が無条件にソルボンヌを再開すれば、首相の寛大さは降伏の印と解釈されてしまいましょう」

──「けちってはいけません。もし我々が条件をつければ、せっかくの心理的効果を壊してしまうことになります」*[13]

ペイルフィットは翌日まで決定を先延ばしするよう求める。ポンピドゥーは拒否する。彼は先にドゴールに会う必要がなかったなら、オルリー空港ですでに記者たちに話しさえしていたかもしれない。情報相ゴルスは、夜の間にテレビ局を呼ぶよう指示されている。大臣たちは唖然としている。ポンピドゥーはドゴールに相談なくすべてを決めていたのだ。最も勘の鋭い者たち、あるいは最も情報を握っている者たちは、そこに一つの印を認めている。

ポンピドゥーは二一時にエリゼー宮に到着する。会談は四五分続く。それは、かなり荒れたものだったのだろうか。〈五月〉の後、幾人かは、そうだったと言っている。ポンピドゥーは、彼の寛大路線を押しつけるために、自らの辞任を引き換えにしなければならなかったのかもしれない。多くの歴史家はその反対だと考えている。*[14]ポンピドゥーはこの場面を極力何もなかったように言っている。「私たちの対話は短いものだった。私はすぐさま、私が考えた対策に大統領の合意を得た」*[15]と。彼は真実を語っているのだろうか？　マルローによれば、ドゴールは単に「もしあなたがそれで勝つなら、大いに結構。フランスはあなたと共に勝つのです。もしあなたが負けたら、あなたにとって残念だがしかたありませんね」と言ったのだ。しかしマルローは歴史家であるよりは作家だ。

実際ドゴールは、準備万端で楽観的で確信に満ちた首相に会うことに不満ではないというのが真実のところだろう。それが統治者の役割だからだ。大統領は距離を保ち、慎重さを保っていなくてはならない。日常的行動の長はポンピドゥーだ。彼は大統領とは反対の方向に気持が傾いているのだろうか。しかたがない。首相が自分でそのリスクを引き受けるのだ。彼はそのためにいるのだ。もし首相がうまくいかなければ、首相を交代させればいい。「これが、ドゴールが私から求めていたことです」とポンピドゥーはフィリップ・アレクサンドルに語っている。*[16]「ドゴール将軍は大臣たちが行動を前にして躊躇したり、言い逃れをしたり、逃げ腰の様子を見せるのは好きではありません。したがって、将軍には「これが私のしようとしていることです」とはっきり言わなければなりません」

二三時三〇分にテレビに出演した首相はまったく同様に、政治における自分の主要な切り札、精神的平静さと確信に満ちた雰囲気を掲げる。「私はソルボンヌを月曜日から自由に再開することに決めました……。控訴院が有罪判決を受けた学生の提出した釈放願を裁定する可能性もあります……。ソルボンヌをその本来の使途に戻すことで、私たちはソルボンヌを、自由に同意された規律の中での研究という本来の使命に返すのです」。ポンピドゥーは「早急かつ全面的な沈静化」を主張して演説を終える。「この沈静化への準備は、私の方にはすでにあります」と。

**譲歩せねばならなかったのか?**

一週間で四つの暴動と熱情的な一夜があり、学生たちは勝った。ポンピドゥーは躊躇しなかった。これは寛大さを装った全面降伏だ。フランス国民はこのことが信じられない。それでは、何でも可能だというのだろうか。教訓はすぐに学びとられるだろう。

頑固なドゴール主義者たちや他の多くの人々にとっては、土曜の夜の演説は大きな間違いであり、突破口を開き、無期限のゼネストに向けてなだれ込ませるものであった。その瞬間に、UNRの代議員たちのほとんどが唖然としている。幾人かの大臣は辞任を口にする。彼らが言うには、ポンピドゥーは国家に対して四つの裏切りを働いたのだ。要するに、警察に対する裏切り、独立性を蔑ろにされた検察に対する裏切り、一週間に渡る対応をした政府に対する裏切り、常に譲歩に反対していたドゴール将軍に対する裏切りである。

首相は数年後に次のように強く自己弁護を行なっている。「私があの土曜の夜に、演説もせず、ソルボンヌの再開も告げなかったと想像してみてください。一三日月曜にはデモがすでに予定されていたのです。学生や労働者、さらには市民もそれに参加することになっていました。したがって、私どもは五月一三日に共和国広場《レピュブリック》からカルチエ・ラタンに向かう大群集を前にしなければならなかったのです。途中で、彼らは間違いなく、暴力によってソルボンヌに侵入しようとしたことでしょう。ですから、アフガニスタンから戻るや否や、私は、流血やましてや死者が出ることを避け、とりわけ、ソルボンヌを奪回させないようにしなくてはならないと思いました[*17]」

　しばらくの間、首相の術策は成功したように見える。学生のリーダーたちは回りくどいコミュニケを出す。「みんな、力尽きていたのだ」とコーン゠ベンディットは後に言う[*18]。労働組合の指導者たちはトーン・ダウンさせる。月曜日のゼネストには、あまり多くの参加者はいないだろう[*19]。唯一、一三日に一つのデモが呼びかけられている。もうそれを取り下げることはできない。にもかかわらず、それは成功するだろうか。学生と労働者たちの運動の統合は生み出されるのだろうか。日曜日、二つの会合の間に、ポンピドゥーはジョベールに語りかける。「それでも、彼らが私たちに、五月一三日のデモを仕掛けるなら、それはちょっとおもしろいもんだな[*20]」と。

## 11　五月一三日　一〇年、もうたくさん！

　共和国広場からダンフェールまで、新左翼諸党派が勝利の行進をしている。なぜなら今回は、彼らの後に、三〇万の人々が異議申立ての先導者と共に歩いているからだ[*1]。ナンテールの怒れる者たちも、ソルボンヌのいたずらっ子たちも、ジュシュー〔パリ大学ジュシュー校〕の熱狂した連中も、常軌を逸したアナーキストたちも、ふざけた極左の者たちも、皆そこにいる。彼らは中道派を圧倒し、反対派をむち打ち、フランスをかき回した。彼らが水門をこじ開けたのだ。そこから激しい潮が吹き出したのだ。一斉に立ち上がった波は彼らであり、労働運動のお偉方でも、上品な左翼のお偉方でもない。コーン゠ベンディットは後に、ＰＳＵの夜のミーティングでこう言う。「ぼくにとって、うれしかったのは、いつもは最後尾のトラックの回りにいたスターリン主義者のやつらが行列の先頭にいられたことさ！」。火の粉は左翼に火をつけた。今日は火付け役たちの栄光

の日だ。

## 反ドゴール主義の大河

デモ組織者たちによれば、その数は百万である。人の数が多いときは、念のため、常に百万と言うのだ。実際の数はその三分の一だ。しかし、それはまったく問題ではない。それは勝利の行進であり、それは無数の人々が喜びに満ち、黒と赤の帽子を振り、スローガンに合わせて歩いている。「一〇年、もうたくさん！」。第五共和制の一〇周年のために、コーン＝ベンディットと他の連中は歴史的な祭典を入念に準備した。学生たちは金曜日の夜の闘いの栄光に包まれ、ポンピドゥーの譲歩によって正当化され、この日のヒーローになっていた。CGTは、またもや、コーン＝ベンディットがデモの先頭列に来ることを禁じようとしたが、UNEFとCFDTは、赤毛を押しつけた。それで、彼は隣りにいるソヴァージョとジェスマールの肩に腕をかけ、「連帯する学生・教師・労働者」と書かれた巨大な横断幕がたなびく下で、最前列を歩く。その後ろに興奮した五〇〇〇人の新左翼活動家たちが口々に叫んでいる。「ドゴールは養老院へ！」、「学生－労働者みんな一緒に！」、「権力は後退する、権力打倒！」、「ドゴールを古文書館へ」、「我々は皆怒れる者たちだ！」、「ローマ、ベルリン、ブダペスト、どこでも同じ闘いだ！」「我々すべて左翼党派！」

扇動者たちが群集を連れてゆく。改革派の重い大部隊は初めて革命的な狙撃部隊に追随することになる。これが〈五月〉の特殊性だ。すなわち、いままで異端者だった者たちが範を垂れるのだ。精神的蜂起の、解放の、政治的陶酔の香りが広場からダンフェールまで漂っている。ポンピドゥーは形だけのデモを期待していた。抑圧的であったかと思えば、次には弱体化した政府に反対している

1968年5月13日、パリ東駅周辺に集まった30万人の学生、労働者と市民。

者が、これほどまで数多く、果敢で、自由であることに皆唖然としている。五月一三日は、首相の聡明さによって一時的にブレーキがかかった機械を再び動き出させた。今や何でも可能なのだ。

　学生たちの後ろには、何万人もの給与生活者、労働組合員、活動家、シンパ、この赤い春の恵みにほだされた単なる一般市民などが歩いている。FEN、CGT、CFDTは、デモの本隊を形成している。デカン、マランジェ、セギーたちは用心深い微笑を浮かべながら道を歩いている。どこに行くのだろうか。労働組合会館だ。三色旗を赤と黒の旗に交換した。それに反対する叫び声が上がる。妥協点を見つける。すなわち、旗はなしだ。フランス共産党はヴァルデック[1]とマルシェ[2]、ルロワ、バランジェ、そして、FGDSは過激なピエール[3]、ギー・モレ、ミッテラン、エルニュ[4]。少し離れて、PSUとマンデス＝フランスが歩いている。

PC〔フランス共産党〕の行列の中には、ピエール・ジュカンが昔のFTPの大佐で[5]、一九四四年のパリ蜂起の時の組織者ロル＝タンギーと歩いている。「エリゼー宮に行こうか？——ああ、そこに行けばどうすればいいかわかるだろうからね。簡単なことさ。でも、その後はどうする？*2」この気まぐれは思った以上の結果を招く。ずっと後になってから、ジョベール[6]は次のように言っている。「あの日、彼らはエリゼー宮を奪取することもできただろう。学生と労働者の同盟は必要な力と信頼性の萌芽を彼らに与えていた。その後、本当の危機は去ってしまい、このような機会はもう二度とないだろう*3」と。

デモのリーダーたちはこのアイデアから何光年もへだたったところにいる。もちろん、東駅の学生の集会のときには、ダニエル・コーン＝ベンディットは熱烈に革命的レトリックに従っていた。「資本主義的体制と闘うためには、一つの方法しかない、街頭での直接行動だ。ゼネストは支援の武器ではなく、資本主義体制を転覆させる階級の武器である……。警察は我々に対して、アメリカ人たちがベトナムで採用しているのと同じ手段を採用した。我々は、遠からず、国家警察を裁くために民衆法廷を開設するだろう……。ドゴール体制は弱腰にならざるをえない。これは権力奪取の記念日だ」。スローガンは「政府は辞職せよ！」というものだ。この大言壮語も学生の指導者たちを怖じ気づかせることはない。実際、彼らは天にも昇る気分なのだ。彼らの運動の信じがたい成功は、彼ら自身の想像をはるかに越えたものである。彼らが望んでいるのはただ一つのことだけだ。つまり、「労働者階級」が自分たちの後を引き継ぐのを見ることだ。ただ、一九六八年のフランスでは、労働者階級とは唯一、CGTだけしかない。そして、数百メートル後を楽しそうに溌剌と歩くジョルジュ・セギーは、この叙情的な幻想に屈する気はさらさらない。

その間にも、反ドゴール派の大河は陽の光を浴びて、何の衝突もなくダンフェールまで流れて行く。グリモーは一万人の警官を動員し、彼らをデモ・コースに沿って控え目に配置してエリゼー宮や、パリ市庁舎その他の公的機関の建物周辺への侵入を禁止した。今回も、警官隊は武器を足元に置いたままだろう。今はお祭の時であり、暴動の時ではない。ダンフェール・ロシュローに到着したときに、小競り合いだけがあるだろう。警察の護送車が傷ついた子供を病院のほうへ運んでいく。この少年はたまたま、デモの群集の真ん中で転んでしまったのだ。警察の車が揺すぶられ、群集が車内にいた警官を追い出したので、緊張が高まる。この状態から脱出するために、一人の警官が空に向かって三発打つ。ホルダーから外されたピストル。この行為は最悪の事態を引き起こすかもしれない。知らされたグリモーは躊躇する。もし彼が排除命令を出すと、全面的な乱闘になる危険性がある[*4]。突然、左翼の国会議員で議会の古参ピエール・コット[7]が彼に電話をする。「ここは私たちに任せてください。私たちが警官を脱出させます」と。すべてが元の秩序に戻った。これで一安心だ。一三区の警察署の車が武装警官を満載して、すでにダンフェールに乗り込みつつあったからだ。

ベルフォールのライオン像の周辺では、解散はゆったりしている。コーン＝ベンディットは群集をシャン＝ド＝マルス〔旧練兵場〕の方へ連れて行きたい。彼についていったのは数千人だ。ＣＧＴの活動家たちが解散を早めるために、熊手を使って広場を掃除する。セギーは赤毛と握手するのを拒否して、その場を立ち去る。しかし、マティニョンでは、みんなが心配している。一九時になっても、ダンフェール広場は相変わらず人で埋め尽くされている。新たな暴動へと向かうのだろうか？　するとその時、一人の若い国務次官がいらいらしてぎこちなくこう提案した。「私は連絡がつけられます。クラズキ[8]〔ＣＧＴ幹部〕の個人の電話番号を知っています」と。彼は自宅ですでに食事中のクラズキを探し出す。次官はクラズキに状況を説明する。「私が見てきましょう」とセギーの助手は返事する。数分後に、ＣＧＴは労働者の大部隊を伴ってダンフェールを離れる[*5]。焦っていたその若い次官はジャック・シラクという名だ。ポンピドゥーのチームと共産主義者たちの、この最初の直接の接触は、実りあるものだった。双方とも、このことを後々まで覚えていることだろう。

夜、各自がそれぞれの総括をする。政府はデモが静かに終ったこと、そしてストが半分失敗したことに自分たちは満足だと考えることができる。給与生活者は組合の指令に本当には従わなかったのだ。それは政府にとって希望の光だ。なぜなら、残りの部分については、首相の政治的状況はきわめて悪いからだ。土曜の演説は何も鎮めることはできなかった。五月一三日のデモは大成功だった。たとえ、世論から見るとますます信用をなくしているテレビが公式な数字をそのまま取り上げて、一一万七〇〇〇人のデモ参加者がいたと平然と報じたとしてもだ。弾圧、そして後退は反対勢力を強固にした。自分たちがどこに行くかもよくわからず、得ることのできる政治的利益をすべて蓄えておきたい。たとえ、時限ストライキはうまく行かずとも、これらすべては給与生活者たちの意識の奥に深く刻まれたのだ。権力は後退することもある。行動には報いがある。最も信念を持った連中は大学の騒動を真似ようと夢見ている。

## 解放されたソルボンヌ

学生たちはと言えば、彼らの熱気を絶やさぬ材料を持っていた。つまり、「解放された」ソルボンヌのことで、それは三週間の間、パリの中心にあって、権力当局を嘲弄し続けていたのである。なぜなら、土曜日の夜にはもう、マルク・クラヴェッツ、「大学行動運動」（MAU）のジャン＝ルイ・ペニヌー、ブリース・ラロンド、ジャン＝マルセル・ブーグロー、セルジュ・ボスクといった学生政治の古株たちに率いられた小さな集団が、幾人かの守衛に弱々しく守られていたサンシエのセンターの前に姿を現したからだ。[*6] この建物は数分で陥落する。恒常的に開かれる総会によって管理される一つの「占拠委員会」が権力を握り、その委員会の議長はクラヴェッツが務めた。物資調達の任務は、即座に作られた様々な係にまかされた。チラシも印刷され始める。壁に最初のスローガンが現れる。「一度目が覚めたら、もう二度と静かに眠ることはできない」。多くのことを見た。もうほとんど眠ることはないだろう。話をするのだ。ポンピドゥーの演説の間は静かにする。不安がよぎる。もし弾圧が止んだら、どうやって維持していくのか？　夜は労働者の夢でいっぱいになる。

月曜の朝一〇時、今度はこの一〇日間、すべての暴動者の欲望の対象だったソルボンヌの番だ。サンシエの学部からやって来た小さな行列がカルチエ・ラタンの道を行進している。彼らは二〇分で現場に到着する。老婦人〔ソルボンヌの古い建物のこと〕がそこにいて、静かに身を差し出している。それはちょっとウインクをするだけで落ちた。

ここでもまた占拠委員会を選出するために、みんなはテュルゴ大講義室に集まる。ペニヌーとクラヴェッツは、UNEFの他の二人のヴェテラン、イヴ・リッテンベルジェールとアントワーヌ・グリゼとともに、急遽、調整委員会のメンバーに任命される。労働者‐学生行動委員会の調整部門はここに置かれるのだ。音響トラックは左翼の若い企業家、ジョゼ・ビドゲンから借り受ける。募金を組織し、寝袋を用意する。ジャズ・オーケストラのフランク・テノ[10]にコンタクトをとる。ペニヌーは、アナーキストの社会学者で赤に染まった教員ジョルジュ・ラパサッド[11]を呼び出す。その彼が、占拠されたソルボンヌの一大物語を永遠に象徴するイメージを作ったあのピアノを持ち込む*7。ラングロワ[12]とシネマテークは、六カ月前に官庁が彼らの根城であるシャイヨー宮から追い出そうとした時の、パリのすざまじい闘いのヒーローだったが、その彼らが今度は学生たちの相談を受ける。ゴダールはフィルムを抱えて到着する。夜、ラパサッドは満足だ。ジャズ・コンサートは好奇心満々の連中を集めた。哲学者コスタス・アクセロス[13]は性的抑圧についての最初の討論会の司会をする。皆夢中で聞き入り、楽しむ。サル・プレイエル[14]では、フランソワ・ミッテランが五月一三日の一〇回目の記念式典をするためにFGDSの集会の議長を務める。陰気な集会だった。

高等師範学校《ノルマル・シュップ》では、コーン＝ベンディットが「人民の側に行く」ことを願っているUJCmlの親中国派たちと出会う。そんなことをすれば、運動は死んでしまうだろうと、コーン＝ベンディットは反論する*8。学生の行動が生き延びるには、ソルボンヌの占拠しかない。彼の言う通りだ。

灰色の古い建物はいま進行中の革命の象徴的な首都となり、政治権力ではなく、言葉と意味、言説と想像界の反抗において、まったく同様に重要な記号の力を閉じ込めた、小さな春の冬宮〔サンクトペテルブルクにある旧ロシア帝国の宮殿。ロシア二月革命時に臨時政府が置かれた〕となるだろう。学生コミューンはその壁の中にあるのだ。

# 第二部　五月一四日－二四日　［社会危機］

# 12　一九六八年のフランス社会

フランス社会を数日でマヒさせることになる労働者の反抗の背景には、発展の最中にある経済と、これまでの歴史でこの国が経験したことのなかった速度で急激な変化を遂げつつある社会がある。反抗の一般的要因があるとすれば、それこそがまさにそうである。確かに、発展に向かう歩みの横で、産業の再編と一九六五年の「安定化プラン」が遅まきながら与えた影響は、労働者階級と給与生活者全体に厳しい規律を押しつけている。しかし、これらは皆この国が体験した、あるいは今後体験することになる危機とは何の関係もない。マルクス主義の図式――と民衆の常識――とは反対に、大ストライキを説明できるのは「危機」ではない。むしろ、急激で継続的な拡張によって生まれた困難や様々な障害の方こそ伝統的な構造を解体し、フランス社会に不平等な形で影響を及ぼしたのである。

## 人口の飛躍的増大

約五〇〇〇万人のフランス人と、フランスの領土に定常的に住んでいる約三百万人の外国人を加えたフランスの住民は、二つの大きな人口問題を経験している。一つは、一九一四－一九一八年〔第一次大戦〕の人的損失であり、それは一九六八年の成人人口を減少させることになった。もう一つは、戦後の出生率の回復（それは一九三八年の一四・六%から、一九四五年の二〇・八%に増大した）であり、その結果、若者世代の実人口は急激に膨らむことになった。[*1] こうして、フランスは成人不足（一九六六年には二〇歳から六〇歳の人口が四八・五%しかいない）と老年人口の過剰という問題をすでに抱えて、六〇歳以上が一七・六%、とりわけ二〇歳以下の若者の人口が三三・九%に達していた。合計すると、フランスの人口は戦前以来、一千万以上の住民（フランス人と外国人を合わせると）を得たことになる。したがって、〈六八年〉の背景にあるフランスの変化とは、まず何よりも人間の変化である。

「事件」は繁栄に向かってまっしぐらに進むフランスを捉えた。一九四五年以来、フランス経済は奇跡的な時代を過ごしている。フランスは再建への挑戦によって活気づき、アメリカから財政援助を受け、マルセル・ダッソー[1]——彼は一九三六年の国有化と戦時の困難な状況の後、わずか数年で自らの航空産業の帝国を再建した——のような数人の大企業家たちに率いられてきた。不安定だが全般的には近代主義的な政治階級と、とりわけ改革主義と産業主義的な有能な官僚からなるテクノクラートの、社会的権威《エスタブリッシュメント》を持っている階層によって統治されていて、毎年六%の経済成長を実現して来た。この成長率は、歴史上、過去に例のない数値であり、何世紀も前から目にしたことのない大量の人々の富裕化を引き起こしていた。

**産業**

当時、実働人口の三九%を雇用していた産業は、国家によって支えられ、急速に近代化される。そして金持とアメリカ人たちだけのものと見られていた大量消費の製品がフランス社会にも溢れ出した。一九三六年と一九四五年の間の二回の国有化の波は、エネルギー部門と金融機関ならびに交通部門の大部分を国家の直接の監督下に置いた。競争力のある産業はそれ自身、部分的に公営企業であり、とりわけ、化学、自動車、航空産業がそうである。

国家はまた、間接的にも介入し、財務省がその通達や補助金を使ってあらゆる金融政策、あらゆる産業政策に対して全能の力を行使したり、貯蓄供託金庫《ケース・デ・デポ》のような大きな半官半民組織の事業などを通して介入する。

これと平行して、産業の集中化は国家から好意的な目で見られ、しばしば国が提唱して作られた全国規模の大企業グループを中心にして民間部門も集まるようになってゆく。国からの「指針」が中心となり、あらゆる場面に国家が介入することによって進められるこの計画は、企業の努力を調整し、展望を描き、目標を決定する。同じく、国土整備の積極的な政策は社会構造の進化に対する公権力の支配をさらに増大させるものとなった。

逆の効果もある。先の共和制〔第四共和政〕によって決定され、新共和制の下で実現された欧州共同市場へのフランスの参入〔一九五八年〕は、フランスの産業に競争相手を増やした。二つの流動的な部門が経済を分断するのである。一つは世界経済の荒波にさらされ、もう一つは国境と規制に保護されて、穏やかに生きてゆける。

昔からの関税の障壁が、最終的に消滅するのは、一九六八年七月一日のことである。

フランスの産業は、三〇万人から四〇万人の「失業予備軍」の存在に結びついた懸念にもかかわらず、実際には労働力が不足の状態にある。一九六二年には、アルジェリアからの帰還者約百万人近くが到着するが、彼らは衝突もなく、失業者の統計がそれによって顕著に変化することもなく、産業界に吸収された。さらに、フランスは移民労働者たちを受け入れているが、その数はたちまち三百万人を超え、全人口の六%にも達することになった。

### 商業

小規模商店経営者たちの「プージャド主義的[2]」抵抗にもかかわらず、商業もますます速い速度で変化してゆく。一九六二年から七〇年までの間に、個人経営の実績は、この部門の売上全体の七〇・六五%から五〇・九〇%に落ち込んだ。この落ち込みは、大衆的な店舗、複合的なチェーン店、生協、廉価な大スーパー（ルクレール、カルフールなど）や通信販売などが現れて、この新しい流通体制が急激に成長し、わずか数年の間に都市の風景と消費生活の様式を一変させたことを意味している。

### 農業

農業も、工業と同じように深い革命的変化を経験している。その変化は工業ほど目覚ましいものでないにせよ、たった一つの動きによって風景や農民の生活を変化させせた。確かに、フランスという国は他のヨーロッパの先進諸国と比べれば、明らかに極めて農村的なイメージを維持している。アメリカ合州国では六%、イギリスでは四%に対して、フランスでは実働人口二千万人のうち農業人口が約一五%に達する。過去に深く根を下ろし、細分化され、しばし時代遅れの技術を受け継いだフランス農業は、信じがたい近代化の努力——大規模な投資と農地の整理統合——を成し遂げ、かなりの比率で生産性を向上させてきたが、その一方で、多くの若者たちを徐々に土地から追い払うことになった。生産物はヨーロッパの様々な制度によって価格を維持し、積極的だが高くつく政策のおかげで、初めて支払い能力のある販路を見いだすのである。相次ぐ政権はすべて、農村社会の安定を気にかけ、積極介入主義によるこの支援によって生じる莫大な出費にもかかわらず、市場の組織作りと農民援助に同意してきたのだ。その結果、農民の圧力団体はかつてなく強力になった。

要するに、まだ農村的だったフランスは、急速に都市化し、あらゆる近代的消費財をつかみ取り、週に四五時間近く働き、国を外部に開き、今までになく豊かになったのだ。一九六八年には、一九五〇年に比べ、生活水準は二倍以上向上したが、文化は今までと同じままである。このずれが爆発するのである。

### 「安定化プラン」

ドゴール主義は、ミッシェル・ドブレとジョルジュ・ポンピドゥーの強迫観念であった工業化を一層加速し、欧州共同体への統合を成功させた。さらに一九五八年のピネー＝リュエフ改革[3]と、ヴァレリー・ジスカール・デスタン[4]という名の、若年で任命された経済相の正当的な経済運営のおかげで、国内財務と対外財政に秩序を再び回復させた。購買力は規則的に向上し、失業率は実働人口の二％未満、四〇万人ほどで、多くは単に前の職場から次の職場に移る途中の者たちにすぎない。フランス政府は、通貨問題についてアメリカ合州国を説教する余裕を得ることができるほどになり、アメリカの財政赤字のせいで危険なほど弱体化したドルの代わりに、金が国際通貨制度において、より重要な役割を果たすよう求めた。その逆に、フランスの近代化の遅れの証拠として、貿易収支は構造的に赤字であり、フラン通貨圏の古くからの閉ざされた市場で、先進国との貿易で被った損失を埋め合わすには到らなかった。一九六七年に、輸出は輸入の九一・八％の規模しかなく、年に五〇億フランの赤字を出した。

一九六五年に、ドゴール将軍があまりにも急激な経済成長から生じるインフレ傾向にある経済の「加熱」を心配していたのは、そのような状態は最終的にはフランの健全性を損ないかねなかったからだ。彼は財務相に「安定化プラン」を押しつけたが、そのプランは経済成長をわずかに緩やかにさせ、購買力の上昇を抑え、失業者の数をやや増大させた。一九六八年には、財政の引き締めによって遅れて生じた効果はまだ余波を残している。給料の曲線は一九六七年末から六八年初めにかけて、下降（あるいは最少の上昇）をたどっている。そして組合は給与生活者の収益と国家の収益との間に落差が定着したと判断し、組合としてはできるだけ早くその差を減少させたいと考えた。工業のリストラに伴う苦難に満ちた要請と結びつき、成長緩和（ごく相対的な）は、また多くの企業の閉鎖も引き起こす。幾つかの地方は他の地方に比べると、もっと被害が大きいところもある。最も伝統的な工場は脅かされ、そこで働く工員たちもまた同様に脅かされている。同じように、農業の近代化と生産性の向上は、過剰生産の危機を引き起こし始める。農作物の価格は下がり、農耕地帯は都市の給与生活者に匹敵する収入を多くの農民に保障することができなくなる。その結果、農村社会は暴力的で華々しい反抗を慢性的に経験することになる。政府の譲歩によりたちまち沈静化するが、他の新たな危機によって、あるいはまた「緑のヨーロッパ」政策[5]によって生じた厳しい規制によってすぐに再燃する。それは、フランスの国にとっては有利な政策であっても、農民にとっては、同時に、それまで以上の様々な制約を生み出したからである。

**指導層**

幾人かのエリートたちが一九六八年のフランス社会を指導している。それは、極めて典型的な幾つかの下位集団に分けることができる。

高度な産業と大企業は、金持のエリートと高等教育を受けて免状を得たエリートを集めた混成階級によって支配されている。古くからの資産家たちが、控え目だが毅然たる長の下に依然としてフランス資本主義の中枢を握っていたが、彼らは穏やかに国家と良好な関係を保つために、ずっと以前から公的機関の上層部と結びついていた。大ブルジョワの子弟たちの多くが、中流階級の最も優れた子弟たちと共に国家の高級官僚の座を占めている。国家の重要な機関でキャリアを積んだ後、彼らは資本家の温かい眼差しの下で、金融界や産業界のかくかくしかじかの大企業の経営をしにやってくるのが普通であった。産業界は国と協力する。国は産業界を援助する。介入主義は、補助金と同じように第二の天性である。成長のおかげで、両方のエリートたちは、理論上は革命的だが実践上は要求闘争に終始する組合運動に対し、給与上の譲歩を巧妙に小出しにすることで、社会的平和を買い取ることができるのだ。

産業はヨーロッパの方向転換をうまく切り抜けたが、国際競争においては、得点を失ない始める。旧植民地国の市場は公共事業の受注と同様に、常に旧宗主国の縄張りだ。だが、国際市場を支配しているドイツやアメリカの巨大商社と連絡をとって必死に働いている。育ちも言葉遣いもよく、立派な大学を出て教養もある、フランスのブルジョワジーは、平均して、力ずくで闘ったり、攻撃的な商業戦略を高く評価することはほとんどない。彼らは「セルフ・メイド・メン」〔腕一本で出世した男たち〕も好きではない。パリの一六区、七区という地理的に社会権力が存在する場にとって、良い金とは古い金のことだ。金は保存するもので、見せるものではないのだ。こうしてフランスの資本主義は、どこか国家的で貴族的なものを持ち続け、それがために将来の戦いに充分備えていなかった。保守派で、形式主義で、精彩のないフランスのブルジョワジーは、五月の爆発をまともに食らうことになる。

　小企業は別の社会階層によって指導されている。それは、地方の小企業主からなる階層だが、粘り強く働き者で家族代々で引き継いできた企業を持ち、しばしば近代的経営に不慣れの経営者たちと、リスクと競争により慣れていた経営者たちとに分かれる。国の産業構造を支え、またその成功に大きく貢献してきたこの権威主義的で温情主義の企業家たちは、社会関係について時代遅れの考えを持ち続け、被雇用者の自主性や自律性など眼中になく、組合活動に到っては、それらを自動的に一種の文化的、政治的攻撃と受け取ってきた。彼らの戒律は、軍隊組織的か家父長的なもので、集団的な権利要求を禁じている。ＣＧＴやＣＦＤＴは何としても遠ざけておくべき真っ赤な怪物と考えられていた。反組合的で文化的にも時代遅れのこの制度に対する反逆は、独立した表現がすべて禁止されていただけに、いっそう激しくなるだろう。

### 「中流階級」

　小売り商店主たちは不安をかかえた層を形成していた。彼らはとても近代化されたが、近代的な流通網、とりわけ国中に展開したスーパーマーケットとの競争にひどく苦しんでいた。彼らは大変な働き者で、総じて努力と倹約の道徳を説くが、そこには、公務員と給与生活者に対する絶対的な不信と極めて顕著な社会的、文化的保守主義と、明白に権威を好む傾向がないまぜになっていた。

　自由業もまた厳しい状況の下で働いていたが、発展しつつある社会から充分な利益を得ていた。というのもその社会では、健康への出費や不動産売買や、法的査定の必要性などが急速に増大していたからだ。小規模企業の経営者たちや裕福な商店経営者たちとともに、医者、判事、弁護士、薬剤師、獣医、公証人などの自由業は、地方の名士たちとの緊密なネットワークを形成していた。彼らの特徴は、共にカトリックを信仰し伝統的な教育を受け、順応主義者で、社会的差別に敏感で、家族的、訓育的、宗教的、政治的権威に忠実で、子供たちは社会的体面と世襲財産の継続性を維持しながら、自分たちの後を継ぐだろうと確信しているのだ。フランスのプチ・ブルジョワジーは、大戦時には大挙してペタン派[6]に属して、ついで解放後、ドゴール派と保守的な中道主義に分かれるが、彼らは自分たちの周りで世界が変わったことをまったく見逃していた。彼らは『パリマッチ』[7]誌や『ル・フィガロ』[8]紙を読みながら、産業や大衆教育や一般化した消費生活や、華やかな都市が自分たちの基盤を浸食し、自らの価値を解体し、価値基準を蝕んでしまったことを理解できず、大金をかけて大学に送った自分の子供たちがそれらに取り込まれてしまったことを何も察知できなかった。

こうした古い様式の中流階級の傍らで、新しい社会集団が台頭してくる。それは「近代的」部門のサラリーマンたちだ。産業部門や銀行の管理職、ハイレベルの技術者、エンジニアたちで、彼らは成長と足並みを揃えて進んで来た。彼らの企業は大きくなって、近代化され、給料は、自らの責任の増大に伴って急速にアップする。『エクスプレス』[9]誌や『ヌーヴェル・オプセルヴァトゥール』[10]誌を読み、ウィスキーを嗜み、ＤＳ[11]やルノー10[12]に乗り、分割払いで買い物をし、冬のスポーツ場に出かけ、海辺で別荘を借りる。猛烈に仕事はするが、自分たちの成功を利用し始めたいと望んでいる。新左翼のテーゼやジャック・デュトロン[13]のシャンソンのような、風俗のゆるみに魅了される。企業内でいまだに古い形のまま機能していた指揮系統の様式は、彼らをしばしば不快にし始めている。彼らは自律と責任を要求し、地位序列よりも効率のほうを信じている。〈五月〉には、最終的には恐れをなしたものの、長い間、その冒険には魅了されることになる。彼らのうちの幾人かは自分たちの昔の生活と決別する者もいる。それはまだ少数にすぎないのだが。

### 労働者階級

発展を支えた労働者たちは、やっとその果実を収穫し始めたばかりだ。購買力は定期的に向上したが、それはごく弱いものである。そしてとりわけ、この否定しようのない改善は、作業の機械化と労働の分業化によって支払われたのだ。それはしばしば、永遠に繰返される同じ動作と鋼のような規律に服する「人間機械」とも言うべき新しい人種、すなわち専門工という人種を作り出した。

熟練労働者たちはそれでも自動車産業に入り込み、安楽な家庭生活と多少なりとも快適な休暇を手に入れる。しかし、街の道筋や壁、新聞やテレビで見かける繁栄の華々しい誇示と比べるなら、自分たちの進歩の速度は遅れていると彼らには思えていた。軍隊まがいのテイラー主義[14]はまだあちこちで猛威を振るっている。組合運動は大企業の中でしか市民権を持っておらず、現場監督がしばしば憎むべき番犬となっていた。古くからの労働者街にある不衛生な住居は大きく改善され、明るく機能的で安価な社会住宅ＨＬＭ[15]になったが、その建物もまた醜く単調なところが欠点となった。発展のいわば歩兵隊であった労働者階級は、自分たちが二つの世界の間にいることを敏感に感じている。資本主義の魅力は常に革命の希望に場所を譲った。フランス共産党はいつも労働者の多い郊外で過半数を占めている。社会闘争と階級の連帯で作られた労働者の文化はいまだに根強く生きていた。快適な小さな庭付きの一軒家で、テレビがあり有給休暇もありの中産階級化が最良の場に位置する労働者たちを待ち受けているとしてもである。労働者階級は彼らにとっての「栄光の三〇年」への途上にあった。彼らには常に、労働に見合った給料と尊厳が不足している。これほどまでに繁栄した経済には、金はたしかにどこかにあるのだ。闘争をすれば、必ず金が手に入るだろう。

### 他の給与生活者たち

会社員、公務員、教員たちも、要するに似たような困難を抱えている。たしかに、暮らしは二〇年間続いた進歩によって大きく改善されたし、消費生活の信仰対象であるモノは手に入れることができるようになり、自動車、テレビ、映画、有給休暇によって大衆文化と安価な余暇が手に届くものとなった。だが、一方で物事があまりにも速く変化する時、それは、あまりにもゆっくりすぎるのだ。そして、とりわけ、指揮系統は相変わらず同じままである。校長、学長、視学官、事務所長、売り場の主任、銀行支店長は常に傲慢な権力を持ち、要求が多く、時には人を馬鹿にする。そこで信念が必要なときには、原則は規律なのだ。すなわち、仕事上の人間関係は細かく規制され、硬直しており窮屈である。伝統的な現状維持は近代的な速度と合わず、上下関係の尊重は能力の分散化と合わない。人間の尊重と柔軟性を切望しているのに、見つかるのは堅苦しさと同情ばかりである。

〈五月〉の前線で、まさにこの最後の二つのカテゴリーの者たち、労働者階級と給与生活者の中流階級が、学生たちの後を継いで大量に出現することになる。それは彼らが夢見だにしなかったことである。労働者階級と中流階級という二つの階級は、指導者層が組織した産業化によって生み出された〈五月〉の大隊なのである。この指導者層は産業化がもたらす社会的、文化的帰結を予期していなかったのである。

## 13　五月一四日　権力を掌握するポンピドゥー

ドゴールは出発した。彼は長い間、協議したり質問したりしながら躊躇していたが、ついに出発したのである。ずっと以前から予定されていたルーマニアの公式訪問は中止されない。フーシェは反対していた。将軍は危機が加熱している時に現場から遠ざかるべきではない、フランス国民は理解できないだろうと異論を唱えた。前夜、真夜中になって、将軍は自分と一緒にニコラエ・チャウシェスク[1]の元に同行することになっている外務大臣モーリス・クーヴ・ド・ミュルヴィル[2]を執務室に呼んだ。クーヴ・ド・ミュルヴィルはフランスの威信について、またフランスが約束したことや国際政治の大要について語る。中止することは、危機をいっそう煽ることになる。ポンピドゥーはドゴールにぜひとも出発するよう懇願したのだ。彼は、事態の頂点は過ぎた、これから退潮が始まるだろうと見ていた。

政府が無秩序の管理にあたるのだ。それに立ち向かうのはポンピドゥーであり、大統領は庇護される。旅を中止することは、最もひどいことがこれから起こることを意味してしまうからだ。さて、五月一四日火曜の朝七時三〇分、小さな随行団の車がフォーブール・サントノーレ通り四八番地から出てマリニー大通りを曲がり、アンヴァリッド橋を全速力で渡る。オルリー空港で、ドゴールは情報相ゴルスに自分は国民に向かって五月二四日に演説するからと伝える。ドゴールは出発する。しかし、彼は自分が事件を掌握し、日程を統括することを見せるつもりである。

　ポンピドゥーは安堵した。様々な理由で、彼は一人で嵐に立ち向かいたいと思っている。最初の理由はより栄誉に関することだ。打撃を受け止めるのが首相の役割である。ポンピドゥーが失敗したならば、ドゴール将軍はその後にくればいい。ポンピドゥーもまた、ドゴールが「状況をよく把握していない」と感じているのだろうか。ドゴールは世論の動向がわからず、また予期していなかったこの激発を理解できない。失業のないこの国は障害もなく発展し、幾つかの大きな危機を乗り越えてきたし、多少の成功を得ながら西洋の近代性を取り戻そうと努力しているからなのである。ポンピドゥーはこの政権の脆弱さをドゴールよりも熟知している。そしてこの高等師範《ノルマル・シュップ》出身の首相は、大学の弱気を理解していると自負しているのだ。彼は伝統的な価値の危機についてじっくり考えてみた。彼が情熱を込めて希求した産業化は、ドゴール派のヴィジョンによる「管理」とはちがった別物であり、それが今の社会を形作っているのであり、そしてそれが、混乱も衝撃もなしには進まないであろうことをよく承知しているのである。一〇日前から起こっていることはその証拠だ。フランス人たちは座標軸を失っている。新しい世代はそれを持っておらず、年上世代の価値基準を拒否しているのだ。西欧では、至るところで大学は危機に瀕している。なぜ、パリだけがそれを免れられるというのだろう。一七八九年[3]、一七九二年[4]、一八三〇年[5]、一八四八年[6]、そして一八七〇年[7]を生きたこの都市が、今体験しつつある社会の変化と精神的変貌をどうして平静のうちに生きることができるというのだろう?

　ポンピドゥーはまた自分の明晰さを信じている。彼は断固とした態度を維持しながら思いやりのある言葉を語るだろう。彼はうまくやるだろうし、保守的なフランスは、今度は彼に同意するだろう。彼は一人で舵を取らなくてはならないのだ。ドゴールは背中で小言を言い、古参の護衛を奮い立たせ、恐るべき活発な最高位とも言うべき国家理性を引き合いに出すのだが、結局、ポンピドゥーを邪魔することしかできないのだ。首相は己に慈悲を課したのだ。彼は、始終疑ってばかりいずに、自分の計画を最後まで遂行できなければならない。したがって、将軍はルーマニアに行っていればいい。自分は自分の本分を全うすべきなのである。

だが[*1]、それはおおっぴらにしにくい他の様々な動機による。首相は自らの運命の星に従いながら、忠実な奉仕者になるだろう。六年間の政権担当で、ポンピドゥーは自分自身と国に対して策を講じてきた。彼もまた、フランスについてのある考えを持っている。しかし、それは主ドゴールの考えともはや同じではない。アルジェリア〔独立戦争〕での嵐が鎮まり、制度再編の争いが済み、フランスは再建され、経済は順調なので、人々はこれ以上、歴史的事件が起こってほしいとは思わない。彼はすでに納得していることだが、フランス人たちは、栄光は充分得たと思っているのだ。彼らは具体的で確固としたものを欲している。よい給与、家、自由な時間、静かな未来である。ポンピドゥーはさも優しげな権威と農民風の頑固な確信に満ちた態度によって、この窮地を救うには打ってつけの人物なのだ。ポスト・ドゴール主義の潮流は彼なのである。彼は当然の後継者で、英雄の改革主義的な閃光をもうこれ以上ほしくはない。彼は新しい聖杯としての投票率も、展望として示された地方分権化も信じない。大きな脅威を扇動し、世界やフランスを揺さぶる時ではもはやない。時代は管理運営の時なのである。それはすでにひどく困難だ。ドン・キホーテは年老いている。文学の才がありエネルギッシュな一人のパンサが手綱を握ろうと目論んでいる。しかし、論理が現実となるためには、また後継者になりそうな者が疑う余地のない後継者になるためには、ポンピドゥーは自己表明し、限界を乗り越え、大統領となる唯一の関係をフランス国民と切り結ばねばならない。厳しい作業である。なぜなら、競合者たちはすでに仕事にとりかかっているからだ。ここ数カ月、数年前から、多数派の場で闘いの火ぶたは切られている。将軍に忠誠を誓う怒りっぽい者たち、キャピタンたち[8]、ジャンヌネイ[9]らがいる。そして停止することは裏切りだと考える彼らは、騒がしい無垢の乙女のように教義を守っているし、いつも未完の計画として、制度としてのドゴール主義を信じている。社会改革が彼らの存在理由だ。彼らはドゴールが社会改革をするだろうと見ているが、このブルジョワ・ポンピドゥーはそれをあっさり手放すつもりなのだ。だから、彼らはドゴールの座を奪おうとする「簒奪者」[10]に攻撃を仕掛ける。また、そこには融通の利かない中道派たちもいる。ペタン派のお偉方を継承するフランスの品のいい遺産相続者たちは古い右派の権化で、このデスタンと自称するジスカールが指導しており、彼は外見はすこぶる上品だが信じ難い思い上がりと鋼鉄のような野望を持って、もし、UNRの党首が空席なら、UNRの首をくくる準備がいつもできている者たちなのである。もし党首が倒れたなら、彼らが党首を最初に踏みつぶすのだ。ジスカールはエリゼー宮の大統領の地位をあまりに狙っているので、好機さえ訪れればすぐに、段取りなど無視して後継者に飛びかかることもいとわない。だから、大きな危険を冒し、危機の賭金を分捕り、国を支配し、突風が吹いても船を港に戻すことのできる人物にならねばならない。ポンピドゥー派はそこにいるのだし、この派閥はポスト・ドゴール主義を狙って多くの尽力を払ってきたし、老いた将軍は兵役に服したし、「ジョルジュ〔・ポンピドゥー〕」が理性的で賢明な政治にあらかじめ用意されている場所を確保するだろうと考えているのだから。要するに、それは近代的な保守主義で、激動の時代のよき空想からはほど遠いのである。権力と歴史の間で、彼らは選択した。ポンピドゥーこそが彼らの人物なのだ。しかし、チャンピオンは試練に耐えねばならない。学生たちは彼にその機会を与えているのだ。ポンピドゥーはそれを逃がさないだろう。

ドゴールが離陸するや否や、ポンピドゥーはすべての権力を手中にする。社会問題顧問バラデュール[11]と社会問題政務次官シラク[12]は、組合関連のコンタクトを独占することになる。社会問題相ジャンヌネイは実際に無視される。土曜の夜の演説で認められなかったアラン・ペイルフィットは辞表を提出した。首相はペイルフィットを取りあえず慰留した。辞任は五月二八日になって実効性を持つことになるが、教育相はすでに予備軍のベンチに座っているのだ。本当の教育相はポンピドゥーである。ジョックスは法務省に戻った。フーシェは内務相に留まっているが、ポンピドゥーの顧問役にますます徹している。ピエール・ソムヴェイユ[13]は、治安維持の指揮権をとっている。そしてとりわけ、ポンピドゥーは非公式の公安委員会を設置していた。用心深く、「治安責任者とストライキに関連する大臣たちの会議」と呼ばれているが、この第二政府は、毎朝、マティニョン館で会合を開いている。ポンピドゥーが議長である。少しだけ議論し、多くの決定を出す。フーシェ、メスメール、グリモー、憲兵隊局長ジャン＝クロード・ペリエ、ソムヴェイユと、主題によっては様々な大臣がテーブルをとりまく。ジョベールがすべてを監督し、ポンピドゥーがいない時は、彼が会合をしきる。彼は控え目で皮肉っぽく、やたらと愛嬌を振りまき、ときにはとても冷淡で器用であり、狡猾でどんなときにも冷静でいられる首相の首相だ。影にいて、彼はドラマの最初の役割の一つを握っていたのだ。ポンピドゥーは彼を忘れはしないだろう。[*2]

ジョベールがヨーゼフ〔キリストの父〕とするなら、シラクはダルタニアン[14]だ。彼は疲れを知らず、機転が効き、夜は二時間の睡眠で足り、たいへん温情的、楽観的かと思えば、威圧的になったり怒りっぽくなったりするが、痩せぎすのジャック師匠と呼ばれ、どんなことでも引き受ける。公務や私的な任務、栄誉ある仕事や報われることの少ないあらゆる任務まで請け負うのである。[*3] ある晩、気が滅入ったポンピドゥーは寝つけない。彼は受話器を取りあげ電話する。シラクが駆けつけ、会話一つで彼の気持を高揚させる。不眠不休のこの一カ月間、未来のパリ市長は、情熱と世才で己の未来を開拓する。

## ブーグネ[15]、クレオン——前衛

ピエール・デュヴォシェルは、一発衝撃が来ると感じていた。カラヴェル機の部品の注文数の低下で、彼は週労働時間を四五時間に短縮すると発令しなければならなかったからだ。ロワール・アトランティック県、ブーグネの工場ではシュッド・アヴィアシオン社[16]の多くの工員は時間給の支払いを受けている。労働時間の短縮はサラリーの減少につながる。

この五月一四日一五時に、スト決行が採決された。[*4] 即刻、二〇〇〇人の工員が工場を占拠した。スト参加者の一部が、当然のように工場長デュヴォシェルを執務室に監禁した。彼にはサンドウィッチが与えられ、

丁重に扱われるのだが、専務室のある廊下に置かれたスピーカーから、スト実行委員会のメンバーが冗談まじりに休みなく歌う革命歌を音量一杯に浴びせられた。CGTの代表の一人が、工場長を解放するためにスト実行者たちと話し合いに来ることになるが、その交渉は空振りに終る。他の工員たちは入り口の門を溶接し、見張り番を組織し、スト実行委員会の委員を選出する。これが労働者の〈六八年五月〉の最初のストライキで、学生の活躍するパリから遠く離れて、ひっそりと始まったのだ。その原因は労働時間の削減である。ストの指導者は運命的な名前を持っていた。エベール[17]という。

　工場の占拠は偶然のせいではまったくない[*5]。ここは、ナントやロワール地方から遠くない西部の赤線地帯〔共産主義者や無政府主義者の多い地域〕で、無政府主義的組合運動の巣窟なのだ。五月一一日、バリケードの夜の翌日、ナント駅構内で、三〇〇〇人の学生が鉄道の運行をブロックしていた。五月一三日には、労働者と学生たちが無期限ストを合い言葉に、一緒にデモ行進していたのだ。デモは県庁の占拠をもって継続された。UNEFの責任者イヴ・ショタールは労働者の前で自ら演説し、組合の事務官僚主義や東欧諸国での弾圧を非難して、CGTに損害を与えたのだ。共産党に近い労働組合に支配されているサラリーマン世界のフランスでは、ナント地方はたしかに一風変わっていた。

　シュッド・アヴィアシオン社では、労働組合FO[18]〔労働者の力〕が特別な役割を演ずる。この組合はアンドレ・ベルジュロン[19]の支持者たちの持つ普段の穏健さがまったくない。アレクサンドル・エベールは無政府主義的な組合活動家だ。彼の親友の一人はナントの教員で、ガブリエル・コーン゠ベンディット[20]という無政府主義のインテリだ。ブーグネのFO支部の書記長はCGTから除籍になったOCI[21]のトロツキスト、イヴ・ロクトンだ。これは異端の自発的行動なのだろうか。まったくすべてがそういうわけではない。シュッド・アヴィアシオン社は国営の大企業だ。つまり、その社長一人が唯一の象徴なのだ。アルジェリア戦争の時、警視総監だったモーリス・パポン[22]は平和運動のデモを弾圧した。パポンはとりわけシャロンヌ大事件[23]の時、警察を指揮していたのだ。ドゴール派の政府高官は極左によって指導されているストに直面しているのである。大学で起こった図式に近い。

　同じ頃、ルーアンに近いクレオン市[24]のルノー[25]・クレオン工場で、ルネ・ユーイヌーは取締役に面会を求める。前日、この国営自動車工場の工員たちは大挙してデモ行進したのだ。行進した大半の者たちは、昔農民だったが、テキスタイルの工場で働いていた者たちである。学生の騒乱劇は彼らの頭の中で強度を増している。すでに五月一三日のデモでは三〇％の労働者が参加していた。ＣＦＤＴの代表ユーイヌーは機が熟していると感じるが、取締役は彼の面会を拒否する。以前から、労働者の要求を主張する一日ストが翌日に行なわれることに決められていたのだ。これは操業停止になるだろう。ほんとうの停止だ。

ユージェーヌ・デカンも何かが準備されていると感じている。ＣＦＤＴ本部では、朝から電話が鳴りっぱなしだ。地方の責任者たちが電話して来ているのだ。どこでも同じ印象を持っている。つまり、月曜のデモはすべての期待を上回った巨大な群集を引き寄せたのだ。そして活動家たちは皆同じ分析をしている。要するに、ポンピドゥーの演説は政府の目覚ましい譲歩を表明したものだというのである。これは新しい状況を作り出す。デカンは夢想する。ひょっとすると大挙して起こる全国的な運動が、何カ月も前から行き詰まっている問題を数日間で進展させるとしたら、どうなるだろう。書記長の後押しで、ＣＦＤＴは前夜に参入する。前衛の二工場、ＣＧＴが支配していない二工場だ。本当のところ、これが労働者のストライキを引き起こす唯一の方法だったのだ。というのも、忠実な共産党員ジョルジュ・セギーは、コスース広場四四番地の寂しい部屋で毎週、政治局の席を占めていた。その部屋には、ドイツ占領下で銃殺された党の責任者たちの名が掲げられてある。彼は、自分の前で、ヴァルデック、マルシェやその他の者たちによって毎週決定される党の路線を熟知している。「あれは規律正しい活動家だった。彼は政治局の同意なしには何もしなかった」[*6]と、一九六八年当時、自分もまた政治局の席を占めていたロジェ・ガローディは、今日そう回顧する。指令は単純だ。つまり、労働者／学生の連帯はなしだ。むしろ逆に、何がなんでも、信じがたい運動を牽引して奇跡的な成功を収めた新左翼党派の者たちを孤立させねばならない。その時、ＣＧＴが支配していたところは、至るところで、労働者たちのスト決行への望みがどのようなものであれ、実行にはブレーキがかけられたのだ。労働者階級は己の党に反対しながら運動を展開していくことになる。何てことだ！

## 国民議会での事件

今のところ、政府の優先課題は政治的レベルだった。ジョルジュ・ポンピドゥーは帰国するやいなや、次の火曜の昼に、今度の事件関連の臨時国会を召集すると決めていた。議会が始まるとき、大会議場には四〇〇人の代議員がいる。まず野党が口火を切る。まだ連立政権の外にいた中道派のジャック・デュアメル[26]は、大学改革について討論をするよう求める。ガストン・ドゥフェール（中道左派）は首相の回答を要求する。その首相は午後に演説予定だ。するとそのとき、UNRの下部議員ロジェ・シューシャルが壇上に上る。彼は、異議申立てをする者たちへ自分たちの事実について断固として発言しようと決心していた。彼は学生指導者たちについて述べる時、もはや自制することができなくなった。「コーン＝ベンディットの友人たちが一九一四年と一九四〇年にフランスを占領したんだ」と発言した。どんぴしゃりの発言だ。野次の最中で、フランソワ・ミッテラン[27]の声が聞こえる。「恥を知れ！」と。もう一人のUNR議員、ミッシェル・ボッシェールがミッテランに詰め寄るが、FGDS会長[28]〔ミッテラン〕の議員仲間たちに阻まれた。恐れ知らずのミッテランの目前では、殴り合いにはならない。[*7] ポンピドゥーはじっくり演説を準備した。[*8] 野党の質問には逐一答えない。学生たちとの対決を想起することは、彼にとってはためにならない。ポンピドゥーは議論を組み立てるだろう。彼の支援者について、心配しているドゴール派について、保守的な意見について、彼の演説の結論部は強い印象を醸し出すのだ。それは、実践的な救済の少ないものになるだろうが、しかたない！　ジョルジュ・ポンピドゥーはまた自分のイメージを磨くことを知っているのだ。

「……私たちが今経験したばかりの出来事が明日のない炎の燃焼と見ることほど、空しいことはないでしょう。また同時に、無秩序と性急さから有効で長続きする解決法が見つかると考えることほど空しいこともないでしょう。この道は長く険しいものです……。これは単に大学改革に関わることだけではありません。こうした学生たちを通して、若者の問題が投ぜられ、社会における彼らの場所、彼らの権利、彼らの精神の均衡さえもが問題なのです。伝統的には、若者は一つの理想、ともかくもある倫理的な観念を考慮して努力し、規律を守る運命にあったわけですが、規律は大半が消失しました。……

　ラジオやテレビの闖入は、子供の頃から青年を外部の生活との接触へと導きます。風紀の変貌は先生と生徒の関係のように、親と子の関係を変化させました。技術と生活レベルの進歩は、多くの人々にとって努力する意味を失わせてしまったのです。最終的に何かを信じる、自分の中の幾つかの根本的なものにしっかり自分の根を下ろすという人間の必要性が、何世紀にも渡って人類が依拠してきたすべてのものが恒常的に再審に付されることで妨げられているとするなら、何が驚くべきことなのでしょうか。すなわち、家族はしばしば解消しあるいは失墜し、祖国は問題にされ、しばしば否定されています。多くの人にとっては、神は死んだのです。教会自体でさえ、進むべき道を模索中で、その諸伝統を激変させています。……

　私は、私たちの歴史におけるこの絶望すべき時期の前例は中世の構造が崩壊した一五世紀にしか見ることができません。そしてそこではすでに学生がソルボンヌで反抗していたのです。この段階では、信じていただきたいのですが、問題になっているのは、政府でも公的機関でも、またフランスでもありません。それは私たちの文明そのものなのです」

　文明の危機に関する高等師範風のレトリックは多くの長所を持っていた。それは、たとえそのコンセプトが少しアカデミックだとしても、作者を賢者、予言者に仕立てる。ジョルジュ・ポンピドゥーは最も伝統的だと言われるフランス詩撰集の著者[29]である。そうは言っても、ポンピドゥーはこの勇気の断片によって、赤の陰謀やアナーキストの騒擾に没頭していたドゴール派の関係者から、はるかに遠く離れているのだ。首相は他の人々よりはるか遠くを見ている。

　ポンピドゥーにはまたひどく政治的な心配事もある。彼は底流のある動きを診断して、ついでに戦術的なあらゆる落胆を弁済するのだ。文明の一つの危機を、アラジンの鬼神をランプの中に戻すように仕舞い込むことはできない。政府は嵐の中で、背中を丸くし、帆を縛り、待たなくてはならない。ポンピドゥーは言う。これらの神秘は我々を超えている。とりわけ、組織者であることを装うのは止めよう。ふんばるのだ。すなわちこれが唯一の指令である。これが政府の日毎の行動についての批判を前もって摩滅させる。政府はできることをする。政府はあきらめない。

結局、彼の考えでは、野党の演説は矮小な知性にとらわれている。学生たちはある政治にも、また同様に、ある体制にも反抗しているわけではない。一つの文明に反抗しているのだ。言いかえれば、野党に対してもマジョリティに対しても同様に反対しているのだ。このような状況の中では、政治家の議論は対象を失う。明晰で懐疑的な保守派のポンピドゥーは的を突いている。二〇年後、〈六八年〉の危機は、ほぼポンピドゥーが言っていたことだったことがよくわかる。要するに、全面的に立ち往生したこの政府の主は、しかしながら、政府を襲ったことについてある考えを持っていたのだ。指導者層の明晰なスポークスマンのポンピドゥーは自分の役割を果たしている。未来の大統領は自分がしていることが何なのか知っている。五月のこの月においては稀なことだ。

ミッテランはポンピドゥーに応答するために、議会演説者としての大きな才能を駆使しなければならなかった。

「首相、私たちはあなたの言うことを拝聴しています。あなたの演説の幾つかの一節について考えております。すなわち、これではまるで政府が、私たちが定義する計画に政府が適応すればよいであろうという具合なのです」

野党は不信任案を提出した。「政府は辞職する時です。首相、あなたは正義について何をしたでしょうか。首相、大学について何をしたでしょうか」

ＦＧＤＳ会長はそのとき、警察が使用したガス弾について言及した。フーシェは反抗し、マンデスを呼び出した。

「あなたが真実を語る人であることは、知っています。あなたはこのガスをフランスの警察が使用できるとお考えですか」

マンデスは答える。

「あなたはこの問題について、調査委員会を作ることを受諾しますか」と。

しかし、議会の雄弁さはまったく小さな役割しか果たさない。学生たちは、五月七日のエトワール広場までのデモ行進の際、国民議会〔仏国会下院〕の存在を無視していたのだ。これはつまらぬことではないのだ。

# 14　五月一五日　学生コミューン

ジャン＝ルイ・バロー[1]は思わず飛び上がった。

——「オデオン座[2]がこれから占拠されるって？　誰に？」

アンドレ・マルロー[3]の大臣室長フランシス・レゾンが電話口で、この異例の事態に厳しい口調で話している。

——「ソルボンヌの連中ですよ！　ロシア人じゃなくて。そうなったら、あなたは扉を開けて対話をするようにしてください」

政府はソルボンヌを放棄したのだ。政府が一つの劇場のために闘うことはないだろう。ソルボンヌの若い戦略家たちはもう一つの勝利がほしいのだろうか？　善良なバロー劇団にはしかたなし！　劇団は〈六八年〉[*1]の殉教者である。クリスチアン・シャリエールによれば、バローは一週間前のカクテル・パーティーで、セルジュ・ゲンズブール[4]に次のように表明していた。

——「もし、あなたが気の狂ったミュージカルを仕立てることができるなら、私の舞台をあなたに貸しますよ」

——「私の理解がまちがっていなければ、あなたが求めているのは騒乱ですね」

——「そう、その通り。まさに騒乱ですよ！」

夜、更衣室でポール・テーラー舞踊団のダンサーたちが化粧を落としている。何人かの観客がまだ劇場ホールに残っている。バローはトロカデロの自宅に戻った。彼の補佐役、ジャコモーニ氏が小説を手に学生たちを事務室で待つ。予告された通り、学生たちが到着する。この一団はやかましく有無を言わせない者たちで、大げさな表現であざ笑ってばかりいる。

しかし、二つの占拠委員会が競合しているのだ！　語気が荒くなる。長話をして何とか話し合い可能な観点を見つける。四千人以上の学生が劇場に飛び込んで来たのだ。新たな征服を達成し、みんな高揚していた。ジャン＝ルイ・バローが劇場を擁護しようと戻って来た時、語気がまた荒くなる。

——「我々が仕事するのを邪魔しないでほしい！」

学生たちは笑ったり悪態をつく。マドレーヌ・ルノー[5]は夫を擁護する。

――「私たちはブルジョワの劇場ではありません」

実を言うと、それは正しい。ルノー・バロー劇団は国から補助を受けていた。しかし、国はブルジョワ国家だ。だから……バローは、「前フランス劇場オデオン座革命行動委員会」と談判しようとする。この委員会はその大志に見合う名前をつけたばかりだ。だが何もまとまらない。フランスの演劇シーンのナンバー・ワン、レーモン・ルーロー[6]がこの委員会を突然承認した時、最終的に勝負はついた。翌日、俳優組合の会合で、シモーヌ・ヴァレール[7]は彼の面につばを吐くことになる。

ソルボンヌの後はオデオン座である。二つの「解放区」がカルチエ・ラタンのど真ん中にできた。学生コミューンは遊戯と政治の別館を見つけたのである。劇場の壁には「想像力が権力をとる」と書かれたスローガンが掲げられる。委員会に合流した無政府主義のインテリ、ポール・ヴィリリオ[8]は「コーン＝ベンディットのザップ将軍[9][*2]」という、地味だが意味深長なあだ名をもらった。

ポンピドゥーとグリモーは正直言って、古いソルボンヌの威厳が保たれていることと、このフランスの劇場が悪い状況にあることに必ずしも不満ではない。警視総監の強迫観念は暴動が再燃することであり、それが彼の部隊を消耗させ、修復不可能な危険を冒さねばならなくなることだ。モーリス・グリモーは一九三六年レオン・ブルーム[10]が言ったことを好んで引用し、長々と以下のように述べているではないか。「学生はオデオン座を占拠する。しかし、オデオン座もまた、学生をそのことに専念させている」と。演説することは敷石を投げるよりましである。国家は滑稽だろうか。おそらく……。政府はもはや弾圧的ではなくなっている。首相はといえば、陰険な政治手法を用いて、一見すると弱さと見られがちなその態度から力を引き出せると感じてきた。彼のアキレス腱は学生運動の大衆的人気である。首相はデモの週にそれを見ていて納得したのだ。世論が政府に反対である限り、ドゴール派は手を縛られている。秩序の乱暴な回復はそれがどのようなものであれ、政治的には高くつきすぎるのだ。学生たちは過剰な表現で、ソルボンヌやオデオン座という尊ぶべき場所を無秩序で気の狂った異議申立てのショーウィンドーに変えた。そして学生たちは最後にはブルジョワを不快にさせ、たぶん怖がらせさえするだろう。その時には、肩をすくめるしかない。その後に必ず保守派のフランスが目覚めることになるのだ。

## 言葉の革命

政府がとった戦術面でのこうした受け身的対応が、〈五月〉の物語の中で決定的な役割を果たすことになる。ポンピドゥーとグリモーは、いかなる計算も予測しえなかった事態を、つまり、フランスに精神分析を施すという事態を、望みもせずにおのずと生みだしたのである。こう述べる以外に、数週間にわたる占拠で生じた、言葉による途方もない解放感を、〔心的〕抑圧からの象徴的解放を定義するすべはない。〈五月〉の真の原則、つまり生活様式を変革し民衆の日常文化を覆すという原則は、それが十年のあいだにフランス社会の全領域に入り込む以前に、まずもってこの壮大な幻想の劇場で、様々な過度な表現を伴って演じられたのである。

この変化は遠くからでも見受けられる。ソルボンヌ礼拝堂の威厳あるドームの上に赤い旗が翻っていて、青と白のぼろ切れのような旗もまだかけられている。内庭では、ゲイ・リュサック通りとコントルエスカルプ広場で闘った活動家たちを前にして、素晴らしいジャズ・コンサートで最初の夜が開幕した。新左翼諸党派はこの革命的大バザーに行儀よく居を構えている。皆がそれぞれにスタンドを出して活字印刷物を並べている。理論と怒りを満載した闘争誌である。宣伝文句で溢れかえる出店の間を、一群の人々が面白半分か、さもなくば熱狂してたえず歩き回っている。議論をふっかけたり、話を聞く者もいれば、論戦の一翼を担う者もいる。

リーダーたちは毎日決まった時間に来て、その日に起こったことを解説したり微細に渡って分析し、自分たちの分析を友人たちまたは競合者たちの分析と対決させる。

それから、眼差しは、活動家たちよりおしゃべりな、言い換えればもっと創意工夫に溢れた壁に向かう。これは当時の精神を非常に良く要約した長いシリーズの〈五月〉のスローガンだ。これらは数十年に渡って記憶に留まることだろう。「現実が思いのままになると思いたまえ!」、「禁止することは禁止だ」、「空想が権力を握る」、「敷石の下は、浜辺」などは辞典に入れる価値のある古典だ。「仲間よ、走れ! 古い世界が君の後ろにいる」、「最後の事務官僚が最後のスターリン主義者の臓腑で首を絞められても、まだ問題が残るだろうか?」などは、より活動家的だ。「ぼくは革命をすればするほど、セックスしたくなる。セックスすればするほど、ぼくは革命したくなる」は、反抗する恋人を求める反抗する若者の世代すべての願望達成の幻想をかき立てる。そして、無尽蔵の増殖として掘り出し物がそのあとに来る。「人生は別なところにある」、「サン・キュロット[11]のレベルに達するために、君たちの言葉のズボンを脱ぎたまえ」、「行動はたくさんだ、言葉を!」、「正書法は一つのマンダリン[12]」、「オブジェよ、失せろ!」、「自由は他のすべての罪を含む犯罪だ。自由は我々の絶対的な武器だ」など。

日が経つに連れて、ソルボンヌは、エッフェル塔や「シェ・レジーヌ[13]」と同じように、観光スポットとして俗っぽいパリのアトラクションとなる。郊外の住民たちはそれを見にわざわざ出かける。外国人はそこで立ち止まる。有名人たちは物見遊山気分でやって来る。一カ月でのべ数万人の人々、魅了された者たち、仰天した者たち、敵対する者たちないしは加担する者たち、それぞれが〈五月〉の一陣のそよ風を吸い込みながら、そこにやって来る。匿名のメッセンジャーであるこれらの人々は、いかなるプロパガンダよりも確実に反逆精神を広めてくれることになる。どうあれ、未だマスメディアがさほど力をもたなかった時期のフランスにあって、国がまもなく機能停止に陥り、長期にわたってテレビが見られなくなった時に、これらの無名の群衆が、異議申立てを伝える非公式の「王の巡察使」として、欠かせない役割を果たすのである。

慎重な理性の教育機関であるソルボンヌ大学は、いまや創造的な脱理性の象徴となる。一つの世界神話が平和に冒瀆された古い石碑から生まれ出る。〈五月〉の最も良質な部分の具現化であり、そして最も不確実な部分の具現化である。また集団的な夢や、開放的な交感を伴う共同性や、詩的なハプニングが具現化されたのである。構内では、二つの不均一な活動が時間と空間を分かち合っている。大講義室で、権力をとり、場を絶えず支配し続けたのは言葉だった。黙して語らぬ暗い大フレスコ画の下で[14]、あらゆる人々があらゆる事柄について語り、至るところですべての人に語りかける。革命のおかげで、人々は精神と言説に関心を抱く。それだけではなく、社会、政治、愛、戦争、死や性にも興味を持つ。混沌としたレトリックの錯綜の中で、知識人も会社員も労働者も浮浪者も活動家も共に交わり混ざり合う。行動を起こすために語り、理解するために語り、自ら解放するために語り、語るために語る。奔流のように混乱したこの雄弁さは、それ自体で価値がある。主人の言うことを聞くのにうんざりしたある民衆が、数十年の沈黙をひと月で埋め合わすかのように。

他の幾つかの部屋では、活動家たちが蟻のように休みなく作業している。広報室には、壁に鋲で止めたメッセージがくまなく貼られている。ここは出会いの場でもある。人々は二脚のくたびれた革のソファに座って、日々の「事件」を伝えるニュースに一喜一憂している。他方、即席に秘書になった女性が、タイプで謎めいた謄写版用紙に文字を打ち込んでいる。印刷室はある委員会が占拠している。タイプ孔版印刷機が書き手不明のチラシを印刷している。ヨーグルトの空き瓶やパンくずや油紙が散らかっている部屋に置いてあるアンプと幾つかのボタンが、中庭につき出して設置されているスピーカーを動かしている。それを使ってコミュニケと実際的な告知事項を発表するのだ。また別な部屋では、行動委員会の活動家たち（主に、ペニヌー、クラヴェッツ、グリセとラロンドなど、事件が始まった頃に解散したMAUのメンバー）が、フランス中に行動委員会を設置しようと必死になって組織作りに励んでいた。行動委員会は、まずスト中の大学に、ついで高校に、そして、銀行や事務所や工場にも、同じく至るところで組織されていった。リストを作成し、カードを整理して、絶えず電話をかけまくって、無から生じたこの運動の足並みを多少とも揃えるべく調整する。この運動はたちまち諸組織の先頭に立って進み、活動家たちの脳裏に、魂を高揚させる労働者評議会の追憶を彷彿とさせたのである。そして、もしそれが本当だったなら？　もしフランスが、反抗の魔術の中で、本当の政治、心の政治、そして想像力の政治、真実の民主政治を作り出すために、時代遅れの今の機構を払い下げにするなら、どうなっていただろう。この夢は、日刊紙『アクシオン』[15]によって、すべての学生運動の中で最も意識的で最も抜け目ない老練なこの小集団によって、実現され具現化されたのである。

### ルノーで始まったスト

反抗のこうした文化的側面はソルボンヌ占拠の中で結晶化されたものだ。しかし、ドゴール派の多くはそれに気づかなかった。彼らから見れば、それは子供じみたうっぷん晴らしであり、若者たちのカーニバルであり、革命の模擬演習にすぎなかった。事態の核心は別な場所で展開していると彼らは考えていた。たしかに、ブーグネの操業停止は一般にはほとんど気づかれずに終った。特徴的な兆候がある。たとえば、『ユマニテ』紙の第二版には、この事件が一四行をさいて掲載されている（同紙六頁）。敵であるトロツキストがストの先頭に立っていることは確かなのに、ブーグネの住民はそれを知らない、と報じている。しかし、『ユマ』〔『ユマニテ』の愛称〕はたちまち方針変更を余儀なくされる。その週の水曜日に、重大な何かが動き出していたのは、ルノー・クレオン工場だ。ずっと以前から、この工場の雰囲気は悪化していた。若い工場長はどちらかと言えば工員たちと良い関係を保ちながら、また大胆にもふるまっていた。すでに実施された数回のストでも彼は譲歩はしていない。しかし、要求事項は次第に積み重なっていった。長い間、CFDTのユーニヌー、CGTのダネが、経営者の出した指令に抗議するために、一時間の操業停止を予定していた。この運動はすでに古いのだ。一九六七年夏に、ポンピドゥー内閣は社会保障制度を改革するための全権力を手中にしていた。労働組合はその流れで、とりわけCFDTとCGTは割を食っていた。それ以来、この二つの主要な組合は反撃のチャンスを狙っていたのだ。午後、組合代表団は国民議会に赴いた。象徴的な操業停止は全国で組織された。すでに何度も実行されていた行動の日なのだ。

　クレオンでは、一時間の操業停止が一時間半まで延長された。雰囲気は組合にとって有利なものだった。一二時に始動装置の音がした。工員たちはラジオでシュッド・アヴィアシオン社のストを知る。特別組織の約一五〇人ほどの若い工員が工場を行進しはじめる。叫びやスローガン、議論などで緊張が高まる。スト参加者たちは経営陣に面談を申し込むが、拒否される。クレオンは興奮状態に陥る。組合員が従う特別組織のメンバーたちは、入り口の扉を鉄棒で封鎖する。工場の柵は閉められた。じきに所長は缶詰にされる。深夜零時になって、彼は労働者の代表団を受入れ、小さな事項について譲歩する。他の要求、工場での組合活動の権利、給与を下げることなく労働時間を四〇時間に短縮すること、職業間最低保障賃金（SMIG）[16]を一〇〇〇フランとすることなどは、パリの経営陣に付託されねばならない。ルノー工場の一つがストに突入する。今回は、重大だ。CGTの第一の力は鉄鋼業なのだ。鉄鋼業の中で、自動車産業は最先端なのである。そして自動車産業の中では、ルノーが基本を決めるのだ。ジョルジュ・セギーは対応しなくてはならなくなるだろう。左に突出しすぎないこと。これが彼の鉄則だ。

## 15　五月一五－一六日　機能停止するフランス

木曜の朝になると、もはやためらい、疑っていられなくなった。大規模な一つの社会運動が始まろうとしているのだ。CFDTは一三日の大デモの翌日になるや、そのことを感じていた。CFDTの活動家たちは手だてを尽くして急遽この動きを伝え伝播させようとした。彼らは突破口が開いたと感じている。午後に、ユージェーヌ・デカンは「占拠を伴うスト」の指令を出すために中央執行部の主な責任者たちを集める。

### 動き始めたCGT

しかし、当時のフランスの社会運動はCGTなしには何もできない。これまでジョルジュ・セギーの中央執行部は、慎重で用心深く、学生の口先の論議は受け入れず、新左翼諸党派の激しい願望にはアレルギー気味だった。だが、この時、彼らはついに方針を変えた。

ルノー・クレオン工場が操業停止したことで、ＣＧＴ執行部は、五月一一日から感じ取られて来た点が今や不可避の事態であることに、はっきり気づいたのである。給与所得者たちは闘いたいのだ。すでにボーヴェのロッキード社は運動に合流しており、続いてオルレアンのＵＮＥＬＥＣ社[1]が加わった。象徴の象徴であるビヤンクールのルノー工場では、早くもスト計画が密かに練られていることを人々は感じていた。現場で全権を握るＣＧＴ書記長エメ・アルベエールは、一七時に工員たちとの協議を予定していた。彼は結果を全く疑っていない。工員たちは間違いなく操業停止に投票するだろう。セギーとその補佐役たちは、フランス共産党と密接な連絡を取り合いながら決心を固めた[*1]。もし運動が動き出すなら、この運動にすぐ参入しなくてはならない。参入が早ければ早いほど、運動の牽引車になることができる。同夜、ルノーでは六万人がストに入る。そして、数万人の給与所得者がルノーのストを全国で真似る。だから要求事項はどこでも似通っている。つまり、職業間最低保障賃金（ＳＭＩＧ）は一〇〇〇フラン、組合活動の自由の保障、減給なしの労働時間削減、という条件である。

バリケードの夜の一週間後、フランス全体が猛スピードでゼネストに向かって突進しているのだ。ＣＧＴは、ルノー社の組合以外にも自ら事態を掌握するための究極の切り札を持っている。ＳＮＣＦ〔フランス国鉄〕である。すでに一六日にもリヨン近くの小さな操車場バダンでは、補助作業員の首切りに反対して操業停止があった。

戦術は素早く立てられた。昔、鉄道員だったジョルジュ・セギーは翌日、フランスの主要車庫の一つ、サン・ラザール駅の車庫に探りを入れに出かける。もしそこで威勢のいい男たちがやる気になっているなら、この組合の指導者はストライキを徹底的に打つだろう。そして、列車の停止は国の機能停止を意味するのだ[*2]。ということは、企業には物資が納入されず、旅行は困難になり、問屋は業務不能に陥り、産業は窒息寸前になる。連帯によって、あるいは必然的な帰結として、フランス経済は冬眠状態となり、日向ぼっこを決め込む。数百万のスト参加者でマヒしたフランス社会にあって、ＣＧＴはこの危機の鍵を握ることになるのだ。この〔共産党系の〕労働組合は何をしようというのか？　ここ四年、フランス共産党は、左派の合従連衡の複雑な過程の中で、組合が国の政治の場に最良の形で参画できるよう苦慮してきた。共産党は、長い間ひそかに守り続けてきた蜂起の図式から離れて、考え方が異なるドゴール将軍の外交政策を大筋で容認し、「赤い郊外」[2]に対抗社会を作りあげ、加盟組合と無数の企業や非営利団体に支えられて社会内にしっかり定着してきた。だから、いまや冒険に挑む気はさらさらない。同盟軍に守られ、弾圧のための強力な武力を持つこの西欧国家では、民衆は共産主義に何の期待も抱かず、むしろ共産主義と闘う手段を国内にも国外にも見い出すことになる。このような国民を前にして、共産党は多くを失い過ぎた。蜂起失敗の必然的帰結として党が壊滅し追放されるという危険をあえて冒さないのであれば、選挙にでも勝たない限り、党が権力を掌握する術はない。長い間、もはやフランス共産党は、赤軍を必要とするような「偉大なる夕べ」〔革命の日〕など信じてはいないのである。

しかし、もし万一、驚異的なことが起こったら、党はこれを回避することができるのだろうか。もし、大きな失策に加えて、同時に予想外の不運な事態が起きて、哀れな統治者たちが共産党にすぐさま権力を引き渡そうというなら、果たして党はそれを無視できるのだろうか。そして、学生運動が法外な勝利を果たした今、間近に見えているゼネストは奇跡の徴候ではないのだろうか。この点は少なくとも慎重かつ密やかに検討してみる価値がある。どうあれ、党の表看板には、共産主義者は革命的だといまだに記されている。とてつもなく無邪気にうぬぼれてそう主張し続ける人たちとまったく同じであり、否むしろそれ以上だ。というのも、共産党員はこの種の活動のプロなのだ。だが全体的にみれば、〈五月〉におけるフランス共産党は、小心な改革主義者であり、革命へのプロセスではなく、政府の崩壊と労働者党の参加が保証されるもう一つの内閣への移行の可能性を何とか残しておきたいのだ。これについては後述する。

### テレビに出たコーン＝ベンディット

「一六日木曜以降、わたしたちは心配になった」とジョルジュ・ポンピドゥーは後でフィリップ・アレクサンドル[3][*3]に語っている。朝、内務省でグリモーは、首相がテレビですぐ意見表明をすべきだと強く求めた。[*4]他の責任者たちも同じ要請を行なった。首相は要請を受入れ、午後に演説を録音する。そして、これが躓きの一歩となる。同夜、フランス中の国民は皆テレビに見入っていた。だが、それは首相の演説を聴くためではなかった。この一〇日間、よく噂の的になっている三人の人物を見たかったからだ。つまり、アラン・ジェスマール、ジャック・ソヴァージョ、そしてダニエル・コーン゠ベンディットが、三人の老練なジャーナリストたち（『フランス・ソワール』紙のジャン・フェルニオ、『ル・フィガロ』紙のミッシェル・バッシ、『パリ－プレス』紙ピエール・シャルピー）から実況中継で質問を受けたのだ。コーン゠ベンディットは後にこう述べている。「すぐさま放送技術者たちが我々に共感してくれていると感じました。番組は多かれ少なかれ、テレビ局職員の要請で制作されていたんです」[*5]。インタヴューは、まず試験の話題から始まったが、数分して、コーン゠ベンディットはこう話を切り替えた。

――「さて、試験の話はもうこのくらいで充分でしょう？」

すると、異議申立ての弁論術《レトリック》を好むこの三人の若者はその演習を始めた。

まずフェルニオが割って入った。

――「あなたたちは市民戦争の危険を冒しているのがわかっているんですか？」

ジェスマールは彼をさえぎってこう応答する。

――「危険は覚悟の上です」

そして、彼は話を続け、神経質なシャルピーが万年筆でテーブルをコツコツとたたく。

――「ちょっと、シャルピーさん、あなたは何か気に入らないことがあると、雑音を出して誰も聞けないようにする。あなたは話をするのか、それともその音を止めるのか、どちらかにしてください」

舞台の袖では、技術者たちが身体をよじって笑っている。

論戦で一本取ったのは三人の扇動家たちだった。彼らの語り口は、歯切れがよく明快で、ぶしつけで、時には滑稽で、しばしば温かみがあった。ジョルジュ・ポンピドゥーはその直ぐ後に出演し、体裁ぶって堅苦しく、あらかじめ準備された録音テープで、完全に場違いな語調で演説したのである。「フランス国民の皆さん、皆さんの政治的考えがどのようなものであれ、また皆さんの社会的要求がどのようなものであれ、皆さんの冷静さと、さらにまた信念によって、無政府状態を容認しないと表明するのは皆さんの役目です。政府は自らの義務を果たします。政府に対するご協力をお願いいたします」。じつのところ、この国ではストが始まったばかりで、学生運動は止んでいて、無政府状態という印象はほとんどなかった。形としては、首相に辞職を要求する若者たちと比べて、首相のほうが魅力に欠けていた。だから演説は何の効果もなかったのだ。夜遅くなってから、首相は憲兵隊予備兵の召集を許可する条令に署名する。

## 激動の二四時間

二四時間のうちにフランスのサラリーマン社会を眩暈が襲う。ルノーの組合は指令を発した。ストは瞬く間に全国に広がる。CGT本部では、ジョルジュ・セギーが操業停止したばかりのアシェール車庫に電話をする。雰囲気が盛り上がっているのがわかる。すぐに彼はパンタンに駆けつける。現場では、CGTがずっと以前から呼びかけて来た「全国青年会議」が開かれていた。セギーは、そこで、即刻ストライキを決行するようアピールを出す[*6]。このアピールは全会一致で採択された。出席していた活動家たちは立ち上がり、それぞれの地方に戻っていく。セギーはまだ慎重だった。というのも、彼はまだ「ゼネスト」という言葉を使っていなかった。このような手管を使っても、実際には結果は同じになる。モンパルナスとヴォージラールの車庫は操業停止する。郊外はすでに半分マヒ状態だ。一四時、クレオンのミーティングで、操業停止は無期限ストに変更される。ルノーの全工場は操業停止する。ストは同時に、郵便通信電話局の郵便物仕分けセンターでも始まる。このセンターは地方から働きに来ている若者たちによって組織されている。郵便小切手業務は引き続き継続される。ルーアンのそばのルトレでは、造船所が無期限ストを宣言する。ロディアセタ社[4]でも、ル・クルーゾの製鉄所[5]でも同様だ。一七時には、デモ参加者は三〇万を数える。ノール・アヴィアシオン[6]、イスパノ゠スイザ[7]、バブコック[8]、ベルリエ[9]、ローヌ゠プーランク[10]も操業停止する。二二時の時点で、スト参加者は六〇万人に達する。一日でCGTは主導権を取り戻した。CGTはルノーの象徴的ストを統括している。CGT組合は国鉄ストを呼びかけ、ついに国中がマヒする。運動の旗印と力は共にCGTの掌中に入る。いまや、フランスには二つの権力が存在する。それは政府と共産党である。対決が始まる。

## たじろぐ国営放送局ＯＲＴＦ[11]

同日、ジョルジュ・ポンピドゥーの危機管理室は初めて正式に会合を開く。この会合は毎日開かれ、危機が終るまで続くのだ。この小さな統合本部は二つの役割を持っている。一つは、ストによる影響で、フランス人の日常生活にできるだけ支障が出ないようにすること、もう一つは、国家の継続性を保つことだ。要するに、ポンピドゥーが決定した路線に従って、何とか踏みとどまることなのだ。首相は自分の考えを明確に表明した。自分はゼネストに対しては何もできないし、学生運動の人気のせいで身動きできない、と。そんな状況を脱する解決法はただ一つしかない。すなわち、無秩序を演出することである。つまり無政府状態が続けば、体制が不法に改変される恐れがあると訴えて、世論を不安にさせることだ。こうした方向付けのもとで、占拠されたソルボンヌとオデオン座が決定的な役割を演じた。

だが不幸にも、この演出にはテレビという決定的な道具が欠けていた。最初の事件は前週の週末に起こった。名実共に具わったリポーターのミッシェル・オノランが学生の反抗に関するドキュメンタリーを制作した。テレビ局幹部は、放送する前に情報大臣ジョルジュ・ゴルスの顧問ジャン＝ピエール・ユタン*7にその作品を見せた。ユタンはこのドキュメンタリーが反抗する学生側に与した偏った報道だと評定した。彼は「偏りを是正する」よう要求する。オノランは反発する。ドキュメンタリーの放映は中止された。デモの後の月曜日の夜、他のドキュメンタリーも見ていたジャーナリストたちは、二〇時のニュースで流された一方的な解説に憤慨する。翌日、「報道の自由のための委員会」が設置される。そして数日後、ＯＲＴＦ〔国営放送局〕全体がストに突入するのだ。最も政府寄りのジャーナリストたちによって最低限の放送が流されるだろう。しかし、世論はそれをもはや信じない。その上、制作のプロが不足していたため、イメージは貧困で、解説は不十分だ。

これまで、テレビは第四共和制の時代から第五共和制に至っても、政府の思いのままになる道具だった。ＯＲＴＦの局長は、閣議で、政権担当者の友人たちの中から任命されていた。ニュース担当の部長および編集長たちのポストは大臣たちの認証を受けるのだ。混乱なく円滑に業務を行なうために、局の歴代の上層部は権限の一部を共産党に委譲してきた。ステリオ・ロレンジィを筆頭に、フランス共産党に近い傑出した一群のディレクターたちがフィクション部門の番組制作を担当していた。彼らは皆有能だったが、政治的立場を明らかにしていた。彼らは、後になって「ビュット・ショーモン派[12]」と呼ばれることになる。これは、いわば国営テレビの落とし子で、ドゴール派と共産党系の奇妙な妥協のたまものなのだ。その代わり、ニュースは政府の縄張りだった。たとえ左派系ジャーナリストの多くが仕事をしているとしてもだ。これらのジャーナリストは、自分の思想信条を表に出すのを控えていた。これまで数年間は、アラン・ペイルフィットの時代だったが、なんとこの情報相は自らテレビに出て、テレビ・ニュースの新しい解説を見せつけていたのだ！　要するに、テレビは権力の言いなりになって、ドゴール派の流儀で語っていたのである。

一九六八年のゼネストは事態が爆発的に拡大する契機となった。一カ月に渡って、ジャーナリストと技術者たちが権力を握った。最悪の時に、放送局は政府の言うことを聞かなかった。政府はこのことを忘れないだろう。その間に、世論は独り歩きを始めた。ポンピドゥーは予想よりはるかに長い間、事態が好転するのを待たねばならなかったのである。

## どこまでいくと、やり過ぎるのか

その合間に、政府側はフランス共産党に対抗しなければならなかった。首相は蜂起的なストが起こるとは思っていない。共産党があまりにも現実主義者だから、そんな向こう見ずな行動に出るはずはないと、ポンピドゥーは踏んだ。非共産党系の左翼もまたそんな行動に出るとは首相には思えない。たしかにFGDSは行動を起こし始めているし、たしかにマンデスは悲しげな悪魔のように自分の箱からまた顔を出すのだが。

おかしなことに、マンデス・フランスの名前を示唆したのは、ルカニュエ率いる民主中道派の事務局長ピエール・アブラン[13]という著名な保守派議員だった。アブランは、「国家の連続性を保証する共和国大統領は、すでに苦境において多くの勇気を見せ、また今の大臣たちよりもずっと民主的、よりヨーロッパ的で、より社会福祉的な行動を促進することのできる政治的人物に、政府の指揮を委ねるべきである」と述べたのだ。

そして翌日、彼ははっきり答える。「私はピエール・マンデス・フランス会長のことを考えていた」と。こうして、最後の孤立した訴えだが、ドゴールに対してノンと言った男〔マンデス＝フランス〕は、最初の眼差しが自分に向けられたことに気がついた。彼は無視せず、積極的に関わった。土曜日に、マンデス・フランスはモーリス・ラビ（FOの急進左派の組合員）やアラン・ジェスマールと昼食を共にする。[*8] しかし、彼らは意見の一致を見ない。マンデスはジェスマールにこう言う。「わたしたちの間で了解できない点すべてについて、私はあなた方と話す用意がある」。マンデス作戦は実体を持ち始める。[*9]

　しかし、首相には、ドゴール将軍以上に大西洋主義的で、同じようにまったく反共主義的な政治家たちを、はたしてフランス共産党が手助けに行くのだろうかという思いがある。唯一の可能な解決策は、社会レベルでの大きな団体交渉だろう。多くを放棄せざるをえなくなるが、やむをえない。体制延命のためには、そうした代価も必要だ。首相は回想録『一つの真実を回復するために』でこう説明している。「私はまず時間稼ぎをしたかった。危機がこれほど深刻な様相を呈したのは、世論――とくにパリ市民の世論――が、突然、反ドゴール主義の激しい再燃を助長したときだけである。かつて数度に渡って、例えば、過去一九五三－五四年当時にも疼くような反ドゴール主義の再燃があった。街頭での無秩序、ソルボンヌとオデオン座で行なわれている信じがたい光景、および社会のマヒ状態は、遅かれ早かれ流れを逆転させるはずだ。すでに、地方では倦怠と苛立ちが見え隠れしていた。したがって、重要なのは時間を稼ぐことであり、学生との大きな衝突を避けることだ（フランスは若者たちを殺すことは認めないし、私自身もそのような考えは認めがたい）、そうすれば、様々な政治的策略は茶番となって崩れ去るだろう。だが、組織され、権力を奪取する能力をもつ確固たる敵はまだ存続していた。つまりそれは共産党だ。いまのところ、この党は慎重だった。私にとっては、この党を無力にしなければならなかったのだ。そして、私が共産党に出会うことになるのは、組合運動の場であった。それゆえ、私は対話路線を持ちかけ、それがグルネル[14]会議にわたしたちを導くことになった」[*10]

　まもなくポンピドゥーは自分の仮説をテストする機

会を手に入れる。ストが拡大したため、フランス共産党はすぐさま解決すべき問題に直面する。いったいどこまでいけばやり過ぎになるのか？　電気と電話回線を切るという極端な手法は、政府と国家をマヒさせる効果があるだろうか？　回答は翌朝土曜日にやってきた。フランス電力公社（ＥＤＦ）がストに突入した。そして運動は急速に矛盾を抱え込むようになる。スト実行中央委員会は、断固としたＣＧＴ組合員で構成され、現場の委員会の代表によって維持され、運動全体を総括していた。しかしながら、このスト委員会の主要な任務は、ストを回避し、生産の続行を確保することだった。委員に実質的権限はなく、デモ参加者たちの「顧問」の位置に格下げされていたのだ。[*11] 停電実施の予定はなかった。

郵便電信電話局（ＰＴＴ）でも同じ構図だ。スト参加者たちは自分たちの権限の下で設備を動かしていた。しばしば彼らは政府専用の電話回線も奪取しようという誘惑に駆られた時もある。郵政相イヴ・ゲナ[15]はＰＴＴのデモ参加者に対して、こんな行為を続ければ、反乱罪になると通告し、国の専用回線を回復すべく、部隊を投入するだろうと述べる。ＣＧＴは回線の占拠にこれ以上、固執しなかった。[*12] ジョルジュ・セギーは物事を明確にするために、モスクワから戻ったブノワ・フランション[16]を迎えた後で、事態を明らかにすべく記者会見を開く。今のところ、無期限ゼネストの指令はないと述べた。そのとき、ある質問が飛んだ。「ダニエル・コーン＝ベンディットをどう思いますか」、彼はこう切り返した。「もし、私にこの人物のことについて問われれば、「それは誰ですか」と答えますよ」

その晩、セギーはまた「ユーロップ１」[17]のラジオ番組にデカンと出演する。「事態は進行していると思いますか？」との問いに、彼は「すべての状況が、ＣＧＴのイニシアティヴで停止しているときは難しいですね」と答える。放送局はブーグネの工場長ピエール・デュヴォシェルがまだ拘束されているシュッド・アヴィアシオン社と中継で結んだ。セギーは拘束状態を非難した。セギーはデュヴォシェルと直接対話する。セギーは拘束状態を非難した。翌日、デュヴォシェルは解放された。

事態が明らかになる。ＣＧＴが国をマヒさせているのであって、政府ではない。ＣＧＴが行なっているのはストであり、革命ではない。この組合は、学生運動と連携することはないだろう。五月一三日以来、すでに二度にわたって、主に親中国派からなる学生活動家たちの群れが、フランまでデモ行進した。だがそこで彼らが目にしたのは、無愛想な組合員たちの手で閉鎖された鉄柵だった。一度集会を開いたが、工場の外だった。ストでは、CGTは我が家にいるのと同然だ。そこに闖入した者はいなかった。このひと月の間、共産党系のスト実行委員会がストを維持しながら、要求を出し続け、要求は主に量的な次元〔数値目標達成〕で闘われるだろう。政治的誘惑を抱き、質的〔向上〕要求を出すのはCFDTである。CFDTのこうした最大限の改革要求、および学生たちとの連携を、セギーは機を逃さず非難するだろう。

　セギーは革命はしない。だが、しようと思えばできたかもしれないのだ。彼の配下の活動家たちは国や政府を窮地に追い込むことはしない。とはいえ、彼らはくくり罠の先端を握りしめているのだ。それを彼らに放棄させるには、高い代償を払わねばなるまい。

## ドゴール将軍の怒り

「その時、ドゴールは出かけていった。そして、戻ってくると、すべてが瓦解していた」。ドゴール将軍の怒りは冷徹で、声高に轟きわたり、同時に計算づくだった。大臣たちは首をすくめた。「これでは無政府状態ではないか。すべてやりたい放題させてしまった。笑い者にされ、尊厳も権威も国家もすべてが、踏みにじられてしまったではないか。この国はもうだめだ。たった五日の間で、悪意に対するこれまでの一〇年の闘いがふいになってしまった」と。

　ルーマニアに滞在した火曜日から日曜までの間に、将軍はどう手厳しく批判すればいいのか熟考する時間があった。ベルナール・トゥリコ[18]〔大統領府官房長官〕とグザヴィエ・ド・ラ・シュヴァルリーは、ドゴールに定期的に情報を流していた。将軍はポンピドゥーとも数回、話し合っていた。距離を置いて眺めることで、将軍は、信じがたい安易な対応ゆえにすべてが崩壊したと見なした。対案なしの妥協を彼は認めなかった。将軍は百倍も自分が正しかったと思えるのだ。ソルボンヌ大学の授業再開は大学生活が正常になる限り、意味がある。だが実際はそれどころか、ソルボンヌでは、政府と警察の温情ある警備の下で、グロテスクな挑発的見世物が絶えず繰り広げられ、国民の目に晒されている。オデオン座の占拠は、学生の要求とはまったく無縁であり、無政府主義的な病的多弁症と反ドゴール派のハプニングに過ぎない。大仰な挑発行為であり、パリの中心に置かれた超現実主義的な腫れ物に過ぎず、権力の弱さと社会の分解の現われでしかない。それで、むろん労働組合はそれを利用し、労働者は休憩しているソルボンヌの中庭に駆け込み、公務員たちは己の責務を放棄する。大臣たちは意気消沈し、破廉恥な政治屋どもが穴から這い出てくる。フランスの衰微を企図するプロたちが「マンデス万歳！　ミッテランは我々とともに！」と叫びながら、この社会見本市を縦横に走り回る。そして、この見せ物の裏手には、手をこまねいて自分の出番が来るのを待つ政敵がいる。モスクワからしかるべき指図を受けた、分離主義で全体主義の共産党だ。だが、果たしてフランスは、この種の様々な憂き目に見舞われねばならないのだろうか？

　ルーマニア滞在中は、機会あるごとにドゴールの怒りに火がついた。その機会は皮肉に見合った冷厳なものだった。ドゴール到着の初日、クレオヴァ[19]の労働者たちが操業停止を実施した。党の命令による歓迎のしるしだった。これはルーマニアとフランスでは、ドゴールに対する共産党の評価が異なっていたのだ。五月一五日、ドゴールは大学を訪れた。熱狂した学生の群れが歓呼の声で彼を迎えた。まるで閲兵式のパレードのようだった。学生たちの髪は短かく整い、叫び声には節度があった。フランスとルーマニアの国旗の色が入り混じった旗を振っていたが、赤旗は一つもなかった。そのとき、ドゴールはルーマニアの将校のほうへ身をかがめながら、こう言った。「あなたの国には、大学入学のための特別試験がありますね。あなた方はまったく正しい。我が国には大学入学選抜試験がないので、[20]勉学の能力や意思がない大学生がかなりいて、大学はそんな学生に圧倒されています。その際、当然にも学生たちは興奮した行動に走ります。私達はあなた方の例にならって、この選抜試験を導入しなければなりません」。もちろん、ニコラエ・チャウシェスクの国では、学生の暴動で権力が譲歩することはありえない。ここで同じことが起これば、昔と変わらず、群集に向けて発砲していたことだろう。

　そして、ドゴールはルーマニアから帰還する前に、意図せず自ら喜劇を演じてしまったのだ。あるいはおそらく、それに気づいていたのかもしれない。彼は、再度集合したルーマニアの学生たちに向かって、フランス人学生なら爆笑しかねない言葉を発したのだ。「このように、ここでは健全で偉大な風が吹いて、むら雲を蹴散らし、障壁を振るわせています……たしかにこれは端緒にすぎませんが、共に協力すれば、私たちはいっそうよい成果を得ることができます」と。パリの扇動者たちは爆笑したに違いない。ところで、キャラベル機がゼネストのせいで、予定より一日早く、土曜の夜一〇時三〇分に到着するや、ドゴールは激怒を思いのたけ爆発させた。

——「皆さん、あなた方に会えて幸いです」それから、ペイルフィットに向かって、「ところで、学生たちは相変わらず騒乱状態《シアンリ》なんだね！」

——「群衆はあい変わらず集まっています。しかし、その波はじきに引くでしょう」

——「その上、学生たちはオデオン座を征服したじゃないか！」

それから、ポンピドゥーに向かって、

——「我々はまずそこを掌握しましょう。そして困難な時期に常に解決してきたように、これらの問題を解決させせよう。われわれは、そうフランス人民に呼びかけましょう」

エリゼー宮での密談がいつもよりやや遅くまで続いた。ポンピドゥーは相変わらず際立って冷静だった。彼は自信があった。世論はこれから反転するだろう。ストは交渉の中で終息するだろう。待ちさえすればよいのだ。ドゴールはかなりむっとして、たしなめた。「そこら中、混乱だらけじゃないか」と。すると、ペイルフィットとともにポンピドゥーも自ら辞任すると言い出した。しかしドゴールから見て、そんなことは二人のいずれについても問題外だ。まず勝利しよう、そしてその後で考えよう、と。

一晩寝た後、ドゴールは元気を取り戻した。翌日曜の朝は激論となった。結局、三つの決定がなされた。ソルボンヌ大学の占拠者たちを排除すること。オデオン座とORTF国営放送を取り戻すこと。雷の下で、勇敢にも前面に出たのはフーシェだった。「発砲することを回避できるでしょうか」と、口ごもった。

——「内務大臣、発砲命令を出さねばならない状況があることをわかっていますか」

ドゴールは、同夜、ソルボンヌに対して作戦をしかけようと決めた。グリモーはフーシェに助け舟を出した。突撃は技術的には難しい、発砲しない限りは、とグリモーは説明した。ポンピドゥーは輪をかけて大げさに言った。すると、ドゴールはソルボンヌを諦めたが、オデオン座に対しては攻撃予定を維持した。そして別れたのだ。

グリモーが協力者のアンドレ・フリードリックと共にオデオン座への突撃を準備していたちょうどその時、警視庁のもう一人の責任者レーモン・エイムが、噂はもう学生たちの間に広まっているとグリモーに報告しにきた。不意打ちは不可能になった。だから、何らかの被害が予想される。グリモーは幾つかの大臣室へ連絡を入れる。夜一〇時頃、ジョベールはグリモーに電話して、ポンピドゥーの首相府全員が相変わらずこの作戦に反対だ、ドゴールを何としても説得しなければならない、と伝えた。ジョベールは警視総監にトゥリコと連絡をとるよう示唆する。このやりとりが自分をさしおいて頭越しになされたことで、フーシェは強い苛立ちを表わすことになる。トゥリコはドゴールに会いに行った。一〇分後に、トゥリコはグリモーに電話して、指令は追認されたが、（二～三日後ではなく）当座の判断は警視総監に任されている、と伝えた。実際には、オデオン座の奪還はその後かなり長いあいだ行なわれなかった。ここでもポンピドゥー路線は勝利した。ソムヴェイユはすべてを中止するしかなかった。グリモーがフーシェにそれを知らせると、フーシェは怒り狂った。

日曜日朝の会合の後に、ゴルスは論議の要約を記者たちに報告した。そのとき彼は、ドゴールのスローガンを紹介した。「改革はウイ、犬《シ》のような騒乱《アンリ》はノン」。この表現は好評を博した。しかし、ポンピドゥーは、結局ドゴールを骨抜きにすることに成功していた。ポンピドゥーの指示のもとで、「犬《シ》の騒乱《アンリ》」は続いた。大統領が望んだのは行動を起こすことだったが、首相が望んだのは待つことだった。前者が、体制の威厳を修復し、権威と改革を結びつけたいと望んだのに対して、後者は、ブルジョワジーと保守的な世論を味方につけたいと考えた。偉大なるフランスが甦えたフランスと対峙していた。ドゴール派とポンピドゥー派の間の溝は深まっていった。

## ドゴール派の離脱

エドガール・ピッザーニ[21]はひげを生やした大男で、苦悩の色が濃い。彼はずっとドゴールに付き従ってきたのだ。他の仲間たちが皆、娘を追いかけたり卒業証書にしか興味を持たなかった青年期に、ピッザーニは自意識に目覚めてレジスタンスに加わった。抵抗運動の地下組織の貧弱な軍隊の中で最年少の指揮官の一人となり、一九四四年八月に蜂起を起こした警視庁を手中にしたのだ。それはパリ解放直後の時期で、まだルクレール将軍の部隊はパリからはほど遠く、レジスタンスの闘士たちはドイツ軍の容赦ない反撃に晒されていたのだ。そんな男をドゴール将軍は忘れなかった。第五共和制の下で、農相となったピッザーニは、農業省にその業績を残したが、農民ロビーからは嫌われた。そのうえ、いつも血気盛んなピッザーニは、一九六七年、社会保障制度に関する条例に抗議して、設備開発大臣を辞職した。その後、彼はメーヌ・エ・ロワール県から代議員として選出された。

今回の出来事の最初から、ピッザーニは不安に陥っていた。若者たちの反抗が彼の心を射抜いたのだ。ピッザーニは学生デモを体制に対する全面的な否認と見なしていた。最初は進歩主義だったこの体制は、少しずつ保守主義にたち戻り、ポンピドゥー政権下で、社会の意思からドゴール主義を切り離し、持てる者たちの党を選んだ印だと受け止めた。彼は自分の心の動揺を皆に伝えた。多くの人たちはそこに政略しか見なかった。すなわち、ピッザーニはアラン・ペイルフィットの教育省のポストをほしがっているのだと、皆は囁いた。またもやデリケートな任務を遂行する男シラクがピッザーニに会いに来た。というのも、ポンピドゥーは不安になったからだ。〔ミッテランの〕FGDSは不信任案を提出した。ドゴール派は議会でかろうじて過半数を占めていたに過ぎず、離脱者が何人かいれば、政府は崩壊しかねなかった。そこで、ドゴール将軍ができることといえば、難局に当たって首相の首をすげ替えるか、国民議会なしに日常の政務をこなす政府を維持しつつ、さもなければ、一九六二年と同じく解散して、国民議会の後ろ盾なしに、通常事務を着実に遂行する政府を維持することだろう。だが、いったいどんな通常事務を行なうというのか！

議会の討論は五月二一日火曜と二二日水曜に行なわれる。その前週には、派閥を再結集して、規律を回復させ、惑える者たちを連れ戻さねばならない[*13]。少しでも離脱があれば、すべてが崩壊しかねないのだ。だから、悩み戸惑っているピッザーニに皆が詰め寄った。「思案しているが、不信任案には投じないだろう」と言って、シラクを安心させた。エリゼー宮は自信に満ちていた。ピッザーニはドゴール将軍に借りがあるのだ。しかし、もう一人別の代議員がピッザーニに連絡すると、彼は感極まって泣き崩れた。悪い兆候だ。

悩んでいるドゴール派がもう一人いた。それは、強固なレジスタンスの闘士で、ドゴール派左派の雄弁なスポークスマン、ルネ・キャピタンだ。彼はポンピドゥーから見れば、異端で個人的な敵である。ロスチルド銀行当局の昔の創設者〔ポンピドゥー〕は、キャピタンから見ると、遺産をずる賢い手段で手に入れ、一六区にそれを二足三文で売り飛ばすこともいとわない裏切り者だ。すなわち、打破すべき政敵だが、ポンピドゥーを選んだのがドゴールだったので、とりあえず見逃している。昔の法相で今は司法委員会委員長に就任しているキャピタンは、ここ三週間ほど荒れ狂っている。この疑似ドゴール派内閣は破綻していた。小心で同時に保守的な政府がドゴール将軍を破局に導いてゆく。五月一七日、キャピタンはドゴール派で社会派の模範生、友人ルイ・ヴァロン[22]と夕食を共にした。

――「私は不信任案に投票しようと思う」

――「ドゴール将軍はどう思うかね」

――「私は将軍のお役に立てる。もし政府が転覆すれば、彼は無能な大臣たちを交替させることができる。中でもまず首相をね。将軍は私に感謝するだろうさ」

一八日、キャピタンはラジオで質問を受ける。「私はフランスが体験している混乱の原因は政府にあると思う。私は不信任案に票を投じますよ」。この反主流派議員はドゴールに会見を願い出る。トゥリコは、ドゴールがすぐには面会できないと返答した上で、「政府が危機に瀕するようなことになれば、厄介なことになると私たちは考えているのです」と述べた。キャピタンは躊躇する。

「これは絶望的だな」。二〇日月曜の危機管理室の会議では、ポンピドゥーに対して信任投票がなされたばかりだ。つまり、「独立した共和主義者たちの自由な投票がなされた」わけである。この時点までは、票の集計確認は有利だった。キャピタン、ピッザーニ、ジスカールおよび、その四人の友人たちの投票で、バランスは逆転する。政府は少数派になる。ジスカールが冷徹で規則づくめの自分の流儀で経済省に君臨していたが、このポストから外されて以来、彼は政治を考えている。この駆け引きでも、彼は秀でていた。一九六七年以来、そして、デスマッチとなった今回の選挙戦でも、ジスカールとその取り巻きたちは「はい《ウィ》、しかし《メー》……」という表現で当りを取り、調整をはかりながら応答して、ドゴール将軍に条件付きの支持を表明してきた。ＲＩ[23]（独立共和主義者同盟）の会長だが、ジスカールは自分の派閥のすべてをコントロールしているわけではない。盲目的にジスカールになびいていたのは、ポニアトウスキー[24]やドルナノ[25]などの側近だけで、ジスカールが自分らを頂点に導いてくれると確信していた。ポンピドゥーの取り巻きといえば、半ば田舎的、半ば近代主義的な中道派の小さなグループの中にいた。例えば、設備開発相レーモン・マルセラン[26]である。彼は、この度の危機の当初から勇猛果敢で、政府の厳格路線の主要な支援者の一人だった。また、アンドレ・ベタンクール[27]のような保守主義の超億万長者もいた。とはいえ、投票の自由はグループを分裂させかねない。どの一票にも重みがあった。たしかに、不信任案が通過する可能性はつねにあるのだ。

　討論の日にすべてが決まる。午後の始め、ポンピドゥーはＲＩのグループとの会合に自ら出向く[*14]。そしてこう述べた。「これは国家に対する謀反だ。対処せねばならん」。別の言い方をすれば、感傷的な者たちは敵前で潰走するということだ。彼の論拠は的を射ていた。援軍を買って出たのはローラン・ボスカリー＝モンセルヴァン[28]だ。南仏の熱っぽい方言をあやつる中道派のボスである。彼は熱情的な弁論を振るう。「トランペットのソロのようだった」と後にポニアトウスキーは語るのだ。この男の演説がためらいを一掃した。ＲＩは多数派となり我が家を取り戻した。後になると、ジスカール派は、このとき不信任案に賛成するつもりだったことを無視するのである。ドゴール派の下でも、現場は同様に悲愴だった。キャピタンはポンピドゥーに闘いを挑む。彼は「ドゴール将軍への敬意から」不信任案に賛成票を投じるだろう。彼のテーゼは逆説的だった。すなわち「政府は破綻した。それにドゴール派こそが不信任を表明すべきだ。政治的モラルを維持して、国民に喝を入れねばならない」というもので、「逆に正反対の態度を取る能力が必要だ」と言うのである。この正反対の態度は、実際、完璧だった！　キャピタンはこう結論する。「盲滅法の賞賛という共犯によって、政府はすべてをいい加減にやったのだ……。街頭で大衆がドゴールに野次を飛ばすのを許してきた大臣たちを、私は絶対に許さない」と。すると今度はシャバン〔＝デルマス〕がポンピドゥーの応援にまわる。「一人の人間の記憶の中に刻まれる数分を我々は生きたばかりです。今まで妥協などしたことのない一人の人間からの愛と信頼と苦痛の叫びを聞いたところです。しかし、我々すべてがドゴール将軍の協力者なのです。我々は各人別々になることなどできません。政府を転覆させること、これはドゴール氏のみができることです……。用心しましょう。国家は刃先の上にいるのですから」[*15]。結局、論議はうまくまとまる。キャピタンが舞い戻って来た。「けっこうです。私は不信任案に賛成票を投じるのは止めにしましょう。私は選挙開始前に辞任します」と。ピッザーニが発言に立った。彼は議論の場でUD－Ve[29]に公正な時間を与えるよう求めた。皆がピッザーニは政府を支持するだろうと思った[*16]。

**議会の論戦**

ポンピドゥーはいくぶん安堵して、反対派の砲火を浴びる審議にこれから入る。今回は、彼は疲れている。睡眠不足が影響し始めている。彼の声はしわがれ、動作が神経質になっている。悪い時期に重なったものだ。このとき初めて、議会討論の模様がＯＲＴＦの職員の圧力で、全面的にテレビで中継されることになっているからだ。二日間に渡って、国民議会がテレビのスターとなるのだ。こうした中継がされたのは、危機の期間中の最初で最後となる。

初日は、いつもながらの小競り合いだ。ジャック・デュアメルは穏健でヨーロッパ派だ。ヴァルデック・ロッシェは率直なプロレタリアである。ＵＤ－Ｖeの名において発言したロベール・プージャドは「街頭での暴力」と「労働の自由にたいする侵害」に反対して再び抗議の意を表明した。ジャック・シャバン＝デルマスがルネ・キャピタンの辞表を読み上げると、感情的動揺で、一瞬どよめきが会場に広がった。それに続いて、共産党のローラン・ルロワが多数派の発言者たちによるフランス共産党への揶揄に対して苦言を呈した。

実のところ、最も興味深いことが起きるのは舞台裏である。至るところで耳をそばだてている第五共和制の時評記者レーモン・トゥールヌーは、損な舞台裏で、思いもよらず最も赤裸々な話を耳にした。議会の廊下は糊塗せずに対話するのに好都合な場所である。壇上での慎重な物言いとは大いに異なり、当事者の本当の動機が表現される場だ。多数の記者たちがマンデス・フランスの周りに群がった。「ドゴールが私を呼び出すなんてことはありえませんよ。そんなことすれば、菊を飾る弔いの時となるかもしれません」とマンデス・フランスは皮肉る。円柱が四本ある大広間では、ドゴール派の連中が自分たちの感じる極度の恐れを記者たちに言いたて、広めようとしていた。「共産主義者が蜂起を準備している。我々はその証拠を握っている。彼らが工場など至るところに設置した行動委員会は、誰の目も欺かないだろう」と。ここでこそ、最も興味を惹く話の種が突如として口の端に上るのだ。この思いがけぬ幸運を利用して、フランス共産党指導部、あるいは、少なくともあらゆる冒険に否定的なその多数派は、ジョルジュ・ポンピドゥーとドゴール主義者たちに最も明快なメッセージを送ろうというのだ。政敵に言いたいことを言わせるのも無駄ではない。実際、それは議会内での友好関係に役立つ。話の内容が公表される恐れはないし、充分反論する余裕もある。そんな場で、政敵はこんなことを言う。「例外として、ポンピドゥーはこのまま残ってもいいと思う」、「共通の危機があるから手ごわい敵たちが結集したのさ」、「マンデスやミッテランの作戦が動き出し、さらに状況が悪化して、統制不能な混乱が生じるような場合には、フランス共産党は、大西洋主義左翼の競合者や、左翼学生の扇動者よりも、はるかにドゴールのほうがましだと思っている」と。すると、ヴァルデック・ロッシェ〔フランス共産党党首〕が、UD－Veの会長アンリ・レイ[30]に食ってかかる。「気をつけてください！　前もって警告しておきますよ。政府はわが共産党を攻撃しているんです。あなたは危険なゲームをしているのだ。国家の危機である政府の崩壊は、我々共産党のせいではない。それは誹謗中傷だ。毛沢東派、トロツキスト、アナーキスト系の革命的行動委員会が手に負えない状態を作りださないよう、我々は普通なら不可能と思われることを行なっているのですよ[*17]」。賢者ヴァルデックは、みずからジャック・ヴォンドルー（ドゴール将軍の義理兄弟でパ・ド・カレ県の代議員）のもとに歩み寄り、こう説得する。「頼みますよ。あなたの友人たちに我々を攻撃しないように言ってください。これはおぞましいことです。我々はあなた方の最良の擁護者ですよ。

ご存じの通り、我々は皆この状況をもて余しているんです。攻撃を止めるべきです」。そして、ヴァルデックはあたりを一巡しながら、FGDSの同盟者たちを怒鳴りつけた。「コーン゠ベンディットとその仲間たちや、その類のあらゆる無責任な連中とは、連帯するのを止めてください。私は彼らにスターリン主義の下劣な奴らをくれてやりますよ！」*18と。

　同様に、ピエール・ジュカンはポンピドゥーの教育問題顧問ミッシェル・ブリュギエールに、近づいて言葉をかける。「あなた方がしていることをわかっているんですか！　我々すべての背中に弾丸をぶち込む小頭症の大佐とともに事態は終焉するかもしれないんですよ。守りを固めてくださいよ、まったくもう！」*19。

　翌日、大物指導者たちが次々と登壇する。ある時、政府スポークスマンのジョルジュ・ゴルス[31]はある反対派の人物に反論しようとする。政府の言説を一から十まで管理したいポンピドゥーは、数万人のテレビ視聴者が見ている前で、ゴルスからマイクをもぎ取った。この会期中に、政府は面白い見世物を演じて見せたのだ。

　ポンピドゥーは常に闘っている。あるとき彼は、演説や美辞麗句を放棄して、重大ニュースを発表しようとする。つまり、彼は組合と交渉する準備を整えたのだ。「政府にとって重要なのは、すべての組合から、彼らが要求していることについて、あらゆる完全な情報と指示を得ることでした。もし組合が幾つかの要求事項の達成を求めるなら、それらの要求事項はすべて検討し議論するつもりです。しかし、もし組合が他のことを求め、ストが政治的なものになるなら、事態はまったく異なります。組合組織の役割は、主権ある人民に取って代わることではありません」*20

　次に登壇したのはフランソワ・ミッテランである。彼は、いつものように辛辣で華々しい演説を用意していた。「あなた方は、ド・スービス氏[32]の政府だ」。FGDSの会長は、自分の軍隊を失ったこの将軍〔ド・スービス〕のように、法相が正義を求め、教育相が大学を探求し、首相が国を追い求めているのを見ているだけだ。「申し上げますが、首相、あなたは辞職すべきです……。あなたの正統性を基礎づけている民衆的なコンセンサスは、いったいどこにあるのですか。外に出て見れば、わかりますよ！」。

　ミッテランに続いて、長身のヴァレリー・ジスカール・デスタンが登壇する。彼は、バーナード・ショーの『ピグマリオン』[33]の一節を援用しながら、冷徹でエレガントな結論を文学的に締めくくった。「教授のおかげでみじめな境遇から抜け出ることができた花売り娘は、つねに教授に不満をぶつけました。「なぜなんだい?」と恩人の教授が問いただすと、娘は、「もう少しご配慮いただきたいからです」。そして、今日、マリアンヌ[34]も政府にそうお願いできればと思うのです」。

そのとき、ドゴール派の一員として、エドガール・ピッザーニが壇上に立った。ここでどんでん返しが起こる。前農業大臣は怯えたような声をしている。演説の最後には、あご髭に涙が落ちる。「あなた方は腐敗を演じてしまったのです……。あなた方は不在だったのです……。私は不信任案に投票します」。ピッザーニはまた同時に自分も辞職すると表明した。ポンピドゥーは動ぜず、座っている長椅子から答える。「ドゴールに反対してドゴール派でいることはできない」と。首相はこれから先、保証されたのだ。ピッザーニが唯一人、反旗を翻したに過ぎない。他の全員は規律を重んじた。不信任案の可決には二四四票が必要だが、賛成票は二三三票を獲得したのみである。一八時一五分、不信任案は否決される。

国を挙げての見事な議論を展開した議会を引き継ぐのは、二人の男である。二人はすべてが反対で対極的だ。一人は小さく、危機の中でも抜け目がなかった。もう一人は巨漢で鈍重だ。すなわち、ダニエル・コーン＝ベンディットとシャルル・ドゴールである。

## 16　五月一七－二〇日　スト中のフランス

フランスはヴァカンスの最中だ。通常の業務はまったく停止している。就労の時間割はもうなくなり、制約はなくなった。危機の三週間目が始まって、国中が回り道をしている。至るところでストが行なわれている。それは暮らしの規則正しさを破壊し、権威を解体し、言葉の壁を切り開き、日程を滅茶苦茶にする。もはや座標軸を失ったフランスは、秩序もなければ、戒律もなく、まったくの混乱状態だ。五月だというのに[1]……。

不可能なことが何もなかったこの一〇日間を体験した者たちにとっては、このことは一生胸に刻まれるだろう。一世代すべてにとって、国家の危機一髪という事態と日常の退屈さの突然の消失は、消すことのできない印となって残るに違いない。誰もが怖かったし、誰もが過度の緊張をして身体が引きつり、熱中もしたが、名もない人々による権力の奪取を信じ、醜悪な市民戦争、あるいは有頂天の革命を信じたのだ。ともかく、誰もが生きた体験をした。それは忘れられるものではない。

### 人生は我々のものだ

ストはフランスを変える。列車も動かなければ、バスも地下鉄も動かない。街頭は油っぽい紙くずとゴミで埋め尽くされている。都市という都市は驚異的な渋滞によって交通マヒに陥っている。こんな状態が続くわけがない。ガソリンのサービス・ステーションの四つのうち、三つは配給の見通しもなく、貯蔵は底をついていた。フランス人たちは新しいスポーツを覚える。つまり、隣人のガソリンタンクから貴重な液体をくすねる「ピッパージュ」〔パイプで吸い上げること〕というやつだ。闇市では、ガソリンは一・五倍の高値で売られている。銀行では、引き出し額の上限を一〇〇〇フランに限定した。フランス銀行協会は紙幣が欠乏する危機はないと主張している。それは誤りだ。というのも、フランス国立銀行も貯蓄信用金庫や郵便小切手窓口も同様にストをしているからだ。皆、生活必需品の買いだめをしている。パスタの袋、砂糖、米などが棚に積み上げられ、スーパーには消費者が押し寄せている。六百万人以上がストをし、しばしば占拠し、幹部を人質に取っている。リヨンでは、ベルリエ（Berliet）工場の工員たちがアナグラム〔綴り字を入れ替えること〕のゲームに興じていた。いまでは彼らの工場は「リベルテ（Liberté）〔自由〕」と名乗っている。

熱狂は労働者階級を超えて広がっている。私的訪問中のフセイン国王はプラザ・アテネ・ホテルで、スト参加者たちに連帯するという署名帳に、秘書が代理でサインする。筆の闘いだ。作家たちは文学会の本部マッサ館を占拠している。若い医師たちは若い建築家たちを真似て、自分たちの医師会事務所を占拠する。カンヌでは、映画祭がストップする。ゴダール、トリュフォー、その他の映画監督たちは映画界を変革しようとする。シトローエンのスト参加者たちは、一挙にパリ本社を占拠する。いまでは建物の前面に横断幕がかかっている。「ベルコを鎖に」[2]と書かれてある。フランソワ・ペリエの議会運営で開かれた俳優組合の総会では、カトリーヌ・ドゥヌーヴの透き通った眼差しの下でストが決議される。唯一、ジャック・ダックミン会長の元にあり、アラン・ドロンの精力的な参加があった労働組合FOだけが、指令を拒否する。良い子づらをしているCGTは、ともかくも首都の補給を行なう。今や食品連盟のマリオ・リヴィ書記長が民衆の腹を満たすのだ。

### 地方の五月

〈五月〉を避けることのできた者は誰もいない。フランスの中央集権化はむろんこの国の歴史の通りで、いつもパリが行動の主要な舞台なのだ。しかし、別な舞台もある。全国的な現象だった〈六八年五月〉は、しばしば地方も首都と同じように揺り動かしたのだ。

地方や村々――本当のフランスが息づく地域――では、〈五月〉は信じがたい日々だった。地方の人々が目にしたのは興奮して燃え上がるパリだった。それを彼らはあっけにとられて見つめていた。自分の子供のような高校生たちがこぞって、それほどひどいとは知らなかった学校生活での束縛を払いのけたのだ。たとえば、燃え上がって停止した工場、パスタを貯蔵した都会の市民たち、困惑しきった商人や小企業家たち、成長を行動基準にするプロテスタントの林間学校のサラリーマンたちや、普段は市場と落成式しかない場所でのデモ、よく手入れされた窓越しの花壇に垂れ下がった赤旗、今までおとなしかった三人の子供たちがはしゃいで屋根裏の窓から飛び出していたり、闇市で売られる商品となったガソリン、誰もいなくなった駅、コミュニケーションの断絶など、少数派しか電話を持たなかったこの国でのめったにない情報と無数の噂をじっと見つめてきたのだ……。

この月のフランス人が周囲の熱狂にとり憑かれて、皆狂気に陥ったなどと考えてはなるまい。まったくその反対だ。パリやその他の大都市がデモのリズムで暮らしている時、国民の大半は――それぞれのケースに応じてだが――それで気持を揺さぶられたり、気晴らしをしたり、あるいは顔がひきつるようなスペクタクルを見るようにそれを見ていたのだ。だが、ともかくもスペクタクルの一つである。政府はこき下ろされ、皆の失笑の的になる。そして、明らかな利害を守ろうとする者たち以外にとっては、大ストは春から夏にかけての休暇と同じことである。

サラリーマンの大半は問題の管理をスト実行委員会および労組の活動家たちに任せている。彼らは工場か事務所に来てニュースを聞き、後は家に留まって散歩に行ったり、釣りに行ったり、居酒屋《ビストロ》に一杯飲みに行ったりする。沿岸部の都市の人間たちは浜辺を散策し、アルプスやピレネー地方の人たちは山歩きに行く。ブロット[3]をしたり、読書したり、とりわけ際限なく話をする。

他の多くの者たちは、もし交通事情が許すなら、几帳面に職場に戻って、あれこれ気を配りながら無為に時間を過ごす。というのも、自分たちはアナーキストや赤《アカ》の連中とは関係なく、雇い主を後押ししているということを社長にどことなく見せるのが唯一の目的で、そのことを社長に覚えておいてほしいと思っているからだ。

## 高校生たちの革命

一つの制度が激震に見舞われた。それは高校《リセ》のことだ。工場や事務系企業以上に、フランスのすべての教育制度の中に、今や二つの時代と二つの世界ができている。つまり、一九六八年以前と以降である。公立学校のほとんどすべてで、また私立学校でもしばしば、生徒たちはパリの先輩たちを見習った。教育を受けた人間なら誰もが皆古い教育方法を、金輪際おしまいにすべきだと決意した。以前には少ししか採用されなかった大半の教員たちのように、五〇年代に少年だった高校生たちはジャズやロックを聞いて育った。こうした風潮を好む彼らが、フランスの高校で革命を起こすのだ。〈五月〉以前は、リセは色あせた時代遅れの、ある意味でナポレオン時代の入営生活を思わせるものをいまだに引きずっていた。列を作って行進し、中庭ではタバコを吸ってはならず、短髪を義務づけられ、ときには制服着用を強制される場合もあった。古い教壇の高みからしんみりと、あるいは興味をそそることなく行なわれる講義をただ黙って聴いていた。生徒たちは仲間とジョニーやストーンズのレコード、「サリュー・レ・コパン」のバックナンバーをそっと隠して交換しあい、木曜日にはぬけ出して、コカ・コーラを飲みながら、ばか騒ぎで終るダンス・パーティをすること以外は、禁止されている神秘的な領域、異性についてしょっちゅう際限なくあれこれ言い合っていたのである。

そんなときに、大学生たちが大学当局を馬鹿にし、警察と渡り合い、咎められずに政府を屈服させたのだから、それはもう歓喜の爆発だ。高校生たちは、「先生たちは《レ・プロフ》、ぼくらと一緒に《アヴェック・ヌ》！」と叫びながら、中庭に降りた。彼らは司祭館に集まり、近くの他のリセ、あるいは近隣の大学の学部と連絡を取り、最も年長で政治活動に最も関わっている連中を選出して行動委員会を組織する。そして、とりわけ、高校生たちは、非難の的になって面食らった教師たちと議論し、（当時の言い回しで）「対話したり」するが、その教師たちはといえば、いままで共和制的な知を大いに自信を持って生徒たちに授けてきたのだ。最も大胆な生徒たちは、教壇を廃止し、ためらいがちな教師には口笛を吹いてやじり、目下話題となっている論議を押しつける。他の者たちは、彼らに従いながらも、大いなる休み時間を楽しむか、あるいは、市民になるための入門活動に加わるか思案し動揺している。

高校生たちの大スローガン、それは、パリ市民が夢見た幻影とは異なり、革命ではなかった。それは改革だ。「自主規律」が大課題であり、これにより、父権的な師弟関係に代わって、生徒の責任が重視されるのだ。ただしこの思想の裏には幻想と狡猾さが隠れているのだが。しかしそんなことはさほど重要ではない。他方、校長たちは、教育大臣に倣ってひそかに辞表を準備する。だから、教師たちは自分たちが今までまったくしたことがなかったが、生徒たちと議論し、説明し、論証しなければならないのだ。教師陣のすべてにとって、これらの数週間は、大きなトラウマになるのだ。一九六八年とともに、すべてが変わるのだ。教育方法、希望、カリキュラムや態度まで。それは時には無秩序になったり、教育学的なユートピアであったりするが、また生徒という存在を認めることでもあり、人間関係の近代化でもあった。

## ル・ロワール＝エ＝シェール県の赤旗

リセの静かなる反抗は、往々にして、パリの衝撃波をゆっくり受け止めながら日々を送る地方の反抗でもある。ジョルジュ・シャファール[4]著の示唆に富んだ本『五月の嵐』の中で、著者は知られざる〈六八年五月〉を細部にわたって述べている。ロワール＝エ＝シェール県の静かな都市ヴァンドームの騒動は、カルチエ・ラタンの騒動と同じほど真実を明らかにしているのである。そこは、ボースの平野からのどかな無数の古城の谷間を緩やかに流れ下っていくロワール川のように、身も心も共に緩やかかな時間の流れの中にあったのだ。

ブロワ市やヴァンドーム市に集まる幾つかの工業地帯を除けば、農業地帯であるロワール＝エ＝シェール県は小企業家や裕福な農民が多いことで知られる有力な地方である。農民もサラリーマンも産業化の影響を被った地方において、彼らなりの要求がある。ヴァンドーム市は、「ロットのシテ〔団地〕」と呼ばれる労働者の居住地区を受入れ、そして穏健派の社会党員の校長は市役所にも滑り込み、住民すべてによって認知された職業意識と活動によって、役職を維持していた。

五月一日、パリで二〇万人以上がデモをしていた時、この県の全労働者に動員をかけたにもかかわらず、ブロワ市のデモ行進には、五〇人という微々たる人数しか集まらなかった。ヴァンドーム市の街頭は、デモの参加者など誰もなく、もぬけの殻だ。ヴァンドームの労働者たちは農村出身で、労働者階級の伝統は、まだ定着していなかった。

ヴァンドームが動員されるのを見るには、五月一一日を待たねばならない。他と同じように、最初に運動を始めるのは高校生たちだ。彼らは壁一面にポップ調のポスターを貼った勉強部屋で、いつもは小さなトランジスター・ラジオでヒット・パレードしか聞かないのに、バリケードの夜は、その模様をかなり熱中して聞いていたのだ。土曜日の朝、コーン＝ベンディットの出した指令で、他の者たちはまったく自発的にロンサール高校でストに突入する。そして彼らは街頭に出て「ソルボンヌを解放しろ」をかけ声に行進した。ロージエ副知事[5]は、代表団を受入れなければならなかった。ヴァンドームでは、今までこんなことを目にしたことはなかった。

一三日、パリのデモへの連帯を表明するため仕事を停止したのは工場の労働者たちだ。副知事は、またもや陳情に来る一団を目のあたりにする。彼らは労働組合員、高校生、教員によって編成されている。副知事は中央政権に対する署名集めの対応をしなくてはならなくなる。今度はブロワも動員した。この県の第三の都市ロモランタンだけは、左翼に投票する伝統を持ちながら、この歴史的動きでは遅れをとり、後方に留まっていた。

五月二〇日、工場の占拠だ。三週間前に三四個の労働勲章が授与されたにもかかわらず、この町の最も主要な産業であるジャガー[6]の工場は、ヴァンドーム周辺の工場地帯の中で最長の占拠を誇ることになる。教訓は明らかで、不透明なこの時代の両義性が確認されたのだ。全国の他の地域と同じように、ヴァンドームも「ベビー・ブーム世代」の若々しい担い手によって牽引され、サラリーマン化したフランスの産業社会が、伝統的なエリートたちに抗して、三週間の間、権力を握るのだ。ヴァンドームでは、明らかに反抗の直接の原点は、時代遅れのまま残る階層性《ヒエラルキー》に拮抗して進んだここ三十年間の急成長――これをジャン・フーラスティエ[7]は「栄光の三〇年」と呼ぶ――にあるのだ。

最初にストの信号を発信したのは、ヴァンドーム乳製品製造会社（ＳＬＶ）の労働者たちだ。午後になって、「組合活動の自由を！」のかけ声のもと、ＳＬＶのスト参加者は街頭でデモをし、農業組合の部屋に陣取る。ＣＦＤＴの現地責任者たちは彼らに対して演説をし、それに続いて出席者は、自分たちの会社の中に、ＣＦＤＴの支部を作ることを決議する。夜までに一五〇人が組合加盟を申し入れた。すぐさま可決された様々な要求項目には、経営陣とあまりにも密接な関係にある人事課の代表者の更迭、組合活動の自由（ＳＬＶは独立した労働組合がなかった）、労働時間の再定義、年功によるボーナスの毎月の支払いなどがある。翌日、ジャガー、ド・ディートリッシュ[8]に続いて、ヴァンドームの過半数の企業がストに突入する。午前中、七〇〇人がジャガーの工員たちのファンファーレと赤旗に続いて工業地帯の一角を行進する。そして、午後には、一九三六年の騒乱[9]を急にタイムスリップさせたのではないかと思うほど、呆然としている市民の目の前でヴァンドームの通りを、二〇〇〇人に膨らんだ労働者が行進した。「こんなこと、今まで一度も見たことなかったよ」。これが、土地の名士や商人たちがびっくりして繰り返したこの日の言葉だ。ブロワやロマランタンでは静かだ。CFDTの活動家たちの大軍団とPSUがヴァンドームにいたことが、この落差をおそらく説明する。

二三日は、また同じことが始まる。そして今回は、「連帯の意味を込めて」商人たちが店舗のシャッターを閉めたと商店街連合が言ったが、口の悪い者たちは、自分の店を赤から守りたかっただけさと語る。しかし、何の事件も起きない。おまけに、東の労働者の町ブリエから来たロージエ副知事には、ロレーヌ地方の後、沸き返ったヴァンドームが絶対安全な場所に見える。

ストはばらばらに行なわれる。ド・ディートリッシュでは、核になる組合がなかったため、単発に終る。ジャガーでは継続される。SLVでは、農民の圧力でストは打ち切られた。農民たちは、農協に依存しており、それを根拠に、賃上げ問題で妥協するよう強要したのだ。一九一四－一八年〔第一次世界大戦〕の戦死者の名前がまとめて読み上げられる行事が毎年行なわれる周辺の村々では、三色旗の後ろに突然赤旗が現れたことにショックを受けた。農耕期の最中に子供たちを家庭に押しつけた教員たちのストは、「都市の怠け者たち」に反対する農民たちの気分を害した。この地方の半職人的、半工業的な小企業は、田舎にあまりにも深く根を下ろしていたために、ストの運動による影響はほとんどない。小学校の教員たちは、学生運動の意味を説明するために、父兄会を上手に開催した。彼らのメッセージは、左翼に票を投じているある村ではそれでも受けがよかったが、うまく浸透しない。同じヴァンドームで、毎週、信者やその他の人が集合するゴシック火焔《フランヴォヤアン》様式のトリニテ教会では、教会の聖職者が、ブラジルはレシフェの「赤《あか》の司教」、ドム・エルデール・カマラ[10]のメッセージを読み上げたのだが、聞いている者たちにはなぜなのかちんぷんかんぷんだ。そのとき、神父たちもまた、コーン＝ベンディットの側へ移ったのだ。革命的な陶酔は、穏健なヴァンドームにも波及する。これを止めさせねばならない。農民のフランス対サラリーマンのフランス。ポンピドゥーは、たしかに間違っていなかったのだ。

三〇日木曜、パリが〈五月〉の精神の悪魔払いをする時、ここの市役所は、その精神に感染する。市議会の会議中、一人の共産党の活動家がスト決行者たちの家族に対する援助を決議するように要求しに来る。市議会の名士たちはこの干渉にショックを受け、これを寛容に許した社会党の副市長を長い間非難することになる。マンデスとミッテランに対する不法行為の告発は、ここでは非常に人気のある勇敢な社会党市長を狙うが、この日は不在だ。ロワール＝エ＝シェール県の名士たちは、「騒乱《シアンリ》」に反対して動員をかける。三〇日の〔ドゴールの〕演説はそれに力と攻撃性を与える。六月のひと月、名士たちは〈五月〉に対する彼らの恐怖に見合った激しさでキャンペーンを張るだろう。ＳＦＩＯ[11]の穏やかなメンバー、ジェラール・イヴォンは反乱の共犯者としての罪を背負い、農民の組合活動家で政治的には中道派のポール・コルミエに大差で敗れる。秩序は回復し、犯罪者たちは償った。しかし、高校生、組合員、労働者、教員たちは決して忘れはしないだろう。ヴァンドーム市というのはフランスなのだ。

## グリモーの不安

グリモーは自分の部隊の実動隊員が少ないので心配している。[*1] 言葉のあらゆる意味で。つまり、人数は少ないし、部隊のメンバーの疲労は極限に達している。すべての問題に対処するにあたって警視総監が動かせる要員は二万人だけである。パリでの一つの大きなデモには、機動力のほとんどを使わねばならない。首都と地方で同時に起こる混乱の場合には、部隊は不足する。憲兵隊は経験も一番積んでおり、一番沈着で最良の部隊である。農民デモの弾圧では、彼らは冷静に対処することを学んだのだ。最も荒いがとても規律正しいＣＲＳ〔共和国保安隊〕は、二番目に位置づけられる。普段、通常業務のために雇用されているパリ警察は、暴動が起こったときには三文の値打ちもない。パリの警察官たちは乱れ、怯え、後から散り散りになって逃げるデモ参加者たちに無用の暴力を振るって、不評を買ってしまった。

警察組合は警視総監を悩ましてばかりいる。下部の警察官たちは首相がテレビで警察への非難を表明したことを悪く受け止めた。警官たちが棍棒を振り回してばかりいたので、ポンピドゥーは学生たちに譲歩して、国民の前で学生たちを正当化したからだ。治安警護隊は一度仕事を終えるや、自分たちの周囲から非難を浴びてばかりなので、いっそう悪く評価されてしまう。パリの公団住宅団地には、しばしばＣＲＳの家族が住んでいるのだが、その妻たちと家族は危険視されてしまう。隊員たちは激しい殴打をするのに見合った、返礼をもらいたいのだ。言い換えれば、彼らは自分たちの働きに見合った認知が多少ともほしいのだ。自然な成り行きで、警察組合はこの激怒を物質的要求のほうへ転換させる。古代カルタゴは傭兵に賃金を払わない誘惑に駆られそうになったことがあったが、第五共和制はその親衛隊の日常を改善するのを渋っている。嘆願しにやって来たグリモーに、将軍は「彼らに安ブランディー《ニョル》でもふるまってやりなさい」と真顔で言ったものだ。ポンピドゥーはＣＲＳに関する嘆願を回答せずに放置していた。グリモーは強固に主張したので、期待していた特典を得ることに成功する。特上の給料、最良の年金、最高の労働条件だ。社会のすべてが要求しているのに、社会基盤の防衛者たちが忘れられていいわけはない。平和になったパリはそれに応じた指標を得るに値するのだ。

　警視総監は国家の最も威光のある地位にいる公務員たちの卑劣さに全くあきれかえる。*2 大臣の半数はもはや職務を放棄している。幾人かはまったく鬱病の犠牲になっている。「もし流血事にでもなったなら、それは空恐ろしいことだ」とグリモーに語ったある大臣は、グリモーから見ると「ほとんど心が崩れる寸前」に見えた。官僚たちはスト参加者たちが占拠している自分たちの執務室を解放するために、治安部隊を確保しようと電話をかけっぱなしだ。矛盾する想いで、グリモーは恐るべき選択基準を設けた。要するに、自分の職場に警察の介入を希望する者は、不届きな占拠者たちを追い出す治安部隊の先頭に立つ、という条件を課したのである。突然、要請された作戦の数が激減した。グリモーは幾つかの官庁がキャンピング場のようになってしまったことを意にかけない。これは基本的なサービス機能であり、彼がもっぱら注意を向けるべきと考えているのは、基本的職務の実施であり、戦略的な場を保護することである。グリモーは、アルジェリア戦争時代に立てられた緊急プランを再び活用する。ああ何てことだ！　古代ギリシャ神話の名前を持つ奇跡的な作戦は、まったく役立たなかった。それらは、ゼネストの場合を想定していなかったのだ。グリモーはこれらの方法が、電気や電話通信が正常に機能するという予測の元に作られていることを、めまいを感じながら確認する。この二つの補強物がなければ、こうした手続きは何の意味もなさない。どう考えても、ＣＧＴは権力を手中にしている。

### ソルボンヌのサルトル　明晰なコーン＝ベンディット

この間、ソルボンヌの祭り騒ぎは最高潮に達する。この月曜の夜、それを機にジャン＝ポール・サルトルが超満員になった中央の大講義室を訪れる。細身のグレーのスーツに身を包んだこの哲学者は、リュクルゴス[12]のように待望されていたが、ユーモアのセンスを忘れなかった。

――「皆さんは講義にうんざりしているとのことなんだが、これは私の意見でもある。では、あなた方の質問を受けましょう」[*3]

そして、議論は始まる。熱のこもった討論で感動的だ。一人の手が上がる。

――「あなたは地獄とは他者である、[13]とおっしゃいました。どういう意味でしょうか？」

――この質問に答えるには、多大な時間を費やさねばならなくなるでしょう。

――「あなたの意見では、労働者の学部を創設することは可能でしょうか」

――学問は労働者全体に開かれたものであるべきです。若い労働者も若い見習も、いろいろな学部に来ることができてしかるべきです。そして、大学都市は青少年の都市となるべきです。

――「プロレタリア独裁は、必要ですか？」

――それは、私には定かではありません。私は社会主義と自由は不可分だと考えています。もしこのことを最初に基礎づけないと、自由を長い歳月に渡って失い、続いて、社会主義も失われます。私にとって、最も重要と思われるのは、ブルジョワ階級の子弟たちが、革命的精神で労働者たちのために団結することです」

思慮深い発言と挑発的発言を交互に組み合わせながら聴衆を圧倒し、聞き手はサルトルのしわがれ声に聞き入った。そしてその言葉は、『嘔吐』[14]や『ゲッツ・フォン・ベルリヒンゲン』[15]への愛着を抱きながらパイプをくわえて教える文学教師たちから学んだ聞き手の青年たちを、揺りかごのようにゆすったのだ。奇しくも、同じ日にダニエル・コーン＝ベンディットの対談記事が『ヌーヴェル・オプセルヴァトゥール』誌に載る。[*4] この雑誌は左翼主義と公式左翼を結ぶ、インテリゲンチャに必須の論壇誌である。「怒れる者たち」のリーダー、コーン＝ベンディットは、年老いた哲学者サルトルに対して、少し距離を置いて身を引いた態度で、現実主義と明晰さを示す。「ぼくにとっては、この運動は、形而上学をしたり、どのように革命をするかを追求することではありません。ぼくは、私たちがどちらかというと、それぞれの段階が、革命的な行動によって引き起こされた社会の不断の変化に向かって進んでいるのだと思っています。私たちの社会構造の急激な変化は、一挙に、例えば重大な経済危機、あるいはまた労働者たちの強い運動や学生の強い行動の収斂があって、初めて可能なのです。今日、それらの条件は整っていません。うまくいったとしても、政府を崩壊させるのを期待できる程度のことです。しかし、ブルジョワ社会を破裂させようと夢見てはならないでしょう。それは、何もやることがないという意味ではありません。その反対で、一つのグローバルな異議申立てから出発して闘わねばならないのです」。こうして、最初の一週間の騒動の火付け役は、雰囲気に呑まれた高揚に対して、冷や水を浴びせる。革命は日程表にはない。最も力強くここに言われる革命が企てられたが、以来、〈五月〉を扱う著述家たちによって、充分な分析が行なわれてきたとは言えない。分析は最も権威ある最も象徴的な声によって表現される。それは学生の反抗のリーダーたちが、止めどなく溢れ出た美辞麗句にもかかわらず、すべて知っていたことなのだ。状況は革命的ではなかったのである。学生運動は権力を把握することはないだろう。ゼネストを利用できたとしても。この運動は力もなければ、技術的能力もなく、また知的野望もなかったのだ。それらを考えることもなかった。〈五月〉は蜂起とは別のものなのだ。これは、親殺しではなく、父に対する反抗である。クーデターもなければ、冬宮殿の奪取も市役所のバルコンの夜会もないだろう。学生や労働者は別なものを望んでいるのだ。市民戦争の図式は回答を与えない。革命家たちは革命は革命を夢見ているにすぎない。学生や労働者は革命を望んでいないのだ。

## 滞在不許可

メディアが『ヌーヴェル・オプセルヴァトゥール』誌に掲載されたインタヴューを驚きを持って解説しているとき、ダニエル・コーン＝ベンディットは『パリ・マッチ』誌がチャーターしたリムジン車に載ってフォールバック近くのフランス国境を越える。「三月二二日運動」のリーダーは疲れている。集会ずくめの数週間、そしてデモと暴動は彼をゾンビー〔生ける屍〕のような状態にしたのだ。[*5] ゼネストはこの危機の次元を変えた。

舞台に登場した労働者階級が、学生運動の牽引役としての機能を奪ってしまった。ソルボンヌの占拠は異議申立て者たちを定着させた。この扇動者の演説と戦術の天性は、いまではフランス中に知れ渡ったが、それを用いる場所がない。コーン＝ベンディットはサン・ナゼールの労働者たちのために演説に行った。一〇〇〇人が聞きに来て大成功だ。しかし、占拠されている工場に向かってのデモは、その労働組合といっさいコンタクトがないために中止された。労働者－学生の統一は完全に美辞麗句の中にある。「ナンテールのレーニン」は操業停止で失業状態だ。ドイツの仲間たちが革命的なおもしろい話を聞きたくて、パリの反抗のシンボルであるこの男を招待したのだ。学生運動のリーダーは、この嵐の最中に、フランスを去ることを受入れた。

コーン＝ベンディットはポケットマネーさえなかったから、『パリ・マッチ』誌のカメラマンたちに、旅費を工面してもらうことを条件に、自分に同行しないかと提案したのである。[*6] 商談は成立した。リポーターたちのカメラ・アイのもとに、「赤いダニー」はゲルマンの最初の愛する祖国に戻って来る。レーニンはかつてカイザーの車で革命中の自分の国に戻ったが、コーン＝ベンディットは『パリ・マッチ』が借りた車で去っていく。

この一見無害な旅は、〈五月〉のもう一つの結末である。クリスチャン・フーシェは、めぐって来たチャンスを巧妙に活かし、フランスの滞在をこの扇動者に禁止して、うまくやったと確信するが、学生暴動にまた火をつけることになり、扇動者の首領に体制を笑い者にする新たな可能性を与えることになるのだ。

## 17　五月二一―二三日　戦略家たちの厄介な問題

ところで、当事者たちの衰退が始まる。〈五月〉はあらゆる計画性と計算を度外視して、警告なしに始まった。学生たちはリーダーなしに最初の暴動を起こした。労働者たちはストを中央の指令なしに始めた。溢れ出る急流は自然とその水源からほとばしり出た。だが、それをどう元に戻せばいいのかわからない。シャルル・ドゴール、ジョルジュ・ポンピドゥー、あるいはフランス共産党のいずれもそのすべを知らなかった。つまり、修復技師は最初に来た者たちではない。全員失敗することになり、五日後に、フランスは政界すべてが目眩を起こさずにいない底知れぬ淵の前に立たされることになる。

ジョルジュ・ポンピドゥーの戦術は誰もが知っている。要するに、針路を維持し、待つこと、そして社会的交渉を追求することだ。彼の忠臣たちはこの単純なプログラムを実現しようと没頭している。月曜の夜、ＣＧＴの経済学者アンドレ・バルジョネ[1]宅に電話がかかる。彼は自分の趣向からするとあまりにも慎重すぎる中央執行部の戦術について疑問を感じ悩んでいる。電話して来たのは、ＣＮＰＦ[2]（フランス経営者全国評議会）の会長ポール・ユヴランの協力者の一人だ。経営者団体は良識のある人々と交渉する用意があると言う。翌日、バルジョネはセギーにこの旨を伝えるが、彼はまだ慎重だ。ＣＧＴ書記長から見ると、ストはまだ最高潮に達していない。もしＣＮＰＦが譲歩をしたいなら、公に発表すればいいのだ。ベルジュロンもみずから仲介役を買って出た*1。

ポンピドゥーの官房チームが最初のコンタクトに素早く反応する。彼らはそこに頼みの綱を認める。もしＣＧＴが交渉の罠にかかれば、すべてが止まり、危機は終るのだ。まだ状況を見極め、中央執行部の要求を検討すべきか。そしてとりわけ、会談の成功のチャンスを見極めるべきだろうか。もし何もそこから引き出せなければ、公に会う必要はないのだ。そんなことをしてもみじめな結果しか得られそうにないからである。

ポンピドゥーは、会談の望ましい日程はデカンが彼にそっと伝言したように、二七日か二八日と決めた。しかし、その前に彼は情報を得たいと思っている。

## シラク

彼はすでに頭の中では何かを追求している。すこぶる活発できわめて忠実に動き回っている国務次官シラクだ。首相の前顧問、大ジャック〔シラク〕は、首相によってその時見出されたのだが、マチニョンに自分の執務室を確保した。彼はほとんど毎日、自分の上司、ジョベール、バラデュール、ジュイエと夕食を共にする。首相は労相ジャンヌネイを監視させるためにシラクを労働省に配した。ドゴールはと言えば、いつも自身が関与する大きな出来事を夢見ており、社会問題全体の担当者に自分が直接任じたジャンヌネイに、エネルギッシュで頭が良く進歩的な改革者としての才を見ている。「シラクは大したことをしていなかった。彼は特にコレーズ[3]に専念していたよ」[*2]と、今日、昔の労相は語る。シラクはコレーズ地方への利害にもかかわらず、組合との連絡を取り持った。彼は自分の執務室に、CFDTの組合員ロウガ、FOの活動家デルピーを配している。シラクはセギー、あるいはクラズキにしばしば電話する。こうした人間関係を使う好機だ。昼も夜も相手に執拗に迫る。どんな条件なら交渉できるのか？　CGTは何を望んでいるのか？　フランス共産党は何を望んでいるのか？　どの点について妥協点を見出せるのか？　その結果、CGTはひそかな会合を受入れる。

その日、この若い国務次官はモンマルトルの丘の麓にあるアンヴェール辻公園に車をそっと向かわせる。この公園のベンチにすわって会う約束なのだ。だが運悪く、この公園は工事中で、利用できる状態ではない。園内に入ることもできず、ベンチもない。シラクは心配になる。すると肩を叩く者がいる。面会の相手がそこにいる。戻る前に、彼の協力者が秘密の特使シラクに言った。「もし、これが罠だったらどうします？　もし彼らがあなたを誘拐したら、我々は顔面蒼白になったでしょうね」。シラクは肩をすくめた。アルジェリアで中尉だったシラクは何の危険も怖くない。とはいえ全く偶然にも、彼はポケットに古い拳銃を潜ませていたのだ。[*3]

議論は開始される。その内容については不明だが、二人のパートナーの論理は、今ではまったく明らかだ。CGTを動かして、フランス共産党は自らの選択をしたのだ。状況は革命的ではない。そうなることはありえない。ジョルジュ・セギーは後日、自著『CGTの五月』に、大いなる純真さでそのことを説明するだろう。[*4] 彼は「軍隊と警察はしっかりしている」と記している。共産党員たちは軍隊や警察との対決に責任を負うつもりはなかった。西欧はあくまでも西にある。そして、今後もその立場は変わるまい。フランス共産党は細大漏らさず説明したコミュニケを発表した。すなわち、二〇日月曜のストは蜂起的なものではまったくない、と。セギーはこの方向でしゃべりまくる。要するに、これは権利要求の広範な紛争であり、権力を握ろうとするプロセスではない。これは明確だ。我々は交渉し、CGT、CFDTが何年もかけて要求しても得られなかった権利を一度に獲得するだろう。そしてすべては、前の秩序にもどるだろうと。つまりシラクに対して、言いたいことはたくさんあるのだ、と。

しかし、人々はもはや純朴なお人よしではない。もし政治的変化が可能ならば、フランス共産党はそれを無下に拒絶するようなことはしないだろう。この件についての誤った伝説が二つある。一つは、危機を操作している共産党が国家の操縦桿を奪取しようと決意していたという伝説で、後にドゴール派はこれをまことしやかに言いふらしたのである。もう一つは、共産党は社会党急進派以上に合法主義者で、その主な目的は運動を潰し、たかが知れた餌と引き換えに革命を売ろうとしたという伝説である。これは〈五月〉の運動終息後の時期になって、極左が執拗に繰り返した伝説である。だが、これらの伝説が誤りだったわけは、共産党員もまた政治的意図を語っていたからだ。五月二〇日月曜日にフランソワ・ミッテランはCGTとの会合で、フランス共産党、CGT、FGDSが三者同盟を提案することを見届けた。これは、共同綱領については、今後深く交渉を重ねる、というものだった。これほどリスクのあるマンツーマンの面談で手を結ぶことに気のりしないミッテランは当然、拒否する。しかし、もし危機がもっと加熱するなら、どのような形にするかは今後明確にするとしても、共産党は、価値の低下したドゴール主義政権を引き継ぐために、改革主義的左翼を自分たちと一緒に連合政権に引きずり込むことをあきらめたわけではない。セギーは権利要求路線が自分の基本方針だと考えている。しかし、ヴァルデックは、ありそうにないが不可能ではない仮説として、もう一つの政府を検討している。このように、フランス共産党の戦略には火のつきそうな二つの路線がある。たとえ、そのうち、交渉路線のほうがもう一方の路線よりはるかに強力だとしてもである。

学生運動によって立ち往生した非共産党系左翼は、自分たちのブランドを再度立ち上げるのに苦労している。彼らはこのような困難にぶつかっている政府に呆れ、過信することなく、政府の後継者として名乗り出る。要するに、不信任案、政府辞職、総選挙、そして権力の座へ、という図式だ。しかし、すでに二人の候補者が現れている。一九六五年の成功[4]に気をよくしたフランソワ・ミッテランは、野望を秘めた前大臣で左翼の異端者だ。「オプセルヴァトワール事件[5]」後、おとなしくしていた男だが、彼はかろうじて弱々しい布陣を組み立てていた。急進派と社会党員たちは、非共産党系左翼の統一がいかに難しいかを象徴しているこの連盟のもとで、彼と行動を共にしている。未来の大統領にとっては脆弱な立場だ。一九六八年において、政治的駆け引きでは、組織の機構が常に鍵となる役割を握っている。ミッテランは左翼のシンボルだが、その首領ではない。ＦＧＤＳの中で、本当の権力を握っていたのは党のリーダーたちだ。社会主義系はモレ、急進派はビレールだ。文書作成、党の位置づけ、また神聖なる関心事、選挙時の候補公認などについては、彼らと交渉せねばならないのだ。ミッテランは威光がある。一九六五年の成功は「オプセルヴァトワール事件」後の彼の悪評を少し軽減した。しかし、彼は自分の部隊を持たないスポークスマンなのだ。左翼にたいするミッテランの本当の権力は、一九七一年になって、新しく結成されたフランス社会党の機構を掌握したとき、初めて獲得されるのである。今のところ、彼は指導せずに、会長職を務めている。彼は議論したり、策を労したり、操らねばならない。彼は確かにそれに長けているのだ。

フランス共産党とのマンツーマンの厳しい交渉に彼はすべての時間を費やさねばならい。しかし、ここで、ミッテランの背後で、こうした出来事のために彼を離脱させる目的で、一つの作戦が浮上する。ＣＦＤＴ、ＰＳＵと学生運動の「責任ある」一派が、自分たちの旗持ち役を選んだのだ。それはピエール・マンデス・

フランスだ。近代主義的左翼は、したがってここ数日、前評議会議長がその場に最適な人物として浮かび上がるよう策動している。彼はミッテランには欠けていた無欲の人という名声があったし、穏健派を安心させ、若者たちにも耳を傾け、国際的なステータスもあり、学生運動とのつなぎの役を果たしていたPSUと臆病ながら現実的な関係も持っている。すでに、二一日火曜日に、マンデス支援委員会の形をとった法律家たちの市民団体が立ち上がる。目印は置かれた。ミッテラン対マンデス。一九六八年のもう一つの対決だ。この対決は極度にエスカレートしたせいで、社会党出身の将来の大統領は、裏切られたという思いを後々まで忘れることができなかったほどである。

　五月一〇日、マンデスはグルノーブルで迎えられる。一一日の朝、彼の二人の友人ミッシェル・ロカール[6]と左翼に関与している弁護士ジョルジュ・キージマン[7]は、マンデスに「時間内に」[*5]パリに戻るよう懇願した。マンデスはこの仲介者たちに「落ち着くよう」頼んで、時間内には戻ってこなかったが、その日のうちには帰還した。マンデスは、彼を迎えた小さな党PSUを上からも近くからも支えている、威光を具えたリーダーだが、ロカールは現場のPSU、学生部門の責任者マルク・ウールゴン、UNEFの実権を握っているソヴァージョ、そして、マンデスとも連絡を密にしたがっている。最初のコンタクトは難しかったが、各人の性格の違いにもかかわらず、その後、関係は成立する。PSUのリーダーたちはこの運動としっくりいっている。理屈っぽいマンデスは以前からいつも若者に近く、大学問題の専門家だが、若者たちの非現実主義と計画の無さをともに警戒していた。彼は誇張した言葉を用いながら、それを指摘していた。

　本当のところ、マンデスは驚いていない。フランス民主主義が正常に機能するには、ドゴール主義というのは、危険な添え物だと確信しており、彼はこの押しつけられた体制は、何らかの衝撃を受ければ、滅びるだろうといつも予言していたのだ。きっといつかは現実のものとなるだろうこの仮説の中で、彼は自分が最後に頼られる人物だと考えることに何の不満もなかった。その時期がたぶん到来したのだ。だから「接点を持って」いなければならない。

　この最初の段階で、マンデスはとりわけ乱暴なぶつかり合いを避けることに取り組んでいる。根っからの調停者であり、何よりも人道主義者の彼は、モノーたち[8]、ローラン・シュワルツ、ジャコブあるいはトゥレーヌといったメンバーがいる非公式の仲介役の小委員会に合流する[*6]。五月一三日、彼はPSUと一緒に行進したが、少ない人数に呆然とし、その後が心配になる。議会では、彼はロカールとウールゴンの意見に逆らって、具体的な提案ができない限り、介入すべきでないと判断してじっとしている。

二一日、マンデスはFGDSの会長〔ミッテラン〕と初めての接触を持つ[*7]。ミッテランは若者の爆発については政治家はあまり発言の余地がないと判断して、この運動から少し身を引いている。マンデスは逆に政治家たちの責任を強調する。感性の最初の行き違いだ。この溝はますます深まっていく。

## 国民投票

ドゴール将軍もまた、自分のとるべき路線を決めた。自身の意見は準備できた。すなわち、フランスは文明の危機を生きている。この点については、ポンピドゥーは正しい。「機械文明の進歩」という産業化は、彼が言うように昔の規則を壊し、新しい渇望を生み出す。成長だけでは充分ではない。フランスは外部に対して大きな計画が必要なように、国内に向けてもプロジェクトが必要なのだ。したがって、この危機を上から管理するだろう。〔地域、民族などのまとまりとしての〕国にとってあまりにも必要な〔政治的、法的な統治機構としての〕国家は、今では市民たちから離反しすぎている。あまりにも効率のいい資本主義は、しかしながら、労働者の権利を踏みにじっている。権力と国民を近づけねばならない。資本と労働をもっとよく結合させねばならないのだ。要するに、地方分権化、および政治的社会的参加だ。この二つの考えの周辺で、将軍は国民にどのように呼びかけるか頭をひねっている。一つの前提条件、秩序に戻ることを条件に。それなしには何も可能ではない。もう一度、偉大な声が、国民全部がどう思っているのかを明らかにするよう頼むために、国に向かって呼びかけることになるのだ。秩序と改革。この二つの演説のテーマから、将軍は新たな国民投票を告知することになる。では、どこに正統性があるのか、そしてどこに変化の意思があるのか、見守ってみよう。大臣たち、ポンピドゥー、そしてすべての政界の頭越しに、ドゴールはもう一度すべてを再建させるだろう。指導者はいつも孤独だ。

日曜以来、将軍は積極的に人と会う。古いドゴール派の忠臣たちが執務室に次から次へと面会に来て、忠告をしたり計画や分析を開陳したりする。火曜日には選択はできた。午前中、ポンピドゥーがアフガニスタンからの帰国時に約束した特赦法を検討するために閣議が開かれる。将軍は狩人のような足どりで到着する。「これから皆さんは特赦案を検討するそうだが、私はこの特赦問題はまったく二次的な問題だと判断しています。しかし、これはすでに告知されてしまっている。皆さん、うまくおやりください。私は明日午後、金曜日の夜にラジオとテレビで放送される予定の声明の前に、木曜日〔明日〕午後の閣議で極度に重要なことを皆さんに申し上げるつもりでいる」[*8]。ジョックスは続いて特赦案を発表した。ドゴールは言う。「異議はありませんか。皆さん、ではおしまいにしましょう。一言だけ申します。忘れないでいただきたいのだが、官公庁の建物を占拠しようとする試みは、国家の権威に抵触することになるのですぞ。それを行なおうとする公務員は、即時に罷免されることになります」

少し後になって、将軍は、パリ和平会談のアメリカ交渉団団長エイヴレル・ハリマンと会談した。大統領は老けて見え、疲労して頭は肩に崩れそうだった。ドゴールは話しているが、頭では別のことを考えていたようだ[*9]。

## 滞在禁止

ダニエル・コーン＝ベンディットはヴァカンス中だ。『パリ・マッチ』誌のカメラマンにいつも囲まれて、ベルリンのブランデンブルグ門の前で旅行鞄を抱えてポートレートを撮らせる。そして、彼は新鮮な情報に餓えているアムステルダムの活動家たちのいるオランダに移る。「この運動は古い世界を一掃しなければならない。三色旗は裂かれるために、そこから赤い旗を作るために作られたのだ」と赤いダニーは語る。これが滞在禁止の口実となった。後になって、誰かがダニーに彼の不運を知らせると、彼は爆笑して「それでも、ぼくは帰ってくるよ」[*10]と言った。

パリでは、この滞在禁止は五月一〇日の勝利で静まった学生運動の熱気を呼び覚ます。ソヴァージョとジェスマールはムッシュー・ル・プランス通りの事務所で記者会見を催した。彼らは同日夕刻にサン・ミッシェル広場にデモの号令をかける。続いて、彼らはCGTと連絡を取る。CGTはこの禁止を非難しない。しかし、学生によって呼びかけられたデモは、それに反対するものだ。「これは挑発行為だ」とラファイエット通りのCGT本部[9]では誰かが語る。プレスはあたかも以前は学生運動とCGTの連合があったように、彼らが決裂したと報じる。ジョルジュ・セギーは一時も、自分の部隊を動員させようとは夢にも思っていない。この時期においては、ますます輪郭がはっきりして来ていた交渉のことしか彼の頭にはない。ドイツのアナーキストのためにデモをするって？　あなたがた冗談でしょう。

学生たちは自分たちだけで行進するのだ。あの夜、集合したのは五〇〇〇人だけだが、言葉の想像力でその弱さを補ったのだ。〈五月〉の最も有名なスローガンの一つがこの夜に生まれる。「我々みんな、ドイツのユダヤ人だ！」。ジェスマールの先導のもとにモンパルナスに上り、ついで国民議会へ向かう。ブルボン宮〈国民議会〉の前で集会が始まる。クロード・エスティエ[10]と何人かの代議員が支援を表明しにやって来る。しかし、雨が降りはじめる。行動主義は雨雲が嫌いだ。行列は解散し、ソルフェリノ通りのドゴールを支持する市民団体の事務所に火をつけようとする不屈の者たちに場所を譲る。「やつらに水を投げるんだ。水を瓶ごと投げるんだ[*11]」と防御に回っているシャルル・パスクワ[11]という名のドゴール派の一人が電話で言う。警察は最も興奮している者たちを解散させるのに、朝五時まで闘わなければならない。悪い予感だ。すなわち、学生の熱気は再度燃え上がる。翌日またデモが一つあるのだ。グリモーはまた目の前にいやな夜を迎えねばならない。内務省のフーシェの官房室の一つでは、ある事務官がソルボンヌのそばを散歩し、スローガンを笑いながら読んだ。「革命をやればやるほど、ぼくはもっとセックスしたくなる」。そこで、彼は自分の事務室の上にプラカードを掲げ「治安維持をすればするほど、私は眠たくなる[*12]」と書いた。

こうした暴動の騒音で眠りを妨げられた不眠不休の連日の一夜に、ポンピドゥーは妻が催した夕食会の終り頃、ベテューヌ河岸通りの自宅に帰った。暴動は彼の社交趣味の感覚までマヒさせることはできなかった[*13]。灰色の疲れた目で、背中を丸めた首相は言う言葉もなく座り、スープをすすり始める。そこに、ポンピドゥー夫妻の友人ルイーズ・ド・ヴィルモラン[12]がいて、皆が彼女にいつものように、幾つかの詩を朗読するよう頼んだ。彼女は表向き、なかなかうんと言わないが、食卓のテーブルでいろいろ名前を挙げた中から一人を選ぶ。ネルヴァル[13]だ。彼女はつばを飲み込んで少し前屈みになると、朗読し始める。

　ダフネのあの物語をお前は知っているか、あの昔のロマンスを
　シカモアの木の下で、また白い月桂樹の下で
　いつも繰り返されるこの愛の歌を

続いて、急に彼女は困惑して、招待者たちの目に問いかけながら、度忘れしたことに恐縮した。沈黙があったが、いきなり呆然とした会食者たちの端から、うつろな声が続ける。

　お前は、巨大な柱廊の寺院を覚えているか
　そしてお前の歯痕が刻まれた苦いレモンのことを[14]

それから、その続きを最後まで難なく朗読した。
それは、スローガンの喧噪を逃れて、言葉の音楽で心を癒すジョルジュ・ポンピドゥーの声だった。

## 市役所の占領

危機から二〇日目、活力が弛緩し始める。コーン゠ベンディットの滞在禁止によって、学生運動のリーダーたちは運動を再建する好機と見た。その運動は占拠にのめり込みはじめ、また労働者階級の大規模ストライキと合流するという、失望に終るしかない企てに終始する。全国の数百の委員会を調整することに成功したサンシエ・キャンパスの委員会は、直接行動によって事態を進展させる。しかし、今回はコーン゠ベンディットの場合を除いては、デモははっきりした目標を持ちようがない。ドゴールに反対して、第五共和制に反対して、明確な変化のためにデモをする。しかし、どのような変化なのか？　不思議だ。体制が動揺し始めていることはよくわかる。しかし、その体制を何と交換するのか。切望して来た革命のシルエットは、古い活動家たちの地平線を指差している。しかし、そのシルエットの何とぼやけていることか！　共産党が権力を握ること、マンデスの切り札を使うことを邪魔すべきだろうか。昔、ソヴィエトが行なったように、スト実

行委員会の権力を宣言すべきなのだろうか。これらすべてはとても真面目とはいえない。そして弾圧の治安隊は？　それらはどこにいるのか？　どのように彼らと立ち向かうのか？　熱狂して戦車との闘争を呼びかける者もあちこちで出始めている。ソルボンヌでは、パリ民衆が過去に数回行ったように、誰かが市役所を占領するよう提議する者もいる。そっと行って、場所をよく確認して来よう。[*14] 噂は急速に広まるので、軽率に言い放たれたこの考えは、パリ市議会に陰鬱なパニックを引き起こす。パリ第五区のＵＤの市議会議員ミッシェル・カルダゲスは、不安とともに同僚たちに自分の事務机の引き出しを空にしておいたほうがよいと忠告する。[*15] ルクレール将軍[15]の息子の嫁ニコル・ド・オートクロックに率いられたドゴール派の代表団がボーヴォー広場〔内務省〕に出向き、フーシェに悲劇的語調で反乱を目論む攻撃に対して、「戦車を使用することも含めて」市議会を守るよう嘆願する。他にもやるべき大事なことがあった内務大臣は、平静になるようなだめて、グリモーに人民の代表者たちを守るよう指示する。警視総監はセーヌの岸辺に幾つかの分遣隊を配置することになる。その間、グリモーはＳＮＥ－Ｓｕｐの事務局のあるムッシュー・ル・プランス通りに電話する。すると、笑いを含んだ声が彼を安心させた。「市役所を占領するって？　私たちはそれをして何ができるというのでしょうか？」と今日、ジャン＝マルセル・ブーグローは回想する。[*16] バルコニーの大シーンの危機を犯すことはないだろうし、ジェスマールはラマルティーヌ[16]ではなかった。ＣＲＳの警備隊が不法侵入者をたちどころに排除するだろう。一〇日よりも前ではなかったが、学生のリーダーたちは誰も死者が出ることを望んでいない。一九六八年は一八四八年ではないのだ。運動のリーダーたちは翌日の夕方、五月二四日にデモを呼びかけて満足している。将軍が演説している間、そして、その後もデモを続けるだろう。こうして、通りでデモする民衆がドゴールの演説をどう思ったのかを強く表明する機会となるだろう。デモの通りがけに、市役所の代わりに、証券取引所を攻撃するだろう。そして、それを反資本主義の喜びの火で燃やすのだ。それだけでも、すでに悪くはあるまい。

**グルネル会議に向かって**

ＣＧＴは自分たちが望む交渉をしたい。社会問題の大討論会のための事前準備の打ち合わせは、うまくいっている。しかし、少しプレッシャーをかけねばならない。ジャン＝ルイ・モワノは中央執行部のコミュニケをプレスの前で読み上げる。翌日には全国でデモを行ない、ストは継続する、政府と経営者はこの運動をストップさせるために、競り値を上げるべきだろう、と述べる。〔爆発寸前の〕地雷の上のあくどい駆け引きは一人のCGT活動家を激怒させる。それは革命的な恩恵によって八日以来、感激していた中央執行部の経済学者アンドレ・バルジョネだ。彼はすべての仲間たちと異なり、既成秩序に大きく開いた突破口を見ている。大胆に展開できれば、全面的な蜂起は労働者階級による権力の先端での奪取が可能になる。バルジョネはまったく権利要求だけの側面で運動が維持されていることに激昂している。すべては可能だ、そう彼は夢見ている。セギーと彼の役立たずの軟弱な取り巻きたちは、歴史的な好機を放り出しつつあるのだ。これではあまりにも馬鹿げている！　この木曜日の夜、バルジョネは常にトロツキストでありつづけているAFPの社会問題担当の記者、ジャン・ボーフレールに電話する。バルジョネはボーフレールに自分の気持を打ち明け、翌日の一時に公式に辞職することを知らせる。そして彼はCGTのコミュニケをラジオで聞く。「複数の労働組合組織はすべて、政府と経営者との議論を早く始めたいという意思を表明した。……住民はこの期待に対して、公権力が返答するのに時間を費やしていることに驚いている」。バルジョネはボーフレールに再度電話して、「即刻、CGTがとった方針に抗議して辞職する」と述べる。彼にしてみれば、「CGTは、ドゴール政権が窮地に陥っているというのに、数十年来、フランスでの最も素晴らしい運動を権利要求だけの側面で維持しようとしているのだ」。そしてバルジョネはこう述べた。「私は自分の信念を表明するつもりだ。社会主義に向かって前進するために、あるいは少なくともドゴール体制を倒すためにもっと深く展開できる可能性があったのだ……。党の愛国主義はこれらの可能性を殺してしまった。行動に伴うリスクを負う代わりに、組織を保護しているのだ」[*17]

共産党の組織内でも不協和音が聞こえる。党の三六人の知識人たちは党指導部に手紙を書き、指導者たちの優柔不断な態度を嘆いた。ガロディとルロワは指導部を理性に立ち帰らす任を与えられる。設備省の共産党員の官僚ジャン゠ピエール・デュランは、可能な蜂起を頑なに信じていたが、彼が見定めた中間層の幹部たちの実際の精神状態について語るのだ。要するに、「二〇日朝、私はパリ郊外アスニエールに住む女性の同志を迎えに行ったんだ。私は彼女がスト中の工場のことや闘争の困難さなどについて語るものと思っていた。すると彼女はこう言ったんだ。「昨日、夫と労働者たちと討論するために、幾つかの企業を回ったのよ。すると、わかるでしょう？ 凄くいい感じなのよ。男たちは、新左翼主義の危険性について、今はもっと理解しているのよ」って言うのだ[*18]」と。

CFDTもまたコンタクトを見出した。いつも書記長ユージェーヌ・デカンと言葉を交わすのはシラクだ。「ジャンヌネイは事態についていけない」と彼は言った。それで、この若い国務次官と事態を調整する。モントロン通りの本部は昼も夜も交渉のための準備に入っている共産党の田舎の支部のようになる。一階で食事の準備をする。「何てくさいんだ！」と、デカンは自分の事務室から飛びだしてどなる。同志たちはニシンを焼きながら、日常を変えようとしたのだ[*19]。

学生たちの一部は五月二四日を待ちたくなかった。彼らは即刻、カルチエ・ラタンでデモをすることにした。二三日になるや、新たな衝突が始まる。その情報はピエール・マンデス・フランスと連盟の指導者たちの訪問をちょうど受けたシャルル・エルニューのもとに届いた。

デモの騒音が増すや、ローラン・デュマ[17]は思い切って上司のミッテランに電話する。

——「私はマンデスと一緒にエルニューのところにいるんですが、左翼は何もしないで留まっているわけにはいかないでしょう。何かしなくてはなりません」と、連盟の会長に言う。

ミッテランは、

——「私の家においでなさい[*20]」と答える。

ミッテランは皆が求めることをすべてしてもいいと思っている。しかし、二つのことが悩みの種だ。つまり、彼は左翼の公認のリーダーであり、一九六五年における唯一の候補であり、フランス共産党に次ぐ野党の中心的団体の会長であり、他方、フランス共産党と言えば、権力を要求しそうにない。だから、もし交替があるなら、それは彼だ。しかし——ミッテランが察知している通り——、学生たちは彼が好きではない。彼が狡猾でタフな政治屋に他ならず、一九五四年の内務大臣、オプセルヴァトワール事件の男、フィレンツェ風のブルジョワでしかないと学生たちは見ているからだ。このような例外的状況の中で、慣習的な上下関係は崩れてしまう。ミッテランの信任状は、公正な大政治家であり勇敢などと評価されるマンデスの信任状に比べると、評価が低い。すると、不可能だと判断しえる劣勢を乗り越えるほどの執拗な忍耐強さと粘り強い努力は、暴動の数夜で無効になってしまうかもしれない。これらすべては、なぜかというと、何人かの運動の扇動者たちが同盟のリーダーよりも孤立した男のほうを好むからだ。最初からミッテランとマンデスは相互に監視し合っている。互いに微笑みと握手を交わしながらも、裏ではチェスの対戦を続けていて、一方がポーンを進めれば他方がルークを動かす、という具合だ。

その晩、この競争はよりはっきりした転回点を迎える。カルチエ・ラタンの闘いが見るからに激しくなっているので、左翼のしかるべき人物が現地に赴き、暴動があまりにも重大にならないように、そして国レベルでの調整が何であるかを象徴的に見せるためにも、介入するほうがいい。要は、自己の利益のために平静に戻って、革命を回避し、権力を握って蜂起を平和的に解決する方向を見出す合法的な反対勢力のことだ。ところで、その取り巻き、キージマン、ミッテランの友人ダヤン、ジャーナリストでＦＧＤＳの「対抗政府」のメンバー、マルク・パイエは、ミッテランとマンデスをせかして、街に出て街頭闘争の調停役になり、善意で秩序を守ると同時に、学生の権利要求の擁護者にもなるよう働きかける。*21 だが二人は共にその気にならない。彼らは騒乱に巻き込まれ、話を聞いてもらえなかったり、ばかばかしい状況に自らをさらけ出す危険に見舞われかねないと思うからだ。デュマとエルニューを伝令として現場に送り込んで、それでよしとする。「もし、これが不快なものになるなら、私たちに電話をください」と伝えた。それは敵意のあるものにはならない。マンデスは出がけに言う。「もし、重要なデモが重大な弾圧を受けるなら、お互いに協議しましょう。コンタクトを維持しましょう」*22 と。それでミッテランは、一方は他方に予告なしに動くことはないはずだと思っている。*23 翌日の夜、彼は立腹する。約束にもかかわらず、マンデスは友人の弁護士ジョルジュ・キージマンを伴ってカルチエ・ラタンに出向いたのだ。マンデスの友人たちは、〔第四共和制時の〕前評議会議長は「国民投票は議論されて決まるのではなくて、闘い取るものだ」と表明したドゴール将軍の国民投票に関する演説を聞いていらいらし、雰囲気に引きずられたのだと弁護するに違いない。マンデスは自発的に街に出て、友人たちに引っ張られて、ソルボンヌに連れて行かれ、その後、UNEFの事務所へと行った。しかし、これはミッテランの取り巻きたちにとっては、ある単純な策謀なのだ。マンデスは一人で政治的利益を蓄え、この運動の中で、自分の人気に充分気配りしたい。FGDSの会長の考えを想像するのは難しくない。それは唯一の主題を持っている。つまり「マンデスはおれを出し抜きたい」のだと。

### 危機を分析する政府

閣議の行なわれる部屋に入ると、将軍の表情は冷静だった。政府閣僚は全員出席している。彼らはこれから将軍が提出する国民投票の計画について話すのを聞くのだ。歳とったドゴール派の閣僚たちはそれを信じたい。忠臣たちはまたも奇跡の到来を期待している。ポンピドゥー派の閣僚たちは、懐疑的で好奇心を持っている。何をこの年寄りは提出するのだろうか。もし彼が勝てば大いに結構。もし、彼が再建できなければ、彼は退陣せざるをえまい。

大統領は長い間もったいぶった調子で話す。*[24] 我が国は大きな激動期にいる。技術文明の到来は若者を混乱させた。フランスはまたもや揺れ動いている。しかし、内外の脅威がないのに、国民は分裂に身を委ねている。大学は困難に次ぐ困難を体験している。なぜなら状況に適応していないからだ。「私はパスするが、もう皆さんすべてが私の言いたいことはご存知のとおりだ」（大臣たちが計画するのを遅らせ、実施するのを拒否している選抜〔大学入学試験〕のことを示唆しているのだ）。そして、話は政府の最近の反応に移った。将軍は厳しい。「皆さんの気持としては、放任して成り行きに任せる、ということでしたね。これも、国家が侵される限界を超えない限りにおいて、すべて結構なことでした」。ポンピドゥーの過去の行動は、こうして非難される。しかし、これからの行動はまだだ。というのも、状況を改善するためには、二つの次元で行動すべきだからだ。すなわち、補給とコミュニケーションを保証し、労働組合と仕事の再開を交渉しながら——それは首相の任務だ――「基本的なことを優先すること」、そして、同時に、肝心な問題に真剣に取り組むこと。そのとき、もう一度、将軍はある年の六月一八日[18]に行なったように、国民との対話を再開する。彼は国民に向かって、必要な改革を軌道に乗せるために合意を与えてほしいと頼むのだろう。要するに企業が前進するために労働者を参加させ、地方単位の活動を組織することだ。続いて将軍は重大な局面にいるので閣議参加の全員に一言ずつ発言するよう求める。

すると、風変わりな意見や取るに足らぬ意見、高い見地から考察された意見や秀でた幾つかの分析が同居している不均等な討論の中で、各人が自分の意見を述べる。農相エドガール・フォール[19]にとっては「フランスの機構はまずい形で組織されており、均衡を欠いています」。変わりやすい中道派の王子は、社会の中間項となる組織と、大統領制によってあまりにも衰弱した議会の再建を要請する。この視点においては、地方分権化は彼の考えに合っている。彼はこの危機の一つのヴェクトルである経済再建の不在を見ている。しかし、それは当初から重要なすべての決定には関与していない悲しげな表情の財務相ミッシェル・ドブレには気に食わない。次の発言者は背中にそれを背負い込むことは望まない。国土整備計画相レーモン・マルスランはより明快な地方分権化を求める。彼は慎重な言葉「脱中央集権化」の代わりに、地方分権が国民投票の計画に書き込まれるとの約束を得るが、無傷の行政権力の単なる地方再編に過ぎないことを予感させるものだ。続いて、彼は秩序維持にもっと厳格さを求める。ミッシェル・ドブレはジスカールの前言取り消しの態度に不平を言い、議会の多数派の結束が弱いことを嘆く。もし、われわれがこの問題を解決しないなら、何もうまく行かないだろうと。海外県相ピエール・ビヨット[20]は消費社会に反対する哲学的な小論を繰り広げ、全員の積極的参加を呼びかける。改革志向のユートピアの風が閣議に吹く。会議の雰囲気はキリスト教者で歴史的なドゴール派の良識派だが同時に短気なエドモン・ミシュレ[21]がしばしば寛容を主張するとき、突然和らぐ。

ミシュレ「将軍、学生を理解すべきと思います。
「そーっと《モロ》」気をつけていくべきだと思います」

ドゴール「どうして、「そーっと《モロ》」なんですか？」

ミシュレ「つまり、孫たちが言うようにお手柔らか《モロ》に」

ドゴール「じゃ、「そーっと」いきましょう!」

雄弁なシューマン[22]は、割れるような大声で、オーソドックスなドゴール派の華麗な楽節の一つを吹聴する。辞任がまだ公式に認定されていないアラン・ペイルフィットは、その熱狂に水を射した。彼がこりごりしているのは本当だ。「参加」は左派の人グラッパン学長によって、ナンテール分校で実施に移されたのだと彼は説明する。それが崩壊と暴動に繋がった。だから、慎重を期さねばならない。参加は責任感覚なしには価値がない。マルローは幾つかの警句《アフォリズム》を語り始める。「政府はスト参加者たちのヴァイオリンで踊るべきではない」など。

　本当の討論が緊急課題について始まる。幾人かの大臣、ミソッフ、ゴルス、その他が選挙を希望する。それに反対したのはジョルジュ・ポンピドゥーだ。というのも、次の選挙で選挙民から拒絶されるのを見越した代議員たちが発言をエスカレートさせるのを心配したのだ。国家の権威が失墜したというモーリス・クーヴ・ド・ミュルヴィルがポンピドゥーに対する冷たく厳しい表明を行なった後、首相はフランスの全体像を素描し、自分の行動を弁護し、将軍に対する忠誠を明言しながら議論を打ち切る。中庭では、出口でルイ・ジョックス[23]が討論を要約する。すなわち、「……そして、彼は三日目に蘇生した」と。これは楽観的な見方だろう。将軍は国民投票に徹底的に関与し、自分のキャリアの中で最も重大な失敗に立ち向かうことになる。[24]

# 18　五月二四日　最もつらい夜

彼らは全員集合している。国鉄リヨン駅[1]の大きな時計台は、アンドレ・マルローの指示により洗浄されたばかりで、白く穏やかに佇み人目を惹く。この時計台の周囲を数万人の若者の群が取り囲んでいる。ここに全員集まったのだ。若者たちは、学生だけではない。ここにサラリーマンたちのストで、異議申立てのグループの構成が変わった。学生はもう孤立していない。農村からの脱出と産業の近代化がもたらした影響を心配していたポンピドゥーは、予期しえた労働力の過剰な増大を緩和するために、六〇年代、銀行や郵便局が大量雇用をするように望んでいたのだった。こうして数万人の高卒の若者が、つまり大学生に近い世代が事務所や代理店や郵便仕分けセンターに大挙して就職した。そのとき、昔の同級生たちが運動を成功させたから、それにあからさまな衝撃を受けて、自分たちにも番が来たと、彼らも街頭へ出て、反抗の気分を胸一杯吸い込んだのである。今週の金曜日、サラリーマン階級との統一はもはや伝説ではない。知識人と労働者たちが互いに腕を組んでこれから警察と闘うのだ[*1]。

みんな、バスケットシューズを履き、マフラーを巻いて、バイクのヘルメットをかぶり、ポケット一杯にボルトを詰め込んだ。またもやこんなにも多くの人が集ったので、皆身震いしている。街の壁の下にそわそわしながら詰めかけている伝説的な労働者階級を引き込むために、「三月二二日運動」とＵＪＣｍｌは、デモ行進はパリ周辺部に位置する幾つかの城門を起点にして〔市の中心部に向けて〕行なうべきだと主張し続けた。しかし、最終的には、さほどたくさんの労働者たちが集まるわけはないだろう。午後、二度のＣＧＴのデモのあと、動員をかけられた数百人が来る程度だ。全員がパリ・リヨン駅に集結していった。そこでは、警視庁はデモではなくて「集会」を許可していた。デモ指導部は分裂している。あとで、プロレタリア左翼の運動の中で再会することになるジュリー、ジェスマール、ル・ダンテックは衝突に賛成だ。彼ら全員、労働者的な信念に支えられて、ＣＧＴから分離した労働者たちをメッセンジャーだと思っている。状況はもっと緊迫したほうがいい。そうすれば、慎重すぎる組合の執行部の言うことなど無視して、労働者層は大挙して、革命的な人々の側になびくだろう。ウェベール、クリヴィーヌ、ベンサイドは、弾圧を前にして潰走したり、冒険主義に陥らないためには、忍耐強く築かれた「前衛」を予め創出しておくことが不可欠だと見なしている。これは賢明だ。しかし、雰囲気は火薬の匂いを漂わせ始める。

**できの良い破滅的演説**

拍手に迎えられて、代表団が次々と到着する。こうした団体は駅の到着ホーム側の広場、舗道、ディドロ大通りに広がる。皆動かない。叫んだり、しゃべったり、あるいは到着の瞬間を楽しんでいる。みんな待っている。そして夜八時、時計台の周りに闇が襲って来た頃、トランジスターラジオのまわりに小さなグループごとに集まる。ドゴールの演説が始まった。語調は相変わらずエネルギッシュで、リズムは威厳に満ちている。しかし、訴えかけるものがない。古典的な美辞麗句は、急に時代遅れとなり、故意に古めかしい語彙は、もはや年寄りくさい以外の何ものでもない。その魅力は演出されない。テレビで見ると、共和国大統領は疲れ、衰弱した様子だった。

現在の出来事にあらゆる人々が認めるのは、「われわれの社会を転換する必要があるということだ」、とドゴール将軍は語る。その目的は、「各人が直接に関わっている活動の進展と成果にいっそう幅広く参画すること」である。その最初の国の責務は「国の基本的な存続」を保証することだ。だが次に「改革すべき点」もある。「私たちが現在直面しているまったく例外的な状況を鑑みて、政府の提案に基づき、改革を行なう信任を国家、まずその長に付託するよう国民にお願いする法案の是非を、私は国民投票で問うことにした」のだ。

今、冷静に読み返しても、将軍の言葉は悪い演説ではない。筆致はたしかで、考えは力強く、社会の再組織化に関して、また企業の業務展開に給与生活者がかろうじて参画することに関しても、フランス社会が二〇年後に正確に実施する計画であれば、この考えは充分革新的である。ジャン＝マルセル・ジャンヌネイはその逆説をさらに押し進めて、「これは、ドゴールの最良の演説だった」と今日語る。*2 しかし、停止状態のフランスにおいて、闘う用意をしている学生たちを前にして、むしろ遠い将来の計画への白紙委任を新たに頼むという発表は、住民、組合、学生の現実的な関心事とは結びつかない。住民は秩序の回復を待ち、組合は即時の社会的妥協を求めているのであり、学生は蜂起の夢を追いかけている。不安な人々や保守派にとっては、あまりにも軟弱過ぎ、変化を期待している者たちにとっては、あまりにも抽象的で慎重すぎたし、ドゴールの結論はもはや瞬間を捉える直感力を持たず、名高い政治的狡知を盛り込んだ例の型破りの表現形式と歴史的想像力の持つ威力がなくなっている。「私は的外れだったよ」とその晩、彼はフォカール[2]に告げるのだ。[*3]

演説終了直前に述べた一言は、老いた元首に手厳しい余波をもたらした。彼の消耗しきった声がリヨン駅のトランジスター・ラジオから流れる。「もし皆さんの返事が否《ノン》であれば、私はこれ以上長く、職務に留まるつもりはありません」。これらの言葉が終るか終らないうちに、怒号の嵐がそれをさえぎる。そして、協議したわけではないのに、数千の学生たちは、ポケットからハンカチを出して、陽気に三拍子で歌い始めた。「アデュー・ドゴール！　アデュー・ドゴール！」こうして、〈六八年五月〉で最も長い夜が始まる。

### 衝突

ジェスマールはバスチーユに向かう道筋をデモ隊に解放するよう警察に依頼したが、拒否された。警察はリヨン通りに群がっている。ドーメニル大通りの国鉄の旧高架線の高台を通信連絡のために使っている。おとりの罠はきっちり閉じられた。このとき現場ではデモ隊が敷石を剝がし始めた。ソルボンヌの「カタンガ人たち」[3]は、電動のこぎりを持って来た。何本かの木を切り倒した。だがそんな苦労も水の泡だ。というのもグリモーは消防自動車とブルドーザーを準備させていたからだ。リヨン駅は第二のゲイ・リュサック通りとはならないだろう。しかしながら、二つの警察署が襲われたし、暴動の最初の週に養成されたデモ参加者たちはしっかり装備し、よく統率されていた。だが、警察は厳しく叩くことに決めていた。催涙弾の平射を準備した直後に攻撃をかける。轟音が轟き、爆発が目をくらませる。犠牲者がうめき声を上げて倒れる。機動隊は仕返しに飛んでくる敷石と命中率のいい棍棒の連打を受ける。しかし、どうにもならない。二三時になって、できたばかりの幾つかのバリケードが押さえられ、警察は駅周辺全地区を掌握する。その間、JCRの警備班は鍛え上げた現実主義に基づいて、武器庫を襲おうとしていた「コントロールできないグループ」を潰走させた。*4 このように常に死への強迫観念が働くのだ。

ともかく、暴動を再開するためには、もっと警備の薄い場所へ撤退して闘うしかない。デモは拡散したグループとなってパリ中に散らばり、機動隊に激しく追いつめられる。グリモーはデモはありがたくなかった。グループの中で、一〇団体ほどがコントロールができず、攻撃的で白熱していた。五月一〇日の教訓は生かされた。つまり、警視庁と郵政電話局は、ラジオ放送局のジャーナリストたちから、彼らが使用している周波数を差し押さえたのだ。記者たちは、公衆電話ボックスにたまたま出くわしてそこに居続けることができない限り、もはや現場からの実況放送は不可能になる。

**証券取引所炎上**

小さな行列がマフラーを上げ、棍棒とゴミ箱のふた[4]を持って、「大通り《グラン・ブールヴァール》」を巧みに前進する。ジェスマールが叫びながら到着する。「証券取引所へ！　証券取引所へ！」*5 二日前から指示されていた標的、嫌悪すべき制度の高慢な寺院の前に到着する。道路の先には機動隊の黒いヘルメットは見えない。首都の番犬たちは、そのシンボルを守ることを忘れてしまったのだ。皆がぐずぐずしている間に、決意の固い小グループが鉄柵を破って、ブロンニアール宮殿[5]を占領する。椅子を壊し、引き出しを空にし、机を積み重ね、少しガソリンを撒けば、炎は数メートルに燃え盛る。しかし、証券取引所は炎上しない。ただちょっと燃えただけだ、象徴的に。火をつけた者たちは誰かが書いた筋書を演じていたことを知らない。戦術上の誤りでは毛頭ない。デモ隊に右岸を与え、左岸の通行を禁じた警察の検問所の配置は、完全に意図的なものだ。ポンピドゥーはグリモーを自分の指示で統率しながら、直接に治安隊の行動を指図する。ポンピドゥーにとって必要なのは、恐怖に駆られた者たちを呼び覚ますことである。高級住宅街で無秩序を作り出させることで、学生たちは彼の計画に奉仕することになる。ポンピドゥーは死後出版された回想録の中で、単刀直入に説明していた。「私の指令はカルチエ・ラタンに彼らが来ないように、橋を全部塞ぐことだった。私は彼らが西のほうに散り散りになることを期待したのだ。[6]同時に、彼らはたかが知れたゲリラ作戦を展開しながらそこで消耗するだろうし、また一六区のブルジョワを怖がらせるに違いなかったからだ。最初はその通りになったし、証券取引所で小さな火災があった[*6]」。策略は場所を変えたのだ。

機動隊の中隊が到着すると、皆、後退しながら戦う。オペラ座に到着して、そこで、カルチエ・ラタンに退却する指令をＪＣＲが出す。平和通りを通って、暗闇に吸い込まれたヴァンドーム広場を横切る。広場の司法省の窓の後ろで、ルイ・ジョックスはカーテンを押し広げて行列を観察する。静かで少し無自覚な観察者だ。この官庁は誰にも守られておらず、大臣に裏口から脱出することを何とか納得させるまで、大臣室長は何度も懇願しなければならなかった。三時間以上歩き走っているデモ参加者たちは、コンコルド広場が見えるリヴォリ通りにたどり着く。誰かが叫ぶ。「エリゼー宮へ！」と。ジェスマールも一瞬、どうしたものか戸惑う。[*7]この偉大な夜の雰囲気は、狂気が現実となると思わせるほどのものだ。しかし、戦いのカテゴリーを変えなくてはなるまい。武器を取り、多分死ぬことになるか、確実に殺害を命じるかもしれない。だが、奈落の淵にあっても、タブーはまだ機能している。だからそうすることはないだろう。大統領官邸を警護していた警察官たちは、消耗し尽くしていた。もしデモ隊が襲うなら、警備隊は発砲するだろう。心配していたグリモーはデモ隊に左岸を通過させることにした。ポン・ヌフを解放させ、西部にいたる道を閉鎖させた。ボーヴォー広場の内務省では、右岸のデモ隊の出現はまさに電話による包囲網を引き起こした。大臣たち、代議員たち、様々な著名人たちは軍隊を呼び、彼らに発砲させ、あらゆる手段で、現在起きていることを停止させるよう、強く要求する。「血であがなわれた勝利は、敗北に違いない」と、フーシェは根気よく応答した。フーシェもジェスマールも同じ反応を示した。大きな恐怖に包まれたこの夜、フランスには到底市民戦争の用意はできていない。

ポール＝マリ・ド・ラ・ゴルス[7]は、ボーヴォー広場で心配した者たちの訪問を受ける。[*8]脅かしている無政府状態を前にして、極度の恐れを表明しに来たのはジャーナリストたちだ。ドゴール派の記者たちは前兆を素早く察知した。世論は反転する。

**潮時**

証券取引所で生き残ったデモ隊はカルチエ・ラタンに戻り、そこに戦場を見出す。木の幹や交通標識などで急ごしらえに作った巨大なバリケードが建設された。エコール通りでは、三メートルにも及ぶバリケードがあらゆるものを寄せ集めて作られた。デモ参加者たちは鍛え上げられており、突撃と即時の撤退、的確な投石、人に傷を負わせる鉄棒乱打の専門家たちだ。警官たちは反撃に窮していたわけではない。彼らの戦術はゲイ・リュサック通りの出来事以来、磨かれる。まず催涙弾の大量の撃ち込み、鉄とガスの洪水、そしてゆっくりと規則的な密度の高い攻撃だ。一度、バリケードの守備者たちが四散すると、あらゆる反撃を封じる遮蔽警護車が容赦なく前進する。ローマ時代の操作戦術に対抗するために、学生たちはバリケードの前で巨大な炎に火をつける。そしてそれは攻撃者たちの目をくらませ、守備しているデモ隊を守る。第五区の街頭は「風と共に去りぬ」[8]のアトランタの通りのようだ。至るところで興奮したグループがウインドーのガラスを割り、店舗を荒らしまくり、車を燃やす。〈五月〉の暴力はその最高潮に達する。もう一度、破綻寸前の状態が訪れる。パンテオンの広場では、第五区の警察署が怒鳴る群集に包囲されている。警察は援軍を頼んだがやってこない。[*9]突然、建物に火が点き、内部を守備している者たちが火に包囲される危険が迫る。グリモーには警告が伝わっている。部下たちを派遣することができない以上、銃を発砲しながら、退出する許可を警官たちに与えねばならない。さもなければ、生きたまま焼き殺されてしまう。警視総監は心を殺したつもりで、可能な限りまで決定的な時を待つ。突然、三〇人ほどの武器を携帯していない警察官たちが結束してクロヴィス通りから現れる。包囲していた者たちは戦闘を中止する。グリモーはほっとする。

ソルボンヌでは、ミッテランに予告せずに、マンデスがそこに来ている。「事態を見て証言するために」と彼は言う。彼は歓迎されている。「私が学生だった頃、カルチエ・ラタンではよく喧嘩があったが、しかし、これと同じような野蛮さは決してなかった。警察とデモ隊の戦いはあまりにも不平等だ[*10]」と彼は語る。とはいえ、彼はまだすべての事態を知らない。警察が組織的に行なったカルチエ・ラタンの奪回では、多くの逮捕者が出る。護送車にぶち込まれて捕まった者たちは、ボージョン病院に運ばれる。そこでは、車のドアが開くや外に押し出され、出たところには棍棒を振り上げた警官隊が二重に待ち構えている。身分証明の検査が乱暴に行なわれる。

翌日の朝、二人の死者がいたことが報道される。一人の若者フィリップ・マテリオンは、公式コミュニケによると、カルチエ・ラタンで刃物で刺された傷が元で亡くなった。他の情報は催涙弾の爆発のせいだと言うのだ。リヨンでは、ルネ・ラクロワ警視が、ラファイエット橋の欄干で、アクセルを押し込んだまま警官隊めがけて走ってきたトラックに押し潰される。カルチエ・ラタンでは切り倒された樹々、破壊されたウインドー、燃やされた自動車の残骸などが戦争の風景を作り出している。今回は、世論は学生たちに反対する。最初の週、五月三－一三日は何か魅力的で楽しくて、新鮮なものがあったのだが。

デモでマヒしたフランスにおいて、大小の金持が自分の財産を心配し始める。暴動は許しがたい侵害となり、市民戦争に向かう忌まわしい目印となる。駐車している車の破壊は所有者が補償金を手に入れる方法などありえず、最も感じやすいフランスの深部に触れるのだ。フランスは恐れている。五月二四日、これまで実に巧みにやって来た扇動者たちは、住民の支持を失った。フランス共産党は、今回は「左翼の人民」である労働者たちから話を聞いて、党への非難を倍にする。これらの労働者たちは、工場を平和的に占拠し、不安を抱く者たちの側に与する。右派は立ち直り、不人気の暴力を信用しない。朝三時、フーシェはラジオで表明する。「パリのどん底から出て来た窃盗仲間たちは、本当に怒り狂っています。陶酔状態の学生たちの後ろに隠れ、彼らは殺人的狂気で戦います。私は汚名を着せられたパリの皆さんに、彼らを追い出すようお願いしたい」。学生たちはもう一度、言葉を反転させるだろう。つまり「窃盗仲間、それは我々だ」と。しかし、今回はもはやそれは通じない。フーシェの言葉は的を射ていた。フランスは恐怖を抱いたのだ。学生たちは信用を失った。今回のパリ・コミューンにとっては、五月二四日が退潮の始まりだ。ポンピドゥーの計画が機能し始める。

# 第三部　五月二五日－三〇日 ［政治危機］

## 19　五月二五－二六日　グルネル会議

### 失敗したドゴール

　ドゴールは自分が失敗したのを知っている。ポンピドゥーはうまくやれると思っている。国民投票の告知は、痛ましいほどの背水の陣だ。ドゴール将軍は録画の時にすでにそれを感じ取っていた。「これはフランス国民が待っているものではないな」とテレビカメラの後ろにいた人たちに打ち明ける。[*1]翌日土曜日、ジョン・ケネディの義理の弟で新任の駐仏米国大使サージャント・シュライヴァーを昼食に招待する。語調は沈痛だ。「大使殿、未来は私たちの手中にないのです。神の手中にあるのです。何もかもが、未来は荒れるかもしれない、そしてさらにもう一度、深刻な局面を迎えるかもしれないと告げているのです[*2]」

　食後のコーヒーが済むと、忠実な大臣、フランソワ・ミソッフが大使の後に訪れる。彼は国民投票が不適切と判断してはっきりと反対し、議会解散のほうを選んだ者たちのうちの一人だ。

——「あなたは私の演説をどう思いましたか？」

——「将軍閣下、あれは失敗です。あれはドゴール将軍のものではありませんでした」

——「なぜ、昨日あなたが国民投票に反対したのか、もう一度言ってみてください」

ミソッフは彼に説明する。

——「本当のところ、私には自分が立ち去る理由がなければならなかったのです」

——「将軍閣下、もしこれが本当の革命であるならば、じきに閣下はジャケット姿でこの執務室に佇み、ミッテランかマンデスに権力を譲られるのでしょうか」

——「私は留まる[*3]」

そして、この大臣が筆者へ語った証言によると、ドゴールはどのような代価を払っても立ち向かうという決意に溢れたエネルギッシュな結論をここで語ったというのだ。

　これら二つの場面は、アルジェリア戦争終了以後のこの国の歴史の中で、最も悲劇的な四日間がこれから続くことを示唆している。政府の無力と自分自身の弱さの間で、ドゴールは金縛りになっていると感じる。

彼は闘うことさえできずに沈没するのだ。国の修復とフランの再建、公的機関の安定と再度獲得された独立性、経済の十全なる発展など、これらは彼個人の業績であり、これによって、彼は歴史に名を残すだろう。だが今や、これらが数日のうちに自分の目前で崩壊するのだ。苦渋がこの偉人の胸を一杯にする。今までの経歴の中でしばしば起こったように、ドゴールは辞任への誘惑と無への眩暈を覚える。

ドゴール政権にとって厳しい冬の時代となった五月の最後の日々に、ドゴールに会った多くの証人や歴史家たちの目には、少なくともそのように映っている。しかし、他の人々は、ミソッフもそのうちの一人だが、ドゴールの鬱症状を信じない。敗北を喫して、最も堅固な部分が壊れるかもしれなかった、と彼らは言う。しかし、ドゴールは壊れなかったと。彼は混乱し、いらいらし、疲れたのだ。だが、行動を起こすことに魂を奪われたドゴールは、いつも解決策を探している。国民投票という扉が彼の前でばたんと閉じる。ならば、ドゴールは他の扉を見つけるだろう。たとえ迂回したり、後退したり、はたまた側近をだましたり、友人たちを動揺させることになったとしても、ドゴールはあきらめないだろう。これは、この四日間最大の謎の一つなのだ。ドゴールは失敗したのだろうか？　あるいはまた、金曜日の夜の落胆の後、最高責任者だけに備わっている戦争の最良の妙策を、彼は演出するのだろうか？　この土曜の朝、この悲劇の中で、もう一つの悲劇が始まる。すなわち、ドゴールという英雄の自分自身に対する秘密の闘いだ。

## グルネルの当事者たち

ポンピドゥーにはこうした断腸の思いはない。消耗して精彩なく、ほとんど反応しない操縦舵を握り締め、アスピリンを大量服用しながら強いて楽観主義でいるが、政府が討議中の暗いトンネルの向こうに、彼はかすかな希望を見ている。前夜の暴動は乱暴で破廉恥で衝撃的だった。それには計りしれないメリットもある。すなわち、今回で、世論はもううんざりしたのだ。恐怖が良き助言者となり、パニックに陥った有産階級を首相になびかせるだろう。そしてその人々の数は今では莫大だ。労働問題の交渉は、最終的には開催される。必要とあらば、週末も費やして協議し、必ずや結論が出るだろう。共産党は平静に戻ることを望んでいる。

党のあらゆる態度がそれを表わしている。共産党とうまく話し合えれば、後はすべてスムーズに流れるだろう。ドゴールがサージェント・シュライヴァーに沈痛な話をしている間、ポンピドゥーは親しい大臣たちと昼食を共にする。彼は快活だ。

労働問題を団体交渉する長談義がグルネル通り一二七番地の労働省、昔のシャトレ館[1]で、午後三時から始まる。会場は音響が悪く、テーブルが狭く、細長過ぎて、同じ側に座ると顔が見えない。仕方あるまい。内装は貧弱だが、強烈な室内だ。ヒーローとなるのは、青白いが快活そうなポンピドゥー、赤ら顔で意を決した面持ちのセギーのふたり。前者は秩序回復のために、また経済が生き延びるために、過大な譲歩をせずに合意を得たい。後者は秩序回復のために合意は得たいが、労働再開のために最大限のものを政府、経営者側から獲得しつつ、状況を手中に把握しておきたい。彼らは数字の上でしか隔たってはいない。絶壁に立たされているフランスにおいて、これはたかが知れている。

ジャン＝マルセル・ジャンヌネイは議論の準備段階からのけ者にされた。彼は労働大臣だからそこにいるものの、社会問題顧問バラデュールと国務次官シラクが首相の両腕となるだろう。首相は自分ですべての交渉を進行させる。グルネルは彼の仕事なのだ。彼は発言を皆に振り分け、論証づけ、要約し、何のメモを見ることもなく、次第に書類の細部に分け入っていく。そして、しくじることなく、本質的な問題点へと戻って来るのだ。組合代表者たちは三日間の徹夜の後、最後の瞬間まで落ち度のない彼の見事な技量を認めることになる。

ポンピドゥーがドゴールに頼んだのは、一つのことだけだ。「ドブレを交渉の席から外してください」と。ひどく傷ついた財務相は交渉から遠のけられた。組合にとっては明瞭なサインだった。すなわち、労働問題をやるのだ。討論が始まる頃、ドブレは辞表をしたためる。トゥリコはドブレにそれを公表しないようにとだけ頼む。

セギーの周りには、フラション[2]とクラズキが強靭な防衛線を張っている。年老いたブノワ〔フラション〕は三〇年前に引き戻された気分だ。一九三六年、マティニョン協定[3]の時、交渉のテーブルに着いていたのだ。この雄弁な好人物は四〇年の労働者経験から得た逸話をあちこちばらまく。経営者代表団の中にプティエ男爵[4]を認めた時、フラションはさも嬉しそうに彼を呼び止める。「私はあなたのお父さんを知っていますよ。彼はすでにマティニョンにいた。闘士だった！」彼の横で、微笑をわずかにたたえ、わざと単調なゆっくりした話し方をするクラズー〔クラズキの愛称〕は、どんなに細かいニュアンスをも感じ取る。陰気な面持ちのポール・ユヴラン[5]に率いられた経営者団体は政府に従うのだが、ユージェーヌ・デカンのCFDTは、すべての討論で「質的な」いらぬ口出しをして、事態をよけい複雑にする。CGTがまずサラリーのアップを要求するのに対して、CFDTは影響力と企業内代表権の問題に関わる譲歩を引き出したい。この組合はとりわけ政権の交替を信じている。CFDTは学生運動と結びついていて、マンデス支持構想を温めている。この組合連合は客観的に言って、ポンピドゥー政権がひっくり返り、社会的に袋小路の事態に落ち込んでマンデスが自然とその代替えとなる筋書を考えているために、合意をひっくり返すほうがいいと考えている。とは言うものの、CFDTは無責任を演ずることもできない。とりわけ、セギーとポンピドゥーはその駆け引きを知っている。必要とあれば、彼らはCFDTを除いて、彼らだけで結論を出すだろう。全体的には、合意が成立するチャンスは大だ。しかし、それには長い時間がかかるだろう。

　基本的な点では、労働組合は論拠に事欠かない。三百万人のフランス人が月六〇〇フラン以下しか稼いでいないのだ。一九六七年には、成長率は五％を超していたというのに、購買力の三％しか分配しなかった。生産に比べて、サラリーは遅れを取っている。組合は企業の中で市民権をいまだに得ていない。多くの中小企業では、ストは禁止事項で、集団的権利要求は廃止されている。労働者の労働条件は改善されたものの、その条件は様々な様相において、社会全体の進歩から取り残されている。数十万人の給与生活者たちが将来の展望も権利もほとんどなく、消耗する仕事の反復に拘束され、小うるさい管理職に従属させられ、貧困すれすれで暮らしているのだ。こうした労働者たちすべてにとって、グルネルは晴れの舞台となる。このように労働組合員たちの頭にあったのはパワー・ゲームだけではない。彼らは交渉のテーブルのまわりで数百万人のスト参加者たちの希求を体現しながら、自分たちの歴史の中で、決定的な一ページを生きていることを自覚している。

## SMIG——「こりゃ無謀だ！」

話し合いはSMIG〔最低賃金〕問題から始まる。セギーは公然と時給三フラン、つまり三五%の値上げを要求した。続いて、裏舞台でシラクと苦労して交渉して、辛うじて二・七フランで折り合いをつける。口火を切るために、CGT書記長は地域制（最低時給制度は、この時代、地域によって変化した）の廃止とSMAG《スマッグ》（農業最低賃金。SMIG《スミッグ》よりも低く、一般最低賃金に沿っていた）の廃止とが組み合わされた自分たちの要求を繰り返す。ポール・ユヴランは即答する。「我々は了解です」。セギーは唖然とする。ポンピドゥーはジャンヌネイに「彼は無謀だ！」[*4]と耳打ちする。事実、経営者側は多くの占拠によって、権威の失墜に打ちのめされている。彼らは正常に戻るなら、高くついても応ずるつもりでいる。言い換えれば、彼らの力の修復だ。インフレについては、大半をなんとかカバーするだろう。そして、打撃を受けるのは政府だろう。

次に討論は給与問題へと進む。それぞれ異なった労働組合の代表者たちの苦情を聞くのに、多くの時間を費やす。夕食後、再開する。給与アップの一般レベルについては、充分討議された。ユヴランは五%までは合意してもいいのだが、セギーは一三%を要求している。交渉は袋小路だ。議論は前進しないので、セギーは他の議題に移ろうと提案する。合意した事項についてはリストを作り、そして他の難題については後でまた討議しようと提案する。会合は救われる。三時四五分に散会する。

議論は日曜日の夜に再開される。その間、ポンピドゥーは国営企業及び公共機関については、特別な交渉を約束した。彼は組合とは一団体ずつ面談した。CFDTに対しては、躊躇なく企業労組部門の資格を下す。ある委員会が午後にすべてを公表する。労働組合は以後、企業内に場所を設けられることになり、コミュニケを公表し、チラシを配布し、加入費を集めることができるようになるのだ。組合の確固とした存在の公表は、経営者を極度の恐怖に陥れる。その権威は組合の不断のプロパガンダによって、打撃を与えられるだろうとポンピドゥーは考える。それは少し本当だ。これは作戦の目的でもあるのだから。やむをえまい。

**ポンピドゥーとモスクワ**

ポンピドゥーは次にCGTのセギー、フラション、ベルトロと会談する。ポンピドゥーは彼らに計画委員会や公営企業の理事会といった組織への代表権を譲与する。この権利は今までこの組合には与えられていなかったのだ。そして、ポンピドゥーはセギーがその回想録でおおよそ述べたところによると、厳しい現実主義の言説を用いて問題の核心に戻って来る。「ドゴール将軍の外交政策の方針は、国内にも国外にも、多くの敵を作りましたが、そこにはあなた方が私たちに対抗して同盟者とした人々も入っています。彼らは東側諸国への歩み寄りに断固として敵対する者たちです。……　彼らは第四共和制の大西洋主義〔対米協調主義〕的な政治の流れを、様々な出来事に乗じて再建することを願っているのです。これは、現在の状況の中で極めて重要なことですから、私はあなた方がこのことに無関心でないと確信しています。……　私としては、一つあなたがたに断言できることがあります。それは、私にとってアメリカに支配されたフランスの首相になるくらいなら、共産主義政府の一公務員となるほうがよいということです」[*5]。大西洋主義より共産主義を好む気持を抱いていたポンピドゥーのアンチ・アメリカニズムを、セギーが少し誇張して語ったのか、ここでは定かではない。いずれにせよ、これらの話は当時の状況では筋が通っている。共産党員たちは、一方にドゴールとポンピドゥー、もう一方にミッテランとマンデスを置いて秤にかけることはできない。セギーによれば、その時、CGT組合員たちは厳密に組合問題に限った分野で議論を続けていく意思があることを示し、激しく抗議する。ところが、メッセージはパスしたのだ。討議に臨み、CGTはどちらかと言えば、前向きの姿勢を見せていく。一七時の交渉再開では、セギーは中央執行部が要求する事項の要約を読み上げる。つまり、指令の廃止、スト時の有給制、給与のスライド制適用などだ。ポンピドゥーが割って入る。「それは前提条件なんですか?」――違いますね――「では討論しましょう」[*6]

**力づくで**

こうした柔軟な態度があってもまだ不十分だ。CGTは課題をたくさん積み込んでいる。首相が開始した改革である社会保障制度に関する行政命令、給与のスライド制、また政府筋の専門家によると、インフレに道を開けている経済状態などは、乗り越えがたい難題となっているのだ。かといってポンピドゥーはすべて放り出すわけにはいかない。彼の権威が崩れ落ちるだろう。CFDTの代表者たちとなると、事態をいっそう複雑にする。ドトゥラズとデカンは、社会情勢、資本主義の展開、住民の希求について、饒舌を延々と振るう。それらはセギーを激怒させるに充分だ。「なんてアホども、なんてアホども、それにしてもなんてアホどもなんだ!」。二〇時一五分、これから夕食だ。だが何も解決していない。セギーはメディアに語る。「会議はほとんどすべて対立のままで終った」。フラションは悲観的な面持ちで、これから寝に帰る。翌日、ビヤンクールの労働者たちに議定書を提出する役目を担っているのだ。ルノー工場CGTの書記エメ・アルベエールに電話して、「交渉は前進しないんだ。男たちはストを続けて、プレッシャーをさらにかける必要があるな」[*7]と言う。

この時点では、CGTは即時に合意が成立するとはあまり信じなくなっている。CGTはまだ一日か二日、ストを続行する必要があると見る。〇時になって、セギーが足のしびれを癒すために外に出る。そしてある記者に「火曜日までは合意はありえない」[*8]と洩らす。

**妥協**

夜二時頃、CGTの代表団に予告電話がある。ある情報筋によると、フランス共産党から直接来た電話によるらしい。他の筋によれば、それはCGT[*9]から来たものだという。とにかくこのニュースがセギーや他の連中にとって、すべてを変えてしまう。UNEF、そしてCFDTと無数の組織によって、月曜の夜シャルレッティ競技場で、大会合が行なわれるという。ピエール・マンデス・フランスも出席するという。

このニュースは決定的だ。この作戦は共産党員たちが当初から疑っていたことを軌道に乗せることができる。すなわち、UNEFとCFDTの衝突のおかげで、学生=労働者の組み合わせによって、最高責任を担う候補者としてマンデスを送り出してくるかもしれない。交渉の決裂とストの続行は急遽、権力への要求にテコ入れするだろう。要するに、このシナリオにおいては唯一、若者に近く同時に政府レベルでも信頼できる新しいチームが、無秩序に終止符を打ち、フランスを仕事に向かわせることができるだろう。この仮説では、当然、共産党員は相応の数に可能な限り削られるのだ。彼らがいることによって国は不安を抱え、物事は複雑化するばかりだ。フランス共産党はすでに躊躇している時ではない。なんでもいいが、これだけはまずい！

討議が再開されて少し経った三時三〇分頃のこと、細部についての議論に時間がかかっている時、クラズキは腕で大きなジェスチャーをして、有無を言わせない語調でこう言った。「では、これで終りにしましょう」[*10]。それ以来、すべてが早急に動き出した。四時頃になって、シラクとセギーは二人だけで再度話し合う。シラクは外交政策についてもう一度話す。その必要はない。要するに、今回、CGTが関心を持っているのは国内問題だ。若い国務次官は妥協の可能性について話し始める。スト日の五〇％有給、給与のスライド制については六カ月後に協議、社会保障制度の自己負担分の五％の値下げ、そして議会における行政命令の批准でどうだろうか、と持ちかける。セギーは承諾する。彼は、交渉の最大の障害になっている二点、給与のスライド制と行政命令廃止要求を断念する。シラクは自分らの議論が進展するに従って逐一、首相に小さなメモを渡す。合意はできた。[*11]

四時一五分、全力で作業する二つの委員会が組織される。七時四〇分、会議に戻って来たフルメンバーの代表団の前で、疲労困憊のポンピドゥーは口ごもりながら、グルネルの合意決議書を読み上げるに至る。組合代表者たちは署名をしないだろう。彼らはまず自分たちの下部組織と協議をせねばならないからだ。しかしながら、文書は「グルネル会議合意」として留まり、この国の社会史の中に歴史的な日として刻まれるのだ。SMIGは三五％上がり、給与はすぐに七％アップし、そして一〇月にはさらに三％アップするのだ。労働時間はわずかに減少し、企業内における組合組織は公式に認められ、年金制度は家族補助金制度と単一給与補助金制度が共に改良された。

経済は崩壊することなく、そのショックを吸収するだろう。インフレは給料の値上げに呼応して、再度始まるだろう。そして、フランの切り下げを、一一月の加熱した時期の後、一年後には実行せざるをえないだろう。ポンピドゥーは平静に戻るために、大きな代価を払うのだ。しかし、フランスはこの請求書を支払うのである。

といっても、仕事は再開せねばならない。会議室を出るとき、ポンピドゥーは、セギーの袖を摑んで言う。

――「仕事が早急に再開されると思いますか?」

――「私は労働者たちが今回の交渉結果を見て、幾つかの視点から不充分だと判断するだろうと思います」

――「彼らの評価や態度は、かなりの部分、あなた方がそれをどのような形で提示するかによるのではないでしょうか」

――「私は、今回の議論の結果を客観的に報告しますよ」[*12]

幾つかの情報筋によると、実際には、セギーは仕事再開を火曜日に約束したという。[*13] もしこの情報が本当であれば、車に乗り込んでビヤンクールの工場に直行する書記長は、ある重大な失望に出くわすことになる。

## 20 五月二七日 ビヤンクールから シャルレッティ競技場へ

ひんやりとした早朝のパリを車で走り抜け、ジョルジュ・セギーはビヤンクール[1]に向かっている。彼には、一枚の紙に走り書きをする時間くらいしかない。労働者の要塞と化したルノー工場のスト参加者たちを前にして、グルネル会議の報告をするのは決定的だ。だから工場集会に慣れている老練のセギーも、さすがに気後れしている。[*1]

### 誤った操作

だが、実はすでに勝負はついていたということをエメ・アルベエールは知らない。というのも、このルノーCGTの書記長、口悪く言えば工場の「真の主《ぬし》」エメ・アルベエールは交渉は続いていると思っていたからだ。前夜に選択された戦術に基づき、ストの続行を要求するだろうと。朝六時から八時にかけて到着していた工場労働者たちに、前夜に準備されたビラが配られていた。[*2] タイトル「勝利するまで続行しよう！」に続いて「ルノーでは、我々は次の事柄を基にして議論が進められるよう求めている点を再確認しておこう。給料のベース・アップ、月給は旧フランで一〇万フラン以下の給与はなし、給料の損失なく合法的週労働時間四〇時間へ戻る、退職年齢六〇歳」等とある。工場労働者たちにしてみれば、もしグルネルの代表団が戻ってくるなら、必ずや全面勝利を手にして戻ってくるのだと思っている。前夜〇時三〇分、彼らはセギーがスト参加日の有給、給与のスライド制、行政命令の廃止に関して、断固として交渉すると表明したのを聞いたからだ。

　アルベエールは演壇に上り、すこぶる論理的に演説するが、言うことは単純だ。「労働組合CGT、CFDTと「労働の力《フォルス・ウーヴリエール》」（FO）はストの続行を労働者諸君にアピールする」。労働者の群集が拍手喝采する。続いて、彼は要求事項を数え上げる。スト日の有給化、一〇〇〇フラン以下のあらゆる給与の拒否、スライド制、行政命令の廃止だ。この時点では、彼はセギーがこれらすべてに妥協したことをまだ知らない。それぞれの要求事項が読み上げられる度に、大喝采が湧き起こる。[*3] そして、アルベエールは目でセギーを探すが、見当たらない。そこでフラションにマイクを渡す。この古参の活動家は、三〇年来の労働闘争の歴史的経過を少し大げさになぞる。工場労働者たちは、凍てつくような静寂の中でじっと耳を澄ましている。そのとき、代表者たちのいるCGTの事務所に合意が成立したことを知らせる電話が入る。このニュースが演壇に届くまで、一〇分もかかってしまう。だが、遅すぎた。CFDTのアンドレ・ジャンソンが発言に立っている。彼は学生との連帯を呼びかけるが、大した反響はない。彼もまた運動を続行するよう要求する。彼は企業における民主化プロセスと、経済と国家について述べる。すると、集会の会場から一つの大きな声が発せられる。「人民政府を！　人民政府を！」と。

　こうした雰囲気の中、セギーとデカンがビヤンクールに到着する。彼らにこの場の流れを反転させることができるだろうか。そうしようと試みたことは、事態の成り行きを考えれば当然だ。セギーはマイクを奪う。そして、彼は合意点をゆっくり一つ一つ数え上げる。聴衆は皆静かに受入れる。しかし逆に、経営者側が拒否した点には、どれにも長い罵声が飛ぶ。セギーは腹をくって言い放った。「経営者側は我々に仕事の再開を呼びかけるかどうか聞いたんだ」と群集に問いかけた。すると、ヤジが一斉に会場を覆い、それが何よりも彼らの回答そのものだった。

そこで彼は、CGTはストの指令はいっさい出していないから、仕事再開の指令も出すことはできないと、もの静かに説明する。道は閉ざされてはいない。要するに、もし労働者たちが決意するなら、仕事は再開できるのだ。組合がストを強制しているわけではない。しかし、スト参加者たちはそんなニュアンスなどにかまっていられない。CGTが仕事再開を呼びかけないなら、ストは続行することになる。セギーは執拗にねばった。彼は再度、合意事項を強調してみる。だが、それもうまくいかないと感じる。そこで今度は、この先、勝ち取っていける他の要求事項を並べ立てる。ついに投票になり、ストは続行することになる。ポンピドゥーとCGTは背後から攻撃されたわけだ。

## 目眩

さてここから、本物のパニックが始まる。午前中、シトローエン、シュッド・アヴィアシオン、ロディアセタはスト続行を決定した。昼になっても、仕事の再開の気配はどこにもない。どう見ても、グルネルでの討議は失敗に終わっていた。朝からラジオは、フランス中に、組合・政府間の合意結果とスト参加者側の合意拒否を報じた。不安になった世論には、週末の団交が最後の頼みの綱に見えていた。しかし、もし底辺の労働者たちが拒否するなら、それはもはや誰もこれ以上、状況を掌握できないということだ。革命の二文字が国民に目眩を引き起こした。ある者たちにとっては、これはCGTがあたかも仕事の再開を望むそぶりをして実は裏では権力の奪取を狙っていた奸策と映り、別の者たちにとっては、体制の交替への道が開けたと映った。ポンピドゥーには事態の鎮静化は無理だ。彼にはご愁傷さまだが。もしマンデスがストを止められるなら、彼がそれをやればいい。全体的な破滅状態を放置するよりは、手当たり次第できることは何でもやるしかないと。さらに別の者たちは、こうしたことすべてが完全な無政府状態へなだれ込んでいくと見ている。学生暴動は再燃し、それも今度は労働者たちに支援され、やがて政府は崩壊するだろう。そして革命家たちが国家のトップに立つだろう。コーン＝ベンディットがエリゼー宮に？　すべては可能なのだ！　と。

　主婦たちはスーパーへ走り、熱に浮かされたように冷蔵庫や食糧用の貯蔵棚を満杯にする。棚に砂糖の箱とパスタを積み上げる。銀行の支店は客からの現金引き出し要求に対応しきれず、閉店せざるをえない。ガソリンを得るための争奪はありきたりのゲリラ戦となる。ホースでガソリンを吸い取るこそ泥の群れがあちこちの駐車場を荒し回る。何もできないパリの富裕層は、昔よく聞いた諺「戦争中、唯一、腹を空かせないで済んだのは農民だった」に倣い、田舎の別荘に引きこもる。他の者たちは、金、宝石、債券や現金をかき集め、最寄りの国境から隣国へと向かう。ドゴール派の昔の活動家たちによって作られた共和国防衛委員会には、腕っ節の強そうな加入者が増えてくる。民衆デモクラシーという亡霊がこの国を徘徊している。目眩を起こし、フランスはまさに市民戦争に突入しようとしているのだ。

　なぜ、グルネル合意は拒否されたのだろうか。夜間の駆け引きの誤りはすべてを説明しきれない。ルノーは非常に難しかった仕事の再開を受諾しただろうか。労働者たちがストを続行するのに、強い後押しをしてもらう必要はなかった。あの日、まったく別の何かが労働者階級の人々の脳裏をよぎったことは素晴らしいことなのだ。魅力的な現象だ。本当のところ、労働者たちの要求は表現できるものではない。セギーは野望を一回り大きくするだろうし、ＣＦＤＴは企業内での影響力について語るのだが、これらの言説のどちらも底辺の人たちが切望するものと一致しない。彼らは何の影響力も持たなくなる。あたかもこの時点において、ストはストそれ自身のために価値があるかのようだ。物事の秩序が見事に停止してしまい、まるでそこにはあまりに多くの願望が内包されすぎて、止めようにも止められないかのようだ。「われわれは一〇％のサラリーアップのために、ここまでやったわけじゃない」。この言葉がすべてを物語っている。理性的な管理者の尺度からすると莫大だが、グルネル合意の成果は、これらの日々に費やされた労力の強度に照らし合わせて言えば、微々たるものだ。フランス国民が終りのない討論、終止符なき価格交渉を終えて、再び完全に仕事に取りかかるまでには、たっぷり一カ月はかかるだろう。フランスのサラリーマン層は夏の長期ヴァカンスを返上したくない。その夢から覚めるなどもってのほかだ。

状況は革命的ではなかった。要するに、暴力、憎しみ、権力奪取への意思が欠けていた。とはいえ、世紀に二、三度は体験する断絶が存在していたことも確かなのだ。

今朝、国民投票について協議するため、閣議が召集されたが、そこでは懐疑的ムードが支配している。この国の現状では、投票を組織するのは実際上、不可能である。大臣たちもできるとは信じていない。ドゴールは動じない。ポンピドゥーは気力をもう少し維持しておきたい。シラクはまたセギーに会見を申し込んだ。だが、セギーは返答なしだ。シラクは拒否がどの程度浸透しているのかを知って、誰もが摑みがたい状況を何とか把握したいのだ。

政府の無能力を前にして、唖然とした反対陣営は自らの決断を下さねばならない。三週間前にはいかに信じがたいことに見えても、権力は、反対勢力が何もしなくても、彼らに向かって自然にやってきたのだ。そうなると、野望はさらに鋭敏になり、夢は誇大となり、戦略は定まっていく。状況の信じがたい連鎖により、左翼は指一本たりとも動かした訳ではないのに、いまや諸官庁の登り口に辿り着いている。二〇世紀のまっただ中で、パリは偉大な革命的日々の気分に再度包まれたのだ。歴史を滋養にしたこの政界は、古書の中の様々な偉大なイメージ、つまり占領された城やひっくり返された王座や力つきた権力者たち、一瞬の間に突き動かされた権力のイメージが目の前を通り過ぎて行くのを見る。八月一〇日[2]の群集やミュラ将軍の精鋭の兵士、〔ナポレオンの〕エルベ島からの帰還や市庁舎のバルコニー、こうしたあらゆる政府の倒壊やあらゆる合法性の破綻などを、体制打倒者の熱に浮かされた彼らは、今、混乱しつつも生き直している。歴史的な賽を大きく振って、一日のうちに自分の命運を賭けることを信じて疑わないのである。

## フランス共産党の懸念

数日前から、左派にとって三つの道、この危機に対する三つの解決法が描き出され、それらは交差し合い、反発し合っていた。影響力はいつも共産党の側にある。CGTはストを維持している。ビヤンクールで裏目に出た失敗も、党が握っている運動の主導権を弱体化させることはなかった。政府側からさらに幾つかの譲歩があれば、ジョルジュ・セギーの中央執行部は仕事の再開を始めさせる可能性はある。これはいつも最良のシナリオの場合だ。すなわち、フランス共産党が高い代価で政権を救う用意はできている。ロジェ・ガローディが語るところでは、ビヤンクールから戻ったセギーは月曜に特別召集された政治局に出向き、[*4] 報告を行った。彼の発言の最後になっても、ヴァルデックと他の人たちの結論は変わらなかった。そこでセギーは「着地点を見つけなくてはならない。――見つかるだろうが、ひと悶着あるだろうな」と答えた。

「ひと悶着」を受入れたとしても、着地には時間がかかるだろう。ところが、何もかもがフランス共産党の周りに収斂して来る。学生たちの動きは予測できず、ミッテランとマンデスは浮かれたように飛び回っている。政府の無能さ加減ときたら、救命ブイを投げる間もないほど、今にも崩れ落ちそうなのだ。だからこそ共産党員たちは打つべき第二の鉄、「人民政府」を火にかけてある。ひょっとして、ストと暴動によって新しい権力が生まれるなら、その権力の中にいるべきだ。共産党は合法的、平和的戦術でやることにしたのだから、もし権力が棚からぼた餅式に落ちてくるなら、それを引き受けるしかない。市民戦争でも勃発させない限り、自分たちだけでは政権維持ができない共産党には、同盟者たちが必要である。それはFGDSのリーダー、同組織のお偉方二人モレとビレール、それに気難しいミッテランだ。彼は自分の部隊を持たず、かといって気安い人物ではない。一九六五年以来、彼らはミッテランがどういう人物か学んだ。彼は猜疑心が強く、独立しているが、現実主義者だ。彼はフランス共産党の票を必要としている。もし、共産党がミッテランのつかんだ好機を潰さず、また彼が秘密にしている根深い反共産主義をつつきすぎなければ、彼はそれに対する代価を払う用意がある。ところで、CGTがドゴール派を救援しようとしているとき、ヴァルデックはミッテランに書簡を送り、すべての権謀術数をかわすために、ミッテランがその手紙を受け取る前に公表する。彼は「最低限共通の綱領を基盤とした共産党参加による民主的連合の人民政府」を提案する。その処方はどちらかというと穏健なものだ。この五、六年以来、フランス共産党は事前に交渉した計画を元に、共同で政権を運営する左翼を連合させる意思を不断に表明していたのだ。ヴァルデック・ロッシェは長い間、冷静に要請してきたことを、今度は手紙で熱心に提案しているのだ。

しかし、この温度差はすべてを変える。たとえ共産党の態度が今日では最も尊敬すべきものだとしても、一九六八年には、この党の勢力は莫大だ。ソ連とフランス共産党の繋がりは疑いようがなく、共通綱領で共産党を署名に就かせる民主的な叙任式はあるものの、この時点では社会党との同盟はその端緒についたばかりだ。一九六八年当時は、フランス共産党は畏怖されていたが、それは右派からだけではない。したがってフランソワ・ミッテランは、政治的に強いられるのではない限り、共産党の提案に同意するわけにはいかない。彼はフランス共産党をある体験に巻き込むことはできる。しかし、あくまで共産党が少数派で二番手である限りにおいてだ。彼の戦略的強迫観念は左派の「バランスを取る」ことで、つまり、それは、彼の民主的改革路線をスターリン路線に対して、より強固にすることを意味する。この日、FGDSの会長は共産党の指導者たちと面談している。そこで彼は、ヴァルデックの手紙にあった本題について議論することを拒む。社会党と急進派との合意の上で、火曜日の朝に話すと表明した。彼は記者会見の後に会議をしようと持ちかける。

## トラック上のマンデス

ミッテランはフランス共産党と手をつなぐことを拒否して、できるだけ早く、権力への候補者として名乗りを上げなくてはならないことを知っている。というのも、彼の背後では、マンデス作戦が最大限に展開中だからだ。学生たちは前評議会議長と数度、面談している。PSUの戦略家マルク・ウールゴン[3]はジャック・ソヴァージョの政治的先導者で、新しい連携を生み出す労働者たちの中心人物の一人だ。CFDTはこの仮説を支持している。数名の中道派著名人たちがマンデス＝フランスという人選にゴーサインを出していると推察されている。ビヤンクール・ルノー工場の再開拒否によって激しい不安を抱えてしまったドゴール派の運動内部でさえ、第五共和制の宿敵を突然、支持し始める者たちまで出始めた。マンデスの友人で、官僚のシモン・ノラには、マンデスに魅せられた議員や閣僚たちから電話がかかってきている[*5]。ストの継続により恐ろしい不安に取りつかれたこれらの人々は、ドゴール将軍はマンデスに電話をして、その後身を引くべきだと語っていた。

五月一八日には早速、ピエール・マンデス・フランスはアラン・ジェスマール[*6]とモントロン通りで昼食をともにした。前評議会議長は無理押しで生まれた体制が別の力と対決させられている局面に満足している。しかし、彼はドゴールが武力行使も辞さぬかも知れぬと思っている。一方、ジェスマールは新しい分野の政治的形式によって支えられていることを確信を持って語る。この点については、マンデスは感激する。しかし、経済の専門家として、騒動や社会的動揺によって生産機構がうまく機能していないことを心配する。「フランスは後進国へと堕ちる危険を冒すことなどできないでしょう」とマンデスは言う。「見てください。人間関係は既に工場などで変わって来ています」とジェスマールは答える。民主的な現実主義者と急進的な異議申立て者の間では、対話は難しい。しかし、そこには理解と尊重がある。ジェスマールはミッテランにも会うが、力関係を言葉にする人物だった。「あなたがたは街頭にいる。我々は政治のプロだ。それでも何とか話し合わなくてはならない」とミッテランは彼に言う。この若い組合活動家は興味深く彼の言うことに耳を傾けた。しかし、ジェスマールはミッテランをマンデスと同じ次元に置くには、ミッテランの悪評を学生たちからあまりにも聞いている。もし対話が深まるなら、そこには確かに相互理解が築かれることだろう。学生の異議申立ての穏健派たちは、政治的解決の糸口を見出さねばならず、また革命はその純粋な理想の中にまたたく間に実現されるものではないことも承知している。マンデスという存在は一つの通過点であり、一つの手段かもしれない。

　グルネル会議の日曜日、マンデス・フランスは夕方、会合を催すPSUの指導者の一人、フランシス・カーンの家に出向いた。以前に、学生たちはまだデモをする気でいることを知って、ジャック・モノー[4]とマルティ[5]猊下の援護の下、グリモーとモーリス・シューマンに、閉じられた会場での集会を許可するように交渉していた[*7]。その会場は、都心部から離れていてもカルチエ・ラタンに近いシャルレッティ陸上競技場だ。カーンの家には、CFDTの代表ゴナンとSNE－Supのエドモンド・メール[6]、そしてUNEFのジャック・ソヴァージョがいる。議題は「今回の危機に対する政治的解決」である。ソヴァージョがまず切り出す。

　――「今、われわれに新機軸が差し出されています。ミッテランという新機軸、マンデスという新機軸です。

しかし、人々にもたらさねばならないのは、もう一つの政府ではない。そうではなくて、企業で働く労働者たちのための有効な権力です。それを決めるのは彼らです。彼らはまだ充分組織されていませんが、彼らがその段階に達すれば、問題は解決するでしょう」

——「それは、現実離れした話だ」とある労働組合員が言う。

議論は続く。マンデスはその場の非現実主義的な雰囲気に見るからにがっかりした様子で黙っている。[*8] やがて、彼はこう語る。

——「権力は崩壊している。フランス人たちは代議員によって自分たちが代表されているという気持を、もはや持っていない。従って、状況は革命的です。解決策を見つけるためには、共産党も含むすべての左派が連合した政府を準備すべきです。もし、ドゴール派の権力と闘っているすべての人がそれを私に託すなら、私にできる手段の範疇で、この危機を解決するために努力しましょう」

学生と一緒になって、ソヴァージョは知らぬ振りをしている。

——「あなたが国家にできる唯一の奉仕は、この状況が革命的である、と公言することでしょう」

何も結論が出せないまま、会合は散会となる。CFDTのゴナンはソヴァージョにこう言う。

——「あなた方は、権力の座にマンデスを押し上げることに合意し、その上、あなた方みんなで彼に難題を押しつけることを了解しているんだね[*9]」

同じ日に、UNEFとCFDTは同様に議論したが、ウールゴンとソヴァージョは暴力の夜を引き起こさずにイニシアティヴを保持すべきだ、と考えている。ジョルジュ・ポンピドゥーは前日の土曜の朝、暴動の翌日、すべての新たな集会は禁止すると発表した。グリモーはこの通達が適応不可能だとわかっている。しかし、学生のリーダーたちにとって、これ以上、自分たちの運動が大衆的人気を落としてしまうのは不本意だ。彼らは、二四日の夜は自分たちの部隊を消耗させ、自分たちの信用も低下させたと見なしている。「二四日の後、我々はもうおしまいだったのだ」と彼らは、後になって語っている。[*10] そこで、マンデスが朝に交渉した閉じた会場での集会のアイデアが浮かんだのだ。平和的な集会なら脱線することもなく、高揚を維持できる。世界とは言わないまでも、少なくともフランスを変えたい者たちの大集会がシャルレッティ競技場に大結集する。この考えを支援すると約束した経済国務次官ローラン・ヌンジュセールとの交渉が始まる。*11 グリモーも了解だ。彼は将軍に対峙して、このプランを支持するだろう。連絡を受けたCGTは拒否する。CGTは「冒険主義者たち」に合流しようとする労働者を食い止めるために、自分たちで行進を組織する。後に、新左翼陣営を作ろうとする者たちと「第二の左翼」の者たちは、その時、状況の巡り合わせによって、ポルト・ド・ジャンティ[7]で一体となり、マンデスもここにいたのだ。グルネル会議にノンと言い、仕事再開にもノンを言う革命主義者たちの約束の場シャルレッティは、またマンデス派の集まりでもある。描かれたたシナリオでは、前評議会議長の公的な場での初めての行動となる。崩壊している権力を前にして、誰にも掌握できない状況の手綱を握ることのできる唯一の人物、当然のこととして壇上に現れ、民衆から支持されている人物として登場するのだ。

**すべてが可能だ！**

この計画について知らされた将軍は禁止すべきだと激しく言い放った。大臣全員がそれに強く反対した。もう暴力はたくさんですと。すると、ドゴールは閉じられた会場で集会し、演説が終った後、直ちに解散することを条件に、またも譲歩した。グリモーは有頂天だ。*12 条件は、彼が前日に交渉した言葉そのものだった。この決定に喜び上がった人物がもう一人いる。ドゴールの不遇時代の最中、この偉人の秘書だった忠臣中の忠臣ギシャール[8]は、彼の隠された反撃力を知っている。ギシャールの目からすると、シャルレッティはマンデス作戦の一環で、ミッテランはそこからつかず離れずのところでじりじりしている。年老いた闘士のエネルギーを奮い起こさせるには、二度とない機会だ。ギシャールは後日、自分の回想録に「彼らは自分たちが国家に奉仕しているとは知らなかったのだ！」*13 と書くことになる。土曜日、ミソッフのように、オリヴィエ・ギシャールは、権力を宿敵に譲り渡さねばならないという予想が将軍を激怒させ、それが運命的に失望を吹き飛ばすまでになるとわかっている。だから「シャルレッティ万歳！」なのだ。

一八時、ラグビー場の緑の芝生は様々な政治色の入り交じる見事な人波で一杯になる。「労働者の力」、「闘いを継続しよう」、「社会革命」など、情熱的幻想に隈取られたスローガンが白いポールの間を自由に駆け巡っている。競技場の状況は大学都市とケレールマン大通りのSNECMA[9]の工場の間で、すでに一つの象徴なのだ。やがて、観覧席とトラックに三万人以上の人々が詰めかける。アナーキストたちはトラックを走り、娘たちは青年たちに肩車をしてもらって旗を振っている。そこではまた会社員、会社の管理職たち、好奇心に満ちたあらゆる市民が政治の炎の洗礼を受けている。彼らはそれを忘れることはないだろう。労働者の代表団、フラン市のCFDT、シュッド・アヴィアシオン社の工員たち、クレディ・リヨネの銀行員たちは、大喝采を引き起こした。労働組合員たちは「セギー、辞職しろ！」と叫んだ。ビヤンクールの精神はシャルレッティにも息づいている[*14]。

招待側の勢力であるUNEFが、まずソヴァージョの演説を通して意思を表明する。同じ時、セギーはラジオで話をしている。セギーは交渉する用意があると表明する。二つの戦術の競い合いは続く。ソヴァージョは好調で、「泥棒仲間が随分やって来たもんですね」と発言して、会場は爆笑に包まれる。「暴力は正当化できる。今日、我々は暴力が有効だとは思わない。政府は同志（笑）を見つけたわけです……この政府は、労働者と学生を分裂させようとしています」。繊維部門のCFDTの熱烈なリーダー、フレド・クルムノヴがソヴァージョの後に続き、そしてクルムノヴに続いたモーリス・ラビが大喝采を浴びる。「我々が要求している案件は交渉するものではない。勝ち取るものなのだ」。次にマイクはアンドレ・バルジョネに渡った。バルジョネはCGTを辞職し、PSUに加盟していたため、異議申立て行動の中で英雄的扱いを受けていた。競技場全体が熱狂する。バルジョネは中途半端に終らない。「我々が今いる状況は革命的である。よって、すべては可能なのだ！」と。マルソー・ピヴェール[10]の影がシャルレッティに広がる。群衆は歓喜する。「行動委員会のお陰で、すべては可能だ。あなた方は帰宅して、人々と議論するだろう。そして地域の行動委員会で活動を継続するだろう。今日、ここで燃えた炎はもはや消えることはないのだから」

このとき、マンデスがキージマンとロカールに案内されて中央観覧席近くに到着する。この時の模様について書かれた著述の大半は、ソヴァージョが前評議会議長のほうへふり向いて発言するよう招いたとしている。しかしマンデスは「いいや、これは組合の集会だ[*15]」と拒んだ。しかし、ジャック・ソヴァージョはこの記述に反駁している。ソヴァージョは筆者に、マンデスにマイクを渡すよう要求しにきたのはマンデスの側近だったが、マンデスがこのことを承知していたかどうかは知らないと明言した。PSUの年長者たちより運動現場に近く、政治的回収に見えるあらゆるものに頑として妥協しないソヴァージョは、はっきり拒否したという。この異なる説明は、マンデスが舞台前面に登場するため、本人から、あるいは少なくとも彼の側近から、何らかの自発的な要請があったのだろうと思わせる内容だ。

前評議会議長の出席はまた、PSUが闇取り引きをしたとして、後になってすべての左翼から、口をきわめて非難されることになる。左翼の全部はシャルレッティ競技場で結晶した希望、つまりある種の革命政党の非公式な結成を、既存の機構の彼方につなぎ止めておきたいのだ。〈五月〉の後、一〇年もの長期にわたって革命の亡霊を追いかける極左にとって、シャルレッティは一種の伝説の始まりであり、偉大な夕暮れの前の午後の終りであり、反抗の坩堝における民衆の爆発の幻想であり、また政治的冒険のための離陸用滑走路でもあるのだ。これはまた「第二の左翼」のための設立証書でもある。演説者たちの左側に、鷲のような横顔で背の曲がったシルエットの一人の男が、鋭い目をしてすべてを観察している。そしてこの小さな左翼の世界で、すでに決定的な役割を演じている。この男が〔PSUの〕ミッシェル・ロカールだ。彼はシャルレッティ集会に欠席していたある人物に破れるまでは、改革と革命の間で長い経歴を積み重ねる、その端緒に着いていたのだ。彼を破った男はすこぶる権謀に長けた改革主義者で、フランス共産党からもまたドゴール派からも同時にマークされ、将来公的な場でただ一人で役を演じることになるフランソワ・ミッテランである。

ダニエル・コーン＝ベンディットは二〇年後、こう語っている。「政治的解決を見出すために集まったこれらの勢力は、私たちの唯一のチャンスだった。そして、私たちのチャンスはマンデスという名だった[*16]」

# 21　五月二八日　ゲームを射止めた
## ミッテラン

「私は立候補する」

記者会見の会場には五〇〇人の記者が集まり、シャルレッティに出席しなかった公の左翼の面々すべてがフランソワ・ミッテランを取り囲んでおり、ミッテランは召集した記者団を前に危機に関する声明を読み上げようとしている。FGDS〔民主社会主義左翼連盟〕の議長は辛辣で、自分のやり方を守り通す。[*1]

「フランスには、一九六八年五月三日から、もはや国家が存在しておりません。その権力の代わりになっているものは権力の体裁さえもありません。……今、現在に即して言えば、私はフランス人の関心事となっている大討論へ次のような見解を提示します。

一　共和主義者たちが、国民投票でノンというのは自明である。

二　ドゴール将軍が六月一六日直後に離任しなければ——まだ離任してはいないが——当然、首相とその政府の消滅をひき起こすことになるだろう。

このような仮説を前提に、私は、直ちに管理運営のための臨時政府を設置することを提案します……」

その政府は、「独占的にならず手加減なしに」選ばれた一〇人で構成される。「臨時政府は学生、労働者の多くの組織の仲裁者として、国家を機能させ、職能別の団体の正当な権利要求に応え、大統領選の実施条件を整える」役割を担うことになるだろう。

「必要とあらば、私は臨時政府の組閣の責任を引き受ける所存です。むろん、私以外の他の方々も、この責務を担うことを正当に主張することができます。私にまず思い浮かぶのはマンデス・フランス氏のことです」。そして最後に、告示されている大統領選については「私は立候補する」と、ミッテランは発表する。

国営放送の技術者によって丁寧にローアングル・ショットで撮影され、あごを突き出し威圧的な声で話すフランソワ・ミッテランは、皮肉っぽい番組編集の犠牲になり、[*2]その夜の放送では完璧な扇動者の権化となって登場してしまう。嵐の中の雷のようなこの声明は、その後、連盟議長〔ミッテラン〕の行動や発言のたびに、百回も千回も非難を浴びることになる。それは闘斧勲章ミッテランに始まり、アルジェリア・ミッテラン、そしてオプセルヴァトワール事件ミッテランと続くわけだが、左翼のリーダーはすでに盛りだくさんのスキャンダルに、なおかつ新たなスキャンダルを懸命に付け足しているかのようだ。ドゴールの変わらぬ敵対者である元老員〔上院〕議長ガストン・モンネルヴィル[1]は激怒して「何てことだ！　我々は二百万の票を今失ってしまったではないか」と、急進派のルネ・ビレール[2]に言う。[*3]クーデター・ミッテランは、まだ空席になっていない地位の候補者であり、まだ告示が始まっていない選挙の戦略家であり、街頭の圧力で生まれる政府を作る人物だ。野心家ミッテランはクーデター首謀者となった。

　ミッテランが語ったことを注意深く読むと、もう一つ別の解釈が可能になる。が、そのとき、国民投票が告示された。ミッテランが表明しているまさにそのときに、首相が国民投票について再度表明し、現状の困難にもかかわらず投票が実現することを願う。国民投票でノンが勝利する可能性はまったくありえないことではないかのように受け止められた。そして将軍はこれを仮定して退陣を表明したのであるから、大統領代行までを保証しなければならない。ミッテランはこの点に関して非常にはっきりしている。次期大統領選が行なわれるまで、ガストン・モンネルヴィルがエリゼー宮に移って、代行を務めればいい。[*4]すこぶる当然のことながら、左翼のリーダーは、一九六五年にすでに立候補したように候補に立つだろう。この行程においては、いささかもクーデター首謀者ではない。野党のリーダーはこの国の危機を分析し、混乱を解決するためのシナリオを提案しているのだ。彼は自分の持ち場にいるのであり、期限前に立候補することは何ら非難されるには当たらない。将軍退陣の仮説はまったくの絵空事ではないのだ。それどころか皆が思っているよりも早く到来するかもしれない。というのも、シャルル・ドゴールが内輪の問題を抱えていることは、まさに衆目の認めるところだったから。[*5]

　むしろ事が紛糾してしまうのは、フランソワ・ミッテランが「管理運営の政府」の設置を示唆するときだ。憲法はこのようなものを想定していない。すなわち、大統領が辞職した場合、政府が、ジョルジュ・ポンピドゥー政権が、そのまま継続することになっている。

ガストン・モンネルヴィルは、他の政府を任命することはできない。むろん、首相とその内閣自身が総辞職する場合は別として。ニエーヴル県[3]の代議員〔ミッテラン〕が矢面に立たされるのは、そのときだ。彼にとっては、ポンピドゥー内閣は「しごく当然に退陣する」運命だ。この退陣と当然性が問題となる。退陣は全く不可能ではない。将軍が躓けば首相の退陣をも促すことになることは想定できる。だが、それはまったく義務ではない。ジョルジュ・ポンピドゥーもまた、続投を決心することができる。そこには利害がある。日常の政務を保証し続ける一方で、ドゴール派は、最良の条件下で大統領選に臨むための準備をしたいと願うことも可能だ。他のことにいっさい言及せずに、政権退陣を想定することは、他の勢力かあるいは特別な状況が、退陣に追い込むことを必然的に含意している。この点では、ミッテランの話は包み隠しがない。もちろんのこと、彼はストと街頭のプレッシャーが、ポンピドゥーに退陣を余儀なくさせると考えている。彼が声明の中で退陣仮説に留意しているように、国民投票後かあるいはその前に、だろう。この不測の事態は、あらゆる人々の脳裏に宿っている。つまり、我々は恐怖にまみれた不吉な時代におり、ミッテランのシナリオは単に国民投票が不成功に終わった後の政治的展開ではないだろうという考えだ。これは、たとえその提案が厳密に文書化されたものではなくとも、即時の提案価値がある。力あるフランス共産党を前にして、また左派（そして右派）でもマンデス人気の上昇の前で、ミッテランは弱い立場に立たされているが、それにもかかわらず、彼は戦略的な交差点に位置している。伝統的な共産党員ではない左翼主義者たちを引き連れながら、共産党員とマンデスを支持している勢力を統合するには、ミッテラン以外に誰もいない。一九六五年、ドゥフェールの大統領選候補が失敗し、ミッテランに狭い突破口が開かれたときのように、彼は徹頭徹尾、身を投じる。共産党員とマンデス派の連中は、既成事実の前に立たされている。彼らが権力を握りたければ、ミッテランを通過せねばなるまい。圧倒的多数にたいする万に一つの勝利、ミッテランは、ドゴール派崩壊の場合は、「五月の主流派」の意見に逆らってフランス共産党によって権力の座につけるかもしれないのだ。ＰＭＦ〔ピエール・マンデス・フランスのこと〕の名前を引用することで、学生たちをなだめすかし、ＣＦＤＴを満足させ、中道派を安心させる。すなわち、この関与は大したことを約束するわけではない。

この厳密な論理による操作には、たとえ政府の「消滅」に説得力があるとしても、それは、まったく憲法にかなったことではないという点に不都合がある。それをかくも簡潔に素早く示唆しながら、フランソワ・ミッテランは、普段の政治日程に自由を確保する。致命的な罪だろうか？　非民主的な攻撃か？　必ずしもそうとは言えない。さらに、この左翼のリーダーの前には実例、言い換えれば、より異論のある例がある。これより一〇年前に将軍は、簡単なコミュニケで本人自身への権力移行の「合法的プロセス」が開始された旨を伝えたが、このときは将来何の選挙の予定もなかったのだ。さらには憲法に基づいたいかなる権威もそれを求めていなかったとき、またいかなる権威もそれをすることが法的に許されていなかったとき、ただ唯一彼が押し通すことのできた適法性とやらが、実際、アルジェで蜂起した軍クーデターの圧力にさらされたときだ。これに比べると、ミッテランの「プロセス」は、模範的なくらい法を重視している。実際、彼には一つの大きな欠陥しかなかった。つまり、それに挫折したという欠陥だ。

当然のように、共産党はミッテランの言葉をまったく評価しない。その使者、共産党のボルケール弁護士は、日曜日にシャトー・シノン[4]で演説したＦＧＤＳ議長に面会を求めたとき、追い返されたのだ。[*6]　ＢＰ〔共産党の政治局〕の代表者たちは、前の月曜に即時の会合を要求したとき、冷たくあしらわれた。そして、ご覧のように、共産党はラジオによって自分の同盟者のプロジェクトを知るのだ。彼らは未来図を奇妙に描いている。そしてそこで、対米協調主義者マンデス・フランスは、党の名前さえ発表されていなかったとき、選択肢を手中にしているように見える。そのとき、記者会見がはねた直後に、政治局は辛辣なコミュニケを発表したが、その馬鹿正直さは驚くべきものである。「フランスには、共産党の積極的参加なくして左翼政治と社会的進歩はない。もっと重要な理由で、共産党なしに社会主義に行くと主張することは、真面目さに欠ける。そして、シャルレッティ競技場のように、反共産主義を訴えるのでは、もっと誠実さに欠ける。我々は要求が時代遅れだからといって、それらを満足させないもう一つの権力に現政権を置き換えるのを黙って見ているつもりはない。アメリカの政治に従属した政権への道筋をつけるつもりはない」と。これ以上、はっきりできるだろうか。権力を左翼へはウイだ。マンデスはノンなのだ。

一七時、共産党はリール通りの民主社会主義左翼連盟本部で、連盟メンバーたちと会う。ヴァルデックは不満だ。「あなた方自身が臨時政府を率いることを受入れるなら、問題は何もないでしょう」[*7]。この臨時政府の組閣内容を議論する。ミッテランは一〇人の大臣のうち、共産党から一人と考えていた。「それは少ないな」とヴァルデックが反応する。しかし、共産党はこれらの配置に根本的には反対しなかった。党を不快にするのは唯一、マンデスなのだ。翌日、またもやミッテランは「もう一人の幸運な男」に反対するコミュニケを出す。

実際、共産党員たちはこの権力の掌握を本当には信じていない。彼らはこれは不可能だと考えているのだ。ドゴール派は巻き返すだろう。彼らにとっての根本的なものは他所にあった。要するに工場であり、そして街頭だ。セギーは交渉する用意があると発表する。しかし、彼はその敷居を非常に高くする。午後になって、公共部門での交渉が行なわれる。結論には達しない。共産党は待っている。自分たちの力を示すために、CGTは、二九日月曜日にパリで大デモを呼びかける。何よりも現場での力関係だ。

### 軍隊に頼むか？

CGTのデモは、市役所から徒歩一五分ほどの地区を通過する。そして、エリゼー宮に行く。共産党員たちは、実力行使を予想していたのだろうか。立派な界隈に佇む政府機関内では、一時間のうちに不安が広まる。グリモーやポンピドゥーは、それを全く信じていない。だが、実際何が起こるかわからない。ポンピドゥーは五月一六日、必要ならば、予備人員を召集できる配備を調えていた。朝、治安についての件を打ち合わせた官房で、ポンピドゥーは軍隊の配備を検討した。信じがたい言い方でエドゥアール・バラデュールが語っているように[*8]、ポンピドゥーは、サトリーに駐在している憲兵隊の戦車中隊——一〇〇〇人くらいの兵員で非常に訓練され、軽戦車を配置されていた——と地方の幾つかの部隊、カストルやカルカソンヌの落下傘部隊、ツーロンの海軍陸戦部隊、モントレリーとメゾン＝ラフィットに駐留しているオートバイ部隊に警備体制に入るよう指示する。もう少し前に、訓練の後、ストのせいで、列車ではなく車で兵舎に帰還しようとしていたランブイエの第二機甲旅団に、フレンヌとイッシー・レ・ムリノーを横断させた。昼間、郊外での戦車の移動は、住民に気がつかれずにはすまない。軍隊が非常警戒態勢に入っていることは、住民の間で噂を増幅せずにいないだろう。[*9]

しかしながら、グリモーも副官たちも、またフーシェも、メスメールも参謀本部も、治安維持のために全く準備のできていない軍隊を関与させる気はない。せいぜい省庁の建物を部隊に守らせるくらいだ。その上、憲兵隊の軽戦車は、暴動の鎮圧には不向きである。それらの車両は街頭での闘いに非常に脆弱だ。ジャン・ラクーチュールの著作『ドゴール』の三巻目に、フールケ将軍が著者宛ての手紙に当時の日々を綴っているが、兵士たちの精神状態について次のように書いている。

「軍隊はこの騒乱をまずは驚きの目で見ていました。続いて、ちょっぴり嫌悪が入り交じった気持を抱きながら案じていたのです。しかし、軍隊は危惧し、政府から介入するように要請があるのではないかと強迫観念に駆られていました。というのも、もう少しで市民戦争になるような政治的様相（アルジェ、一九六一年四月の記憶はまだ新鮮だった）を持った事件には、軍隊は全くかかわり合いたくなかったからです。そしてまた他方、軍隊は、二〇歳の青年のデモ隊を前にして、どのようなリスクがあるかも完全に自覚していました。彼ら青年の神経は、怖じ気づき、カタストロフを起こしかねないのです（ここでも、アルジェの銃撃戦は、遠くなかったのです）。デモ隊の前に立ちふさがるというのは辛い、たいへん耐え難いことです」。

「それはともかく、最もひどい状態を予期しておかねばならないのは、私の責務でした。フリルーズ基地に、現役兵士（海軍の特別攻撃隊を含め）だけで編成された部隊を来させたのです。そして、彼らは、もし必要なときには、機動隊員のひどく消耗する任務を軽減させることもできたのです。大臣官房のパニックに陥った人たちが、この考えをぶち上げることもできたでしょうが、しかし、そのような形で軍隊を介入させるようにという要請は、一度として私に来ませんでした」[*10]

このように、フランス軍は、警察の任務に対する自然な嫌悪感にもかかわらず、最近の分裂にもかかわらず、またアルジェリアの事件でまだ傷口が癒されていないにもかかわらず、その「任務を遂行する」準備はできている。当局は軍にそれを頼まない。しかし、万一のために、軍隊の協力が得られることで安心したのである。

戦車の移動を巡って噂がパリで大きな波紋を広げたが、それは、したがって根拠がなかったわけではないのだ。マルクス‐レーニン主義者たちは、正しかったろうか。権力が危険に晒されるとき、国家は強圧的な手段の方へと自動的に向かい、常に配備されている最後の手段を持って、反抗を血の海に沈めることができるのだ。

## ドゴール派のデモ計画

ジョルジュ・ポンピドゥーは、五月三〇日の午後に予定されているドゴール派のデモに懐疑的だったが、許可を与えた。*11 デモの発案者は共和制防衛委員会（CDR）の組織者、年老いた忠臣ピエール・クリーグだった。五月一三日のデモ以来、幾つかの雑多な提言が「転覆」への組織的な抵抗を試みていた。五月一一日土曜になるや、ドゴール派の二つの組織を元に「委員会」が幾つか作られた。その二組織とは、普段は選挙運動など、ときには微妙な任務を行なっている市民行動サービス[6]（SAC）と、もう一つは、ピエール・ルフラン[7]やイヴ・ランシアン[8]の「ドゴール将軍の活動を支援する会」で、共にソルフェリノ通り五番地を拠点としていた。オー・ド・セーヌ県のUD‐Vの代議員ジャック・ボーメルは、UNRの前書記長で、明らかに右派の傾向を持つ様々な密使を集めて、定期的に自宅で集会を行なってきた。一四日火曜日になると、弱小団体になったが決意を固めた「オクシダン」の部隊は、若いアラン・マドランに率いられてエトワール広場を行進した。反ドゴール派が激怒しようが、ソルボンヌ大学とナンテール分校で数カ月前から、「ボルシォ[9]をたたき壊した」この小さな組織は、「赤」の計画を阻止するために、政府と共に、一時的にも共通の大義のもとに闘う用意ができている。その横で、ジャック・フォカール[10]は、エリゼー宮の自分の小さな事務所で、アルジェリア戦争に忠実な連中のネットワークを再活性化させようとしている。議会との関係担当大臣ロジェ・フレイ[11]もまた、アントワーヌ・サンギネッティ[12]によって引き継がれたOASに対する闘いの、昔の時代の活動家たちと連絡を取り始める。こうして、一九六一年のクーデター首謀者たちと反クーデター勢力が七年後、肘をつき合わせて、「コーン＝ベンディット一派を阻止」するために結束することになるのだ。最初、CDRの行動は、全く何の反響ももたらさない。五月二〇日に呼びかけられた署名運動はというと、……たった三五筆集めたに過ぎないが、それでも首相官邸に届けられた。しかし、月曜、火曜になるとあちこちから電話がかかる。デモの告知は、ドゴール派のボスたちの間では懐疑主義にぶちあたっていたのだ。「あなた方は一万人くらいしか動員できず、われわれは世間の笑いぐさだ」と一人の代議員は言い、もう一人は、集合場所になっているコンコルド広場の真中に陣取らないように、小さな数しかいないことがあからさまにならないように端の方に行くようにと忠告する。だが、組織者たちには自信があった。意欲ある人間たちが溢れていることで不安はかき消されている。彼らは運動の輪郭が描き始められていることを感じている。

## パニックと分裂

こうした警察と政治による措置にもかかわらず、政府のモラルは底なしに沈下していった。「我々は落石のように落ちていった」とブリーヴ市のドゴール派議員ジャン・シャルボネル[13]は語っている。前日、閣議で、ドゴール将軍は六月一六日に行なわれる予定の国民投票案を採決させた。この案文は、公権力に大学、企業、地方を改革する大きな権限を与えるものだ。将軍は国民投票が、自分に対する国民の直接的な信頼を勝ち取り、そして自分が必要と判断する社会変革をさらに実行するための信任状を得る手段となると見なしていた。こうして、ドゴール主義の事業は、念入りに仕上げられる。脱植民化と新しい諸制度と「独立」外交政策の後、将軍は時代の挑戦に答えるべく、フランスを資本主義と社会主義の間に独特な歩みをする前衛として位置づけ、独自の社会制度を自分の国に設置するだろう。したがってシャルル・ドゴールにとっては、この争点は決定的であり、差し迫る副次的出来事をはるかに凌駕するものだ。

ジョルジュ・ポンピドゥーは反対に、首相としての役割通り、「情勢」に執着していた。彼は、実際のところ、スト中のこの国で国民投票を組織するのは不可能で、そこら中で批判を浴びている国民投票に近づければ、野党から指弾を浴びることになると見ている。また、さらにコンセイユ・デタ[14]がそれを認知しないのではないかと見なしている。要するに、彼はもはや国民投票を信じておらず、先週の金曜日に排除していた仮説に甘んじることにしたのだ。つまり、総選挙である。これは恒例の投票で、投票所へ向かう足は鈍らないし、誰もが危機に対する自然な解決法だと苦もなく認めるだろう。フランス国民は、スト参加者たちがその実行を妨害するのは、理解できないだろう。世論は学生の暴力とストの延長のおかげで反転したのだ。これは、一九六七年以来、ぎりぎり過半数を保っている国民議会〔院下〕を片づけるのによい機会なのだ。

しかし、ドゴールはこうした反対に怒りを募らせている。彼は皮肉たっぷりに、総選挙を要求しているのは左翼なのだと指摘した。総選挙が選挙区の傾向のままに支持を分散してしまうのに対し、ドゴールは基本的に、自分と国民との間の直接の絆である国民投票の手法にこだわっている。彼はまた選挙が首相の勝利にはなりはしても、自分のものではなく、こうして両者の一見ソフトな対決ではジョルジュ・ポンピドゥーが勝利者として現れることをよく心得ている。ところが、ドゴールは、いきなり堰を切ったように事態を滅茶苦茶にした今月初めの失敗は首相の責任と見なしていたし、彼の失敗をまたドゴールは目にしたばかりである。

政権の頂点におけるこの分裂に加え、国家の全面的な崩壊状態は進行していた。火曜日、トゥリコは、各官庁が国民投票を組織するためにしかるべき準備を整えているかどうかを確かめるために、一日中、電話をかけ続けた。毎回、回答は同じだった。つまり、そんなことは不可能で、何も答えられないというのだ。郵政電信電話省で見られたある徴候が詳しく物語っている。ここに至るまで大臣のイヴ・ゲナ[15][*12]は、スト参加者たちに公的武力の介入があるかもしれないと脅して、政府官庁間の内部コミュニケーションを切らないようにさせていたのだ。これを守ってこそ、ゼネストと反乱的ストの違いを示すことになると忠告した。もし、組合活動家たちが国家をマヒさせようとするなら、それは衝突の口火となる。こうして一時的妥協が成立し、それをスト参加者たちは一度として侵害しようとしなかった。二八日火曜日、内務省の隣の公共機関では、大臣たちとその省に従属する地方部署への間の連絡を担当している職員が一部、ストに突入した。[*13]幹部職員が、召集された臨時職員と共に、縮小した業務を行なわなければならない。組合と政府の暗黙の協定は、断絶しはじめる。

パニックは政界にも波及し始めた。フランソワ・ミッテランに密かになびいてくる人たちもいる。そして数としては、ピエール・マンデス・フランスになびくほうがずっと多い。[*14] 野党の中道派はマンデス、あるいはまたミッテランとも結合する準備を整えている。ドゴール派は苦境に陥っている。国民投票はもはや嘲弄しか引き起こさない。しかしもっとひどいことに、あれほど堅固に見えたポンピドゥーが、自分の足元で地盤が崩れるのを見ることになった。彼はCGTと妥協を得るためにすべてを賭けてきた。ビヤンクールの拒否は、彼の希望を葬り去った。戦後最大の社会的譲歩は、何の役にも立たなかった。午後から始まった部門ごとの最初の交渉は、組合側の頑な態度のせいで、一歩も進まなかった。大統領、あるいは首相の数多くの忠臣たちにとって、一〇年の治世は終焉するのである。

ここで一つの出来事が、彼らの落胆を確定的なものとする。今晩は、いつもの宵と同じように、占拠されたソルボンヌで集会が催されている。参加者たちはためらいと緊張で途方にくれ、議論は少々長引いている。突然、舞台に面した医務室で、ちょっと太ったぼさぼさの髪をした小さな男が医師を捕まえた。「ぼくは、コーン゠ベンディットです」。唖然として医師は彼を見た。すると、この褐色の髪の男はパスポートを出す。たしかに彼だ。そこで医師は彼を舞台に登壇させた。コーン゠ベンディットは発言を求める。議長は断るが、彼だと認めた。そして熱っぽく言う、「ここに、たぶん、討議の平行状態を打開できる誰かがいる」と。ダニーはマイクをとり、しゃべり始めたが、会場は何の反応もなしだ。彼はサングラスをとる。コーン゠ベンディット！　会場にいた全員が一丸となって立ち上がり、大喝采で壁が揺れるようだ。五分間それは続く。「国境なんかどうでもいい！　国境なんか問題じゃない！」。赤いダニーは目に涙をためている。彼は直ぐ立ち直り、情熱的な演説を始める。行動委員会を至るところに設置することを呼びかけ、暴力には暴力を持って応えること、そして政府を打倒しなければならないと。ラジオは番組を中断して、このニュースを伝える。

ペニヌーとかつてのアルジェリア独立協力者たちが、二日がかりでコーン゠ベンデットのための帰還ルートを作った。政府は憔悴していた。政府は今では滑稽だ。この夜、多くのドゴール派は、明日は自分たちの政権最後の日を過ごすことになるだろうと思いながら眠りに就いたのだ。

## 22　五月二九日　ドゴール失踪！

ベルナール・トゥリコは冷徹な男である。礼儀正しくもの静かな高級官僚、エリゼー宮の官房長官は、危機の当初からずっと威厳ある沈着さを保って来た。それゆえ今日、五月二九日水曜日一四時少し前に、青白いやつれ顔で苛立った様子の彼がジョルジュ・ポンピドゥーの執務室に着いた時、彼の発する言葉はまるで部屋の真ん中に雷が落ちたようだった。「ドゴールが消息不明です。コロンベイ[1]にいないのです。どこにいるのか誰も知りません！」[*1]

ポンピドゥーは叫び声を上げる。「国外に出たのか?!」[*2]。そこには、シャバン゠デルマス、ロジェ・フレイ、そしてオリヴィエ・ギシャールがいて、起こりうる解散の可能性を首相と共に議論していた。一同は仰天する。ドゴールが行方不明！　フォカールにすぐ電話を入れてみるが、彼は何も知らない。[*3] 国土防衛航空隊に尋ねる。ドゴールのヘリコプター数機はサン゠ディディエに向かったが、大統領専用機「アルーエット」3号機は、燃料を満タンにした後エスコートを煙にまき、レーダー監視から逃れるために低空飛行をしたという。問い詰められたメスメールは激怒して、「私はまったく何も知らないんだ。ポンピドゥーに聞いてくれ！」と返事する。今や信じがたい事実を認めねばならない。ドゴールが失踪したのだ。

　ポンピドゥーはこの日、朝から不気味な予感がしていた。九時一五分に、官房長官トゥリコがドンヌデュー・ド・ヴァーブルに電話をかけ、毎水曜日一〇時に開かれる閣議を、ドゴール将軍が二四時間遅らせると決定したと伝えた。

　ドンヌデュー・ド・ヴァーブルは、首相執務室に入った。そして、将軍は疲れている、二四時間休息するためにコロンベイに行ったと首相に告げた。閣議は翌日の朝に持ち越された。ポンピドゥーは、その回想録の中で「私の心配は、またたく間に極限に達した。私はずいぶん前から、将軍が心理的危機に憑かれ、退陣したいという欲求に定期的に駆られていたのを知っていた。コロンベイの雰囲気がこのような誘惑にどれほど適しているかを知っていたし、ドゴール夫人が、すでに数年前から夫の退陣を希望していたのも知っていた。ところが、その朝私には、退陣の仮説は、一つのカタストロフに見えた」と綴っている。[*4] ドゴールが立ち去り、上院議長が代行を務めるだろう。それは、旧来の敵対者、ガストン・モンネルヴィルだ。不安定な国民議会は、確実に反ドゴール派のほうへどんでん返しを起こすだろう。こうなればおしまいだ。

### 「あなたを抱擁する」

　ポンピドゥーは、考えている唯一のことを伝えるためにトゥリコに電話した。ドゴールが身を引く前に、国民議会解散の政令[2]に将軍が署名するよう仕向けることだ。ドゴールがコロンベイに閉じこもり、辞任を公表してからでは遅すぎる。トゥリコはドゴールにしつこく頼むことを約束する。その間、ポンピドゥーは政令を用意させる。しかし、トゥリコからの折り返し電話がなかなか来ない。一一時になってポンピドゥーは、再度彼に連絡をとってみる。[*5] エリゼー宮の官房長官は、困惑気味で遠回しに言った。将軍は一時間前から、婿のボアシウー将軍と執務室にこもっているという。ポンピドゥーが受話器を置くやいなや、ドゴールが彼に電話をかけてくる。ドゴールはここ三日前から眠れていないという。気分転換し、静かに熟考する時間が必要だという。明日、予定している時間には自分は戻るだろうと伝える。ポンピドゥーは解散の問題に触れる。ドゴールは国民投票に勝てなければ、選挙にも負けるだろうと返答する。だからノンだと。そして突然、彼の語調が変わる。ドゴールは首相に愛想良く振る舞う。しばしばドゴールが言うように、自分は過去の人間だが、ポンピドゥーは未来を担う人だと繰り返す。こう言ったのだ。「予期せぬ出来事の向こうに、未来はある。しかし、あなたに言っておきます。私は戻ってきます」と。そして、突然、ポンピドゥーが言葉を継ごうとする前に「あなたを抱擁します《ジュ・ヴ・ザンブラス》」と言って、電話を切った。ポンピドゥーは呆然とした。[6] 将軍が自分を抱擁すると？　全く予期していなかった言葉！　首相は、政令のことを重ねて頼むために、トゥリコをすぐに呼び出す。トゥリコは「もう遅すぎます。将軍は夫人と階段を降り立ったところです」と答える。ポンピドゥーの執務室の一人をコロンベイに政令文を届けに差し向けることで合意する。

一四時の大統領行方不明の知らせは、ジョルジュ・ポンピドゥーの沈痛な予感を追認するかたちになった。将軍は落胆に屈したのだ。彼は行ってしまった。彼の前に現れたのは、恐ろしい光景だ。午後、CGTはパリでデモ行進する。ストは華々しく行なわれている。マンデスとミッテラン、一人はマティニョン〔首相官邸〕、もう一人はエリゼー宮〔大統領官邸〕をめざしている。コーン゠ベンディットは警察の警戒網を欺いて、パリに帰還した。ここ三週間前から、首相はこうした出来事に痛打されている。彼は暴動に対しては内務相であり、学生に対しては教育相、組合に対しては労相、不信任案を撤回させるためには議会関係調整相、ドブレが辞職したので経済相でもある。年配のドゴール派たちは、密かに首相の行動を批判する。クーヴ・ド・ミュルヴィルは、将軍のそばでポンピドゥーの悪口を言うのを止めない。将軍は無気力に襲われている。そしてもうじき、多数派の幾人かがマンデスに寝返りを打つのだ。そして、この壊れやすい政権の要は大嵐に見舞われて、いまや崩れようとしている。危機の当初、ジョルジュ・ポンピドゥーは、自分の手腕とエネルギーがドゴール主義の救世主として発揮できるかどうかが試されていると信じて、自分で策を講じた。この水曜日一四時に、この賭けは敗れた。将軍は尽き果てた。何もかもが攫われてしまった。最も不吉な時間となったのだ。

**継承は？**

だが、続行しなければならない。この状況は前代未聞だ。元首が失踪したのだ！　ドラマは茶番劇となり、ポンピドゥーは間抜け男の筆頭になるだろう。このような情報を長期間、伏せておくことはできない。政府は攻勢に転じて、このニュースを国中に知らせねばならない。だが、首相は何もできない。というのも彼は何も知らないからだ！　偶然にも、政府は首相が翌日テレビで表明することを決めた。首相はまだ何を話すべきかわからない。しかし、これで二四時間、時間を稼ぐことができる。一四時半に、議会の多数派、UD－Veとジスカール・デスタンの独立派共和主義者たちの混成代表団が首相官邸に到着する。ポンピドゥーは、彼らが解散を働きかけようとしていると見る。一〇人の代議員とドゴール派の五人の代議員の前で、首相は状況を静かに説明する。閣議は延期され、ドゴールはコロンベイに発ったと語る。ポンピドゥーは、ドゴールがどこにいるのか知らないということだけを故意に黙っていた。[*7]

ポンピドゥーは続けて、今日まで、共産党は全面蜂起へは扇動しなかったと語る。しかし、ビヤンクールの労働者たちによるグルネル合意の拒否以来、何かが変わった。不用心にも、セギーも他の組合活動家たちも、労働者たちの拒否にあった場合の手はずを整えていなかった。彼らが方向転換し、穏健派がヴァルデック・ロッシェと一緒に革命的な状況を直視している現在、今までドゴールを救おうとして来た共産党はその方針を捨てる用意がある。共産党には二つの解決策の選択がある。つまり、マンデスかミッテランに指揮された連合政権に比重をかけ、自分たちの視点を押しつけ、そして政権交代が有利に進行するよう自らを国家の中に加えるか、あるいは、最も手早く切り上げ、ストと街頭の圧力によって自らが政権を確保するか、どちらかだ。これから私たちが直面するのは、間違いなく革命的な状況だとポンピドゥーは付け加える。

ポンピドゥーは、現在、話題で持ち切りの国民連合の政府が一つの解決策とは考えない。そのうえ、しばしば名前が挙がっているエドガール・フォールは、ポンピドゥーに電話して、連合政府を絶対に排除するよう進言した。現在まで、私は私の最善を心がけてきた、しかし、今、私たちは真実をはっきりさせるときが来たのだ、とポンピドゥーは結論する。私は皆さんのそれぞれの立場が知りたい、と彼らに言う。

するとエーヌ県のドゴール派議員ギイ・サバティエが、まず口火を切る。

――もし、共産党が政権を取るなら、彼らが権力を握るのを傍観することになる。それを阻止しなければならない。

このとき、もし暴動が起こったら、我々もまた政府を防衛する意思があるということを示すために、発砲命令を出すよう誰かが示唆する。独立共和主義者同盟（RI）のレーモンド・モンドン[3]とミッシェル・ポニアトウスキーは抗議した。

――それは狂気の沙汰だ。そんなことをしたら、いっそう破壊を加速させることになりますよ。あなた方は、全面化した蜂起に、その正当性と口実を与えてもいいんですか。

アンリ・レイは、首相を信頼している彼らに抗議する。

――首相は行動を起こすべきです。

ポンピドゥーは、もしドゴールが退陣するなら、自分がすべきことを決定するだろう、と答える。

――私は自分の運命に身を委ねるべきだろう。

すると、UD‐Ⅴeのある議員は、もっと話を進める。

――首相はイニシアティヴをとるべきです。ということは、将軍は退陣せねばならない。ここまで来てしまったのでは、彼の退陣以外に方法はないでしょう。もし、情勢が許すなら、首相は大統領選の我々の候補者になるべきです[*8]。

厳格に忠実なドゴール派の者たちにとってみれば、幾つかの筋で伝えられているこの発言は、将軍に対するポンピドゥー派の謀略の証拠なのだ。危機の間中、ポンピドゥーが取ったあらゆる態度は、すべての権力を握るためであり、将軍の指示を無視し、そして結局、大統領の判断停止状態の中に己を放置しておくことだったのだ。この議員の焦慮に、ポンピドゥーがどのように答えたか知られていない。ポンピドゥーの用心深さに軍配が上がったと考えて、ほぼ間違いないだろう。ポンピドゥーは、自分が最悪の事態を危惧しているにしても、今、この時刻に、ドゴールがどこにいるのかも知らないのだ。まず、この政権を救い出さねばならない。

独立共和派の者たちは、自分たちの新進の首領ヴァレリー・ジスカール・デスタンを押し出すため、ポンピドゥーが国の最高責任者の地位に就くことを急務だとは思っておらず、ジスカール・デスタンに代わって返答していた。ポニアトウスキーとモンドンは異口同音に次のように述べる。

——もし将軍が退陣するとなると、あなたがそれに抵抗できるという考えは、幻想でしかないでしょう。もしそうなるなら、国民連合の政府が必要になりましょう。そして次には選挙です。そのときになれば、おそらく我々はあなたを支援しますよ。

ポンピドゥーは次のように結論する。

——今は、将軍の決断を待つべきでしょう。しかし、私がこの最近数日間、将軍と会っていて得た印象では、大統領の退陣は除外されておりません。私は、その時になったら、自分の責任を果たすつもりです。

集会の最後に、二つのグループが、連合政府を作り総選挙の実施を懇願する請願書を大統領宛に書く。これには、ポンピドゥーは満足する。しかし、どこにドゴールはいるのだろう?

## 権力の座のマンデス

ポンピドゥーは下降し、マンデスは上昇する。一日中、前評議会議長は当然ながら次のように感じたのだ。輝かしい任務を果たしたにもかかわらず職務から外されて、それから一二年後に、本来、自分がすべき任務に戻って来たのではないかと。奇跡は起こった。暴動から生まれたこの体制は、暴動によって自らが倒れる番になったのだ。ピエール・マンデス・フランスがトップの左翼が政権を握るだろう。

この仮説を軸に、その午後、すべてが組織される。まず共産党の姿勢だ。体制の崩壊を危惧した連中が恐れたのとは逆に、共産党は合法性の枠内から出ようとはしない。少なくとも今のところ。彼らは公的建物を占拠し、経済に決定的なダメージを与え、ある政権を樹立させることもできる。そして、その後は? このような情勢下で、警察と軍隊を持ち、非共産主義者や反共産主義者の自動的支援を受けた国家が不可避的に戻ってくる時、どのように抵抗すればいいのだろうか?

午前中、CFDTは奇妙な事件で驚かされた。二日前から、CGT電気連盟は何度も停電を引き起こした。五月二八日火曜パリ首都圏で、一四時から一九時まで停電状態、水曜の九時半から十一時まで、そして新たに一四時からまた始まった。それは、単純なCGT電気組合連盟の発意で行なわれた故意の停電だったのか、あるいはまた普通のストからゼネストに微妙に変化していったように、共産党は、ゼネストの段階から、蜂起的なストの段階へと移行しているのだろうか？　そして急に、CGT出版業労働組合連盟が保有している印刷所が、CFDTの新聞印刷をわざと遅らせる。そして二九日の午後には、CFDTの代表電話が切られた[*9]。ユージェーヌ・デカンは頭に来る。彼は技術的問題が生じているというトゥルーデン地区に何人かの活動家を送る。デカンはCGTに電話し、敵意をむき出しにして怒り、停電の技術的問題を調査するのに腕っ節のいい連中を派遣すると脅す。するとCGTは執拗に抵抗することもなく、電話回線は直ぐ回復した。

午後のデモはこうした気分を反映していた。おそらく、CGTとフランス共産党は、指導部の仮説として、国家の崩壊が自分たちを「現実に則した状況」に置くかもしれないと想定したのではないだろうか。「人民政府を！」というデモ行進のスローガンがそれを示している。「人民の」という言葉が、政治的決まり文句でどのような意味を持つのか、皆知っている。しかし、デモは厳密に合法的枠内にとどまっている。デモは静かに、同時に楽しく、革命よりはお祭り気分の中で実行される。シャルレッティに反対した月曜のデモよりも限りなく多い巨大な群集だ。

確かに共産党は組織の機動力をフルに発揮したが、それだけでは説明はつかない。労働者階級もまた自分たちの力を誇示したい。そしてまたシャルレッティに来たデモ参加者の一部も、運動の統一が必要なことを見せるためにデモに合流し、シャルレッティでの集会は単なる反共産党という操作ではないことを示すためにも、ここにやって来たのだ。参加者たちは、『ユマニテ』〔フランス共産党の日刊紙〕の社屋の前で拍手をした。ギャルリー・ラファイエット〔パリの大型百貨店の一つ〕では、大きなスローガンが入り口を塞いでいる。「ギャルリー・ラファイエットでは、常に何かが起こる。それは「ストライキ」が掲げられ、通行止めされているこの百貨店の前で拍手する。サン・ラザール駅では、スト実行委員会がレセプションを催した。左翼過激派の突然の侵入に備えて、槍を準備した。しかし、とりわけ、昔の鉄道員セギーそして長老フラションに栄誉のワインを振る舞うため、冷えたボトルを用意した。セギーは、そこで昔の鉄道員だった時の逸話を披露し、フラションは共感する。CGTのクーデターの意思は、そこ止まりだ。

それは、実際、マンデスを軸にした動きの中での純粋な力の誇示だった。この時点では、マンデスが権力の座へ上りつめることは、抗しがたく見える。将軍失踪の噂は、ここ一時間、パリの巷を駆け巡っている。噂で、ドゴール派は茫然自失し、敵対者たちは不安におののいていた。ラジオでこのニュースが報じられると、国中が硬直状態に陥った。そうだ、今、第五共和制は倒れるのだ。この二日間以来、指導者層と資産家たちのパニックは誰の目にも明らかで、極限に達していた。マンデスへなびく人々は、津波のごとく殺到する。これは最も予期していなかった展開で、革命の流れを何とかくい止めるために、皆、マンデスのほうへ向かう。もっとも昔の嫌悪感はしかたない、過去の反目は遠くへと消える。何か、誰か、この転落を止めることができないのか！ 誰でもいい。こうした時代の空気の中では、だから、マンデスなのだ。未来のクーヴ・ド・ミュルヴィル内閣の二人の大臣がマンデスに近づく。極右の弁護士、ペタン将軍の弁護人で賛美者であるジャック・イゾルニ[4]は、マンデスを救世主として名指す。反ドゴール右派の先方隊で腕力の強いアルフレッド・ファーブル＝リュス[5]は、情熱的にマンデス支持を表明する。一九六五年の大統領選の中道派の候補ジャン・ルカニュエは、PSUの代議員〔ミッテラン〕を権力にふさわしいと見る。フランソワ・ミッテランは、前日、マンデスから来た面会依頼を巧みに断った。しかし、ミッテランはこうしたゲームをいつまでも続けるわけにはいかない。今日の顔となっている男と、いずれ交渉せざるをえないだろう。『ル・モンド』紙に、レーモンド・バリヨンが、今支配的になっている意見を要約した。彼は短い記事に「明日の二人組」とタイトルを付けて、はっきりとマンデスとミッテランのこの組み合わせについての分析を書いた。

CFDTもまた、マンデスに揺るがぬ支持を表明した。ユージェーヌ・デカンは記者会見を催した。「我々は、この危機が伝統的な議会制の中で解決策を見つけられるとは思わない。マンデス・フランスは、学生界でも労働界でも独自の民主化の幅広い熱望に答えられるチームを推進できる人物だ」と言う。話の途中で、デカンはCGTに対し、警告を発する。その中で、ポスト・ドゴールの閉塞状態を心配し、次のように表明した。「幾つかの企業では、多数派の組合組織が少数派の権利を忘れる傾向がある。我々は、ある国々で認められた民主社会主義を標榜する者ではない。少数派は尊重され、彼らは自分たちが望むものは何なのか知っている、というのは結構なことだ」

デカンは、数回、前評議会議長に会い、前議長はこの組合の主要な要求事項を受入れた。CFDT総書記長は、後になって、フィリップ・アレクサンドルにこう説明している。「皆がすでに予感していたように、もしドゴールが退陣したら、国民は七〇%から八〇%の割合でマンデス派になると、私は考えていました。フランス解放の時のように、再度、フランス人を幅広く代表する臨時政府が成立することになったかもしれなかったのです。そうです、共産党員も含めてです。ええ、もちろん、彼らと一緒なら、いろいろくだらぬ騒動もあったことでしょうが、最終的には、これでうまくいったのではないでしょうか。私はこの仮説を信じました。マンデス・フランスが指揮することになったかもしれない臨時政府について、彼に話しましたよ。フランス解放時の例をとってみましょう。私は、この政府が、我々の考えでは、すべての左翼を代表しているような政府であるべきで、また同時に、大学界、労働者や農民階級の新しくわき上がった勢力も含めるべきだと言いましたよ。しかしまた、権力の委譲の方法は、ドゴール将軍の尊厳を決して傷つけないで行なわれることが不可欠だったのです」[*10]

夕方、マンデスはミッテランと再度会う。彼はFGDS会長の友人、ジョルジュ・ダヤン宅に行くつもりだった。二人の友人で左翼のグル的な出版者、ジャン・ダニエル[6]に約束を調整してもらい、内密の会談、あるいは密議に行くものと思っていた。ところが、リヴォリ通りの舗道で、マンデスはジャーナリストたちに告げられた。ダヤン宅に行くと、ミッテランがギイ・モレ、ガストン・ドゥフェール、ルネ・ビレールの三人を同伴して彼を待っているのを知って、怒りを覚える。こうして真っ昼間に、議会の左翼代表者たちと将来の政府の組閣内容について、またその政策の大筋について、交渉せざるをえなくなる。[*11]本当のことを言えば、公式左派のボスたちは、頭の中に厳密なシナリオを持っているわけではない。臨時政府の組閣構成員がまず彼らの心配時であり、ミッテランの関心事だ。新たな連合を組む諸政党は、すでに彼らの代表者たちを指名していた。マンデスはミッテランのほうを振り返って、こう言う。「この危機の当初から、一度も真剣な議論が行なわれなかったことが残念ですね」。フランソワ・ミッテランはそれには困難が一つあったと素早く答えた。「共産党は、あなたが首相になることを望んでいないのです。しかし、国民教育相の仕事をあなたに委任するなら、受入れるでしょう」。他方、新たな連合は学生運動を疑っている。マンデスは組合、学生、農民など新しい勢力はすべて代表されるべきだと反駁する。フランソワ・ミッテランは激しく反論してこう表明する。「それは挑発ですよ。あなたは、すべてを失敗させることになりますよ。あなたはジェスマールに大臣の席を確保するつもりですか」。実際、マンデスはこの「運動」を代表させるために、CFDTの組合活動家を考えている。そして、ジャック・モノーを教育相に、という構想だ。ガストン・ドゥフェールは和解したいそぶりをする。ドゥフェールは、学生の代表権について、自ら共産党に対して、自分の視点を表明されたらどうかとマンデスに示唆する。「これは私の案件ですよ」とミッテランは話を切る。この結論を曖昧にしたまま、双方は別れる。マンデスが権力へ？　もうじき。しかし、これは面倒なことになるだろう。

二一時半、前評議会議長は思い切った決断に踏み切る。たしかに、状況は熟している。明日、明後日、ドゴール主義は、歴史の忘却に沈んでいくだろう。この機会は二度と来ないだろう。今か、永遠にないかどちらかだ。さもなくば、ピエール・マンデス・フランスは、ルビコン川を越えるとは言わないまでも、少なくとも立候補するという意思を示さなくてはならない。彼はブルボン宮〔国民議会〕に赴き、たぶん合法的な装いを整えるためだが、記者たちを前に、かなり凝った少し長い声明を発表し、自分が臨時政府の長として、権力を掌握する準備があることを表明する。「この政府は、政権に対して反対を表明してきたすべての人たちの信頼が得られるのでなければ、意味はないでしょう。国民のみなぎる力が明日再建されるために、フランソワ・ミッテランが表明したように「独占的にならず手加減なしに」結集されるのでなければならないのは言うまでもないことです」

この文章のイロニーは効果的だ。マンデス・フランスは、FGDSの会長を引き合いに出して彼が拒否したものを正当化する。すなわち、五月の運動を代表することだ。

　ピエール・マンデス・フランスが考慮だにしていないこと、それはこの時点で、こうした対立がもはや何の重要性も持たなくなっていることだ。果てしなく考えあぐねられたこの政府は、日の目を見ることはないだろう。テレビは、二〇時のニュースでドゴール将軍の帰還を報じる。

**失踪**

　平和なフランス、畑と生け垣のフランスに、まぶしいばかりの太陽が降り注いでいる。光り輝く風景がヘリコプターの下を飛び去っていく。そして、年老いた元首がヘリコプターの中で、この古い国について思い耽っている。数分前に、従順なパイロットは「アルーエット3号」を急下降させ、この操作によってレーダーの監視から逃れる。一人の大統領が失踪。シャンパーニュ地方の麦畑を見ながら、アルデンヌ地方の静かな起伏を遠くから眺めながら、ドゴールは――彼はそれを知っていた――、フランスを不安に陥れるのだ。急激に、ドイツの方へと進路を変えて、彼がそのキャリアで見せた数々の並はずれた作戦の一つを演じる。これは、〈五月〉の最も魅力的なエピソードの一つ、バーデン＝バーデン遠征で、それは数十年に渡って語り継がれるだろうし、政治的戦略のすべての古典の中に入るだろう。

　この日、ドゴールは何をしたのか？　何年にも渡って、フランス中がこの質問をすることになる。多様な仮説、そして、ときには最も風変わりなものが提示された。ある者たちは、サトリー[7]で軍の司令官たちと秘密の連絡網を使って連絡し合っているドゴールを見出し、他の者たちは、アルザスで軍事力による領土回復プランの細部の調整をしていたドゴールを記述する。また別の者たちは、ソ連とアメリカと、もう一つちがう秘密連絡網で会話して、ドゴールが現職に留まるための条件を交渉していたと想像する。[*12] 将軍の方はこうした御託宜を求めていた。彼の絶対的な秘密にしておきたかった。以前も以後も。神秘、欺瞞、偽装、これらが彼の計画の不可欠要素であったし、その本質ですらあった。もし計画があったならだが。なぜなら、ジョルジュ・ポンピドゥーを筆頭に、将軍に近い数人の人々にとって、偉大な人物はこの日無能と化したのだ。

彼は戻ってくるつもりはなかった。すると、それは逃避なのか、それとも隠密裏の離脱なのか？　二〇年を隔てた今、主役を除いて、主要な当事者たちは証言した。本人の決定的証言を欠いているため、バーデンのミステリーは、完全に明らかになっていない。幾人かの首謀者たちは、深読みから、あるいは愚直なせいで真実の一部をわざと隠したかもしれない。それでもなお、詳細は山積みとなり、暴露は増幅した。今日、この問題に、興味深い論考を書いたピエール・ヴィアンソン＝ポンテ[*13]や、決定的な記事を書いたフランソワ・ゴーゲル[*14]の支援を得て、また『ドゴール』[*15]の見事な章でこの事件を総括したジャン・ラクーチュール[8]の書いた文章を参考にしながら、そしてまた将軍との会話を事細かに語ってくれたマシュ将軍[*16]の助けを借りて、将軍の辿った道程を時間を追って再生することは可能である。

二八日の夜、ドゴール将軍は、自分の息子、フリゲート艦艦長フィリップ・ドゴール[9]を呼んだ。彼は息子に、二通の手紙を手渡したが、そのうちの一つは自分の最後の意思が綴られているもののようだった。それから、ドゴールは、ラランド将軍と会い、翌日、バーデン＝バーデンのマシュ将軍[10]の元に、自分の家族を送り届けるよう彼に頼んだ。彼は一八時頃、娘婿のボワシウー将軍[11]にパリから緊急に電話した。すなわち、前日に決定されたのだ。逃亡なのか、策略なのか？　それはわからない。将軍も、その息子も、もし後者が何か知っているとしても、この二人は、この晩、誰にも一言も洩らさなかったのだ。

二九日の朝、静かなエリゼー宮で、ドゴールは彼の軍人としての習慣から、いつものように早起きした。七時に、官邸に来た執務室長グザヴィエ・ド・シュヴァルリーを呼ぶ。執務室長には、自分の小サロンに立つドゴールが疲労して見えた。「私は消耗した。私は休息のためコロンベイへ出かけ、そこで少し休みます[*17]」と伝える。そして彼は、エリゼー宮の参謀長ラランド将軍を八時に召喚する。彼にナンシーのボーヴァレ将軍とメッツのユブロ将軍に会いに行くよう、またバーデン＝バーデンのマシュ将軍には、彼らと軍隊の士気を調べるよう任務を託す。ラランドはバーデンに、ドゴールの息子フィリップを同伴する。そこなら息子の安全は保証されるだろう。このあたりで既に、事態は不明瞭になってくる。ラランドは、ドゴールの家族を連れて行く。ということは、長引く隠居を匂わせる。

しかし、彼は軍隊の長たちに諮問に行くのだ。もし将軍が退陣するというのなら、何のためなのだろうか？

九時三〇分、大統領はトゥリコに短時間会う。閣議は翌日の一五時三〇分に持ち越されるのだ。トゥリコはあまり驚かない。彼は将軍が衰弱していたのを知っている。日が経つにつれて、彼の主要な懸念は、大統領が睡眠不足にもかかわらず、健康をいかに保ち、よいニュースばかりを強調し、これよりも数多い悪いニュースをできるだけ大統領から遠ざけておくことだった。*18


ついで、ヘリコプターで戻って来たボワシウー将軍を官邸に入れる。ボワシウーは、その回想録で大統領との対話を語っている。*19 そこには、暴動と転覆を前にして、崩れたフランスの悲惨な様相を描きながら、動揺し落胆しているドゴール将軍がいる。そこで、もしボワシウーの証言によればだが、彼は、義父の真似をして厳かに起立して、こう語った。

――「将軍閣下、あなたの前にいるのはあなたの婿ではなく、軍総司令官と軍管区司令官（ボワシウーの直ぐ上の二人の上司）のメッセージを預かって来ている第七師団司令官であります」。婿は、この二人の軍人が国の内外からやってくる攻撃に対して、何ものであろうとも祖国を防御する覚悟ができている、と少し誇張して言う。

ドゴールは満足そうで、

――「もし、武力の衝突まで行かねばならないとしたら、軍の姿勢はいかなるものか」と尋ねる。

――「軍は、かつてなくよく秩序立っております。軍は命令を待っております」

――「けっこうだ。私は、マシュも同じ精神状態か、見てみよう。そのうえで、コロンベイから、ストラスブールから話そう。私がいるところに国家はある。私はパリを離れる。今日の午後の共産党のデモが逸脱して、エリゼー宮に向かうとしても、標的はすでにいない。空になった官邸を襲うことはないだろう」

## バーデン

ドゴールは続いて、ボワシウーにマシュ宅へ自分が行くことを予告するようにと頼むが、ボワシウーはそれができなかった。しかし、この場合、ドゴールは、バーデンまで行くことを予告したのだ。ボワシウーによれば、プランは明確で綿密、そして立派に立てられていた。ドゴールはすべての仮説を準備し、勝負の舞台を一変させてしまうだろう。とそのとき、トゥリコが大統領にポンピドゥーから電話だと告げる。ボワシウーは執務室から席を外した。ドゴールはポンピドゥーに電話を入れ、はっきりさせずに何とか彼を安心させようとし、実際、不可思議な語調で、最大限に彼に警告する。それから部屋を出て、夫人と共に階段を下りていく。中庭では、大統領の運転手ポール・フォンタニルがシトローエンDSのハンドルを握って待っている。一一時二四分、守衛が運転手に予告しに来る。運転手は、エリゼー宮の裏口、雄鶏鉄門の方から回って出、大統領夫妻を公園側で拾わねばならない。一台のDSが、護衛を満載して大統領の車に続く。イシー・レ＝ムリノー行き。一二時、二台の「アルーエット3号」がヘリ発着場から、東へ向けて飛び立つ。コロンベイに向けて出発する予定だった。しかし、突然、予定が変更。サン・ディジエまで、ドゴールの村の北五〇キロほどのところまで距離を伸ばす。そこで燃料を満載するためだ。支障が生じた。マシュに事前に知らせることができたかどうか連絡してくるはずのボワシウーは、約束の電話に出ないのだ。彼は、ストのため、バーデン＝バーデンに電話を取り次いでもらえなかった。*[20]

再出発する。そして数分後、ドゴール将軍のヘリコプターは、地上へ向けて降下し、エスコートのヘリコプターにつき従われながら低空飛行で、東に向けて飛ぶ。後部座席に座った威厳ある搭乗者はパイロットの助手席に座っている副官のフロイックに地図を見せた（話し合うには騒音がひどすぎる）。「FFA[12]15の司令官官邸*[21]」、バーデン＝バーデン方面。ドゴール将軍は一人だ。フランスは将軍を見失った。

前日、五月二八日、マシュ将軍は、バーデン＝バーデンの官邸に、東ドイツ駐留ソ連軍の総司令官で反ドイツ的な暴言を吐く、太ったコシュヴォイ元帥の訪問を受け、元帥はフランス人の同僚とウォッカを痛飲した。そして、彼はマシュにフランス政府にあまりに多くの心配をかけている何人かのアナーキストを「粉砕して」しまえと忠告した。五月三〇日、今日は水曜日、ドイツ駐留フランス軍の総司令官、五つ星の将軍ジャック・マシュは二日酔いで頭が重い*[22]。質素な食事の後、赤いトックリセーターにビロードのズボンを履いて、温室のソファーで、短い昼寝をした。一四時四五分、伝令任務を遂行しているデュパンという青年が、昼寝をしている将軍の夫人シュザンヌ・マシュの事務室に一陣の風のごとく入って来る。電話がかかっています、「フロック」とか何とかいう連隊長です。総司令官の妻は、階下に降りて、電話に出た。受話器の向こうで、「こちらは、フリゲート艦長フロイックです。滑走路に標識を置くよう手配させてください。あと五分で、私は、ドゴール将軍と夫人を伴って到着します。私たちは、今、バーデン＝オオスの航空場の敷地にいます」

仰天し、ひどく興奮したマシュ夫妻は、考えている余裕などない。急いで室内を片づけ、家政婦たちをしかり飛ばし、慌てふためいてダブルベットのある一部屋を用意する。五分後に、二機の「アルーエット」は、マシュ将軍邸の着陸場に到着する。マシュは、なんとか制服に着替える時間があった。伝説的な大きなシルエットがヘリコプターから出て来る。将軍はフロイックが持っていた書類カバンの中から眼鏡を探す。ドゴールは眼鏡を取ってかけ、なんとかマシュの顔を見定め、彼に言う。

「すべてがだめになってしまった。共産主義者たちが国の全面的なマヒ状態を作り出したのだ。私はもはや何の舵取りもできない。だから、私は引きこもることにする。それに、私も親族も脅かされていると感じるので、いったいこれから何ができるか考えたいと思い、御宅に一時待避させてもらえないかとやって来たのだ」

――「将軍閣下、引きこもるなどとお考えにならないでください。あなたのように威信あふれるお方は、まだ行動の手段を持っています」と、マシュは反論した。[*23] 彼はドゴール将軍を腕に取り、家の方に案内し、自分の事務室の椅子に座らせた。その間、シュザンヌ・マシュは、国家元首の夫人の世話をした。ドゴールのやつれ果てた顔は、カタストロフのすべてを表わしていた。イヴォンヌ・ドゴールは前日パリの真中で攻撃を受けた出来事を細かく、後に二度にわたって語っている。DSの運転席に座っていた男が、彼女の車が信号で止まっているとき、彼女を口汚くののしったというのだ。[*24]

**マシュの長説教**

少ししてから、二台の自動車がドゴール将軍の息子、フィリップ・ドゴールとその妻、子供を連れて到着した。彼らは、大統領のヘリコプターがエリゼー宮の参謀長ラランド将軍を載せて、ユブロとボーヴァレのところでの情報収集任務を果たすために出発した数分後に、ビーチクラフトのバーデン゠オオスに到着したのだ。トランクがドゴールの子供たちと一緒に運ばれていく。「私が息子に、家族と一緒にここで私に合流するよう言ったのだ……」と、ドゴールはマシュに説明する。続いて、彼は長い独白のような話の中で、繁栄の最中に自壊する国を見て絶望した、と語る。彼は全般化したパニック状態について語り、すべての願望、最上の願望さえも地に堕ちるのを見たというのだ。「ポンピドゥーは、最初は、学生と組むなど間違っていたかもしれないが、その後の彼はとてもよかった」と言う。マシュは、これを聞いていてすぐ納得する。将軍は、自分自身を見失っている。将軍は傷つき、消耗し、悲しみに沈んでいる。マシュは「どちらへ行かれますか?」と将軍に聞く。彼はストラスブールを想定している。そして、マシュに言う。「私が保護を願い出ているとドイツ当局に予告するだけでいいのだ」と。戦闘的で、口達者で間抜けのマシュは、内心、自分のアイドルがこのような意気消沈した状態にいることに腹を立てている。マシュは、彼の連絡相手のドイツ人がいないことに満足している。オムレツが運ばれたが、食事中も会話は継続する。マシュは「私は決心して、私の経歴で最も難しい試合をドゴールとすることにしたのだ。そしてその試合に勝てたことを誇りに思う」と書いている。さて、彼は一時間近く大統領の前に立ち、しゃべるに任せて、闘志を鼓舞するために次第に猛烈な熱弁を振るいはじめた。「ご自身にとっても、わが国にとっても、そんな風に途中で投げ出すことなどできません。閣下は信用を落とすことになり、閣下のイメージも落とすことになります。閣下は弁を開き、閣下が治水する義務のある混乱した流れを一層増大させるのですぞ。閣下はうんざりなさっている。しかし、そのような事態は、一九四〇年以来、すでにご覧になっているはずです。ご自分が選ばれた場で、またもし、大統領をまだおやりになりたいなら国民投票という場で、最後まで闘うべきです。もし、万が一国民投票が不可能というのなら、辞職することもできると思いますが……」。このとき、マシュは躊躇して、呟き込む。大統領に向かって、厚かましくもこのようなことを語っている自分に衝撃を受けた。しかし、大統領は少し姿勢を正した。彼の目は自分の話し相手をじっと見つめていた。彼は急いでマシュに話を続けるよう熱心に促す[*25]。マシュはまた話し始める。「……しかし、予め逃げるようなことはせずに、なぜなら闘いの前線はフランスで、閣下にとってそれはパリです。ドゴール将軍という年老いた闘士は、最後まで立ち向かわねばならないのです。この闘士に称賛を惜しまぬ人はいくらでもいます」

もっと後になってからのインタヴューで、マシュは、また以下の決まり文句を使ったことを付け加えている。「将軍閣下、しかたありません。いったい何ができるというのでしょう。閣下は、泥沼にはまっています。しかし、そこに留まらねばなりません。そこにお戻りください[*26]」

将軍は生気を取り戻したが、まだ納得しない感じだ。そして、しばらくして、マシュは、ドイツ駐在大使に国家元首がいることを知らせるために、事務室を出た。彼は基地の二人の副官にこう言う。「われわれは宿舎から出なかった。閣下はラバのように頑固だ」

しかし、彼が戻って少しすると、ドゴールはいきなり立ち上がる。マシュに近づき、彼を儀礼的に抱擁し、そして言う。「私は出発する。妻を呼んでください。息子に関しては、自分で何をすべきか、自分で判断するだろう」と。

### 決定

一八時、ドゴール将軍はコロンベイに戻る。公園を大股で歩きながら、将軍はフロイックと花や詩について語る。ジョルジュ・ポンピドゥーは、一七時頃、バーデンに将軍がいるという通報を受けた。一七時半、フランス軍の参謀長フールケ将軍は、この事実を確認するためにマシュを電話で呼び出した[*27]。フールケ将軍の横には、ピエール・メスメールがいた。13

——「大臣は、ラランドがあなたのところに来ているか、そしてそこで何をしているのか知りたがっている」

——「ラランドは、情報収集のために私のところへ来ました。その後、彼はメッツのボーヴァレのところへまた出発しました」

——「もう一人別の、大柄の人を受入れませんでしたか？」

——「その通りです。しかし、彼は再出発されました」

——「気をつけてください。マシュさん、愚かな言動は謹んでください！」

――「なんですって。軽率な言動ですって？」

――「私に報告書を提出しなさい」

――「なぜですか？　これ以上、私は言うことはありません。ご安心ください。閣下」

マシュには、フールケの質問の真意は明らかだった。フランス軍総司令官は、ドイツに本当に行ったかどうかを知りたいだけではなく、自分の知らぬうちに、ドゴールが軍事介入を組織したのではないかと心配している。厳格な国家機密に則り、マシュが全面的に嘘を言っているのではない限り、実際には何もなかったことがわかった。たしかに、ドゴールは軍の心理状態について情報を収集していたし、調査させ、マシュに直接さぐりをいれた。しかし、たとえ一言でも、彼が武力介入する仮説を示唆したことは、一度たりともなかった。仮説は彼の頭の中にあった。「ストラスブールから、領土を再征服することを私は考えたが、それは究極的な不慮の事態としてだ」と、ドゴールは、シャバン＝デルマスに後で語っている。こうして、〈五月〉の後、百数点におよぶ記事や本などが報道したミステリー、「軍は介入するだろうか？」という疑問は、一掃された。ポンピドゥーが、ただ幾つかの予防策を講じてきたことをわたしたちは見て来た。それ以上のことではない。

しかしながら、フールケやメスメールが不安をいだいていたことは、ドゴールの駆け引きがすでにうまく機能したことを物語っている。すなわち、バーデン＝バーデンの出発の背景に、無言で不明瞭な、だがまさに現実的な市民戦争と軍隊の召集の脅威がはっきりした形をとっていた。この脅威は表明されなかったが、いつでも存在しているのだ。

しばらくして、ドゴールは首相に電話する。ドゴールはごく自然に、ポンピドゥーに自分が軍人たちに会ったこと、これから休んで、明日の昼頃には、そちらに行くと知らせる。彼の声は若返っていた。彼は指揮する語調を取り戻していた。ドゴールは、トゥリコにもこう言う。「私は、自分の本心と折り合いをつけた。今ははっきりした。私は何をすべきかわかっている。明日、一五時に閣議を取り仕切る」[*28]。そして、夕食の間、ドゴールは妻とフロイックに、今しがた横断したライン河についての幾つかの詩を朗読する。「ライン河よ、永遠の警告の悲しき証人よ、いつも涙を寄せ集め、波を巻く」、「これは誰の詩かな？」とドゴールは聞く。副官は、知らないと自分の無知を打ち明ける。ドゴールはあざ笑って、「知らなくてあたりまえ。これは私のだから」[*29]と。翌日早く起きたシャルル・ドゴールは、午後に発表する声明を準備する。

### 将軍の、二つの五月二九日

二〇年の間、この日についての解釈をめぐって、二つの説が拮抗することになる。ジャック・マシュ、ジョルジュ・ポンピドゥー、そしてポンピドゥー派は、きっぱりしている。すなわち、ドゴール将軍は無能に陥った、というものだ。ドゴールは、出発し、ゲームを放棄することを夢想した。そしてマシュが自分で細部まで力説したように、ドゴールに自信を回復させたのだ。この晩、これほど重大な策動に関する内密の話の外に置かれたことで深く傷つき、辞任しようとしたポンピドゥーは、まず「目算」しようとした。しかし、ポンピドゥーは、後になって、放棄が乗り越えられたという説を最もよく示す別の見方を語っている。すなわち、「バーデン゠バーデンの旅は、計算されたものではなかった。私は、五月三一日に、メスメールの口から、そのことを知ったのだと思う。私はメスメールの要請で、彼に会った。メスメールは、私に、自分がマシュ将軍の訪問を受け、マシュ将軍が自分にバーデン゠バーデンの真実を明らかにしたことを、教えてくれた。そして、メスメールは、ドゴール将軍の許可を得て、自分の報告義務だと思われるそのことを私に知らせに来たのだ」「ここで私が言うことは、歴史がこれを無視してくれればよかったのにと思わずにはいられないものだ。しかし、このことを公開せずにいるには、あまりにも多くの人が知りすぎているので、その事実の通りに、物事が語られた方がいい。そしてあくまでも事実はそれのみだ。真実のところ、ドゴール将軍は、落胆の危機を経験したのだ。ゲームに敗北したと思い、彼は退陣を選択した。バーデン゠バーデンに到着したら、滞在延長ができるよう配備がすぐ調えられた。フィリップ・ドゴールとその家族も同様、そこにいた。フランス大使は、ドイツ政府に予告するようにとの指示を仰ぐために召集された。これは、マシュ将軍が勇気と自由な表現をもって、過去を想起させ、フランス軍の忠誠を保証したため、ドゴール将軍は決断を変更し、ついで完全に反転した。フランスは、あの日、マシュ将軍に多大な感謝を捧げなければならない。続いて、私はマシュの訪問を受け、彼はメスメールの語ったことを追認した。ドゴール将軍もまたそのことを追認するはずだったことも付け加える。というのも、六月一日土曜日に、そしてその後にもまた、この偉大な人物が私に語ることを聞いて感慨深かった。「私の人生で、初めて思考停止に陥ってしまった。私は自分のことを恥ずかしく思う」と言ったのだ。私は、その後、コロンベイに行ったアラン・ド・ボワシウー将軍が、私にとって唐突な言葉、「すべての権限」を私に委任する故の私宛の一通の手紙を預かっていたことを知った。たとえ、私にこの言葉の憲法上の価値を評価するのが難しいとしても、この手紙はその意味だった[*30]」

この説に、マシュの証言はむろん大きな信用を与えている。トゥリコが指摘したように、ほとんど夜も眠らなくなってしまった神経衰弱の男を見て来たばかりの者たちにとって、ドゴール将軍は、五月二四日以降、蒸発してしまったという黙示録的話もある。二八日の夕方と夜に、FNSEA[14]（フランス農業団体連合会）会長ミッシェル・ドゥバティス[*31]、ミッシェル・ドロワ[15]、そしてクリスチャン・フーシェがドゴールに面会を受け入れられた。ジョルジュ・ポンピドゥーの前にいたときのように、ドゴール主義者たちが使う言葉によると、ドゴールは『黙示録』の演説を繰り返した。バーデンでは、ドゴールは家族を連れ、トランクを運び、自分の到着と保護依頼をドイツ当局に知らせるよう、マシュに最も絶望的な依頼をしたのだ。

## 欺瞞の分厚いヴェール

しかしながら、この件の著述家たちの大半は、マシュとポンピドゥーの筋書を否定している。彼らにとってみれば、ドゴール将軍は最上の政治的策動家として、手慣れた奇襲作戦に訴えたのだ。そして、二巻のシャルル・ドゴールの軍事的信条を著した『職業としての軍隊へ』[*32]と『剣の刃先』[*33]を引用する。そこでは、統帥の行為は、豊かさと厳格さから定義される。すなわち「奇襲作戦は、昔から使われてきた兵法の花形である……。しかし、［長たる者］はその奇襲を組織することを知っている。彼らは単に、戦術を練り決定を下す者たちの発言や命令、報告に観察される機密や隠された準備のおかげでそれをうまく組織するだけでなく、分厚いごまかしのヴェールの陰でそれを行うのである」。たしかに、敵は情報を入手するかもしれない。「しかし、だからこそ、敵を混乱させることができる。わずかでも、自分の方針に関して、自分自身の陣営を騙すことを承諾すれば、またわずかでも、自分が使おうと考えている者たちが敵を惑わせるならば、そして、わずかでも、人を欺く仮説を広めるために、各部隊が敵の陣営で起きていることを見抜くことを可能にしている多くの手段を、計算された術策によって使用するなら、虚偽の裏に真実を隠すことができるだろう」。端的に言えば、「我々がいないところに我々がいると思わせ、欲していないものを欲しているように信じさせるために、策略を練らねばならないのである」

　この戦術の手引きを手にするなら、バーデン゠バーデンについて、全く違ったもう一つの物語を語ることができるだろう。これは基本的に、フランソワ・ゴーゲル[16]、ピエール・ヴィアンソン゠ポンテあるいは、ジャン・ラクーチュールが同意する物語だ。

　土曜日になるや、ドゴールは国民投票の作戦がうまくいかないだろうことを理解した。彼は落胆したろうか？　たしかにそうだろう。ドゴールは、物事を概観し、フランス国民に向かって、近代社会におけるフランスの役割について、またフランスのように「機械文明」の道を進もうとしている諸国に対して発するべき社会的メッセージについて語った。しかし、フランス人たちは、分裂と無政府的状態のせいで、眩暈に襲われ、ドゴールの言うことに耳を貸さなかった。またしても彼らは、変化のための変化の警笛に譲歩してしまった。彼らは、凡庸な野望とちっぽけな目論見に心の拠りどころを見つけるために、偉大さを拒否した。苦渋がこの老人を浸した。老人は国家を建設し、国民を立ち直らせ、繁栄の上に座していたと思っていた。そしてこれら三つすべてが、扇動者たちとCGTのもとで、風化したのを目の当たりにする。「騒乱《シアンリ》」は、一〇年かかって築き上げたものを持ち去った。これでは誰だって動揺するだろう。

　このように、ビヤンクールの拒否が、政府の足元で亀裂を生み出している間、ドゴールが月曜、火曜にやって来た訪問者たちを前に呪いを爆発させたのは、たしかに本心からのものだ。ドゴールが六月、嵐の後、ミッシェル・ドロワに「ええ、私は退陣しようという誘惑に駆られましたよ[*34]」と語り、あるいはまた三〇日の演説で、「例外なしにあらゆる状況について仮説を立ててみた」と表明したとき、彼は正直だったのだ。ドゴールの眠れぬ夜の数々、無力な自分のありよう、自分の部下たちの無能、ドゴールは時代を作ったと評価するドゴール派の人々の事実と行為を、自分の忠実な部下たちから細部にわたって教えられ、彼が注意深く一つ一つ目を配っていた裏切りなど、それらすべてが、アンヌとピエール・ルーアネ[17]の言葉を借りるなら、苦い悲しみ、落胆、「嘆き」の中にドゴールを突き落としていたのだ。これらの超人的な努力、アルジェリア、体制、爆弾、NATOからの脱退、困難なヨーロッパ、大外交政策、産業化、これらが最後は茶番と化して終る。そして暴動で追い払われたときのルイ＝フィリップのように、グロテスクな運命へと彼を追いつめているのだ。あまりにも愚かで、あまりにも凡庸ではないか！

しかし、フランスが熟知した特別な才能なしには、ドゴールは、ドゴールたるものにはなれなかっただろう。もし、彼がある日、この国の運命を体現していたなら、もし彼が終りなき斜陽の後に権力の座に戻って来たのなら、それは申し分のない状況だ。というのも、動乱が最も勇猛果敢な者たちを混乱させ、最も精力的な者たちの兜を脱がせるとき、彼は風雲児であり、他の者たちをすべて支配する者としてあるからだ。なぜならドゴールは、ナポレオンがその回想録で語っている「朝三時の勇気」を持っているからだ。この勇気は、予想もできなかった敗北の最中でも、指導者を沈着かつ冷静に保つ。そして、彼を取り巻く状況がパニックや狂気に陥っているとき、その勇気のおかげで、全き理性にしたがって決心することができるのだ。

たとえ、シャルル・ドゴールは気性が激しく熱情的な性格や循環気質などのせいで、ときには自分自身が混乱することがあるとしても、彼はこの才能を、己の第二の性格として持ちあわせている。それゆえ、穴の奥で、片隅に追いやられながらも、ドゴールは自分の即応的な現実主義に基づいて、欠陥を精査し、常に歴史を決する状況の錯綜状態を何とかやり過ごしつつ、まだ反撃を考え、可能な道筋を探り、敵を詮索する。

ポンピドゥーはあまりにも弱かった。寛容な態度で前進しようとする熱意に包まれて、彼はゼネストを呼び起こす事態を許してしまったのだ。この意味において、ポンピドゥーは許しがたい。しかし、ある一点において、彼は正しい。つまり世論が出来事を指揮するという点だ。なぜなら、世論が学生を支持し、国家はマヒしたからだ。世論が好意的にゼネストを受け止めたから、反対するまでもなく、国は停止状態になったのだ。しかし、今回、世論は、それらにうんざりしている。流れは逆になった。みんなは、もう秩序しか求めていない。それが、突然、最も人気のない男、マンデスの人気が急に上昇した本当の理由なのだ。平静に戻すことができる唯一の代打として、マンデスが現れたからだ。なぜか？　国家は解体していたからだ。

だが、もし国家が急に立ち直るなら、もし突然、異論の余地のない権威が強い声で立ち現れるなら、不安げな者、苦悶する者たち、パニックに陥った者たちは、直ちになびくだろう。五月二四日、ドゴールはフランス人を熱望によって摑むことはできなかった。だが三〇日、ドゴールは恐怖によって国民を結集させることができる。彼がその信条を強く打ち出せば、すべては反転しうるのだ。

**策動**

まだ、何か出来事が必要なのだろうか？　一発の砲撃、劇的な展開が必要なのだろうか？　すべての人の注意を喚起するこの出来事が不安を増大させ、敵の正体を明らかにさせるだろう。そして、デモの支援、これは消滅、退却の仕草であり、深淵に落ち込む意識的な作為だ。ドゴールはこれからフランス人たちに虚無を見せるのだ。眩暈は、彼らがドゴールに痙攣を起こしたように、しがみついて離れないだろう。

しかし、タイミングを選択しなければならない、そして不意撃ちの効果を計算しなければならない。それゆえ、友も敵もてあそぶ「欺瞞の厚いヴェール」を広げるために、三日間が積極的に使われた。強く欺く必要もなく、ドゴールは落胆し、煮え切らず、落ち込んでいた。ドゴールは自分の政府、自分の官房、側近、首相さえも惑わし、首相はドゴールが失踪したとき、心底からの叫び、二度と戻ってこない、という言外の意味を含む「大統領は外国に行ってしまった！」と言うのをこらえることができなかった。ただときとして、自分に忠実な者たちを手放さずにいなければならないから、ドゴールは、エネルギッシュで決断力のある普段の顔をしていたのだ。ドゴールは、土曜日の朝になるや、次の週に行なうつもりにしていた演説なるものをフランソワ・ミソッフにほとんど聞かせてやる。火曜日の午後、会いに来たミッシェル・ドロワとは、エリゼー宮で六月の約束を交わした。同じ日に、ドゴールは情報相ジョルジュ・ゴルスを呼び出した。ドゴールは、電話の向こう側で（ドゴール将軍は、電話はきらいだった）相手が起立し敬礼するのに、まったく肝をつぶした。[*35] 彼に国営放送局について断固として対処するよう、そしてラジオ局の占拠者たちをできるだけ早く追い出すように厳命するためだ。

そして、ジョルジュ・ポンピドゥーとの最後の会話の中では、政府の行動については宿命として受け止めながら、自分の意向についてはは少したりとも明らかにしなかった。

——「あなたは、当初からあまりにも楽観主義でしたね」と将軍。

——「何について私が間違ったというのでしょうか？」

——「CGTと合意に達するとあなたは言っていましたね」

——「私は、合意は得たのです。その合意を承認させることができなかったのは、CGTです。そのため、共産党は、指導力を発揮するように努力しているのです。これは、高くつくでしょうが、何とか達成するでしょう[*36]」

ジョルジュ・ポンピドゥーがドゴールと別れるとき、ポンピドゥーは、ドゴールが落胆したように見えた。ポンピドゥーは、ドゴール夫人が犠牲となった小さな事件があったことを知った。首相の後に訪れたクリスチャン・フーシェも同じ印象を持つ。

実際、ドゴール将軍はまだ思いめぐらしている。彼は、頭の中で、幾つかの仮説を構築し続けている。彼は、もう一つ別の要因に思い当たり、できるだけ早くここから遠ざかるべきだと感じる。要するに、フランス共産党の姿勢だ。ポンピドゥーはいつも実力行使を信じない。ドゴールは、不測の事態を完全に排除するためには、あまりにもヨーロッパの歴史を知りすぎている。それは確かにあまり可能性はない。フランスはソ連の影響圏にはいないのだ。原則的に、ロシア人はそうしたことに関与しないだろう。しかし、実際にはどうなるかわからない。結局、誘惑は強い。翌日の午後、CGTのデモはエリゼー宮から二歩手前を通過する。流血の対決に晒されるよりは、遠のいていた方がいい。ドゴールは、自分自身でボアシウーに語っている。「空の宮殿を襲わないだろう」と。そして、自分自身に当てはまることは、家族にも当てはまる。蜂起が一つ起こったと想像してみよう。将軍の周辺の近しい者たちは傷つきやすくなる。そして、それは波及して彼にも襲ってくる。大統領夫人に対する攻撃は、ドゴールを傷つけた。だから、女も子供も連れて行くのだ。

こうした仮説の動きに従って、ドゴールは、蜂起が起こった場合、軍隊が唯一の手段だと確認するのである。しかし、軍隊は東部にいる。最良の部隊はアルザス、ロレーヌ、ドイツにいる。彼らの士気はどうなのか？彼らの指導者たちはどうなのか？　メスメールの調査によれば、無防備になるということだ。これは、またバイアスのかかった報告である可能性も否定できない。その報告書は、武力衝突という考えにぞっとした部下たちが――ドゴールはすでにフーシェとグリモーで経験済みだ――、指揮官の流血作戦を禁じるために、故意に練り上げたものかもしれない。だから、ボアシウーを秘密裏に来させたのだ。そのとき、ラランドに彼自身で情報収集するように頼んだのだ。だから、頑固な男マシュに会いに、側近と行くことにしよう。ドゴールは、機密事項の唯一の情報を握ることになる自分の婿に電話し、翌朝の九時三〇分に召集する。手配は整った。ドゴールは、すべての仮説に備えができた。エリゼーから遠ざかることは、ドゴール将軍へすべての視線を向けることになり、世論の茫然自失は請け合いで、方向転換を促進させる。共産党が実力行使に出る場合は、ドゴールは革命家たちから決定的な人質を奪い、作戦の自由を確保し、再征服を達成する。劇の筋書はでき上がっている。それを演じるのを待つばかりだ。

このテーゼの信奉者たちにとって、マシュは最初の犠牲者だ。どうやって軍隊の指導者をテストするのか？「マシュさん、あなたは私の側につきますか？」という問いは、何の意味もなさないだろう。そんなことを聞かれたら、どうやってノンと言えるのか？　反対に、落胆によって支えられたスペクタクルは、この好人物の本音を明らかにするだろう。マシュが躊躇し、狼狽し、混乱していたら、心配しなければならない。要するに、それはつまるところ、軍隊は確かではない、ということだ。貴重な情報だ。しかし、マシュはマシュである。ドゴールは、反対を叫ぶだろうことを疑っていない。自分の上司のほうを振り返り、彼の忠誠心は一層強固となろう。そしていつも深い悲しみを抱いているドゴールは、いっさい案じることなく常に自分に付き従う一人の同伴者の全面的な忠誠を必要としているとわかっている。すると、マシュは自分の役割を完璧に演じ、午後三時には、プランは半分実現したのだ。残りは世論の反応だ。将軍は、長い間待つ必要はない。コロンベイから戻ると、彼は、完全に成功するかどうか判断するために、側近と連絡を取るか、あるいはラジオを聞けばよい。フランスは、パニックに襲われていた。反対派は既に権力の座にいるつもりになっている。だが、恐怖に駆られたフランス国民は、この見通しをすでに斥けている。六時間も政治の空白状況に直面して、パリでも、〔共産主義者による〕プラハ動乱が起こるかもしれないという空恐ろしい幻想に取り憑かれ、フランス国民すべてが一丸となって、絶好の「国民投票」で、体制に投じたのだ。それは恐怖にあおられた「国民投票」というしかない。裏舞台でのこの雷鳴、完璧に演じられたこの手品は、一幕をかたづけ、他の役者たちを黙らせ、鑑賞者たちを硬直させる。後は、光が燦々と降り注ぐ中を前進すること、そして大団円を告げることだけが残されている。

# 23　五月三〇日　蘇生

五月三〇日一一時五分、ドゴール将軍は、コロンベイでヘリコプターに乗り込む。将軍はエリゼー宮に一二時二五分には到着していた。「私はいい空気を吸い込みたかったのだ。よく眠ったし、せいせいした気分だ」。ドゴールはジャック・フォカール[1]の訪問を受け、準備した演説を読んで聴かせる。フォカールは意見を述べ、ドゴール派が一八時にデモをすることを再度伝えた。「では、私は閣議の後、一六時半に演説しよう」

すべてが変わった。将軍は今回、先手を取つ。というのも、国民は、政権について、失踪事件（帰還については前夜に報道された）とは言わないまでも、朝刊でメロドラマのように解説されて窮地に立たされているという印象を抱いていたからだ。前日に、すでに権力崩壊はかなり進んでいたが、それは今や抗しがたく思われた。午前の終りに出る日刊紙『フランス・ソワール』に、ジャン・フェルニオ[2]は次のように書いた。「国民投票は不可能だ。労働組合ももうドゴールを求めていない。ドゴールが自派に向き直ると、今や人影はほとんどなくなっている。ドゴール将軍を支持してきた六〇％のフランス人たちは、どうしてしまったのか、と世論調査は語っている。老練専制者の手から武器が落ちる。ドゴール自身によって作り上げられた憲法の武器が……。ドゴールは独りだ」

報道機関は、すべてを知ることができない。

**崩壊**

国の残りの部分は団結している。行政のマヒ状態はもうじき全面的になる。どの知事も、もはや内務省と連絡が取れない。治安部隊は今、騒動に対応するには人員不足になっている。グルノーブルでは、県庁は備蓄品が底をついているとの知らせがある。ナントでは、このような状態がずっと以前から続いている。トゥール、ルーアンでは、デモ隊はもはや警官隊と出会わずじまいだ。幾つかの省庁では、書類を除去したり、焼却処分する。あるパリ市議は警視と懇意にしているので、偽の書類を作成してくれるよう頼む。高級官僚たちはマンデス・チームのために、状況分析を作成する。反対勢力はますます近づいていると思われた権力掌握の日のために、マンデスおよび共産党と共存することを常に考えていた。午前中に、ピエール・マンデス・フランスは、再度、デカンと会う。前評議会議長は彼に、自分が手がけようと考えている主要な措置について述べる。CFDT書記長は、ドゴール将軍の退陣が威厳を持って執り行なわれるよう再度懇願した。ヴァレリー・ジスカール・デスタンは、将軍退陣によって、ポンピドゥーが全権力を掌握してしまうのではないかと常に恐れている。首相の敵、ドゴール派左派と面談した後、ポンピドゥーは一一時にコミュニケを発表した。将軍はその任務を継続して行なうべきである、将軍は幅広い多数派に支持された政府を召集すべきだ、という内容だ。プレヴァンとデュアメルは、ドゴール個人への崇拝色を少し弱めたドゴール主義が実践されるような多数派に参加しようと思っている。端的に言って、すべての策動、陰謀、策略、謀議が、午後になって、前日以来、巷に流れている途方もない噂の規模につれて、異常にふくれあがる。ドゴールは死んだ、ドゴールは退陣した、あるいはこれから退陣すると。すべてが崩壊し、すべてが再編され、すべてが変わる、と。

そうこうしている間、反撃が練り上げられる。一四時半、ジョルジュ・ポンピドゥーは、閣議が始まる三〇分前に面談を許された。彼は辞表を書いた。[*1] ポンピドゥーがドゴールにこのことを伝えるやいなや、ドゴールは彼をさえぎった。「留まっていただきたい。私たちの運命は結ばれているのだ」。そして、大統領は首相に準備していた演説を読み上げた。解散という一点を除いて、すべてがそこに述べられているとポンピドゥーは思う。そこでポンピドゥーは、前日、前々日にすでに繰り広げた論証をもう一度述べる。国民投票は昨日行なわれた、と彼は言う。すなわち、あなたの失踪は、強度の不安を呼び起こした。あなたの後継者たる者たちの名前が挙げられたが、誰もそれらの人たちを欲していない。今日に至っては、あらゆる人々が秩序をもとめている。それを体現しているのは、大統領、あなたです。闘いは勝ったのです。この不安定な会衆を圧倒的多数派に置き換える唯一のチャンスを、私たちは握っていると。

ドゴールは説得されたくない。彼は一人で勝利したい。唯一自分の言葉の力で政府を維持し、一つのシンプルな演説で危機を乗り越えたい。ドゴールは、それができると感じる。ドゴールは、必然的に選挙の勝者となるポンピドゥーが必要だという事態になるのを忌避したいのだと推測もできる。老いた君主たちは、焦った王子たちを嫌うものだ。

――「ともかくも、もし国民投票ができないと言うなら、同じ理由で、選挙もできないはずですね」

――「いいえ、国民投票は抽象的です。この投票を組織するのを邪魔することを誰も悪いことだとは思いません。選挙の場合は全く違います。誰も邪魔しようとする人はいないでしょう。解散することは、ストの終りを保証することでもあります。少なくとも、公共事業体においては」

ドゴールは不満げに鼻を鳴らし続けた。すると、ポンピドゥーは最後の切り札を出した。

――「大統領は、私に辞表を収めるようにと言われました。では私は、大統領に議会の解散をお願いしたいのです」

これは決定的な論拠だ。ドゴールはいずれにしてもポンピドゥーが必要なのだ。もし首相が辞職したら、ドゴールの演説効果は半減する。嵐の最中に、前面に立っていた男が消えようとしているのだから、別の男と一緒に、説得しなければならなくなる。ポンピドゥーが話している間に、ドゴールはすばやく自分の演説を直し、白紙に短い文章を書きつけた。ドゴールは、それをポンピドゥーに突き出した。元老院議長宛の手紙で、憲法一二条に予定されているように、解散が行なわれるときには、元老院議長への諮問が義務づけられている。ガストン・モンネルヴィルにその手紙が届くのは、彼が電話で友人の知事に「私が実権を握るだろう」と告げた直後だった

「私は、退陣しない」

閣議の後、一六時半に、しっかりした語調でドゴールは演説した。フランス全部が、テレビやトランジスターの前で聞き入る。伝説的な声が映像なしに流れ始める。ドゴール将軍はラジオで表明し、音はテレビで中継された。というのも、国営放送局のスト参加者たちによって中断される危険性がより少ないからだ。またたぶん、ドゴールは、今では年老いた自分のイメージが気になったのかもしれない、あるいはジャン・ラクーチュールが考えるように、この時間帯では、テレビを見る人は誰もいないので、ラジオなら誰でも聞くことができる、という単純な理由によるのかもしれない。この方法にはもう一つの長所があった。つまり、一九四〇年の放送だ。[3]

声は、ムチの一撃のように響く。それを聞いたすべてのものは、この演説をいつも思い出すことだろう。演説は、四分三〇秒。しかし、言葉の一つ一つが鉛のような重さを持っている。

「フランス国民の皆さん、フランス国民と共和制の正統性の保持者として、私は、この二四時間前から、その正統性の護持を私に可能にさせるあらゆる事態を、例外なく想定してきました。私は決意しました。現在の状況の中では、私は退陣いたしません。私は国民から信託を受けています。私はその責務を果たします。首相交代も行ないません。現首相の価値、強靭さ、忠実さは、すべての人からの敬意に値するものです。政府の組閣において、首相は必要と判断する内閣改造を私に提案することになるでしょう。私は、今日、議会を解散いたします。私は、根本的な経済改革や大学改革を定める機会となり、また同時に、市民たちが私に信頼をおくか否かを問う国民投票を提案しました。これは受入れられる唯一の手段、民主主義的手段だから

です」

「しかし現在の状況が、この実施を物理的に妨げているのは事実です。それゆえ、私はこの日程を延期します。総選挙に関しては、憲法で定められた通りの期間内に実施されることになるでしょう。ただしそれは、もしフランス国民全体が生きることを妨げられ表現することも妨げられて口封じをされることなどがないという条件の下にです。同様に、学生が勉強を、教師が教育を、労働者が労働を妨げられないなら、という条件の下にです。ここで申し上げているのは、結局、ずっと以前から組織された複数のグループによる威嚇や攪乱、横暴な行為のことです。それはまた、この点から見れば既にこれに匹敵する者なしとは言えぬにしても、一個の全体主義的企てとも言えるある政党による妨害のことです」

「したがって、もし、このような力の状況が続くなら、私は共和国を維持するために、憲法に従って、この国で直接投票以外の方法をとらなければなりません。ともかく、至るところで、すぐに、市民の行動を始めねばなりません。それには、まず政府を援助し、次いで地域的には、可能な限りいつでもどこでも、共和国の特使に任命されあるいは再任命された知事たち[4]を支援することです。彼らは住民の存在を保障し転覆行為を阻む任務を持っています」

「フランスは、実際、独裁政治に脅かされています。それは絶望にあるフランスを諦念に導き強制的に座する権力です。この権力とは、もちろん、基本的には勝利者のものでしょうが、言い換えれば、全体主義的共産主義の権力です」

「当然、最初は、政治家たちの野望と憎悪を厄介払いしながら、その権力の欺瞞的な様相に彩色が施されることでしょう。こうなったところで、そうした人物には、大して重みのない自分の体重以上の重みはないのです。ですから、そうはいきません！　共和国は、屈服することはなく、人民は立ち直るでありましょう。進歩と独立と平和が、自由と共にそれに対して勝利するでありましょう。共和国万歳！　フランス万歳！」

　これは政治的傑作だった！　各文章に主旨、形式、語調、そして趣向が備わっている。すべてがそこにあり、すべてが効果的だ。まず権威である。「私」が常に繰り返され、冒頭の短い部分で、戦場における命令のように鳴り響く。そして即時の決定、現首相の維持、民主的委任の名において継続するための決議、選挙。そして、フランス共産党の「全体主義的脅威」に対して次第に強くなる攻撃。これはずる賢い部分だ。つまり、この時期に政権を脅かしているのはマンデスであり、ここ二日前から熱烈なドゴール派になっているヴァルデック・ロッシェではない。だがそのことは重要ではない。恐怖を引き起こすのは共産党である。名指されているのはこの党だ。独裁、全体主義的企て、社会の転覆、すべてうまくつながるのだ。フランス人の反共産主義が、魂の奥底でかき立てられる。これこそが、コーン＝ベンディットの後ろで、くっきり形を表わしていた、恐ろしい怪物だ。私達はすでに勝手をよく心得ている。敵は仮面を脱ぎ、醜悪な姿で苛立ちながらそこにいる。

　次に、脅威である。すなわち、ゼネストが続けば、選挙が妨げられる。そうなるとドゴール将軍に全権を授ける一六条が最後の手段となるだろう。そして、よき措置を取るには、抵抗すること、必要ならば、武力による抵抗だ。これは、市民的行動への呼びかけであり、あらゆる非合法な試みを妨害する委員会への呼びかけだ。ドゴールを打倒するには、彼を踏みつけ、そして市民戦争を起こすしかないのだ。すべての賢明なレトリックのように、レトリックというものは、難しい現実を大げさに言う。そして、最終的に、それは、現時点での敵、昆虫がピン刺しされるように言葉で刺された敵、さほどの重みもない「厄介払いされた政治家たち」に対する止めの一撃となるのだ。ミッテランやマンデスは、自分たちに貼られたレッテルをひき剝がすのに時間がかかるだろう。そして、フィナーレのラッパに続き、幕引き。見世物は終り、お楽しみの終りを告げるホイッスルが鳴る。〈六八年五月〉は終ったのだ。

## ドゴール派の大河のような大行進

　ブルボン宮〔国民議会〕では、代議員たちが廊下やサロンで、三々五々、小さなグループになってトランジスターの周りに集まっている。多数派は、「コルベールの間」に集結し、物思いに耽ったりざわめいたりしていた。「私は退陣しません」という言葉で、拍手が湧き起こったが、「しーっ！」とすぐに静まり返る。数回、部屋には大きな反応が見られたが、直ぐ抑制される。そして、最後に壁が震えるほど爆発した。全員が叫び、抱擁し合い、泣きじゃくり、そしてその感激の一瞬を長引かせたいかのように、「マルセイエーズ」を二度も歌う。

ソルボンヌやサンシエのキャンパスでは、演説は集会参加者たちを硬直させた。声明は罵声で迎えられる。集まった連中は市民戦争だと叫んだり、これらの「防衛委員会」なるものを新たなゲシュタポになぞらえて、糾弾する。サンシエでは、学生たちは、軍隊の即時介入さえあるのではないかと疑う。戦車が現在、パリに向かいつつある、平服の落下傘部隊が大学キャンパスを攻撃するなどの噂が流れる。[*2] 総会は、防衛を任務とする委員会を任命し、近隣の通りに、ウォーキー・トーキーを装備した見張りを送るが、偵察者たちは無関心で平静でいる通行人たちを観察するのにうんざりして、一時間後に戻って来る。

実際、指導者たちはすぐに理解した。祭りは終ったのだ。ジャック・バイナックが報告したように、[*3] ドゴールは運動の骨組みを作ってきた象徴的な作用を壊したのだ。前日に姿を消して、ドゴール主義が本当に崩壊したらどうなるかを見せた。一六条と市民戦争の脅威を振りかざし、死者を出させまいとするタブーを取り払った。今まで、誰もが人殺しを避けてきた。ドゴールならば、もし必要とあらば、実行するだろう。しかし、現場では誰もその話についていきたいとは思わないだろう。誰にとっても、〈六八年五月〉は、死を賭した闘いではない。これは言葉の蜂起なのである。そして、ドゴールは、皆がしばしば語ったように、言葉による終止符を打たない。むき出しの力の、正確で技術的な叙述によって、彼は危機を解決する。ドゴールに対して、人々は暴力の象徴的使用や、デモやバリケードの象徴的行使を対置してきた。ドゴールは、その現実的使用をかざして脅かし、反駁する。ピエール・ゴールドマンが痛烈な皮肉を込めて言うように、シミュラークルの活動家たち、〈五月〉の革命家たちは、本当の革命以外なら、何でもする構えだ。だから、内部的には、彼らは赤旗を半旗にする。それは、運動が準備できた時に、群集が続いて闘う時に、労働者階級が動く時に、革命政党が結成された時に、別な機会があったらやろう、いつか……というようなものだ。

共産党はすぐに躊躇するのを止める。朝には、すでに組閣されるはずだった政府権力の一部を要求していたこの政党は、人民に訴えるといういつもの党の意向を主張する。ＣＧＴも同様で、早急に交渉に入るよう要請した。フランソワ・ミッテランは「ブリュメール一八日、[5]一二月二日、[6]五月一三日の声」[7]について語った。しかし、彼はもちろん、選挙に行くのだ。四分三〇秒で、合法主義者のゲームは彼らの権利を取り戻す。祭りは終ったのだ。

しかしこの大団円にはフィナーレが欠けている。それは、数日以来、シャンゼリゼ大通りで予告されていた。ジャック・シャバン＝デルマスは、国民議会史の中でも最も短かい討議の議長を務めた。議会の成果に対して議員たちに感謝を表明した後、国家元首の短いメッセージを読み上げる。

「議長殿、

憲法一二条により、また当該条項により規定されている役職者の方々と協議をした上で、私は国民議会の解散を決定したことを謹んでお伝えします」

多数派の議員たちは拍手し、会場を退去し始める。しかし、彼らは左派の議員たちが座ったままでいるのを見て、引き返す。そこで野党は起立して、「ラ・マルセイエーズ」を歌い出す。与党もそれに倣う。二つの陣営が歌う一つの歌。その後、ドゴール派は一団となって、オベリスクの方へ向かって行く。彼らは感無量だ。演説が終るや否や、不安に駆られ秩序を求めたパリが、外へと出て行く。怯えるブルジョアたちや心配顔の商人たち、深く傷ついた経営者たちやまた秩序を好むサラリーマンたち、保守的な労働者や賢明な若い娘、右派の学生と極右の活動家など、あらゆる者たちがコンコルド広場に向け、駆けていった。ピエール・クリーグ、[8]ローラン・ヌンジェセール、[9]ロジェ・フレイは、労組の行進に張り合うことができるなどとは思ってもみなかった。右派は街頭デモが嫌いだ。彼らは不安になり、数日前から反ドゴール派の極右、アルジェリア＝フランセーズの極右の協力が得られるよう交渉し、共産党と左翼主義者たちに対抗する一時的な協定を提案した。六年前から収監されているＯＡＳメンバー受刑者の特赦を条件に、合意は成立した。特赦は六月一八日に実現されることとなる。それまでは、「パパのアルジェリア」の懐古趣味者たち、頭を剃った腕っ節の強そうな若者たち、昔のプージャド主義者たち、老いたペタン派、[10]そしてあらゆる種類のファシストたちが、反ペタン派の支持者たち、「アルジェリアを売り渡す者たち」である反ペタン派の支持者たちと、皆団結してデモをするのだ。

諜報機関は、その朝でさえ、五万人もの参加者を予想していなかった。しかし、その数は一〇倍を上回り、チュイルリー公園の鉄柵からはみ出し、橋を渡って来る人たち、車や徒歩で「秩序」の大集会に行くために溢れかえっている。群集の中ではあちこちに三色旗が掲げられ、太った肉屋、キュロットスカートを履いた金持の娘たちが見受けられる。金刺繍の幟を持った在郷軍人会のメンバーたちもいるほか、不安を抱いていた一般小市民たちもいる。彼らは、暴力や焼き打ちにあった自動車、機能停止したフランスや「偉大なシャルル」〔ドゴール〕に向けられた暴言にうんざりしていた者たちだ。

横断幕が、この種々雑多な群集の中で揺れ動く。「ドゴールは一人ではない」、「共産主義を通すな」、「私は労働者で、七人の子持ちだ。無政府主義に反対、ドゴール万歳!」というプラカードには、皆拍手した。そして、このとき叫ばれたスローガン――「行け! ドゴール、行け! ドゴール、行け!」、「ミッテラン、ペテン師」、「コーン゠ベンディットはベルリンへ」、あるいは恥ずべきスローガン「コーン゠ベンディットは、ダッハウへ」などなど。

行進は、大臣たちや綬をかけた代議員たちの列に先導されてエトワール広場へ向う。ポンピドゥーは参加を拒否した。ひしめき合う隊列の先頭では、マルローが群集の間に漂っている。悲劇の人ドブレは、ロベール・プージャドの鳥のような目が見ている前で、ラ・マルセイエーズを何度も歌って声が嗄れる。

行進は二一時まで続く。そして、無名戦士の炎の前で自らの力を確信し、明日を確信し、マンデスとミッテラン、そして共産党とコーン゠ベンディットへの憎悪を抱いて、解散する。言うまでもなく、祭りはたしかに終ったのだ。

# 24　六月　反撃

六月に〈五月〉がゆっくりと死んで行く。それは、断末魔と反撃の月である。

## 押し戻された学生運動

五月二四日以来、学生運動は魂を失った。五月三〇日に至る歴史の加速度的な進展に追い越され、またドゴール将軍の復活に打撃を受けたこの運動は、一方で、攻撃の炎を受けて消耗し、離反から撤退へと激しく拡大しながらも、息吹と存在の証を空しくも探し求めていく。たしかに、最初はファンファーレのように威勢がよかった。学部の多くはいつも占拠されていて、学生たちは待機しており、労働者たちはスト中だ。六月一日、UNEFはモンパルナス国鉄駅からオーステルリッツ駅まで三万人の学生をデモに結集させる。スローガンは「選挙は、裏切り！」。共和制フランスで、右から左まで見渡しても、これほど不人気なスローガンは見つけ難い。ソヴァージョとクリヴィーヌは、群集の前で、学生＝労働者の統一戦線、闘いの継続を賛美する。「それっ、それっ、それっ、おれたちはますます怒り狂っているぞ！」と皆叫んでいる。あるいはまた「一票の投票で、ストを叩き売りするな！」と。皆それを信じているのだろうか？

その夜、ソルボンヌの大講義室で、ダニエル・コーン＝ベンディットが激情を込めて、労働の再開に抗議している。再度労働者に手を差し伸べようと、デモは何度かフラン市に向けて隊列を組んだことがある。しかし、CGTは用心を怠らなかった。歓迎はいつも冷たいし、鉄格子は閉ざされている。だが内側にいる青年労働者は「労働再開は要求事項を勝ち取ってから」と、よりロマンティックな展望に挑戦したいと望んでいるかもしれない。労働者階級のこの「急進化した一派」については左翼諸党派が、常に伝統的な組合活動家たちの傍らにいたと推測、誇張しているが、確かにそれは〈五月〉の後を引き継ぐ主要な神話の一つとなっている。そこで左翼諸党派は、その夢を追って一〇年走り続けることになる。

果敢な活動家たちによる運動の意思継続は、ときには乱暴な小競り合いに変貌してしまうこともあるのだが、まだ半月くらいは運動シーンの前面に立つだろう。六月四日、警察は、ピケで労働再開を阻止していたフラン市に殺到する。ピケ参加者たちは追い出されたが、ストは続行される。ルノー工場は、六月一五日にならないと操業は再開されない。翌日の六月五日、もう一度、召集された学生たちは、再度、労働者たちを支援するために、強力な援助を差し伸べに来る。最後の活動拠点となった美術学校から連携作戦が早急にとられる。*1 夜のうちに、一万枚のビラが刷られ、翌朝五時に、ストのピケを再構築するために工場の門前で集会が予定される。それまで「プチブル」の運動だと、ひどく見下していた運動の最前列に、今回は親中国派が立った。すなわち、神聖不可侵の労働者階級が彼らに呼びかけたのだ。彼らは燃え立つような声明を準備した。「ドゴール派の独裁……は、労働者階級に挑戦した。ルノーの労働者たちは、全国の労働者たちが自分たちを支持することを知っている。労働者階級は団結を強める。同志よ！　君の闘いの現場、工場へ！」　武器をどうするかで討議する。このような高揚の中で、一定の知恵を働かせて、最終的にこの問題は労働者階級の反応に委ねることに決める。もし労働者たちがそれを望むなら、武力闘争に移行しよう。しかし、あくまで彼らがそれを望むならば、だ。全く偶然に、謎のコースを辿って、フラン市のほうへ火炎瓶を積み込んだトラックが向かって行った。

　五時に、この間の情勢で急進化した学生組合の責任者ジェスマールは、一〇〇〇人ほどの仲間とそこにいる。奇跡だ。つまり労働者たちが彼らになびいたのだ。ピケは再構築された。ジェスマールが発言する。「我々は、皆さんの支援に来た。工場を再占拠しよう！」しかし、一〇時頃、警察は行動に出た。攻撃は乱暴だ。スト参加者と学生は、その場を離れる前に投石した。牧歌的で小規模なゲリラ戦を展開するために、近辺の畑地に分散した。機動隊が現場を制し続ける。親中国派は戻ってくるだろう。

　ＣＦＤＴは、ペレール広場でのデモを呼びかける。およそ一〇〇〇人ほどしか集まらず、警察によって蹴散らされた。ジョルジュ・セギーは、経営陣を助け「労働者の要塞」に敗北を押しつけることを本来の目的とする「左翼諸党派の操作」を大声で非難する。フラン市では、労働者たちが『ユマニテ』紙を破棄する。親中国派は、厳しい路線でも労働者の動員が可能ではないかと考え始める。フラン市は、彼らの執拗な闘いの場となる。

**三人の死**

六月一〇日、ジャン＝マルク・サルモンに率いられた小さなグループが、ムランのそばのセーヌの島に集合して、闘いの現場に行こうとしている。*2 突然、警備中の機動憲兵隊数人が彼らに迫って来る。学生たちはセーヌに飛び込むしか逃げ場がなかった。サルモンが冷たい水の中を泳いでいると、一五メートルくらい先で一人の活動家が溺れかかっていることに気づく。服が邪魔だが、彼に近づこうとする。彼らの上に張り出した橋から、通行人が救助に飛び込む。だが遅すぎた。青年は垂直に沈んで行った。ジル・トータン。一七歳の高校生。ＵＪＣｍｌの警備班のメンバーで、セーヌで水死した。

ニュースは、すぐカルチエ・ラタンに轟いた。サン・ミッシェル大通りに、五〇〇〇人ほどの学生たちが自発的に集まる。彼らは警察と夜中渡り合う。翌日、一九時にデモの招集をかけたのはＵＮＥＦだった。その日、ソショー市で機動隊が九ミリの銃弾で、プジョーの鉄材錠前労働者ピエール・ベイロを撃ち抜く。もう一人の工員アンリ・ブランショは、塀から落下して死亡。もはや権力〔闘争〕は問題にもならないのに、五月に最後まで避けていたことが六月になって到来する。二日で三人の死。後退しつつある闘いは、しばしばひどく殺人的になる。〈六八年〉の犠牲者の数は合計五名に達する。学生二人、労働者二人、警視一人。偽りの市民戦争における五人の多すぎる死、革命のシミュラークルのための五人の本当の殉教者たち。しかしまた、多くの国で、権力の圧政が虐殺を生み出していることを考えると、たったの五人だけの死とも言える。

ＵＮＥＦは、東駅で抗議を行なおうと動員をかけた。しかし、グリモーは今は平静を取り戻した政府からも迫られて、充分な力を感じている。彼は現場区域を完全に包囲させ、デモ参加者たちは、張られた網に引っかかってしまう。しかしながら、その夜は長く、暴力的だった。パリ市内に、バリケードが少なくとも七二カ所以上構築される。それら一つ一つが、一〇万人を超えるドゴール派支持の新たな選挙人を、投票箱に向かわせることになる。学生たちは馬鹿にした。「選挙は、裏切りだ」。「これは始まりに過ぎない。闘いを継続しよう」と。フランス共産党と古典的左翼、彼らは一時、すべてに勝利したと思ったのだが、一九六八年に致命的に敗北することになる。

翌日、無秩序からの復活を手中にした勢いを二度に分けて仕上げに導くため、閣議は左翼諸党派の一一組織を解散させる。そのうちの三つは五月の主役、クリヴィーヌのＪＣＲ、コーン＝ベンデットの「三月二二日運動」、そして親中国派のＵＪＣｍｌだ。ダニエル・コーン＝ベンディットは疲れ、途方にくれ、幻滅して、すでにドイツに再越境していた。彼は、距離を置いてこれらの信じがたい日々を見直し、潮の引いた灰色の夜明けに完結するこの覚めた夢を静かに再体験しなければならないのだ。ソルボンヌの占拠は軟弱になって終る。ごろつき風で専制的な「カタンゲ」たちは、いまではこの古い学部のあらゆる間借り人たちから耐え難く思われ、新しい警備班によって、六月一二日に追い払われる。この警備班も、六月一六日に警察によって、衝突もなく退去させられた。また警察は一四日にオデオン座を本来の所有主に返却した。劇場の占拠が、ここ数日間退廃していたのは事実だ。議論という議論はすべて出尽くし、熱に浮かされ、あらゆる出来事を体験した後、総会は機械的にしか開催されなかった。二階に入っている数々の委員会は、メンバーも大学も数度変わっており、その存在意義ももはや正当化できなくなった。気難し屋のある行動委員会が孔版印刷係を我が物にし、自分たちの気に入るチラシしか印刷しなくなった。たまったゴミのせいで、ネズミの大群が劇場や部屋に現れた。カルチエ・ラタンの浮浪者たちは、疲れた学生たちに少しずつ取って代わった。汚く、攻撃的で腕力の強い「カタンゲ」たちは、自転車のチェーンや棍棒を力まかせに使いこなし、怪しげな秩序を打ち立てていた。警察が到着しても、何の抵抗も起こらない。解散した極左小集団の指導者たちは、もはや暴力で警察に反抗しないことにしていたからだ。彼らは、〈五月以後〉のことしか考えていない。夏のヴァカンスが到来すれば、未来を案じている活動家たちにとっては、必要な休息を取るにも、勉強しながらの引き籠もりを決め込むのにも好都合だ。

「怒れる者たち」の春は終る。左翼諸党派の夏が始まり、催涙弾の反響とバリケードの想い出の中で、一〇年の物語《サガ》が始まる。突破口は開かれていた。それを広げれば充分だ。しかし、歴史の方向は、必ずしも活動家たちが望む方向ではない。このまばゆいばかりの突破口はまた閉じてしまう方にしか、作用しなかった。〈六八年五月〉はフランス社会を照射するのだ。風俗の革命は、日常生活を変えていくだろう。革命そのものは、影をひそめていくが。

**再開**

学生運動とほとんど同じリズムで、労働者のストも一カ月のうちに終息する。ドゴール将軍の演説の翌日になるや、ガソリンが給油スタンドに再び供給された。こうして聖霊降臨祭の週末には、フランス人たちはヴァカンスに発つために、陽光を浴びて車を走らせることができる。月曜、仕事が再開される。最初のうちは、たいへんゆっくりした足取りで。ジョルジュ・セギーは際限のない延長は望まなかったが、内容ある妥協をして自分の合法主義を正当化したい。それで、厳格な交渉が部門ごとに行なわれる。まず公務員たちから始まり、次に給与生活者たちだ。五日には、国鉄、郵便局、そしてパリ地下鉄公団と続く。六日には、FEN（全国教職員組合連合）がスト指令を解除し、子供たちは学校に戻ることができる。しかし、階級意識の要塞でもある鉄鋼業は、和解に不平を鳴らす。ルノーが製造ラインのベルトコンベアの再開を受入れるには、要求を盛り込んだ、ときには最も頑な企業のためにそれ以上の譲歩をした、グルネル合意を確実に手に入れるまで、六月一五日まで待たねばならない。六月一九日になると、一五万人しかスト参加者がいない。六月末、二つの公的機関がまだストをしている。国立行政学院とフォリー・ベルジェール[1]だが、ただし、それぞれ異なった要求を持っている。

**津波。勝利者ポンピドゥー**

六月一日になるとすぐ、新しい閣議が召集された。最初の週に砲火を浴びたすべての閣僚は、自らの集団的行動の惨憺たる結果の責任を取って、退陣しなければならなかった。首相代行ジョックス、内相フーシェ、国民教育相ペイルフィット（すでに辞職）などが身を引いた。ゴルス、ジャンヌネイは、丸一カ月機能しなかった情報相と労相をそれぞれ辞めた。ミソッフは、すでに見たように、青少年にあまり好感を抱いていなかった。フレイ、ビヨット、デュマも更迭組に入った。

ドブレは、グルネル会議の間に辞職した財務省を去り、外務省に抜擢された。リヴォリ通りでは、代わりにクーヴ・ド・ミュルヴィルが財務相になった。マルスランは、嵐の間中、よく持ち堪えたので、計画省から内務省に昇格する。ドゴール派の純粋で硬派かつ左派的なモランダ、キャピタン、マリ＝マドレーヌ・ディエネシュ、デシャルトル、それにポンピドゥー派のシャランドン、ル・トゥル、ギャレイらが入閣する。首相は自派の人間を推挙した。しかし、自分のことを公然と裏切り者扱いし、嵐の最中に首相とその内閣の辞職を提案したキャピタンの入閣に耐えなければならなかった。ドゴール将軍は自分の計画を進めた。キャピタンは、それを見せるために内閣にいる。事実、これは臨時政府なのだ。つまり選挙を準備するための政府である。ストの段階的な中止と長引く学生騒動への時宜を得た応急処置は、五月三〇日の演説が引き起こした効果を増幅してゆく。それは津波のような攻勢だ。信じられないにしても、予測は悪いものばかりで、左派は、二日間抱き続けた幻想から立ち直ろうと試みる。ミッテランは、いかにも重荷だと言わんばかりに記者会見をする。マンデス・フランスは、グルノーブルで、彼に対抗して、組合よりはずっと気が置けないジャン＝マルセル・ジャンヌネイが立候補するのを目の当たりにした。マンデスは、厳しい選挙戦を闘わねばならず、結局、一吹きで倒されてしまう。ドゴール将軍はテレビの告白番組で、ミッシェル・ドロワから質問を受ける。「はい、私は、退陣しようかと考えたことがあります」と。ドゴールは、ここに至ってかつて最良の同盟者であり、数日間は唯一の同志ですらあった相手、共産党を攻撃する。しかし、結局、それはゲームなのだ。彼はとりわけ、「私だって、革命家なのだ」と打ち明け、続いて経営参加についての長広舌を述べている。ジョルジュ・セギーが一カ月ぶりにユーモアたっぷりの口調で、「私たちも、ドゴール将軍が七八歳で革命家に変貌するのを信じたい。大いなる興味と好奇心で、この変貌を見守りたい」と語っている。

六月一八日、ラウル・サラン[2]と一九六一－六二年の軍隊の過激分子の一団で、その一部は、プチ＝クラマールのゲリラ隊だった連中が刑務所から出獄する。ジャック・スーステル[3]はすでにフランスに帰国していた。政府では、この特赦が駆け引きの成果ではないと請け合っている。

そして、六月二三日、大勝利が打ち寄せる。「共和制防衛連合」の名の下に集った多数派は、六ポイントも上回って、四三・六五％の投票率を得る。中道派はわずかに後退し、左派は五ポイント失った。第二回投票では、ドゴール派と独立共和主義者たちは、議席をそっくりかっさらう。定員四八五議席のところ、三五八議席を奪う。前UNRは九七議席、FGDSは、票を失って六一議席、フランス共産党は三九議席だ。第二帝政以来、これほどの多数派が出現したことはなかった。

　投票の翌日、優柔不断と勘違いから、ポンピドゥーが首相のポストを拒否し、あとで受入れたが、遅すぎた。モーリス・クーヴ・ド・ミュルヴィルが首相に任命されたが、ミュルヴィルは、混乱時のポンピドゥーの行為をいつも批判していた。ドゴール将軍は、最初の一五日間の意見の食い違い、解散をめぐる衝突、三年来、ポンピドゥー派が台頭して来ていることを忘れなかった。ドゴールは、またわが道を行くために自分に必要な男を指名したのだ。経営参加と分権化がその作業に栄誉を与えるだろう。それらを適合させるのに一年ある。ドゴールは、凱旋の最中で孤立し、不安に駆られた党に改革を訴え、最も辛かった試練から抜け出し、ぎりぎりのところで天賦の才の一撃によって立ち直ったが、三週間の間、揺さぶられ、そしてこのあとも危機的な状態を抱えたまま、自分の運命に向かって独走するのだ。

　屈辱を受けたが、しかし、心の中では凱旋気分だ。ジョルジュ・ポンピドゥーは、「共和国の予備役」である。彼の不遇時代は、自分が考えたよりもずっと短かった。[4] 国の主は敗者だ。〈六八年五月〉の勝者は彼なのだ。しかし、政治以上に、それはまた、フランスを沸き立たせた夢でもあった。この想い出は、集団的記憶の中に刻まれて留まるだろう。永遠に。

# エピローグ

　どうしてこのようなことが可能だったのだろうか？このような信じがたい反抗がどこから噴出して来たのだろうか。五月三〇日の演説の最後の言葉を聞き終えるとすぐ、物事が最終的にまがりなりにも秩序を回復していくことが明らかになったとき、フランス人たちはこうした疑問や他の様々な問いを発し始めている。

　知識人たちが進んで告白している通り、彼らは何も予期せず、何も報知せず、何の先手も打たなかった。一つの例外は、予言的な書『若者たちの台頭』の著者アルフレッド・ソーヴィ[1]だ。彼は一〇年も前に、社会の中で気まぐれに自分の道を開拓する多くの若者について著述している。

　この出来事以前には何もせずにいた分析の専門家たちが、当然のことながら、事後になってこれを挽回しようと試みた。二〇年前から、彼らは、無数のページを費やして疑問を投じ、悲観的に事態を見てきた。ここでは、錯綜した迷路のような論議の中で、方向づけを可能にしてくれる概要だけを足早に辿ってみたい。わたしたちは、今日、複数の社会学者、哲学者たちと共に、とりわけ、これらの出来事について長い間支配的だった解釈の仕方をもう一度見直すべきだと、強調しておきたい。〈六八年五月〉は、実際、さらに激しい別の断絶、後になって成功する「挫折した革命」を予告するようなものではなかったし、歴史が増殖させてゆくに違いないテクノ官僚制度の中に開かれた一つの「突破口」でもなかった。

　今まで考えもつかなかったものへ向かう魅力的な一瞬や、創造的な力にもかかわらず、反抗は二世紀前から始まった社会の民主化への希求が依然として継続していることから生まれている。一九六八年の数々の出来事には、社会主義革命の兆しはない。むしろフランス革命の延長線上にある。それらは集団主義的な希求より、個人主義的な希求から生まれている。それらは、多元的民主主義と複合経済の古い制度の疲弊から生まれるのではなく、むしろ古い制度を強化するのだ。[*1]

## 陰謀

参考までに、ここでは極右の一、二冊の主題となり、当時の多数派の何人かの言説を助長していた「陰謀論」[*2]をあげている本を引用しておこう。何の証拠もないまま、ある人々は、六八年の闘争が親アラブ派のドゴール主義を破綻させようというイスラエルの手がかかったものだと見なした。また他の者たちは、多くの革命に加わったモスクワの援護を読み取っていたが、今回はその例はあてはまらない。フランス共産党はこの運動を準備したり、始めたりするためには何もしなかった。共産党は、むしろ感動的な力を発揮して、礼節を守るぎりぎりのところで何とかくい止めようとしたのだ。ドゴール将軍の外交政策は、パリの共産党とモスクワにとってあまりにも好都合だったため、ドゴールを他の者に交替させようと目論むことはなかった。本物の革命「パリのプラハ動乱」を起こすには、フランス共産党は、物理的な力を持っていなければならなかったが、実際にはそうはならなかった。というのも、警察も軍隊も全く無傷で、政府に従う状態だったからだ。

また、左翼小集団やUNEFが国際的なコンタクトを行なったのではないかと疑う向きもある。それは否定できない。ヨーロッパと世界の急進派の学生たちは、様々な組織、学生大会、「反帝国主義」集会、トロツキストの第四インターナショナルなどで、定期的に会合していたからだ。しかし、これらの活動は、規模としては慎ましやかなものだった。こうしたネットワークは、堅固でもなければ組織化されてもおらず、唯一の決定機関によって調整されているわけでは毛頭なかった。どの国家も、どの政党もそれらを統一し、資金を出し、養成し、非合法活動体験をさせようとはしなかった。ソ連は彼らをペストのように疑っていたし、中国はヨーロッパ諸国に気を配っていたし、とくにドゴール派には配慮していた。ただ、ベトナムだけが、騒乱が続くことに直接的利害を持っていた。しかしそれも、プロパガンダで充分だった。極左の諸集団は、戦略的役割を演じた。これは彼らの考えも及ばなかったことだが、アメリカの信念を弱め、将来の撤退を準備するのに貢献したのだ。しかしだからと言って、なぜベトナム人たちが、フランスでの、可能性の低い革命を遠隔操作したりするだろうか？　フランスの政権はどちらかというとベトナムに好意的だというのに。

とどのつまり、あらゆる仮説を打ち砕いてしまう事実が一つある。それは、反抗は自発的で、事前準備もスローガンもなく起こったものであって、予測不可能な事態を計画することはできないということだ。六八年のミステリーは、あらゆる当事者を凌駕していた点にある。今日、誰一人としてその組織者としてふるまうことはできない。

**保守的な解釈**

最も有名なのは、レーモン・アロンの解釈で、運動への厳しい批判を自著『見出せない革命』[*3]の中で書いている。彼はこの運動を基本的に否定的に見ており、集団的な心理劇と革命のシミュラークルと、無秩序で反民主的な巨大なばか騒ぎの次元に還元させている。そして、大学は破壊されてしまい、経済は深刻に衰弱したというのだ。

このそっけなく閉鎖的な姿勢は、奇妙なことに運動のいかなる未来をも否定しており、レーモン・アロンの伝説的な明晰さが欠けていたため、以後長い間批判されることになる。最近、徹底して敵対的で保守的な分析の中で、一部の読者たちは、フランス型の継続性の中に〈六八年五月〉を位置づけ直し、開かれた社会のごく一般的な変遷の一時期としてそれを定義し、より肯定的な要素を提示している。トクヴィルの賛美者アロンは、このフランスの思想家の方法を〈五月〉に適応した。それが彼の分析により大きい奥行きと深さを与えている。しかしながら、まさに後世は、彼のエッセイから批判と拒絶を記憶に留めてしまったのだった。

実際のところ、もっとニュアンスに富んでいるのが、シャルル・ドゴール[*4]やジョルジュ・ポンピドゥー[*5]が各々それぞれのやり方で、この事件の最中そしてその後で表明したような、この現象のドゴール主義的な分析だ。一九三〇年代になると、ドゴール大佐は、伝統的なルーツや旧来の基準から個人を切り離す「機械文明」が知的、社会的混乱を引き起こすだろうと診断していたのだ。また同時に、ドゴールは、資本主義社会を、あまりにも一途に金の力で支配された、労働者にとってあまりにも厳しすぎる社会だと批判してもいた。彼はそこから、資本と労働の対立利害を利益分配によって和解させるという、必然的な改革の構想を引き出したのだ。

五月一四日から、今度はジョルジュ・ポンピドゥーが、若者に方向を見失わせ、国を混乱させた「文明の危機」について語っていた。彼の目には、技術と産業の新しい進歩に対し古い価値観が遅れを取っていることが、危機の根底にあると映っていた。ここでは、保守の諸政党指導部に対し、開放政策と人道主義、そして慣習化した政治要綱を大幅に乗り越える変化への感覚が要請されている。すんでのところでジョルジュ・ポンピドゥーは、無秩序か束縛かという選択しかなくなる事態を避けるために、反対派の幾つかの改革を実現した明晰な保守派政治家、ディズレーリ[2]のように受け止められたかもしれない。

　これは単純なレトリックではなかった。二人の男はこの危機から具体的な結論を引き出したのだ。ドゴール将軍は、自分の顧問たちの大半の意見に逆らって、国民投票を実施し、ほとんど故意に、自らが必要と判断した改革に失敗したのだ。ジョルジュ・ポンピドゥーは一九六九年に大統領に選出され、「新しい社会」の改革を試みるために、シャバン＝デルマスを首相に任命した。三年後、首相の度を越した大胆さが自分の陣営の多数派と社会を不安定にしかねないと見た大統領顧問ピエール・ジュイエ[3]とマリ＝フランス・ギャロー[4]の忠告に従い、改革は打ち切られる。一九七四年に、ジスカール・デスタンが辛うじて大統領に当選すると、シャバンの政策プログラムの一部を採用し、政治社会の「緊張緩和」と〈五月〉との連関が明白な「社会改革」を実現した。別の言い方をするなら、六八年に翻弄され、六月以降、弾圧的で報復的だった右派は、反逆した社会のメッセージを思った以上に理解していたのだ。

## マルクス主義的な解釈

　階級闘争は、もちろん、無数にある学説にとって魔法の言葉だった。党派と思潮の入り混じる複雑な総体に相応して、政治的色彩の多様さは実に豊富だった。この科学の尺度[*6]に合わせると、〈五月〉は、帝国主義と独占主義段階（専門用語は多様で、ここではおおざっぱな要約をする）に達した資本主義の危機に追加された一個の災厄だったのだ。フランスの中産階級《ブルジョアジー》は、労働者階級の蜂起に対処をやむなくされた。金持階級のこれ見よがしの消費の有様に直結する過剰な搾取によって、状況は労働者の忍耐の限度を超えていたのだ。資本主義支配の鎖の中で脆弱ながらもその環となっているブルジョワ道徳や支配的イデオロギーに真っ向から対立した学生と知的労働者の反抗は、起爆剤の役割を果たした。

　急進的に対立し合う諸派が自らの論理を構築し、敵を論破するためにマルクス主義を援用するので、事態はもちろん複雑である。オーソドックスな共産主義者、毛沢東主義者、トロツキスト、自主管理派、社会主義者さえ、手厳しく闘うために同じ方法を求めている。その結果、マルクス主義あるいはマルクス主義風の巨大な一つの文学が〈五月〉以後、生まれたのだ。それについて数ページで報告しようとすることはしょせん意味がないだろう。

　これらの分析において、もちろん、すべてが間違っているわけではない。フランスは資本主義制度の下にあるので、危機は不可避的に資本主義のものだ。階級の対立は、経済的困難と同様、そこでは重要な役割を演ずる。マルクス主義者たちは、それにしても、非常にデリケートな幾つかの難題を解決しなければならなかった。経済が順風満帆で、失業率が非常に低く、購買力は急成長を遂げていたにもかかわらず、社会的危機がなぜ起こったのかを、彼らはまず説明できなくてはならない。基本的に、老いたカール〔マルクス〕は、社会的混乱は不況期に発生すると判断していたのだった。

　その次に、彼らは、かのエドガール・モランが見事に解明した青年層の役割を説明しなくてはならない。ある青年層の文化的一体性は、所属する階級によって社会的政治的に限定されるという伝統的図式とは、ここで対立することになる。

　それからまた、彼らは思想運動の自立した力、当事者たちの失敗、この出来事で偶然彼らの目にとまった「理想主義的」、「折衷的」、「プチ・ブル的」と思われる動きを説明しなければならない。それなしには、大したことは理解できないからだ。マルクスは、その歴史的著述の中で、それらを最も考慮しており、マルクスはマルクス主義者であることを拒否していたのだ。七〇年代の彼の後継者たちで、マルクスのような才能を持っていたものは稀だった。彼らは〈五月〉の独自性の一つを認めることを蔑ろにしていた。独自性とは、興隆の盛りにあった新たな中産階級が運動に集団的に介入したことである。一方にプロレタリア階級、もう一方に生産手段の所有者たちという、対立する二大階級間でますます拡大する分極化の図式を、社会の中央に位置づけられたこの中産階級が、次第に無効にしていくことになる。この理由により、大半のマルクス主義者たちは〈五月〉は別の問題を告知していたと仮定する。つまり、ある日、この〈五月〉という前例に支えられて、労働者階級とその代表者たちは、意識と組織の最も上の次元に辿り着くに違いない、そして直接、権力の問題を社会の中で問うであろうと。

残念ながら、マルクス主義者にとって反対のプロセスが進行する。混交する資本主義社会のルールが次第に全体に浸透する一方、サラリーマンの中流階級の比重は定常的に増大し、マルクス主義と階級闘争を標榜する諸組織は、急速に落ち込んでいく。この危機を解明するためには、マルクスからトクヴィルへ、漸進的に移行しなければならない。

## モラン、ルフォール[5]、カストリアディス[6]とトゥレーヌ

運動のシンパだった六八年の四人の社会学者、哲学者の仕事に対しては、個別のページを与えなければならない。彼らは、六八年のグローバルな分析に、ほとんどすぐその場で関与するというリスクを犯した学者たちである。彼らのすべての仮説が立証されるに至ったわけではない。しかし、彼らは、厳格さと理論的想像力によって、〈五月〉の受け止め方について、マルクス主義者たちよりもより繊細で優れた深い痕跡を残した。

『突破口』(*La Brèche*)[*7]の三人の著者〔モラン、ルフォール、カストリアディス〕にとって、三人三様の微妙な違いはあっても、〈五月〉は、若者とサラリーマン階層が公正と人間の名にかけて立ち向かい反抗し、テクノ官僚主義的な諸社会の危機と脆弱さを露呈させたのである。反抗は、この社会的、政治的管理制度に突破口を開き、より正統的で自律的、非代表的な民主主義に向けて、またその構成員による社会の再所有化へ向けて道を開くためだった。

ただ見たところ、制度にうがたれたこの突破口はまた閉じてしまった。若者たち、サラリーマンたちは、異議申立てよりも、発展とテクノ官僚的社会の改革に一層の満足を見出している。だが何が起こるかわからない。ある日、たぶん、突破口はまた開くかもしれない……のである。

アラン・トゥレーヌ[*8]は、〈五月〉の中に、伝統的な異議申立てを引き継ぎ、民主的で対抗的な行動によって社会を動かそうとする新しい「社会運動」の出現を見ている。一九七〇年代の非常に有効な判読の鍵だったトゥレーヌの思想は、今日、問題に晒されている「社

会運動」の相対的な消滅によって、憂き目を見ている。しかしこの社会学者のテーゼが、その個別的な歴史の診断をはるかに凌駕しているのは間違いない。

## 民主的仮説

〈五月〉を解釈するには、その曖昧さから出発すべきだろう。分析はしばしば反抗の二つの側面を表している。一面はアルカイックでもう一面は近代的であり、一面は過去を表現し、もう一面は未来を表明する。

一九六八年のフランスは、見て来た通り、農業と伝統的産業の古い社会から抜け出るところだ。そこには古さと新しさがないまぜになっている。最も頑迷な経営者が経済の大きな部分を指導している。大きな産業グループは、成長のまっただ中にあった。疑似軍隊的な経営陣が多くの工場を支配していた。しかし、その進歩主義的な部分の中のドゴール主義、幾つかの組合、活発な左派の経営陣は、社会関係の緊張緩和を訴える。農村では小さな所有地がまだ支配的である。しかし、機械化された生産的な開発農業は、成長の真っ盛りだ。ブティックは都市風景を埋め尽くしている。しかし、統合的な商業が都市の周辺を征服する。フランスは、貿易収益の大部分を旧植民地諸国から得ている。しかし、ヨーロッパはフランスに市場競争を強制する。フランスは世界で第四位の輸出国である。フランス共産党に従属した頃のCGTは、労働運動を未だ自分の手中に把握していた。しかし、もっと新しいもう一つの組合運動、とくにCFDTとの競合が始まる。左翼は、共産党の国家主義と、言葉はマルクス主義だが行動は日和見主義のSFIOの曖昧な姿勢の間で揺れる。だが、左派は、社会党の路線の中で、ギー・モレ主導の党の内部で、あるいはマンデスとロカールの小さなPSUの中で革新を続ける。右派もまた、改革の大きなプロジェクトに取り憑かれた保守主義者ドゴールの中に、あるいは、産業主義の農民、モンブーティフ生まれで近代絵画のコレクター、ポンピドゥーの中に、曖昧な形で具現される。宗教は未だ多くのフランス人の日常生活を統制する。しかし、第二のヴァチカンの風は、教会の埃を吹き払い、キリスト教左翼の声がカトリックの合唱を覆い始める。テレビは、政治権力に緊密に支配される。しかし、ラジオは、すでに周辺局やトランジスターのおかげで、周波数が驚くほど増大した。映画においてジャン・ドラノワ[7]とジャン＝

リュック・ゴダールが同居するのと同じように、ジャン・ノエン[8]とジャン＝クリストフ・アヴェルティ[9]が国営放送局で同居する。ピルがすでに大量生産され、ミニ・スカートやダンスパーティで、賢明な青少年が分別を欠いた振る舞いをしていても、若いフランス女性の多くは、結婚するまで処女のままなのである。

　このように、社会全体に新しいものと古いものとが混ざり合っていると言ってもいいだろう。経済成長の速さと、それに伴う伝統的モラルの崩壊のせいで、一九六八年のフランスは、この二つの性質を同時に濃密に生きる。八〇年代の風俗と精神性がすでに現実のものとして作用し始めていた時、三〇年代の家父長的社会は、まだそこにあった。「戦後」が終るとき、「戦前」はまだ精神を抑制するように働くのである。

　それゆえ、おのずと伝統に対する反抗もその道をたどる。学生運動は大学改革を要求するが、しかしそのリーダーたちは、大学改革に今世紀初頭の革命の言語を用いる。カルチエ・ラタンの異議申立て者たちは、教育を近代化し、専門分野を開き、知の継承を革新することを欲している。しかし、彼らはまた嫌悪感をむき出して、経済あるいは企業に対する大学の解放をすべて拒絶する。今までとは異なったやり方で労働するという希求が、あちこちの工場で生まれると、労働者層は、純粋に「数量的な」要求を押しつけてきた彼らの主要な労働組合に反対して運動を展開する。それでもやはり、ある種の職業の給料は、避けがたく「数量的」であり、あまりに低い。サラリーマンたちは漠然とだが力を込めて、自分たちの意見も取り入れるよう、そして責任の一端を自分たちに渡すよう要求する。彼らの代表者たちは、同時に「階級間協力」という不名誉な言葉で烙印を押されるような危険を冒して、非営利団体《アソシアシオン》に類似するあらゆるものを拒否する。ほとんどすべての職業が、権力の最上の分有をめざして沸き立つ。この闘いは、先鋭的コーポラティズムの強い主張と表裏一体である。本当のところ、誰も市民戦争は望んでいないし、権力の非合法的な掌握も望まない。しかし、それぞれ各人が革命の言葉を用いる。すべての当事者たちは慎重で、極端に走ることを避け、同志の間で人が死ぬような事態をすべて抑えこむ。しかし誰もが同じように、様々な機会に、激しい変革のレトリックあるいは残忍な弾圧のレトリックを用いる。反逆した学生たちは、シンボル、ユーモア、嘲弄、それに攻撃的だが平和的な蜂起の想像力を完璧に維持する。そしてまた活動家特有の硬直さによって敗北する。〈五月〉の運動は社会の早急な近代化を要求するだろう。同時に、彼らは利潤、企業、市場、財界、資本主義的競争を呪うだろう。そして、フランス左翼は、ヨーロッパの近隣諸国がすでに長い間実践していること、社会民主主義的妥協を認知するのにまだ一五年近くかかるだろう。

したがって、すべての解釈が可能だったのだ。というのも、おのれ自身に対して蜂起した社会が、その両義性に目一杯賭けていたからだ。気運の高まりに乗って、マルクス主義そしてマルクス＝レーニン主義の異本や、構造主義あるいはニーチェ主義の無限の解説が〈五月以後〉を支配してきた。それは理解できる。レーニンさえ夢見ることができなかったようなゼネスト、あらゆる転覆を可能にするようなバリケードのエネルギー、社会管理の無限の狡知に反抗して蜂起し、どのような権力にも下される普遍的批判に魅了されていたのであれば。それに続く一〇年は、したがって反資本主義的であり、絶対的自由主義あるいはレーニン主義的であり、自主管理的あるいは国家主義的であり、あらゆる「オルタナティヴ」派と周縁的なものに有利だった。政治的、社会的活動家たちは、三〇日の爆発が引き起こした衝撃をできるだけ遠くに押しやった。学生の小前衛党が用いた急進的な言語は、表層的には数十万人のデモ参加者と数百万のスト参加者から正当性を与えられていた。忍耐強く厳しい作業によって、闘争のこの正当性は、つまり、推測するところ、選挙で支えられた味気ない平和では獲得しようのない、秩序を転覆するという適格性を再び見いださねばならなかったのである。

しかしながら、この出来事の多くの部分は、〈五月〉の現実とは逆方向だった。それは人間を否定する以外のすべてであり、個人的、集団的創造性が爆発して、生気を欠いた体制内の思想家たちのあらゆる図式から、二日で抜け出てしまったのだ。コルネリウス・カストリアディス[*9]は、すこぶる賢明にもそこに注目する。政治批判の本[*10]として評判になった『六八年の思想』のグルたちは、〈六八年以後〉（そして以前）の思想家たちであり、七〇年代の活動停滞期のほうが民主主義に湧き立った五月よりも繁栄を見せるのである。「アルチュセールは何の役にも立たない」（Arthusser-à-rien）と五月では言われていた。自発性の人、コーン＝ベンディットは、理論家リナールが屈服した時、喜色満面だった。右派あるいは改革派による〈五月〉の回収が危惧されていた。まず、悲しき左翼主義者たちと理論至上主義者たちによる回収があった。それに続く一〇年はしたがって、口論と極左の噴出する超政治的な一〇年だった。

政治活動家たちは路線の末期に破綻した。一九七三年に、ピエール・オヴェルネイがルノー工場の門前で撃ち殺された時から、左翼諸党派はその一線を越えてしまった。ここから衰退へ向かう激動が始まるのだが、それが判明するのは五年後のことである。〈五月〉が一〇周年を迎えた時、革命的神話が雲散霧消したことが明らかになった。そしてレジス・ドブレは、〈五月〉が、社会主義革命が計画的かつ突発的に出現したというより、明らかに発展しつつあった資本主義の巧みな術策であったことを説明しながら、墓碑銘でもある記念の小さなエッセイを書き上げた。

こうして二〇年は要したものの、この出来事のヴィジョンはすっきりとしてきた。すなわち、静かに凱旋したのは〈五月〉の文化的な側面なのだ。社会風俗革命は完成した。過ぎ去った時のおかげで、出来事の喧噪に埋もれた未来の芽を明るみに出すことができる。反抗の後、法治国家は転覆しなかった。今までになく国家はすっくと立ち上がり、制度はその基礎の上で確固としたものになった。その反対に、日常生活は変わった。社会関係の古い硬直性は姿を消した。象徴的な序列は縮まり、低い給与が素早く上昇して、収入の序列も縮まった。ある意味での余裕が少しずつ仕事（確かに、工場の中ではなく）や家族の関係の中で広がり始めた。規律は緩やかになり、規則は曖昧になった。宗教的かつプチ・ブル的な道徳によって継承された肉体の統制は、かつてないほどだがが外れた。大学都市における男子学生の女子寮への訪問権は、まさにその口火を切った。主にイメージ、広告、表現によって、毎日の生活が、ますます性的ニュアンスを帯びるようになった。しかしそれは、あるセクターのもっと若いあるいはもっと都会的な住民の実生活において表れていたものだった。〈五月〉の後では、高校生の生活も大学生の生活も、以前とは全く異なった趣向を持つようになった。フランスの因習の中ではあまりにも存在感のあった聖職者、有力者、医者、牧師、弁護士、判事などの伝統的な権威は、止むことのない非難に晒されて、少しずつ失墜していった。一方忍耐強く、忠実で法的責任を持つ彼らが公共圏で行なった関与は、それ相応に再評価された。「対話」、「協議」は権力が介入する際のパスワードとなった。反駁を封じた秩序維持、議論の余地なき指示、恣意的な指令は、次第に当局の中でお蔵入りとなった。今では当局は、正当化し、説得し、魅了せねばならない。この意味で、反抗は文化的なもので、政治的なものではなかった。明確ではないがこの定義は的を射ており、権力の諸構造を指すよりもむしろ生活様式や、すべての住民がまったく日常的様相の中で選び取る考え方を指している。フェミニズム、自主管理、エコロジー、地域主義、反精神医学、ホモセクシュアルの行動、旅行への情熱、共同体でのルソー主義、マリファナの栽培、音楽中毒、性解放、派手なファッション（バロック）に対する好み、アメリカ狂いとアメリカ嫌いの混交、夜更かしと放縦なまでの個人主義的表出、享楽的自己陶酔、共同体志向、これらすべての現象は、〈五月〉の中に植物の芽のように吹き出していた。それらをソルボンヌやオデオン座の壁、工場の門に取り付けられた幾つかの横断幕に読むことができる。またデモでのスローガンにそれらを聞くことができるし、とりわけ、至るところで一日中繰り広げられた無限の討論、カルチエ・ラタンだけではなく、占拠された工場で、スト中の高校で、亀裂の入った家族の中で、停止した行政事務や、人の押し寄せた街路で、それを聞き取ることが可能だ。

これらの夢想は和らいだ。しかし、形は不完全で味気なく、統制されてもときには無償のままで、それらはあらゆる社会関係に拡散し、民衆全体の感受性を新たに作り直し、二〇年で数百万の人々の習慣と規範を変えた。反抗の主たる担い手だったベビーブーム世代は、それらを至るところに持ち込んだ。彼らは異議申立ての後、次第にあらゆる社会的役割を担うようになり、青年労働者、青年管理職、教師あるいはエンジニア、兵士あるいは公務員、そして夫あるいは「パートナー」、家庭の父など、社会構成の責任ある一員となるにつれ、それを各々の場に持ち込んで行く。しかももう一方の側の匂いを決して忘れることなく、そっとバリケードの向こう側に移ったのだ。現在、とりわけ膨張して社会のピラミッドの中央を占める広範囲の中流層は、〈五月〉に形成された。この階層は大衆社会をやわらかく支配する。つまり、衰弱し分散した形で、一九六八年が至るところに存在するのだ。

こうして、〈五月〉は政治的である前に文化的であり、もう一つの経済的、政治的制度の要求であるよりは、もう一つの暮らしの要求だった。ただそれはすぐには見えてこなかった。当時は、活動家たちの多元的決定と保守陣営の恐怖が反抗／弾圧の相乗作用を発生させ、これが新聞の「騒擾」欄に豊富な材料を提供し、共和国家警察の神経を擦り減らしつつ、五、六年は表舞台を占め続けたからだ。これは、アンリ・ウェヴェール[11]が強調するように「メシア待望」がもたらしたもので、反乱の中で学生群集が極左のリーダーを受入れたことに確認される。

今日、アモンとロトマン*[11]が熱烈かつ詳細に語っているこの闘争伝説は、精神や行動、個々人の人生とその未来の生活が徐々に変容したことに比べて、結局のところ重要ではなかったことがわかる。拡散し、混乱し、徐々に薄れていき、偏在したところに、〈五月〉の遺産はその本当の性質を表している。それは、内的な革命、生きられた転倒、個人的反抗に見られる性質であり、集団的な英雄行為、偉大な国民的物語、構造改革の約束、今世紀〔二〇世紀〕前半の歴史的大変動に見られる性質ではない。むしろ反対に、市場、社会競争、自由主義的自律、市民平和、欲動の充足が〈五月〉以後の主要な勝利者なのだ。

そこで実際的には、マルクスから方向転換し（マルクスを忘れることなく）、トクヴィルの側を見なければならない。そこにこそ最大の仮説が立てられる。すなわち、〈六八年五月〉は失敗した革命ではなかったが、改革主義的な大反乱であり、民主的蜂起だったのである。なぜなら二〇年後、そこに残ったのは挫折した革命ではなく、成功した改革だからだ。

詳細に述べよう。近代社会の特色は、アレクシス〔ド・トクヴィル〕の言を大まかに要約すると、平等に向かって不可避的に進むものであり、徐々に社会的区別の消去へと向かい、あらゆる市民を少しずつ共同の運命に引き戻すものである。〈五月〉は、この方向へ向かう大きな跳躍だった。要するに、平等のための反乱である。人々は大学での選別を拒否し、上司に異議を申し立て、当局を愚弄し、他の様々な給与者のためにＳＭＩＣ〔最低賃金法〕を一〇％から三五％に引き上げる。第五共和制の民主的な部分をむさぼりながら、権威主義的なドゴールを歴史博物館へ送り出す。ＯＲＴＦ

〔国営フランスラジオ・テレビ局〕の政治的独占をぶっつぶす。同業のあらゆる指導者たちの正当性を奪い、すべてのボスや実力者、頭領、グル、思想的指導者、官僚、有力者、重要人物を攻撃する。すなわち、あらゆる領域で階層を無化し、格差を縮め、上司の傲慢を挫くのである。

本書の中で強調したように、多くの特徴がこの結論を実証している。最初の一週間、要求事項は、イデオロギー的あるいは革命的なことを除いたすべてである。暴力はシンボルとして使われたのであり、力関係を変えるための物理的手段として使用されたのではなかった。互いに面と向かうと、一種の無意識の共謀によって、人が死ぬという一線を絶対越えないためのあらゆる手段を探した。五月一〇日、バリケードは記号であり、軍事的道具ではない。政府としては死傷者が出るのを食い止めようと、攻撃を最後の最後まで待ったのだ。ソルボンヌの占拠は言葉の蜂起を告げる。政府は暴力の行使を控えるために、学生たちを抑え込もうとしない。ポンピドゥーは、警察や軍隊の力には頼らずに、世論が反転するのに賭ける。これもまた民主的な要因だ。各組合は経済を停止したが、蜂起的なストの限界を絶対に超えようとはしていない。一方、政府は社会的妥協によって、解決を見つけようとし、労働者階級と衝突してまで解決をめざそうとはしなかった。ドゴールは国民投票を頼みの綱に抜け出せると考え、ポンピドゥーは総選挙によって可能だと考える。学生たちは市庁舎を占拠することを夢見たが、次いで、どうしていいかわからずに自分たちで放棄した。JCRの警備班は、デモ参加者たちの武器製造所への襲撃を阻止する。最終的に、ドゴールが本当の市民戦争の脅威を振りまくとき、各々が権力交替を放棄し、危機を打開するために、従順に投票所に足を運んだのだ。端的に言って、言葉の激しさや街頭での衝突にもかかわらず、流血を回避するために、民主的なコンセンサスが戦術的に隅から隅まで維持されたのだ。あたかもみんなが、本質は権力の掌握ではなく、社会の具体的な変革であることを知っていたかのように、コーン＝ベンディットが騒擾の最中に『ヌーヴェル・オプセルヴァトゥール』[*12]誌の対談で、明解に説明していた。あらゆる行き過ぎにもかかわらず、〈五月〉は、実際のところ、民主的なものに留まるだろうと。

六月以後に現れる反動はもちろん、すべてを遮断し、社会を逆コースに向かわせようとする。しかし、もう遅すぎる。新しい習慣はできてしまったし、警告は発せられた。基盤は前と全く同じではなくなってしまった。指導者たちはそのことを知っているし、きちんと考慮に入れてすらいる。そして、ランペドゥーサ[12]風の格言に従うなら、何も変わらないために（基本は何も変わらない）、すべてが変わらなくてはならない。そしてこのすべてというのは、いずれにせよかなりの程度を占めているのだ。

　階級や集団ではなく、個人が最後の段階で強くなって、〈五月〉から抜け出た。それは、孤立したり、無関心を決め込んでいるのではない一人の個人、社会の運命に意識を向ける一人の個人として、意思を通じ合わせ参加したいと欲する個人である。これが主要な教訓である。彼の欲望と意思は、以前よりはもう少し尊重されるだろう。もし彼が排斥された階層（まだ反抗の虞を考慮しないといけないというのだろうか。〈五月〉以後の保守政権は、社会的譲歩をし続けているが）であるならば、少ししか尊重されないだろう。もし、彼が、商取引の世界で一目置かれ、政治家に可愛がられ、大衆の文化・大衆の娯楽・大衆のコミュニケーションと自立に通じていて、〈五月〉の印――これは単なるレッテルなのだろうか――を帯びて台頭しつつある中流階級の地方議員ならば、すこぶる尊重されるだろう。ボードリヤールはそこに、シミュラークルの中ですべての歴史が終焉することを読み取る。[*13] クルストファー・ラッシュ[13]、次いでリポヴェツキー[14][*14]はそこに無関心で軽薄かつ民主的なナルシシズムの勝利を、フェリーとルノーは責任ある参加型の市民が展開する個人主義を読み取っている。[*15] これらについては際限なく議論ができるだろうし、おそらく、この出来事に豊かさを付け加えるもう一つの両義性を発見することだろう。革命家たちのメシア待望論的な傾向が接合された背景には、実のところ人々が、引き籠もり型の個人主義と積極的市民参加型の個人主義の間で揺れ動き、そのどちらも、他のもう一方に対して明らかに勝利することはなかったという現実があるのだ。

〈五月〉に開かれた歴史的な突破口の高揚が、このような民主的でプチブル的凡庸さに後退していると悔やむこともできるだろうし、あらゆる理性的なもの、慎み深いもの、知的なものに反対して、間違っていても二日間、すべては可能だと信じたのは正しかったと主張することもできるだろう。もっともなことだ。だが、もしこれらすべての本当の理由が、さらなる民主化をめざした、野蛮ではあっても有益な飛躍であったなら、闘いを交える価値は大いにあったのだということもまた考慮に入れてしかるべきだろう。

# 原註、訳註（*は原註を示す）

## 二〇〇八年版の序文

1 Nicolas Sarközy（1955–）：弁護士。保守派の政治家。ハンガリーのユダヤ系小貴族の家系出身。二〇〇二年までヌイイー市市長。八八年に国民議会議員当選。蔵相、内相、経済相などを歴任。右派の政党UMPの会長であった二〇〇七年に大統領に当選。二〇一二年まで大統領を務めたが、再選を果たせず、社会党候補オランドに破れる。六八年の革命思想を最も嫌悪する一人。大統領選のキャンペーンの時にも六八年と決別しようと呼びかけた。現在、新たに大統領に返り咲きを狙っている。

2 Alain Finkielkraut（1949–）：作家、哲学者。アウシュヴィッツに移送されたポーランド系ユダヤ人革細工師の一人息子。高等師範学校を出て、ボーヴェの高校で教鞭をとった後、エコール・ポリテクニークの教授。ベニー・レヴィ、ベルナール＝アンリ・レヴィとともに、エルサレムのレヴィナス研究所の創設メンバー。フランスのテレビ、ラジオにしばしば登場する代表的なメディア知識人。六八年五月に最も批判的な知識人の一人。六八年に関連する著作ではパスカル・ブルックナーとの共著 *Nouveau désordre amoureux*（『恋する新しい無秩序』、一九七九）がある。この中で無政府主義的な態度や当時言われた性革命は幻想であると述べている。

3 Marcel Gauchet（1946–）：フランスの歴史学者、哲学者。社会科学高等研究院のディレクター。ピエール・ノラとともに創設した雑誌『デバ』の編集長。ゴーシェは、六八年当時、カーン大学におり、学友ル・ゴフとアナーキズムやシチュアシオニストの陣営を選び、マルクス主義や新左翼には批判的だった。シラク前大統領が使った「社会的亀裂」という言葉の生みの親。

4 Régis Debray（1940–）：作家。メディオロジーの創設者。高等師範を優秀な成績で卒業。六五年、哲学教授資格を得る。共産主義青年同盟で活動。同年、キューバに行き、チェ・ゲバラに会う。ボリヴィア政府軍に捕まり、拷問を受ける。四年間収監された後、解放され、サルバドール・アジェンデやネルーダらに会う。七三年にパリに帰還。ミッテラン時代に大統領特使を任命される。現在、宗教科学ヨーロッパ研究所所長。六八年に関連する著作では、*Modest Contribution aux cérémonies officielles du dixième anniversaire*（「一〇周年の公的な言説や式典に対するささやかな貢献」、一九七八）がある。二〇〇八年に *Mille et une nuits*（「六八年五月――成功した反革命」）のタイトルで再版された。

5 ドイツの伝説に出てくる愉快な男。リヒャルト・シュトラウスに同名の歌劇がある。

6 Pierre Bourdieu（1930–2002）：フランスの代表的社会学者。六八年五月の出来事によって、師であったレーモン・アロンと袂を分かち、教育と文化の社会学センターを創設した。その後、欧州社会学センターの所長を務め、八一年からコレージュ・ド・フランスの教鞭をとった。また出版者としても様々な出版物を手がけ、新自由主義に対抗する論陣を張る。社会運動にも積極的に関与し、発言した。

### 1　五月三日　ソルボンヌの火花

1　イギリスの老舗靴メーカー「クラークス」の靴で、当時の多くの青年たちが履いていたバックスキンのくるぶしまであるシンプルな靴。

2　パリ市第四区警察署の巡査部長、当時三五歳。待機していた警察車両には、破壊を防ぐ金網も装備されていなかった。負傷後、直ぐ手術を受けたが、一二日間意識不明。後、レジオン・ドヌール受賞。

*1　このシーンは日刊紙『フランス・ソワール』紙のカメラマンによって、秒刻みで写真が撮られた。そのために詳細な叙述が可能となった。『フランス・ソワール』マガジンの特集号、『五月の日々』（Hachette, Paris. 1968.）に掲載。

3　Roland Castro（1940–）：フランスの代表的な建築家。パリ美術学校で建築を学び、六一年にキューバに行きチェ・ゲバラに会う。数カ月後、米国マイアミでのトランジットで拘束される。六五年に共産党から除名。サルトルやラカンの知遇を得る。六八年には毛沢東派として関与。七〇年に毛派を解散。その後多くの建築を手がけ、数々の受賞。二〇〇五年に「具体的ユートピア運動」を創始。主著に『都市文明あるいは野蛮』（一九九二年）。二〇〇二年に「現実的ユートピア運動」を立ち上げ、大統領選に立候補すると宣言したが、結局、取りやめた。グラン・パリの大都市計画構想の学際間チームの責任者を二〇〇八–〇九年に務めた。

*2　エルヴェ・アモンとパトリック・ロトマン、*Génération* t.I, *Les années de rêve* に引用されている。

4　Daniel Cohn-Bendit（1945–）：ドイツ緑の党代議員で前欧州議員。ユダヤ系ドイツ人の父親とフランス人の母親の間でフランスに生まれる。一八歳で、フランスの兵役を逃れるために、ドイツ国籍を取得。ナンテールで社会学を学ぶ。六八年の主役の一人となるが、ナンテール分校で追放処分を受け、国外に。一九七八年まで入国を禁じられた。六〇年代当初、アナーキスト。フランス追放後、一九八一年まで政治活動を中断。アナーキズムと別れ、八四年にドイツ緑の党に入党。八六年の論考で、革命の展望を断念。一九九四–二〇一四年七月まで緑の党欧州議員。フランクフルト市助役を務める。自己をリベラル／リベルテールと規定。フランスに戻り、仏緑の党の欧州議会選挙のキャンペーンでリストのトップに立つ。欧州憲法条約には賛成の立場をとる。二〇〇九年の欧州選挙で、農民活動家ジョゼ・ボヴェ、名高い元金融犯罪検事のエヴァ・ジョリーと組んでキャンペーンを張る。フランスの緑の党とヨーロッパ・エコロジーを合体させた。六八年五月に関しては、自身何冊も著作を著している。『一九六八年』（ラディガー・ダンマンとの共著、二〇〇七）、『六八年を忘却すること』（対談集、二〇〇九）、『六八年五月』（二〇〇八）、また『リベラシオン』紙がコーン゠ベンディットとジョルジュ゠マルク・ベナムーをゲストに招いて行なったフォーラム「六八年を清算すること？」の録音版（二〇〇九）がある。

5 Mouvement du 22 mars：一九六八年三月二二日、ナンテール分校で、ベトナム反戦デモで捕まった仲間の解放を訴えるために、二三歳の社会学専攻の学生ダニエル・コーン゠ベンディットが中心になって「三月二二日運動」（キューバのカストロによる独立運動「七月二六日運動」にちなんで名づけた）が結成された。この運動は参加した各人が個人の資格で関わり、要綱や統一的理論は存在せず、それを行動の形で乗り越える闘争委員会の形式をとり、反帝国主義と直接民主主義という二つの原則のみの開かれた運動体だったが、様々な思想と行動の人々の集合体であり、また二重加盟しているメンバーもおり、必ずしもうまく機能しなかった。

*3 筆者への言明。

*4 ジャック・ヴァイナックによる説得力のある説。Jacques Baynac, *Mai retrouvé*, Laffont, Paris, 1978.

6 フランスは、治安を二通りの警察によって維持している。一つは各自治体が組織する地方警察、もう一つは防衛省の下部機関として組織されている国家警察で、一般的に憲兵隊（ジャンダルムリー）と呼ばれる。

7 UNEF（Union national des étudiants de France）：全国組織の唯一の大学生の組合組織。源流となる組織「ナンシー学生協会」は一八七七年に作られた。一九〇七年に作られた全国の学生協会連合が名前を変更して全国学生連合となる。六八年は無数の新左翼セクトが結成され、UNEFの影は薄かった。仏社会党の影響が強い。

8 Occident：一九六四年に作られた西洋中心主義による反共産主義、愛国主義を掲げた極右セクトで、六八年一〇月に解散。設立当時、六〇〇人のメンバー。後に大臣になったアラン・マドラン、ジェラール・ロンゲ、アルメニア系のパトリック・ドヴェジャンなどがいた。極左勢力を殲滅するために暴力を厭わなかった。

9 Pierre Grappin（1915–1997）：ドイツ語を専門とする翻訳家。仏独辞書の著者。ナンシー大学とナンテール大学の学長（一九六四－九四年）を務めた。グリモー警視総監は学生時代からの旧友

*5 この集会については複数の著者が語っているが、特に参加したバイナック、そしてアモン、ロトマンが書いている。また集会のかなりの部分が撮影されている。

10 FERはランベール派のトロツキストの小さな集団。六八年四月に結成されたが、六月のデクレで解散命令を受ける。

11 *L'Humanité*：ジャン・ジョレスが一九〇四年、組合活動家、

社会主義者を対象に発行した新聞。一九二〇年のツール会議によって、フランス共産党の日刊機関紙となった。近年は経営危機に陥り、様々な改変を迫られている。

12 Georges Marchais (1920–97)：パリ生まれの政治家。共産主義者。一九四〇年、航空機製造の機械工。その後、鉄鋼労働組合書記長をへて、パリ郊外CGT支部書記長、四七年フランス共産党入党。一九七二－九七年までフランス共産党書記長を務める。

13 Maurice Thorez (1900–64)：パ・ド・カレ県の炭坑夫の家庭出身の政治家。共産主義者。一九三〇年に共産党書記長。三二年に国民議会議員。スターリン主義に追随、追認。三九年にソ連に行き、フランス解放時に帰国。二六・一％の共産党支持票によって、最初のドゴール政権の国務大臣、閣議副議長となる。トレーズのスターリン信任が仏共産党のソ連共産党への盲目的な追随を生んだ。不治の病に冒されるが、最後まで共産党のリーダーを務める。

*6 一九六八年五月三日付『ユマニテ』。

14 Jacques Sauvageot (1943–)：六八年当時、法律と美術史をソルボンヌで勉強していた。UNEFの副会長。ソルボンヌ占拠時に交渉団の一人となるが、最終的には連行された五七一人の学生の一人となる。その後、ミッシェル・ロカールの統一社会党の党員となる。現在、レンヌ国立美術学校の校長で美術史を教える。

15 Charles De Gaulle (1890–1970)：フランス北部の裕福な家庭出身。サン・シール士官学校卒業。一九四〇年、戦争担当国務次官補。六月一七日にロンドンに逃れる。一八日にBBCから「フランス国民に告ぐ」として、抵抗を訴える。フランス共和国臨時政府を発足。四四－四六年、大統領を務める。四六年第四共和制に反対して、辞職。一二年後、フランス人民結集党を組織、一九五八年に大統領に返り咲き、第五共和制を制定。アルジェリア戦争に終止符を打ち、憲法を改正して、大統領直接選挙にする。六九年まで大統領を務めるが、左翼の台頭と、六八年五月革命によって衰弱。六九年の国民信任投票で、ノンを突きつけられ、辞任。

16 Fernandel (1903–1971)：マルセイユ出身の国民的喜劇俳優。四三本の映画に出演、多数の賞を受賞。

17 フランスでは五月一日にスズランの花が全国の街角で売られる習慣がある。この伝統は、ルネサンスまで遡る。シャルル一〇世が一五六一年に「幸福をもたらす華」として、宮廷の貴婦人たちに贈ったと言われている。近代以降、逸話が幾つかあるが、とりわけ一九〇〇年代に有名ファッションデザイナーたちが、五月一日に顧客にスズランを贈ったことから、今では伝統となり、五月一日だけで数百万本のスズランが売られる。

18 Christian Fouchet (1911–74)：サン・ジェルマン＝アン＝レイ出身のドゴール派の中心的政治家。マンデス・フランス政権のモロッコ／チュニジア省大臣（一九四五－五五）、国民教育大臣（一九六二－六七）、内務大臣

（一九六七－六八）を歴任。

*7 バイナック、前掲書。

19 フランスにおいては、教育制度そのものが伝統的にエリート主義で、官僚や政治家、大学教授になるにはグランゼコールにいくべきと進路が定められていた。しかし、大学は、大臣、官僚のもとで働く有能な国家公務員を養成すべきで、そのためには、バカロレアの資格試験ばかりでなく、選抜試験を設置すべきだというのが、ドゴール以来の保守政権が考えてきたことである。だがこれは今日に至るまで、医学部の特殊な事情を除くと、達成されていない。

20 Union des étudiants communistes：一九三九年に創設、戦後解散した。一九五六年に再建。フランス共産党に近い組織。

21 La Jeunesse communiste révolutionnaire 1966–69）：その後ＬＣＲとなる共産党から排除された最初のトロツキストの青年集団。これらの活動家たちは、第四インターのフランス支部である国際共産党に近かった。彼らは、ベトナム戦争に反対し、脱植民地戦争を支援した。

22 Jean Roche：当時、パリ大学区（アカデミー）の区長。

23 大学区長＝日本の教育委員長に相当。フランスには二七の大学区が設置されてあり、大学区長は教育相を代行して地方教育行政の責任者として、区内の初等教育から大学までの全教育機関を監督する責任を持つ。

24 Maurice Grimaud（1913–2009）：アルデッシュ県出身の行政官。文学の道を歩もうとしたが、断念。国家公安委員会委員長の後、一九六七－七一年、警視総監を務める。一九八一年にはドゥフェール内相の近しい協力者だった。

*8 筆者への言明。

25 リュクサンブール街の基点となっているサン・ミッシェル大通りの中程にあるエドモン・ロスタン広場は、カルチエ・ラタンとの境になっており、この場合の境界地点。

26 Alain Peyrefitte（1925–99）アヴェイロン県出身、エコール・ノルマルおよび行政高等学校卒業、人文科学の博士号を持つ政治家。初期に外交官キャリアを歩み、第五共和制下で、何度も大臣職を務める。情報国務次官、海外帰還者担当相、科学研究・宇宙／核問題相、国民教育相、行政改革相、文化環境相、法務相などを歴任。四九年に書いたエッセイ『ペネロープの神話』で学士院賞受賞。七七年、フランス学士院会員。

*9 アラン・ペイルフィットが筆者に追認。

*10 モーリス・グリモーは自著 *En mai, fais ce qu'il te plaît*, Stock, Paris, 1977 で、この年の五月がどのように過ぎたかを詳細に語っている。

27 Marcel Durry：当時、ソルボンヌ文学部部長。

28 Marc Zammansky：当時、理学部部長。

*11 ルネ・バックマンとルシアン・リウの共著 *L'Explosion de mai*, Lafont, Paris, 1968 からの引用。

*12 彼らはとりわけ、バイナックの仲間のアナーキストたちで、中でも書店 La Vieille Taupe を経営していたピエール・ギヨームなどだが、その後、ロベール・フォーリソンの

歴史修正主義の宣伝係となり、違う道を歩むことになる。

29 Alain Krivine（1941–）：ウクライナから一九世紀末にフランスへ移民した亡命ユダヤ家庭に生まれる。極左の政治家。コンドルセ高校からパリ大学文学部へ進学。五六年当初、共産党の共産主義者青年部で活動。その後、共産主義学生連合に参加、幹部となる。アルジェリア戦争時にFLN支援組織のメンバー。極秘に第四インターに加盟。共産党から除名。一九六六年、革命的共産主義者青年同盟（JCR）を創始。ベトナム戦争に反対、六八年五月の運動に参加、JCRは非合法化され、逮捕される。六九年共産主義者リーグ（LC）結成に参加。兵役を務める最中に、大統領選に立候補。その後に現在の革命的共産主義者リーグ（LCR）の政治局員を二〇〇六年まで務める。退職の後も、LCRのスポークスマンの一人。第四インターの指導的役割を担う。

*13 アラン・クリヴィーヌは、この場面をアモンとロトマンに語っている。前掲書。

30 Pierre Viansson-Ponté（1920–79）：フランスのジャーナリスト。月刊雑誌『エクスプレス』（一九五三–）の創始者で編集者。『ル・モンド』紙の論説をしばしば担当した。

*14 ピエール・ヴィアンソン＝ポンテ、『ドゴール派共和制の歴史』(*Histoire de la république gaulliene*, t. II, *Le Temps des orphelins*, Paris, Fayard, 1971.)

*15 本人が筆者へ言明。

31 Brice Lalonde（1946–）：ヌイイ出身の政治家。父はユダヤ系アルザス人。一九六八年にUNEFの会長に就任。一九七一年に「地球の友」を結成。以降、エコロジー運動を積極的に指導。ムルロワの核実験に反対。ルネ・デュモンの大統領選を牽引。八一年に本人も立候補。八八年、ロカール政権の環境国務次官。クレッソン政権の環境相。九〇年に政治運動体「ジェネラシオン・エコロジー」を創設。九二年、保守のリストで地域圏議員になり、以降、完全に右傾化。シラクを公に支持。現在はブルターニュの小都市サン・ブリアック市長。二〇〇七年に閣議で気候変動会議のフランス大使に任命される。

32 Jean-Marcel Bouguereau：ジャーナリスト。六八年、学生時にソルボンヌの占拠に参加。『ヌーヴェル・オプセルヴァトゥール』の記者。一九八一–八六年、日刊紙『リベラシオン』の編集長。

*16 本人が筆者へ言明。

33 Compagnie républicaine de sécurité の略。CRSは国家警察に所属する共和国治安部隊（機動隊）のことで、一九四四年に創設され、四八年に再編された。CRSは治安以外にも、道路の監視、海岸の監視、山岳救助も行なう。

34 SS=Schutzstaffel ナチス親衛隊の略称。創設は一九二五年。国内外の反党分子の粛清に貢献、後、敵性分子に関する諜報、摘発、隔離、収容、監視をする準軍事組織となった。

*17 バイナック。前掲書。

*18 本人が筆者へ言明。

*19 アモンとロトマンによる引用、前掲書。

*20 バイナックによる引用、前掲書。

*21 グリモー、前掲書。

35 Georges Pompidou（1911–74）：オーヴェルニュ地方出身の政治家。ルイ・ル・グラン高校からエコール・ノルマルに入学。二三歳で大学教授資格を取得。後、マルセイユ、パリで教鞭をとる。四四年、ドゴールに会い、臨時政府首相官房となる。以降、二五年間に渡ってドゴールの右腕として活躍。六一年、フランス詩歌集を刊行。六二年に首相に就任。ドゴール大統領辞職の後、大統領に就任。任期途中でガンのため急逝。

36 Louis Joxe（1901–1991）：ドゴール派の官僚、外交官、政治家。三二年に外務次官ピエール・コットの官房に入る。四〇年からアルジェで教鞭をとる。四六年に臨時内閣官房。モスクワ、ボンで大使を歴任後、国民教育相、アルジェリア担当相、法相を歴任。詩や音楽にも造詣が深く、ピアニスト、マルグリット・ロンとも親友で、長い間ロン・ティボー国際コンクールの会長を務めた。

37 Michel Jobert（1921–2002）：ＥＮＡ出身の官僚、政治家。モロッコ・メクネスで誕生。大戦で負傷。ポンピドゥー政権で大統領府官房長、メスメール内閣の外相、ミッテラン立候補を支持。ミッテラン社会党政権で、通商相を務める。

38 エヴィアン交渉会議：一九六二年エヴィアン市で行なわれたアルジェリアの独立を巡る交渉。この交渉でアルジェリア独立戦争に終止符が打たれた。三月一八日「エヴィアン和平協定」が調印された。

39 Louis de Broglie（1892–1987）：物理学者、学士院会員。二九年にノーベル賞受賞。

40 Robert Buron（1910–1973）：政治家学院出身の政治家。ヴィシー政権のときからキャリアを開始。ドゴール政権時に海外県担当相、経済相、公共事業担当相を歴任。エヴィアン和平協定の交渉人の一人。

41 Pierre Cot（1895–1977）：一九五一年共産党から立候補。ポアンカレに見込まれる。フランスの航空業の国営化に貢献。現エール・フランスの基礎を作る。ブルム内閣で外務次官補を経て航空大臣。六八年を境に国政から撤退。共産党の党友。平和運動の幹部。

*22 Adrien Dansette, *Mai 1968*, Plon, Paris, 1971 による。

*23 本人が筆者へ言明。

42 Gaston de Galliffet（1830–1909）：一九世紀後半のフランスの軍人。パリ・コミューンを厳しく弾圧した将軍。一九〇〇年に戦争大臣となる。

43 Philippe Alexandre：ジャーナリスト、作家。

*24 Philippe Alexandre と Raul Tubiana の共著 *Elysée en péril*, Plon, Paris, 1969 による。

*25 本人が筆者へ言明。

**2 学生の反抗、その二重の起源**

1 Carnaby Street：ロンドンの通り。一九六〇年代、ロック、

2　ファッションの発信源の一つ。
Salut les copains：当時、若者の間に流行ったポップ・ミュージックのラジオのバラエティ番組で Europe 1 が毎週、月曜から金曜日、一七時から一九時まで放送した。フランク・テノとダニエル・フィリパッチが司会を務めた。一九六三年、ナシオン広場で無料コンサートが開かれ、登場したすべての歌手が参加したため、若い聴衆が大挙して押しかけ、この番組の影響力を証明した。同名の月刊誌も刊行された（一九六二－二〇〇六）。

*1　若者の文化現象の重要性は極左が出した六八年五月のマルクス主義的な無数の解釈によってしばしば隠されてきた。しかし当時、無数の文学が、階級闘争の理論家たちによって忘却の淵に捨てられたと言える、それら文化現象の輪郭を描いてきた。一つの例証として、エドガール・モランは六〇年代当初から、『ル・モンド』紙に掲載された記事の中で、一世を風靡した風俗を「イエ・イエ」と名づけた。

*2　ここではアルチュセールだけ取り上げるが、彼は「若者」という全体概念を構成するすべてを厳密に批判した。彼にとっては、どんな場合においても、労働者の若者と中小ブルジョワ階級の子弟である学生とを一緒にすることはできない、とした。マルクス主義は、時として、現実を理解する際の大きなハンディキャップとなる。

*3　ジャーナリズムの空疎な常套句。世代の分析は、社会学者や人口学者たちが彼らの分析の中に、選択の場所を与えたときから、科学的な品格をその言辞に与えたのだ。アルフレッド・サーヴィは『若者達の台頭』（*La Montée des Jeunes*, Paris, Calmann-Lévy, 1958）によって、その道を開いた。彼は言う。「たしかに、若者たちは、彼らを受入れることを拒否する産児制限論的な殻を最後には破るだろう。彼らは、最終的に場所を獲得し、彼らの権利を主張することになるだろう。しかし、それは、混乱と政治的無秩序の時代となるだろう」今日ではドニ・ケスレールの著作、とりわけ『生命の循環と世代』（*Cycles de vie et Générations*, paris, Economica, 1985）などがそれにあたる。

3　ポール・ニザンの最初の小説『アデン、アラビア』（一九三一年）の冒頭の有名な句「私は二〇歳だった。これが人生でいちばん美しい時だと誰にも言わせまい」の著者によるパロディであろう。

*4　とりわけビートルズに関する二つのとても興味深い評伝を参照：Philip Norman, *Shout! The Beatles in Their Generation*, London, Warner Books, 1982 および Ray Coleman, *John Winston Lennon*, London, Sidgwick & Jackson, 1984.

*5　以下の著作を参照。Bertrand Lemonnier, *La Révolution pop des années soixantes*, Paris, La Table Ronde, 1986.

4　Jerk：一九六五年頃に流行ったツイストの一種。

*6　以下の本に含まれる率直な評伝を参照：Thimoty White, *Rock Stars*, Paris, Hercher, 1984.

5　Lewis Brian Hopkin Jones（1942－69）：ローリング・ストーンズのリーダー格でギタリスト。一九六九年に、農場の自宅プールに沈んでいたのを発見される。ドラッグとアルコールの影響で溺死したと報道されたが、改装工事業者が殺したとの自白がある。

6 Otis Redding（1941–67）：ソウル・ミュージックを代表する歌手の一人。絶頂期だった二六歳の時、公演旅行の途中に飛行機事故で死亡。

7 Vô Nguyen Giap（1911–2013）インドシナ戦争、ベトナム独立戦争の時のベトナムの軍人。一九四五年ホー・チ・ミン内閣の北ベトナム軍司令官及び内相。ディエン・ビエン・フーの戦いを勝利に導いた。連戦連勝の将軍と讃えられ、「赤いナポレオン」と呼ばれた。ホー・チ・ミンの側近としてベトナム統一に寄与した。

*7 幾つかの例がある中で、ドノヴァンの平和主義的な楽曲。Universal Soldiers、Give peace a chance、あるいはジョン・レノンのImagine。

8 Boris Souvarine（1895–1984）：ウクライナ出身でフランスに帰化。労働者から記者、歴史家・エッセイストとなる。フランス共産党員。スターリン主義の批評家として有名。一九三五年にスターリンの評伝を出版。

9 Victor Andréiévitch Kravtchenko（1905–1966）：*I chose Freedom*の著者。ソ連共産党員だったが、ウクライナの農民の飢餓状態を見て、スターリン体制に失望、赤軍の派遣で一九四三年にニューヨークに行った折、アメリカに亡命。ニューヨークで一九四六年に刊行された*I chose Freedom*で、ソビエト体制を批判。フランスでは、爆発的に売れ、多くの議論と論争、クラヴチェンコに対する激しい批判が沸騰した。その後、ソ連や世界中の共産党から批判され、一九四九年に誹謗中傷でフランス共産党系の新聞*Les Lettres françaises*を裁判に訴え、世紀の裁判とも呼ばれた。頭部をピストルで撃った彼の死は自殺とされたが、ＫＧＢによる他殺説もある。

10 David Rousset（1912–1997）フランスの作家、記者、政治活動家。左派ドゴール主義者。

*8 フィリップ・ロブリウーは、以下の本の中で、この文化的、感情的影響力を完璧に叙述している。*Notre génération communiste*, Paris, Laffont, 1977.

11 ＣＧＴのこと。

12 *Humanité*のこと。

13 Guy Mollet（1906–1975）：フランスの政治家。第四共和制下の評議会議長。社会党書記長。

14 Section française de l'International ouvrière：労働者インターナショナル・フランス支部。一九〇五年創設。ジョレス派の大結集によって勝利する。ジョレスは、日刊紙『ユマニテ』を刊行。植民地主義政策と好戦的民族主義に反対。一九六九年に社会党となる。

15 Gaston Defferre（1910–1986）：フランスの政治家。レジスタンスの闘士、前マルセイユ市長、ギイ・モレ内閣の商船担当相、海外領土相、ミッテラン政権の内務相などを歴任。国民議会議員、元老院議員。社会党党員。

16 Pierre Mendès-France（1907–1982）：フランスの政治家。

一九五四−五五年、国民経済相、首相、外相などを歴任。国民議会議員。急進社会党党員。中道左派。彼の政治思想は「マンデス主義」と称された。

17 Fédération de la gauche démocrate et socialiste：民主社会主義左翼連盟。フランソワ・ミッテランによって、一九六五年一二月創設。非共産主義者の左翼と呼ばれた政治団体で、非共産党系の複数の左翼潮流をまとめる一定の役割を果たした。六八年に解散。

18 Convention des institutions républicaines：共和制度会議。フランソワ・ミッテランが一九六四年に立ち上げた小さな政党。七一年に社会党に吸収された。メンバーには、この政党からキャリアを始めたピエール・ジョックスやエディット・クレソンがいた。

19 日本の国会に相当。

20 衆議院に相当。

21 Bill Haley（1925–1981）：アメリカのロックンロール・ミュージシャン。「ロック・アラウンド・ザ・クロック」他。

22 Caveau de la Huchette：カルチエ・ラタンにある代表的なジャズ／ダンス・クラブ

*9 エルヴェ・アモンとパトリック・ロトマンの *Génération*（前掲書）は、この点に関する決定的な著作である。その第一巻で、ＵＥＣの昔の仲間たちの三〇年間の物語について書いている。

*10 バックマンとリウはこの問題を正確に表現している。

*11 ジャン＝レーモンド・トゥールヌーは、*Le mois de mai du Général*, Plon, Paris, 1969 の中で、ナルボンヌの計画を詳細に書いている。

23 第二次大戦直後の仏臨時政府は、心理学者アンリ・ヴァロンと物理学者ポール・ランジュヴァンに教育改革案を作るための検討委員会を作らせた。このときの検討内容が六八年五月以降、手本とされた。

24 Jean-Claude Passeron（1930–）：フランスの社会学者、記号学者。社会科学高等学院教授。六〇年代にブルデューと教育に関する社会学の論考、「学生と彼らの研究」「遺産相続者、学生と文化」を発表。その後、ナント大学で社会学部を指揮。六八年は、フーコーやカッセルとともにヴァンセンヌの実験大学センター創設に寄与。

25 とりわけ『遺産相続者、学生たちと文化』（*Les Héritiers, les étudiants et la culture*, Editions de Minuit, 1964）において、ある特定の子供たちが優遇されている背景には、彼らが頭がいいという理由ではなく、社会階級や家族の中で、学校教育に適したコードや態度や知性を身につけているのだということを明らかにした。

*12 今日、アラン・ペイルフィットは、これらのプロジェクトが、その的確さを全く擁護しつつ、六八年五月の本当の原因だったとしている。

26 ドゥヴァケ教育制度改革法案は、一〇万人規模の全国的な学生デモによる反対に遭い、警官の弾圧によって学生マリック・ウーセキンが死亡したことで、シラク大統領は法案を廃案とし、ドゥヴァケは辞任した。

*13 バイナック、アモンとロトマン他の著者が、アメリカン・エキスプレスの襲撃を事細かに叙述している。

*14 筆者との対談。

27 本来は、シチュアシォニストのシンパである学生ルネ・リーゼルらが作ったグループ。コーン＝ベンディットらも普通名詞としてその名を名乗っていた。

*15 「三月二二日運動」の成立については、多くの著者が書いている。

*16 筆者との対談。

28 Alain Touraine（1925–）：現代フランスの代表的社会学者の一人。3章訳註7参照。

*17 ジャン・ベルトリーノ『扇動家たち』（*Les Trublions*, Stock, Paris, 1969）で引用されている。

*18 アモンとロトマンは、この主題の参照項となる著作を書いたが、またベルトリーノ（前掲書）、ニコル・ド・モウペウ＝アブード『学生ゲットーの幕開き』（*Ouverture du ghetto étudiant*, Paris, CNRS-Anthropos, 1974）、そしてアラン・モンシャブロン『UNEFの歴史』（*Histoire de l'UNEF*）も同様に参照されるべきだろう。

29 共産党中央執行部のあったル・ペルティエ通り四四番地のこと。当時はコシュト広場と名づけられていた。

30 Bernard Kouchner（1939–）：フランスの医師、政治家。「国境なき医師団」の創始者の一人。社会党政権時代に国務次官、サルコジ政権の外務大臣となり、社会党から離反。

31 Jean Schalit：共産主義学生連合（UEC）の指導者で、闘争紙『アクション』を創刊した。

32 Jean-Louis Péninou：フランスのジャーナリスト。第三期『リベラシオン』の編集長を務めるが辞職。

33 Marc Kravetz：フランスのリポーター、ジャーナリスト。*France Culture* の記者。

34 Henri Weber（1944– ）：フランスの政治家。若い頃はシオニズム運動に身を投じ、その後、学生共産主義運動からフランス共産党に入党、六五年に除名となり、クリヴィーヌらとLCRを設立。一九八一－八六年と政治活動から身を引くが、ファビウス政権の顧問を務め、一九九三年からフランス社会党全国書記局メンバー。

35 Robert Linhart（1943–）：フランスの社会学者。高等師範学校卒業。パリ第八大学哲学科助教授。六四年共産主義学生連合に加入。アルチュセールの影響を受ける。親中国派となり、フランス共産党の修正主義を強く批判。六八年五月には、精神的問題を抱え、身を引く。その後、ベニー・レヴィの「プロレタリア左翼」に合流。シトローエンの工場で工員として働き、その経験を*L'Établi*に著す。七九年にブラジルの砂糖生産の農民の生活を取材して本にした。

*19 『マルクスのために』、『資本論を読む』（*Pour Marx, Lire le Capital*, Paris, 1965, Maspero）やその他の著作を参照のこと。

36 Louis Althusser（1918–1990）：フランスの思想家。六〇年代、レヴィ＝ストロース、ラカンらとともに、構造主義の代表的論客。一九四八－八〇年まで、助手を経て高等師範学校教授。晩年、精神に異常を来たし、妻を絞殺。サンタンヌ病院に収容される。

37 Roger Garaudy（1913–2012）：フランスの大学教授、政治家、哲学者、作家。一九三三年以来、共産党員。大戦中、ヴィシー政権の北アフリカ刑務所に投獄された。仏共産党中央執行部メンバー。戦後、代議員。六八年当時、反主流派のマルクス主義者で五月革命の思想に近かった。ロジェ・ガローディ財団をスペイン、コルドバに設立。五〇以上の著述があり、一九九五年に刊行された『イスラエルの政治の創設に関する神話』は、シオニストによる陰謀説を擁護して論争を引き起こし、裁判沙汰になった。一九九八年に人道に反する罪への反駁と人種的誹謗中傷で有罪となった。上訴したが敗訴。以来、歴史否定主義者と言われるが、本人自身は反ユダヤ主義ではなく、反シオニストだとしていた。

*20 「マルクス＝レーニン主義手帖」（*Les Cahiers marxistes-léninistes*）。一九六四年にユルム通りのエコール・ノルマル・シュペリウールで刊行。

38 Pierre Goldman（1944–1979）：ユダヤ系ポーランド人の家庭にフランスで生まれる。両親はレジスタンスに加担。高校のときにアルジェリア戦争反対運動に参加。一九歳でソルボンヌの哲学科に入学。UNEFで活動。後、UECの全国委員会メンバー。南米の革命運動に参加するのを目的に、フランスを後にする。一時帰国するが、再度、ヴェネズエラの革命運動に参加。一九六九年に薬局強盗に押し入り、二人の局員を射殺したとして逮捕され終身刑になるが、七四年に再審され無罪となる。出所後研究生活に戻り、哲学、スペイン語の修士を獲得。高校で教鞭をとる。四年後、正体不明のグループによって暗殺される。歌手ジャン＝ジャック・ゴールドマンの兄。

39 Pierre Boussel（本名、1920–2008）：通称ランベールと名乗ったフランスの国際トロツキスト運動の指導者。ユダヤ系ロシア人の移民家族の子として出生。五三年にトロツキーの作った第四インターから分かれる。

40 Pierre Frank（1905–1984）：フランスのトロツキスト。一九四九－一九七九年まで第四インターの指導者。

41 Michel Rocard（1930– ）：フランスの政治家。一九八八－九一年ミッテラン政権時代に首相を務める。一九九四年以来、欧州議会議員。一九六〇年に統一社会党の創設に参画。

42 François Maspero（1932–2015）：フランスの作家、翻訳家、書店主、出版者、雑誌の編集長。マスペロ家は、ナチス・レジスタンスにより、多くの犠牲者を出した。父は中国学者で、コレージュ・ド・フランスの教授だったが、ブッヘンワルド強制収容所に送られ獄死、兄は戦闘で殺され、母はラヴェンスブリュックの収容所に送られたが、生還する。一九五五年から、カルチエ・ラタンで書店を経営。五九年に左翼の出版社を創設。八二年に自分の出版社から身を引くが、この出版社はデクーヴェルト社として再生。八四年以降、小説を執筆していた。

43 Daniel Lindenberg（1940–）：フランスのエッセイスト、思想史家、ジャーナリスト、パリ第八大学教授。『エスプリ』誌顧問。ユダヤ系ポーランド人でフランスに帰化。学生時代にＵＪＣｍｌで毛沢東派。その後、ブランディンヌ・クリージェルの影響でマルクス主義と袂を分かつが、クリージェルとその夫アルデールの右傾化も批判した。二〇〇二年に刊行した *Le Rappel à l'ordre: Enquête sur les nouveaux réactionnaires* で、作家のダンテック、ウエレック、ブリュックネール、哲学者のフィンケルクロート、フェリー、ゴーシェ、バディウらの右傾化に警告を発している。

44 Jean-Paul Sartre（1905–1980）：フランスの二〇世紀の代表的な哲学者、文学者の一人。実存主義を打立て、知識人の社会的関与を実践し、サン・ジェルマン界隈のカフェで多くの議論をした。六四年に指名されたノーベル文学賞を拒否。哲学的論考ばかりでなく、小説、詩、戯曲、エッセイなども手がけた。二〇世紀の代表的フェミニスト、シモーヌ・ド・ボーヴォワールを連れ合いとして独自な関係を作った。

45 Paul Nizan（1905–1940）：フランスの文学者、エッセイスト。一九一七年にサルトルと出会う。一九二四年、高等師範で、レーモン・アロンと出会う。二五年に革命的組合運動を匂わせたファシスト政党に参加、二六年、イエメンのアデンにおもむき、その体験を元に、『アデン、アラビア』を執筆、後、共産党に入党、三二年に共産党員の代議員。師のベルグソンやブランシュビグを批判するために『護衛犬』を書く。三四年、ソ連に一年滞在。三九年、ソ連とドイツが同盟を結んだのを機に、ナチス批判を行い、共産党から脱退。四〇年ダンケルクの闘いで戦死。その後、フランス共産党から「裏切り者」として批判の嵐が吹き荒れるが、一九六〇年にサルトルなどの支援で名誉回復する。

46 Rosa Luxembourg（1871–1919）：ポーランド生まれでドイツに帰化した革命的共産主義者、哲学者、活動家、マルクス主義理論家。ドイツ社会民主党、ドイツ独立社会民主党に加入し、第一次世界大戦に反対した理由で党から除名、そのため、革命組織スパルタクス連盟を母体とするドイツ共産党を創設、機関紙『赤旗』を発刊、一九年一月のドイツ革命とそれに続く蜂起が失敗、反革命義勇軍にカール・リープクネヒトたちと捕まり、暗殺された。その後、彼女の運動や理論を受け継ぐルクセンブルク主義が生まれた。

47 Karl Korsch（1886–1961）：ドイツの共産主義活動家。イエナ大学で哲学と法学を学び、法学博士。第一次世界大戦勃発にともない、ドイツに戻り、参戦、負傷して退役。戦争反対の立場をとり、ドイツ独立社会党に参加、ついで共産党に加入。後、イエナ大学で教鞭をとる。チューリンゲンの代議員を経て、法相、ドイツ共産党理論紙編集長。様々な論争を経てレーニン主義を批判。ナチスの台頭により、米国へ亡命。

48 Antonio Gramsci（1891–1937）：イタリアの哲学者、政治

家。U・テラチニ、P・トグリアッティと『オルディネ・ヌオヴォ』紙を創刊。その後、労働者評議会の実践を理論づけ、一九二一年一月のイタリア共産党設立に寄与した。一九二〇年以降のグラムシの思想的影響は大きかった。ファシスト政権によって投獄。獄中で多くの著作を著す。三七年に解放されるも病院で病死。

49
Szegedi Lukács György Bernát (1885–1971):ブダペスト出身の哲学者、マルクス主義者、政治家。父親はハプスブルグ家からドイツ貴族の称号を得たレーヴィンガー。ベルリンのフンボルト大学で文学博士号を取得した後、マックス・ウェーバーの助手を務める。共産党に入党し、一九年のハンガリー共和国に参画、蜂起の失敗の後、国外亡命し、四五年にハンガリーに戻り、国会議員、哲学教授となる。ルカーチは、文学の社会学的分析に道を開き、カフカ、ジョイス、ベケットなどの近代主義文学を拒絶。「歴史と階級意識」で、物象化理論の歴史的概念を解説し、有名になった。ギー・ドゥボールやルシアン・ゴールドマンに影響を与えた。

50
Christian Bourgois (1933–2007):フランスの出版者。同名の出版社の創設者。政治高等学院、高等行政学院を経て、ジュリアール社、グラセ社の編集者を務めた後、自分の出版社を設立。一九九五年から死ぬまでIMECの会長。また国立映画センター、ポンピドゥー・センター、サン・ドニ県文化センターなどの評議員。ボルヘス、バロウズ、ガルシア゠マルケスなど外国作家をフランスに紹介した貢献は大きい。

51
André Gorz (1923–2007)。本名はGérard Horst:ウィーン生まれの哲学者。ジャーナリスト。哲学と政治理論と社会批評の間を往還する思想を展開。マルクス主義から出発して、資本主義、生産主義、消費主義への鋭い批判を行なう。とりわけ、六八年以降は、エコロジー・ポリティークの最も重要な論客となる。またジャン・ダニエルとともに、ミッシェル・ボスケの筆名で、週刊誌『ヌーヴェル・オプセルヴァトゥール』の創始者。六九年からサルトルが創刊した『レ・タン・モデルヌ』誌編集員を務めるが、七〇年に辞任。サルトルの死以降、この雑誌と断絶、八三年に *Les Chemins du paradis*(邦訳『エコロジー共働体への道』)によって、マルクス主義者たちからの批判に反論。『ヌーヴェル・オプセルヴァトゥール』からも離れる。最晩年は、雑誌『ミュルティチュード』、『エコレヴ』、脱成長理論の雑誌『エントロピア』に寄稿。最愛の妻ドリンヌの不治の病のため、一緒に自殺。

52
Laurent Schwartz (1915–2002):フランスの二〇世紀最大の数学者の一人。ユダヤ系アルザスの家庭に生まれる。父親は有名な外科医。一九五〇年にフィールド賞を受賞。長い間、国立工科高等学校教授を務める。トロツキストの時代を経て、反植民地主義者。アルジェリア戦争時代におけるフランス軍の拷問を告発。ベトナム独立を支援。アフガニスタンのソ連侵攻にも反対。ミッテランによって作られた大学評価評議会の初代会長。

## 3 一九六八年一月−五月 事件に火をつけたのはナンテールだ！

1 ナンテール分校の周辺に六〇年代から七〇年代にかけて存在したマグレブ・アフリカ移民系の労働者たちの貧困街。今日では、一掃され、多くは社会住宅に入居した。

2 Neuilly-sur-Seine：パリ西部郊外のブルジョワ階級が圧倒的多数を占める金持の街として有名。

3 Anne Wiazemsky（1947–）：フランスの女優で作家、映画監督。複数の著書が映画化されている。母親がフランソワ・モーリヤックの娘クレール。一九六七−七九年、ゴダールと結婚していた。

*1 ダニエル・コーン゠ベンディットは、そのときにどのような言葉を使ったか、覚えていない。ひょっとして「ハイル・ヒトラー」と言ったかもしれない。ある著者たちによると、ミソッフに最後に言い返したのは、他の学生だったという。

*2 この話は、ダニエル・コーン゠ベンディットが話したもので、それをフランソワ・ミソッフが書き直したもの。

4 Françoise de Panafieu：フランスの保守派UMP所属の政治家。パリ市議会議員。公娼制度の復活を唱えたり、一大パリ首都圏構想などを提唱した。二〇〇八年の地方選で、パリ市長を目指して立候補したが、落選した。

5 Edgar Morin（1921–）：フランスの哲学者、社会学者。セファラード系ユダヤ家庭に生まれるが無神論者。三八年に左翼平和主義、反全体主義を標榜する国民戦線系の戦線党に加盟。大戦中はレジスタンスに加わり、ドイツ・ナチス占領時にはスペイン国境に逃れ、難民救済に尽くす。解放時に『ドイツ零年』を書き、モーリス・トレーズが絶賛。四九年から共産党に距離をとる。その後、反スターリン主義者として除籍。統一社会党の結成に参加。五〇年にジョルジュ・フリードマンやメルロ・ポンティなどの勧めで国立科学研究所に入る。五六年にロラン・バルト、ジャン・ドュヴィニョーなどと雑誌『アルギュマン』（*Argument*）を創刊。六〇年代には、南米に二年過ごす。六九年にサン・ディエゴで、ジャック・モノーに出会い、複雑系の思想に触れ、大著『方法』の構想を得る。超領域的研究を進め、一九七七年から二〇〇一年にかけて『方法』シリーズ全六巻（邦訳は法政大学出版局）を刊行。パリ大学教授を長く務める。

6 Henri Lefebvre（1901–1991）：フランスのマルクス主義社会学者、哲学者。三〇年代にマルクス主義に接近。しかし五八年にスターリン批判、フランス共産党のアルジェリア政策批判の雑誌『エタンセル』を発行して党を除名されるまで、共産党の理論家として活動。代表作『日常生活批判』で高度資本主義下の日常生活を論じ、『マルクス主義の現実的諸問題』でスターリン批判を行なって、左派系の知識人や芸術家まで影響を与えた。五〇−六〇年代には、都市論や大衆社会論を展開。パリ大学教授を長く務める。

7 Alain Touraine（1925–）：フランスの代表的社会学者の一

人。行動社会学や新しい社会運動を研究、分析した。国立高等師範学校に入学後、鉱山で働いた経験から、社会学を目指す。卒業後、国立科学研究所（ＣＮＲＳ）社会学研究センターで、鉱山労働者や自動車工場ルノーの工員について研究を進める。雑誌『アルギュマン』（*Argument*）、『社会主義か野蛮か』（*Socialisme ou Barbarie*）に積極的に寄稿し、高度資本主義社会での労働者階級と階級闘争の変質について発言。六六年からパリ大学ナンテール分校教授となる。六八年五月以降、経済的支配から文化的支配への移行について分析。八〇年代後半は、マグレブ移民の擁護を行なう。

8 Saviem：ルノーの子会社で、トラック、工業用車両、建設機械設備などを生産。

9 Confédération française démocratique du travail：キリスト教系の労働組合として一九一九年に生まれた労働組合が幾つかの紆余曲折の果てに一九六四年に、現在の名称の組織になった。八〇万の組合員を擁するフランスの大労働組合の一つ。フランス社会党に近い。

10 Fédération de l'Education nationale：一九三〇年に創設された公立教育機関の職員、教員、研究者をまとめた労働組合。

11 Karl Liebknecht（1871–1981）：ドイツの革命的共産主義者。父と同じドイツ社会民主党党員。ローザ・ルクセンブルクと一九一五年、スパルタクス運動を起こし、一九一六年、再度反戦を唱えたため、逮捕、投獄。一八年にローザ・ルクセンブルクとドイツ共産党を創設。一九一九年にローザとともに捕まり、惨殺される。

12 Ernest Mandel（1923–1995）：経済学者で二〇世紀後半最大のトロツキスト運動の指導者。

13 Rudi Dutschke（1940–1979）：六八年当時最も有名なドイツの学生運動の指導者。マルクス主義社会学者。ドイツ緑の党の創立メンバー。六八年に極右の少年に頭部を撃たれるが、辛くも助かる。数カ月のリハビリの後、復帰。スイス、イタリア、英国で静養しつつ、完全な復帰を計るが、暗殺未遂事件の後遺症によって七九年に死亡。

＊3 ジャン＝マルセル・ブーグローとの会話。

14 Josef Erwin Bachmann（1944–1970）：ドイツの労働者。シュプリンガー所有の『ビルト・ツァイトゥング』紙の反動的宣伝に影響され、共産主義者を毛嫌いしていた。ルディ・ドゥチュケの頭部に三発の弾丸を撃ち込み、暗殺未遂で七年間の懲役刑。一九七〇年に獄中で自殺。

15 Springer group：ドイツの新聞、雑誌の代表的なグループ資本。現在は映画製作、インターネットにも手を広げている。

16 Pierre Juquin（1930–）：フランスの労働組合員、政治家。鉄道員の息子として生まれたが、高等師範学校でドイツ語の教授資格。元国民議会議員。早くからフランス共産党に入党し、一九六四年党中央執行部の補助メンバーとなる。この時期、共産党のオーソドックスな路線を擁護。七二年にホモセクシュアリティを擁護。一九八四年、党中央執行部と対立、大統領選に出馬する意向を示し、八七年に除名。共産主義の批判を強め、社会主義的エコロジーをめざして、八九年、緑の党に入党。二〇〇八年、ファビウスを支持。

17 Jean Lecanuet (1920–1993)：フランスの政治家。最初、文学をめざし、最年少で哲学教授資格を得る。第二次大戦中、レジスタンスに参加。解放後、ドゴール政権で、要職を歴任。大統領選に出馬。その後、リベラル中道派の路線を行き、改革派運動をセルヴァン＝シュレイベールと行なう。七四年、ジスカール・デスタンの大統領選を支援、中道派のＵＤＦの会長に就任。

*4 ナンテールの騒動は、すべての著者たちが、多少なりとも細部を語っている。とりわけ、ベルトリーノの前掲書を見よ。

*5 グリモー、前掲書。

18 Ｒ４Ｌ：ルノーが生産していたバン・タイプの大衆的で安価な中型車。

*6 アモンとロトマンはもっと詳細にこの事件を語っている。

19 Roger Holeindre (1929–)：フランスの政治家、ジャーナリスト。鉄工員からはじめ、インドシナ、アルジェリア戦争に義勇兵として参加。『パリ・マッチ』、『ル・フィガロ』の記者を一三年間務める。六八年には「南ベトナムを支援する統一戦線」（「オクシダン」なども連盟する）を結成。七二年、ル・ペンとともに「国民戦線」の創設に参画。八六－八八年、国民議会議員。ル・ペンの強力な支援者。

20 Jean-Marc Salmon：現在、テレコミュニケーション研究所で教鞭をとる社会学者。

21 Organisation armée secrète：一九六一年二月に創設されたアルジェリアの独立に反対する極右の秘密民兵組織。ある歴史家によると一七〇〇－二〇〇〇人を暗殺したと言われる。

22 Alain Madelin (1946–)：フランスの政治家。弁護士資格を持つ。一六歳からナショナリズムに惹かれ、常に極左の活動家と乱闘をする。パリ大で法律を学ぶ。六四年、仲間と「オクシダン」を創設。映画館ル・サヴォアを襲撃し、警察に家宅捜索を受ける。ジスカール・デスタンを支持、七八年、国民議会議員に選出。シラク政権下で産業相、バラデュール政権で企業・経済成長相を歴任。再度シラク政権で経済・財務相に任命、政策がリベラル過ぎると三カ月で辞任。〇二年に大統領選に出馬するが落選。その後、ＵＭＰに合流。〇三年にはイラク介入賛成。〇六年政治生活から身を引く。

23 Gérard Edmond Jacques Longuet (1946–)：フランスの政治家。官僚。ＵＭＰ党員。マドランとともに「オクシダン」設立に参画。バール内閣で首相補佐国務次官。国民議会議員。九三－九四年、通信・貿易相。

24 一九五八年に設立されたドゴール派の政党。一九六二年に労働民主連合（ＵＤＴ）へと再編され、一九六七年にＵＤ－Ｖｅとなった。

25　一九六七年設立のドゴール派の政治組織。同年の国民議会選挙で、四八七議席中、一〇〇議席を獲得。独立共和党と無所属の議員らと共に、連立内閣を組織した。

26　フランスでは、三週間の有給休暇があり、休暇が法律で定められていた。

＊7　この二つの逸話は、ジャン＝マルセル・ジャンヌネイが筆者との会話で語っている。

＊8　ジャン＝ルイ・ペニヌーとジャン＝マルセル・ブーグローとの会話。

## 4　五月四－五日　判事たちの週末

1　Alain Geismar（1939–）：アルザス出身のユダヤ系家庭に生まれる。現在、パリ政治学院助教授。高校時代に共産主義学生連合のリーダーとなるアンドレ・セニックと同期であり、既にスターリンに批判的だったが、セニックは政党的共産主義者だった。ブタペスト動乱のときにソ連に反対してデモに参加した。五九年にナンシーの鉱山高等大学校に入学。この間、統一社会主義学生連盟（ESU）で活動。この連盟の全国指導者となる。統一社会党の党員となるが、六六年に離党。全国高等教育教職員組合の副書記長となり、共産党の正統主流に反旗を翻す。六七年、同組合の総書記長となり、「大学のための小さな文化革命のために」という方針を採用。ソヴァージョ、コーン＝ベンディットと並んで六八年五月当時のリーダーの一人。その後、毛沢東派である「プロレタリア左翼」をベニー・レヴィと指導。「プロレタリア左翼」解散命令後も再建しようとしたとして、一八カ月の禁固刑。七三年総選挙に出馬。一九九六年、社会党に合流。九〇年、国民教育省視学総官。二〇〇一年から二〇〇四年に退職するまで、教育・大学・研究問題担当のパリ市長顧問。

＊1　筆者とジェスマールとの会話。

＊2　筆者とジャン－ルイ・ペニヌーとの会話。

＊3　筆者とベルナール・トゥリコとの面談。

＊4　土曜に出た五月五－六日日曜－月曜版の『ル・モンド』紙に掲載されたアイン県のベルトラン・ジロの記事。

2　Alfred Kastler（1902–1984）：フランスの物理学者。一九六六年に原子のヘルツ的共鳴を研究するための視覚的方法の開発でノーベル賞受賞。原子力開発に頑固に反対。

＊5　グリモー、前掲書。

＊6　グリモー、前掲書。

＊7　グリモー、前掲書。

＊8　バイナック、前掲書による引用。

## 5　五月六日　暴動

1　Herbert Marcuse（1898–1979）：ユダヤ系ドイツ出身の哲学者、社会学者、マルクス主義者。アドルノ、ホルクハイマーとともに、フランクフルト学派を形成した。一九三四年、アメリカ亡命を余儀なくされる。第二次大戦中はアメリカの対ナチス政策に協力。フロイトと異なり、現実を抑圧することに反対し、欲望の誕生、また性をエロスとして転換することを『エロス的文明』に著した。また「否定の哲学」によって、六〇年代の新左翼運動に多大な影響を与えた。

*1 一九六八年五月一一日付『ル・モンド』紙。

*2 クリスチャン・シャリエール著『怒れる者たちの春』(Christian Charrière, *Le Printemps des enragés*, Paris, Fayard, 1968)による。モーベール広場で、同日午後に撮られた写真に、「赤いダニー」は、無地のワイシャツに山形模様の背広姿で写っている。

2 一七九二年、フランス革命時代に作られた、よく知られた無名の革命歌。王制が崩壊した後、サン・キュロットの国歌ともなった。これは、グラッパン学長の名を当てはめた替え歌。

3 トロツキストの潮流の一つ。第四インターの主要なリーダーだったパブロと呼ばれたギリシャ系トロツキスト、ミシャリス・ラプティス Michalis N. Raptis がその理論家。第三次世界大戦が近いうちに勃発するという現状分析を行なった。

*3 その後、クリヴィーヌの共産主義者青年同盟の警備班の責任者となったミッシェル・レカナッティは、三〇歳で自殺。彼はロマン・グーピル監督の映画『三〇歳の死』の素晴らしい主人公。

*4 アモンとロトマン(前掲書)は、この日、JCRの警備班の係で、決定的な役割を演じる。パトリック・ロトマンが問題になっている六八年五月の警備班に参加していたことは、彼の表明に当然大きな信用を与えている。しかし、ダニエル・コーン゠ベンディットによると、喧嘩を始めたのは指令なく動いた群集だという。

*5 ジャック・バイナック(前掲書)は、暴動の詳細を書いている。当時の新聞に掲載された事件の叙述が見える。とりわけ、『ル・モンド』紙と『コンバ』紙。

*6 バイナック、前掲書。

4 Philippe Auguste (1165–1223):フランス・カペー朝の七代目の国王フィリップ二世のこと。中世の中で最も慕われ、軍事的にも社会統治的にも勝利して、王国を広げた。

*7 バイナック、前掲書。

*8 グリモー、前掲書。

*9 ダンセット、前掲書。

5 Georges Séguy (1927– ):フランスの政治家、労働組合員。大戦中は強制収容所に送られた。一九六一年からCGT系鉄道組合事務局長。六七–八一年、CGT事務局長。一九六〇–七〇年フランス共産党政治局員。

## 6 五月七日 長征

*1 モーリス・グリモーと筆者との対話。

*2 バイナック、前掲書。

*3 グリモー、前掲書。

1 alma-mater:母校、出身校の意味。ラテン詩人が出身地、祖国を指して、しばしばこの言葉を使った。

＊4　グリモー、前掲書。

2　Jacques Baynac（1939–）：レジスタンスを闘った家庭に生まれる。フランスの歴史家、小説家、脚本家。アルジェリア戦争中、兵役を逃れるために六年間外国旅行をする。ロシア革命の脱神話化、またジャン・ムーランの研究をする。

＊5　バイナック、前掲書。

＊6　筆者との会話。

3　1章訳註32参照。

4　Place Beauveau：ボーヴォー広場。内務省のある場所。

＊7　クリスチャン・フーシェの秘書室のメンバーだったポールとマリ・ド・ラ・ゴルスが語った逸話。筆者との会話。

＊8　この小事件は複数の著者が引用しているが、他の著作で、より「墓荒らし」的要素のない細部を提出した一人の著者によって否定された。私たちはこの版を再度引用した。というのも、当時、右派が学生たちを非難する論争の中で、このことを取り上げたからだ。

＊9　少なくとも、コーン＝ベンディットや他の者たちが公式に否定していないジャック・バイナックのテーゼだが、喧嘩の突発性を強調しながら訂正している。

＊10　ジャック・バイナックによる引用。前掲書と同じ。

## 7　五月八日　後退

＊1　この時期の閣議の、ジャン＝レーモンド・トゥールヌーとアドリアン・ダンセットの議事録（当時はもちろん極秘事項）を読むことができる。この二人の筆者は完全に信頼に足る。

＊2　筆者とジャン＝ルイ・ペニヌー、アラン・ジェスマールとの会話。

＊3　水曜午後の国民議会での大臣演説。

＊4　一九六八年五月八日水曜の『フランス・ソワール』紙。

＊5　ダンセット、前掲書。

＊6　バックマンとリウによって詳細が書かれている（前掲書）。

＊7　筆者との会話。

＊8　バックマンとリウによる引用、前掲書。

＊9　アモンとロトマンによる引用、前掲書。

＊10　筆者とジャン＝ルイ・ペニヌーとの会話。

## 8　五月九日　試練の前夜

＊1　筆者とダニエル・コーン＝ベンディットとの会話。

1　Institut français d'opinion publique のこと。一九三八年に創立された世論調査と市場調査の大手企業。現仏経団連会長がこの企業の副会長を務めている。

＊2　ジョルジュ・セギー著『CGTの悪』（*Le mal de la CGT*, Paris, Juilliard, 1972).

＊3　この場面はすべての著者が記している。そこに参加したバックマンとリウが、中でも最も十全に全体像を提供している（前掲書）。

2　GPU（ГПУ）：旧ソ蓮の国家警察局の略称。一九二二年に創立された政治警察局を引き継ぐ形で、二三年に統合された。とりわけスターリン政権でその弾圧政策が発揮され、多くの政治犯を収容所送りにした。一九三四年に解散、その後、ＮＫＶＤ（НКВД）に引き継がれた。

＊4 バイナック、前掲書。

3 Louis Aragon（1897–1982）：フランスの左翼文学者、詩人、小説家。ダダイズムの後、シュールレアリズム運動にアンドレ・ブルトン、ポール・エリュアール、フィリップ・スーポーと共に参加。スターリンの死後、ソ連を批判。多くの愛の詩は、愛妻エルザ・トリウレに捧げられている。

4 Maison de la Mutualité：一九三一年に開館したアールデコ様式で作られた共済組合の連盟本部。カルチエ・ラタンの一角、モーベールにある。会議、コンサート会場としても有名。「ミュチュ」は、その愛称。

＊5 バイナック、前掲書。

5 Blousons noirs：一九五〇年から六〇年代、戦後の貧困とどさくさの中で社会現象として青少年の不良化があった。また当時、ロック歌手が「黒い皮ジャン」にジーパンといういでたちでロックを歌い、若者にヒットしたが、若い不良の特徴的なファッションとされた。五九年に起こった事件を元に、マスコミやメディアが取り上げ、あたかも集団で行動した特殊なグループというレッテルを貼ったため、神話化されるにいたった。そのような時代風潮の中で、ロックンロールを禁止すべきだという意見まで出された。こうした風潮は、サルヴァトーレ・アダモの一九六三年のシャンソン「ブルージーンズと革ジャンパー」の中にも表れている。

## 9 五月一〇日 バリケードの夜

1 Cyrus Roberts Vance（1917–2002）：アメリカ合州国の政治家。リンドン・ジョンソンの下で国防省次官。六〇年代末までに考えを変え、ベトナムからの撤退を大統領に助言。六八年のパリでの和平会談のアメリカ代表。一九七七–八〇年までジミー・カーターの下で国務長官を務める。

2 パリで行なわれた最初のベトナム和平交渉。米国による北爆などがたたって交渉は難航、五年後の一九七三年一月二七日パリで、六〇日以内に米軍がベトナムを撤退することを条件にベトナム和平協定が結ばれ、一〇年に及ぶベトナム戦争に終止符が打たれた。交渉の立役者、米国家安全保障担当大統領補佐官ヘンリー・キッシンジャーと北ベトナム特別顧問レ・ドク・トにノーベル平和賞が贈られたが、後者は平和がまだ訪れていないことを理由に拒否した。その後、戦闘は継続し、北ベトナムは総攻撃を開始して、七五年四月にサイゴン陥落、翌年七月にベトナム社会主義共和国が誕生。

＊1 ミッシェル・ジョベール、筆者との会話。

＊2 ミッシェル・ジョベール『未来の記憶』（*Mémoires d'avenir*, Paris, Grasset, 1974）.

*3 アドリアン・ダンセットは、詳細に渡って記述している（前掲書）。これらの出来事の後に書かれた覚書では、SNE－Supは、強硬かつ最終的な提案は組合に対して一度も行なわず、組合の調停者たちは、そのとき不在だった上部の権力に従属していた。

*4 アドリアン・ダンセット、前掲書。

*5 「赤いダニー」からみれば、マイナスだった五月八日に、UNEFの警備班によって担われた調停者としての役割に関する描写。

3 ラジオ・テレビジョン・ルクセンブルグ。現在ではヨーロッパ最大のメディア・グループ。

*6 Daniel Cohn-Bendit, *Le Grand Bazar*, Paris, Belfond, 1975.

*7 バックマンとリウは、五月一〇日のバリケードのおおよその配置図を発表した。ジャン＝マルセル・ブーグローも、自分で作ったバリケード地図を持っている。

4 一八三〇年は、フランスでは七月革命が起こった。一八一五年の王政復古で再起したブルボン朝は再度消滅した。ブルジョワジーの指示の元に、ルイ・フィリップが王位に就き、立憲君主制に移行。

5 一八四八年革命。ヨーロッパ各地で革命が起こった。フランスで勃発した二月革命は、ヨーロッパ各地に伝播し、ドイツ、イタリア、イギリスで三月革命が起こった。フランスの二月革命は王制を廃止することになった。

6 ヴィクトル・ユゴー作『レ・ミゼラブル』に出てくるパリの皮肉屋のわんぱく小僧。

7 ヴィクトル・ユゴーのこと。

8 Vesoul：ドイツとスイスに隣接したフランシュ・コンテ地方の小都市。

9 Carpentras：南仏アヴィニョンに近いプロヴァンス地方の小都市。

*8 バックマンとリウ、前掲書。

*9 ジャック・バイナック、前掲書。

*10 ダニエル＝コーン・ベンディット、前掲書。

*11 グリモー、前掲書。

*12 筆者とジャン＝ピエール・ユッタンの会話。

*13 ダンセット、前掲書。

*14 これが少なくとも、非の打ちどころのない歴史家、アドリアン・ダンセットのテーゼであり、彼は同時に学生リーダーたちの特殊な責任について強調したいと考えている。

*15 この会話は録音された。六八年五月を扱うすべての書物に掲載されている。

10 Sébastien le Prestre, marquis de Vauban（1633–1707）：ヴォーバン領主セバスティアン・ル・プレストル。ルイ一四世に仕えたフランスの元帥、築城家、都市計画家で重農学派の経済学者。一六七七年に要塞総監に就任。生涯で築城した要塞が三七カ所、改修にかかわった要塞が三〇〇カ所と言われている。

*16 ダニエル＝コーン・ベンディット、前掲書。

*17 同右。

11 ピエール・ラガイヤルドは、仏出身の弁護士、代議員で、民族主義者。アルジェリアの独立に反対し、一九六〇年には反抗してバリケードを築き、逮捕される。その後、マドリッドで、OAS（植民地を維持しようとするフランス人たちの秘密武装組織）を組織した。

12 Pieds-Noirs：アルジェリア、あるいはマグレブ諸国に入植していたフランス人（キリスト教系、ユダヤ系）の総称。彼らは一九六二年アルジェリア独立により、フランスに帰還した。広義の意味では、モロッコ、チュニジアの入植者も、この名称で呼ばれる。

*18 ダンセット、前掲書。

*19 この滑稽な出来事は、すべての著者に書かれている。

13 Roger Martin du Gard（1881–1958）：フランスの文学者。一九三七年ノーベル文学賞受賞。『チボー家の人々』の「一九一四年、夏」の章の示唆か。

*20 ダンセット、前掲書。

*21 同右。

*22 グリモー、前掲書。

*23 アモンとロトマン、前掲書。

*24 バックマンとリウ、前掲書。

*25 ダンセット、前掲書。

14 シャロンヌ地下鉄事件：一九六二年二月八日に行なわれたアルジェリア戦争とOASの暴力に反対するデモで、政府から禁止されたが、デモは実行され、治安部隊が追い詰めたため、デモ隊は地下鉄駅シャロンヌの入口に逃げたが、押しつぶされたり、他の者たちは構内まで追跡され、警官に植木の鉄柵で殴られるなど、九人が亡くなった。警察は当時、この入口は閉鎖されたため、逃げようと殺到した人たちの重さで押しつぶされたと虚偽の報道をした。当時の警視総監は、ナチス協力者モーリス・パポン。亡くなったほとんどが、移民系ではなく、CGTに所属する白人フランス人の組合員だった。

*26 この放送は、やはり録音されている。

15 一八三六年、テキサス独立戦争の最中、メキシコ共和国軍とテキサス独立分離派との間で闘われた戦いの舞台、アラモ伝導所のこと。圧倒的なメキシコ軍の前で降伏せず、全員が玉砕するまで闘った。

*27 バイナック、前掲書。

*28 ジャン＝マルセル・ブーグロー、ジャン＝ルイ・ペニヌーとほとんどの五月のリーダーたちは、小さくなった最後の砦で再会した。

*29 バイナック、前掲書。

## 10　五月一一－一二日　労働組合の登場

*1 ダンセットとトゥールヌー、前掲書。

*2 アモンとロトマン、前掲書。

*3 グリモー、前掲書。

*4 同右。

*5 アモンとロトマン、前掲書。

*6 ダンセット、前掲書。

*7 トゥールヌー、前掲書。

*8 この対話の全体は、筆者とアラン・ペイルフィットの会話。

*9 この危機についてポンピドゥーがどのように意見を形成したかという点。ミッシェル・ジョベールと筆者との会話。

1 Michel Debré（1912–1996）：フランスのドゴール派の政治家。第五共和制下、ドゴール政権の首相。憲法草案に尽力した。フランス領アルジェリアを擁護し、後にはレユニオン島の代議員となり、フランス植民地主義を固持しようとした。

*10 カトリーヌ・クレシス、ベルナール・プレヴォスト、パトリック・ワジュマン『ジャック・シラク、あるいは青年貴族の共和制』（Catherine Clessis, Bernard Prévost, Patric Wajsman, *Jacques Chirac ou la République des cadets*, Paris, Presses de la Cité, 1967）参照。

2 Klemens Wenzel Nepomuk Lothar von Metternich（1773–1859）：オーストリアの政治家、外交官。フランス大革命の影響で激変する社会の中で、何とか旧体制の古い社会を維持しようと闘った。

3 Union pour la Nouvelle République：新共和国のための連合。一九五八年にできたドゴール派の政党。初代党首はロジェ・フレイ。六八年当時の党首は、国民議会議員のロベール・プージャド。

*11 Georges Pompidou, *Pour rétablir une vérité*, Paris, Flammarion, 1986.

*12 ダンセット、前掲書。

*13 同右。

*14 ダンセット、前掲書。

*15 ポンピドゥー、前掲書。

*16 アレクサンドルとテュビアナ、前掲書。

*17 ポンピドゥー、前掲書。

*18 ダニエル＝コーン・ベンディット、前掲書。

*19 サラリーマンたちがとりわけデモに行くために、「技術的な」仕事の中断と呼んだことは本当だ。この運動のインパクトを推し量るために、それを根拠にすることは難しい。デモ参加者の数が一番よい指針となる。それは大量になるだろう。

*20 筆者とミッシェル・ジョベールとの会話。

### II 五月一三日　一〇年、もうたくさん！

*1 これはグリモーが出した人数。彼は諜報機関（その夜にテレビが引用した侮辱的に低く見積もった数字ではなく）が数え上げた実際の数を知っている。

1 Waldeck Rochet（1905–1983）：フランスの政治家、代議員。一九六四－七〇年、フランス共産党党首。ソ連の過去に対する批判からイタリア共産党流の方向転換を模索。

2 Georges Marchais（1920–1997）：フランスの政治家、代議員。ヴァルデックの後、一九七二－九七年フランス共産党党首。コーン＝ベンディットをドイツのアナーキストと呼ぶ。プラハ事件には沈黙。一九九〇年にフランス共産党が過去にスターリン主義だったことを認めたが、一九七五年以降変わったと表明。

3 René Sylvain Édouard Billères（1910–2004）：フランスの政治家、代議員。高等師範教授資格保有者。ギー・モレ内閣の文相。急進社会党党首（一九六五－六九）。

4 Charles Hernu（1923–1990）：フランスの政治家、代議員。社会党党員。ヴィレールヴァン市長、ミッテラン政権時に国防相。一九八五年仏諜報機関ＤＧＳＥと軍によるグリーンピースの原爆実験反対の抗議船「レインボーワリアー」号爆破事件の責任を取って、辞職。

5 Henri Rol-Tanguy（1908–2002）：第二次世界大戦のレジスタンスの軍事部門の責任者の一人。大戦中は仏軍大佐。共産党員。戦後も国防省の要職に任ぜられる。

＊2 バイナック、前掲書。

6 Michel Jobert（1921–2002）：官僚のキャリアから出発して、ドゴール派左派の政治家。ポンピドゥー首相時に官房長官、ポンピドゥー大統領になって、大統領府長官、その後、外務大臣。

＊3 ミッシェル・ジョベールと筆者との会話。

＊4 グリモー、前掲書。

7 1章訳註41参照。

8 Henri Krasucki（1924–2003）：ポーランド生まれのフランスの労働組合活動家。レジスタンスを経て、共産党、ＣＧＴの幹部。一九八二－一九九二年までＣＧＴ書記長。国際主義者。

＊5 ミッシェル・ジョベールが筆者との会話で話した逸話。

9 現在、社会学者。パリ第八大学教授。

＊6 筆者とジャン＝マルセル・ブーグローとの会話。

10 Franck Ténot（1925–2004）：新聞記者で、ジャズ評論家。六〇年代のラジオ番組「サリュー・レ・コパン」をダニエル・フィリパッチと始めた。2章訳註2参照。

11 Georges Lapassade（1924–2008）：フランスの哲学者、社会学者。長年に渡ってパリ第八大学教授。インターナショナル・シチュアショニストたちから批判された。六八年に民族学的方法論を導入。ラップを最初に研究対象とした一人。

＊7 ジャン＝ルイ・ペニヌーと筆者との会話。

12 Henri Langlois（1914–1977）：フランスの映画の保存と修復のパイオニア。シネマテーク・フランセーズの創立者の一人。一九八六年創設時から会長を務める。六八年にマルローが追い出そうとするが、多くの映画人の抗議で撤回。ヌーヴェル・ヴァーグの監督たちにインパクトを与えた。ヴィム・ヴェンダースは、彼の死に自分の映画「アメリカの友人」を捧げる

13 Kostas Axelos（1924–）：ギリシャ系フランス人で哲学者。ハイデガーに影響を受ける。エドガール・モランと雑誌『アルギュルマン』（Argument）を創刊。

14 一九二七年に建設されたアール・デコ様式のコンサート・ホール。パリ管弦楽団、ラジオ・フランス放送管弦楽団の拠点。

＊8　ダニエル＝コーン・ベンディット、前掲書。

## 12　一九六八年のフランス社会

＊1　ここに書かれている数字は、マルセル・バレスト著『フランス経済』（Marcel Balest, *L'Economie française*, Paris, Masson, 1969）による。この刊行物は再版改稿され、最も十全なものの一つ。公的な統計（INSEE, INED, CREDOC）によっている。

1　Marcel Dassault（1892–1986）：生まれた時の名は Marcel Bloch。ユダヤ系家庭に生まれる。フランスのエンジニア、経営者。航空業界の第一人者、ダッソー・グループの創設者、会長。親戚に作曲家ダリウス・ミヨーや歴史学者ヴィダル＝ナケがいる。

2　Poujadisme：ピエール・プージャド Pierre Poujade の名前から取られた政治運動で、一九五三年に現れた。この運動は商店と職人を擁護することを目的とするが、とりわけ、スーパーマーケットの出現で、小店舗が経営の危機に瀕したことが背景にある。自己の利害だけを擁護する偏狭なポピュリズムと排外主義に支えられていた。ローマ条約に反対し、商人の税務監察に反対した。一九五八年に選出された議員に、現「愛国戦線」の創設者で旧党首ジャン＝マリ・ルペンがいる。

3　一九五八年、当時の財相アントワーヌ・ピネーと協力者ジョルジュ・ポンピドゥーは、経済学者ジャック・リュエフに諮問し、経済改革案を出すよう依頼した。八名の諮問委員会が作られ、ピネー＝リュエフ改革案が出された。ドゴールはこの緊縮政策を断行した。官庁の予算の大幅な削減、旧兵士への年金の停止など、そして輸出政策をより自由化し、フランを一七％切り下げた。この政策の成果は六二年以降、感じられるようになった。

4　Valéry Giscard d'Estaing（1926–）：フランスの右派政治家、代議員。一九六二–六六年、一九六九–七四年財務相、一九六七–八一年、第二〇代フランス共和国大統領。ポンピドゥーの後継者。母方はブルボン王朝の系譜。父の代にデスタン家を継承し、ブルジョワ出身のジスカール姓と合体する。工科学校卒。六八年当時は国民議会財務・経済委員長。一九七五年、最初のG6を提唱。自由主義に基づくヨーロッパ共同体の先鋒。現在アカデミー・フランセーズ会員。

5　これは、一九七三年一月に制定された農業共同市場、通称パック（ＰＡＣ）と呼ばれるヨーロッパ共同農業政策のこと。この政策はヨーロッパの農民を援助すると共に生産拡大主義に重きを置き、農薬中心の近代農業を推進させたため、土地が農薬のために疲弊した。

6　Philippe Pétain（一八五六–一九五一）。フランスにできた、ナチス・ドイツの傀儡政権の長となった将軍。ヴィシーに臨時政府を作り、八四歳の高齢にもかかわらず、一九四〇年から四四年まで指揮し、積極的な対独協力を行なった。ヴィシー体制は「ユダヤ人迫害法」を成立させてユダヤ人を弾圧。また共産党、フリーメイソン、抵抗運動をも弾圧した。多くのフランス人は積極的、消極的にヴィシー政権を受入れた。

7　一九四九年に生まれた月刊誌。言葉と写真をセンセーショナルに売り込む戦略。「言葉の重さ、写真の衝撃」がモットー。

8　一八二六年に生まれた日刊紙で、最も古い保守系の新聞。長い間セルジュ・ダッソーが筆頭株主だった。政府よりの超保守と中道の間を揺れるメディアと見られていたが、今では極右的傾向を表わしている。

9　一九五三年に創刊された。最初は日刊紙『エコー』の週刊別冊として作られたが、次第に独立した週刊雑誌となった。左派中道傾向の雑誌。初代編集長はジャン＝ジャック・セルヴァン・シュレイベール。

10　『フランス・オプセルヴァトゥール』誌が出た一〇年後、新たな雑誌として再出発した週刊誌。中道左派系の雑誌。

11　一九五五－七五年の間に発売されたシトローエン社の大型車。高速で走る時は、油圧で車体が下がり、サロンのソファでくつろぐ時と同じ快適さを車に持ち込もうとした、当時のフランスの代表的な車。大統領の御用車もこの車がしばらく使用された。

12　ルノー8や10は、一九六二年から発売され、中産階級に愛用された。当時としては粋なデザインだった。

13　Jacques Dutronc（1943–）：シャンソン歌手、作曲家、俳優。同じくシャンソン歌手フランソワーズ・アルディの連れ合い。一九六六年のヒット曲 Et Moi Et moi Et Moi で、プチブルの個人主義を間接的に揶揄して、自己主張の強くなる当時の時代風潮を直截に表現したと言われる。

14　科学的管理法を導入することによって、生産現場の労働の能率が著しく向上し、雇い主には低い労務費負担を、労働者には高い賃金支払を同時に実現することができるとする思想。フレデリック・テイラーが二〇世紀初頭に提唱し、ガント、ギルブレスらによって発展した労働者管理の方法論。テイラー・システムとも呼ばれる。労働組合は労働強化と人権侵害につながるとして、反対運動をした。

15　廉価家賃の公営社会住宅の略称。一九四九年にこの社会住宅公団ができて、建設が始まった。六八年頃は、その建設ブームにさしかかっていた。

## 13　五月一四日　権力を掌握するポンピドゥー

1　Nicolae Ceauşescu（1918–1989）：ルーマニア社会主義共和国の初代大統領。国家評議会議長。一九六五－八九年、ルーマニア共産党書記長。Conducător という名称の元に独裁体制を固める。一九八九年の動乱の最中に、超スピード裁判によって死刑が確定、即刻処刑された。

2　Maurice Couve de Murville（1907–1999）：フランスのドゴール派政治家、代議員。ドゴールの下で、一九五八－六八年外務大臣、その後、経済財務相を経て、一九六八－六九年首相。

3　フランス大革命勃発の年。

4 フランス革命戦争。第一共和政樹立。

5 フランス七月革命。「栄光の三日間」とも言う。一八一五年の王制復古で蘇ったブルボン朝では、王位についたルイ一八世は反動政治を行ない、後継者シャルル一〇世も議会を解散し、投票権を抑圧したうえに、言論弾圧をして圧政を行なったため、民衆蜂起が起こり、再度潰された。この革命はヨーロッパ諸国の革命運動に影響を与え、ベルギーではオランダの支配に反対して、暴動が起こった。ポーランドではワルシャワで革命が起こった。

6 フランス二月革命。第二共和政によって失業者のために作られた国立作業場の閉鎖に伴い、六月に労働者が蜂起、七月王政が終焉する。カルチエ・ラタンのスフロ通りなどにバリケードが築かれた。しかし、ルイ・ユージェーヌ・カヴェヤック将軍によって四〇〇〇人が虐殺され、治安隊にも一六〇〇人の犠牲者が出た。一万一〇〇〇人が逮捕。四〇〇〇人ほどがアルジェリアに流刑にされた。その後、ナポレオンが初代大統領に当選。

7 普仏戦争。一八七〇‐七一年にあったプロシア王国との戦争。フランスはこの戦争でロレーヌ地方を失い、ドイツ帝国が誕生。フランスはビスマルクとフランクフルト平和協定を結び、第三共和政が成立。フランス国民にとって屈辱的な結末だった。

*1 これらは、フィリップ・アレクサンドルの語りの横糸を形成している。Philippe Alexandre, *Le Duel de Gaulle-Pompidou*, Paris, Grasset, 1977.

8 René Marie Alphonse Charles Capitant（1901–1970）：フランスの法律家、政治家、代議員。レジスタンス中のフランス臨時内閣の教育相。六八‐六九年法務大臣。ドゴール派左派。

9 Jean Marcel Jeanney：ドゴール派の政治家。六八年当時は労働大臣。その後キャピタンに次いで教育相になった。

10 ここでは、王党派がナポレオンのことを「簒奪者」と呼んだことからの比喩。

11 Édouard Balladur（1929–）：アルメニア系ブルジョワ階級出身のフランスの右派政治家、代議員。ミッテラン政権の下で一九八六‐八八年経済相、一九九三‐九五年、首相。

12 Jacques Chirac ジャック・シラク（1932–）：フランスの右派政治家、代議員。第五共和制下で多くの要職を歴任。一九七四‐七六年ジスカール＝デスタン大統領の下で首相。一九七七‐九五年パリ市長。一九八六‐八八年ミッテラン政権下での最初のコアビタシオン内閣首相。一九九五年‐二〇〇七年、第二二代大統領。六八年五月においては、雇用問題政務副次官として、グルネル会議で決定的な役割を担う。ポンピドゥーから「私のブルドーザー」と呼ばれた。ジスカール＝デスタンとは競合、犬猿の仲。RPR党首時代、パリ市長時代に汚職の嫌疑がかかり、執行猶予付きの有罪判決を受けた。前大統領が追訴されたのは初。

13 Pierre Somveille：フランスの保守官僚。一九四五年内務省人事責任者。ポンピドゥー内閣技術顧問。六八－七四年、マルスラン内相官房。一九七四－七六、一九八一－八六年ブーシュ・デュ・ローヌ県知事。パポン事件に関連して、責任を問われ、証言する。

*2 ジョベールの六八年における役割は、事件の解決直後、首相がマティニョンで官房長官の栄誉を称えて夕食会を開いたほど、貴重だった。ポンピドゥー大統領はジョベールを外務大臣に任命した。

14 Charles de Batz-Castelmore d'Artagnan（1611?–1673）：あだ名をダルタニアンと呼ばれた戦士。マスケット銃を使いこなす近衛騎兵。ダルタニアンは、アレクサンドル・デュマの小説『三銃士』でおなじみ。

*3 六八年五月におけるシラクの役割は、彼に関するすべての評伝家、ティエリー・デジャルダン、モーリス・ツァフラン、あるいはフランツ＝オリヴィエ・ジーベールによって、強調されている。

15 Bouguenais：ナント西郊外の都市。六八年当時の人口約一万人。

16 Sud-Aviation：一九五七年に生まれた国営航空機建造公社。その後、他の二社と合弁してアエロスパシアル社となる。当時、同部門では欧州最大の会社。

*4 ブーグネのストはすべての著者、とりわけダンセット、バックマンとリウによって語られている。

17 フランス大革命時のジャコバン党エベール派リーダーで、一七九〇年、闘争紙『デュシェンヌ親父』を刊行、急進的革命派に傾斜してジャコバン独裁と恐怖政治を支持したジャック＝ルネ・エベール（Jacques-René Hébert（1757–1794）と同じ名前だからだろう。

*5 活動家の著述を参照。とくに、ナント地方の六八年五月の完全なものは、Yannick Guin, *La Commune de Nantes*, Paris, Maspero, 1969.

18 Force ouvrière（ＦＯ）：フランスの労働組合連合の一つ。一九四七年創立。ＣＧＴから分派した改革主義的労働組合。長い間、ナショナル・センターは社会党系に牛耳られていて、当時はトロツキストやドゴール主義者もいたが、とにもかくにも左翼の組合運動の潮流にいて、公共サーヴィス、社会保障制度の維持を謳っている。

19 André Bergeron（1922–）：フランスの労働組合員。大戦中、国民戦線に参加後、社会党に加盟、のち、社会党を去って労働組合運動に身を捧げる。一九四六年、ＣＧＴの総書記長に選出される。四七年ＣＧＴを去って、一九六三－八九年ＦＯの書記長となる。

20 Gabriel Cohn-Bendit（1936–）：ダニエル・コーン＝ベンディットの兄。オルタナティヴ教育の活動家、教員。六〇－七〇年代は、無政府主義者として左翼急進派との交流がある。一九八一年には、歴史否定主義のロベール・フォーリソンの弁護を、表現の自由を守るために行なった。自分で「極左ユダヤ人、無政府主義者」と自己定義している。

21 Organisation communiste internationaliste（ＯＣＩ）：国際主義共産党から分派して一九六五年にできた組織。

22 Maurice Papon（1910–2007）：フランスの政治家、官僚。一九五八－六七年、警視総監。一九六一年一〇月一七日、六二年二月八日のアルジェリア人のデモに対する流血の弾圧でも有名。前者は死者が四〇人－三〇〇人と歴史家によって見解の相違がある。後者は地下鉄駅シャロンヌに逃げ込もうとしたデモ隊が、警察の弾圧から逃れようとして、八人が圧死、九人目が怪我のために死亡。犠牲者の大半はアルジェリア人ではなく、フランス人の組合活動家が多かった。一九六七年に警視総監を退職、その後、シュッド・アヴィアシオン社の社長に天下る。一九九八年に、ヴィシー政権時にユダヤ人問題の責任者であり、ユダヤ人逮捕、収容所送りを組織的に行なったとして、人道に対する罪に問われて有罪となる。このパポン裁判は、ヴィシー政権の唯一の生き残り犯罪者として、一九八三年から始まった長い裁判で、九八年の有罪判決後、スイスに逃亡するが捕まり、本国に送還されてフレンヌ刑務所に入獄。最後は健康上の理由で、「クシュネール」法に基づき二〇〇二年に釈放されたが、〇七年に病死。

23 9章訳註14および本章訳註22を参照。

24 Cléon：ルーアン南西の郊外にある。

25 ルノーはフランスの代表的な自動車メーカー。一八九九年に自動車に熱狂するルイ・ルノーとテキスタイル工場で働いていた二人の兄弟によって創設された。第二次大戦のドイツ占領下ではドイツ軍のためのトラックを製造し、自動車製造は禁止された。フランス解放と共に、ルイ・ルノーはナチス協力者として捕まり、獄死する。一九四五年、臨時政府によって国有化が宣言され、一九九〇年まで国有化は続いた。六八年の騒動の後も、プロレタリア左派の毛沢東派の活動家労働者がフラン、ビヤンクール工場に入り込み、労働争議は続いた。工員ピエール・オヴェルネイが工場警備員に殺され、殺した犯人は、その後、毛沢東派の秘密組織に暗殺された。プロレタリア左派は極左組織「アクション・ディレクト」の創設に参画、八六年に、「アクション・ディレクト」は大量解雇を行なったルノー会長ジョルジュ・ベスを暗殺した。二〇〇〇年以降、日産と組んでルノー＝ニッサン合弁会社となる。

＊6 ロジェ・ガローディと筆者との会話。

26 Jacques Duhamel（1924–1977）：フランスの保守中道派の政治家、代議員。一九六九－七一年、ポンピドゥー内閣で農林相、七一－七三年文化相を歴任。

27 François Mitterrand（1916–1996）：フランスの政治家、代議員。一九八一－九五年、第二一代大統領。二期、計一四年の最長年の大統領職を記録。一九四〇年、ドイツ軍の捕虜、脱走して帰国。ヴィシー政権下で予備国防軍の兵隊として任務に就く。四四年戦争囚人のレジスタンス網を組織。パリ解放に参加。四七－四八年、最年少の旧兵隊・犠牲者担当相。四八年評議会政務次官、五〇－五一年海外県担当相。五二年、国務大臣、五四－五五年内務相、五六－五七年法相を歴任。ＦＧＤＳ（民主社会主義左翼連盟）の会長。七一年、エピネー会議で六九年に生まれた社会党の統一に参画。大統領任期中に、二度の保守との共存内閣（シラク、バラデュール）を体験。バダンテール法相のもとで死刑廃止を実現。

28 Fédération de la gauche démocrate et socialiste：民主社会主義左翼連盟。フランソワ・ミッテランの提唱で、一九六五年に創設。社会主義者と民主的連合の合体物で、フランス共産党から「共産主義でない左翼」と呼ばれた。六七年に一二一議席を獲得したが、六八年五月後の総選挙で大敗し（一六・五％）、この連盟は幕を閉じる。

*7 フランツ＝オリヴィエ・ジーベールがこのときの事件を以下の著作で詳細に語っている。Franz-Olivier Giesbert, *François Mitterand ou la tentation de l'histoire*, Paris, le Seuil, 1977.

*8 ジョルジュ・ポンピドゥーの演説はアンドレ・ダンセット（前掲書）によってもれなく引用された。むろん、『ジュルナル・オフィシエル』に掲載された国民議会の討論の議事録の中にも見いだすことができる。

29 Georges Pompidou, *Anthologie de la poésie française*, éd. Hachette, 1961 ; rééd. Le Livre de poche.

## 14 五月一五日　学生コミューン

1 Jean-Louis Barrault（1910–1994）：フランスの代表的俳優、演出家。妻で女優のマドレーヌ・ルノーとともに、一九四六年、ルノー＝バロー劇団を創設。アンドレ・マルローによって任命され、一九五九－六八年、オデオン座座長。六八年五月に劇場を学生に一カ月開放する。五月革命の後、劇団はエリゼー・モンマルトル劇場、オルセー劇場、ロン＝ポワン劇場と移転し続けながらも、最後までその活力を失わなかった。アルトーの弟子であることを希求。多くの映画に出演した。中でもマルセル・カルネ監督「天井桟敷の人々」は有名。

2 Théâtre de l'Odéon：パリ六区にある新古典様式の劇場。ルイ一六世の治世一七七九－八二年に建設された。最初は、コメディー・フランセーズを収容するために作られた。現在は古典劇とともに近代、現代劇の上演をしている。

3 André Malraux（1901–1976）：フランスの作家、冒険家、ドゴール派の政治家。一九二一年、妻とインドシナに旅行。彫像を盗んで売買したり、アンコール遺跡のレリーフを切り取って蒐集家に売り、逮捕されて有罪。また一九三三年以降、ファシズム（スペイン内戦）、レジスタンスに参加して、それらの体験をもとに書いた。代表作に『王道』（カンボジア体験）、『希望』（スペイン内戦）、『人間の条件』（上海の共産主義崩壊）ほか。一九四五年、ドゴールと出会い、以後、ドゴールに最後まで寄り添う。ドゴール臨時内閣の情宣相、情報相、その後、一九五九－六九年文化相。マルロー以降、文化省が永続化。六九年ドゴールとともに内閣を去る。六八年文化相だったマルローはオデオン座を解放したバローを許さず、解雇した。一九七四年日本訪問。日本文化にも親しむ。

＊1 クリスチャン・シャリエール、前掲書。

4 Serge Gainsbourg（1928–1991）：ロシア系ユダヤ移民の子としてパリで生まれる。歌手、作曲家、映画監督。最初、画家をめざすが断念。その後、シンガーソングライターとして有名になる。イギリス出身の女優ジェーン・バーキンと結婚。フレンチ・ポップスの中でも独白のような語りを多用した女性歌手のための曲を作り、大ヒットして、六〇年代のシャンソン界、映画界に多大な影響を与える。

5 Madeleine Renaud（1900–1994）：フランスの女優。ジャン＝ルイ・バローの夫人。バローとともに、ルノー＝バロー劇団を主宰。ベケットの『オー、レ・ボー・ジュール』（ああ美しき日々よ）連続公演は有名。八本の映画に出演。

6 Raymond Rouleau（1904–1981）：ベルギー生まれの俳優、映画監督。アルトーやデュランと仕事する。

7 Simone Valère（1923– ）：ルノー・バロー劇団の女優。夫は俳優ジャン・ドセイ。

8 Paul Virilio（1932–）：フランスの都市計画家、エッセイスト。イタリア人共産主義者の父とブルトン人の母を持つ。幼少のとき（大戦中）、ナントで空爆を体験。その体験が都市世界のはかなさ、カタストロフという彼のテーマの源流にある。一九六九－七五年パリ建築学校教授。

＊2 バックマンとリウ、前掲書。

9 2章訳註7を参照。

10 Léon Blum（1872–1950）：フランスの社会主義政治家。ユダヤ系フランス家庭に生まれる。国際労働者連盟フランス支部の指導者で、仏政府評議会議長（政府首班）を三度務めた。一九二〇年の第三共産主義インターナショナルに加盟することを拒否した。また当時、反ユダヤ主義に反対し、シオニズムを熱烈に擁護した。一九三六年労働者が工場を占拠し全国的なストに突入したときに労働条件の改善に努めた。ここで言われていることは、当時のスト状況の中でのブルムの発言を引用したものだろう。

11 キュロットとは、一八世紀当時の貴族の一般的な半ズボンのことで、「キュロットをはかない人」は、主に労働者や職人を意味した。彼らは重税に苦しみ、参政権さえ持っていなかった。フランス革命の当初は、この「サン・キュロット」たちが革命を主導したが、次第にブルジョワに主導権を奪われた。

12 マンダリンは、中国の高級官吏（の衣服の橙色）のことも意味し、ここでは果物と中国の高官のように見られた大学教授たちへの批判が込められている。

13 有名な歌手レジーヌ（レジーナ・ジルベーベルグ）が作ったナイト・クラブ、ディスコ。踊り場に色のついた照明を発明。フランソワーズ・サガンが通って有名になった。世界中にディスコを作り、ビジネス・ウーマンとしても才覚を発揮した。

14　ソルボンヌの大講義室の壁面には、昔からしばしばフレスコ画が架けられている。

15　共産主義学生連合の前の指導者ジャン・シャリットによって六八年五月初めに創刊。ブーグロー、クーシュネール、クラヴェッツ、サヴァリー、グリュックスマンなどもかかわる。

16　職業間最低保障賃金（ＳＭＩＧ）。一九五一年三月の法令で決められたどの職業にも共通した最低賃金が、集団協定高等評議会で決められた。

## 15　五月一五－一六日　機能停止するフランス

1　フランスのエレクトロニクス、モーターなどを製造している会社。

＊1　ＣＧＴとフランス共産党の間の緊密な関係、もっと正確に言えば、党中央執行部に対する組合の従属関係は、もちろん関連するこの二つの組織、そして共産主義の歴史家や傍流の共産主義者によって、反論されている。当時においては、このような表明はスキャンダルを巻き起こしたことだろう。ジャック・フォーヴェとアラン・デュアメル共著『フランス共産党の歴史』(Paris, Fayard、最初の刊行は一九六四年）は、この時期、〔ＣＧＴが〕権威を確立し、暗黙のうちに自律していたことを記している。しかし、同じ意味で、フランス共産党とソ連共産党との従属関係を考慮に入れてはいない。この理由によって、幾人かの著者は、今日、この関係を「潜在的共産主義」と判断。著者たちのことを知れば、事情はもっと深まってくる。どんな事情があるとはいえ、大半の著者たちは、今日、フランス共産党がＣＧＴに行使した監督行為を肯定している。筆者から質問された、例えば、ロジェ・ガローディは議論にも値しないあまりにも自明なこと、としている。ガローディは自分が語っていることの意味を充分わきまえている。つまり、彼は六八年五月当時、党の政治局員であり、メンバーとして、セギーやクラズキが党の指導部がめざす路線を浸透させるために共産党政治局に来ていたのを見ていた。

＊2　セギー、前掲書。

2　首都パリの周辺郊外は、北部、東部、南部の一部など、移民労働者を多数含む労働者階級が多く、伝統的に左翼陣営を形成している。

3　一九三二年生まれのフランスのジャーナリスト、著述家。ルクセンブルク・ラジオテレビ局の時評番組担当者。

＊3　アレクサンドルとテュビアナ、前掲書。

＊4　グリモー、前掲書。

＊5　コーン＝ベンディット、*Le Grand Bazar*、前掲書。

＊6　*Mai à la CGT* の中で語られたセギーの言葉。前掲書。

4　フランスの化学繊維製造会社。

5　ル・クルーゾは、一三世紀から鍛冶業、精錬鉄鋼業で有名なブルゴーニュ地方の町で、一九世紀からシュナイダー家が巨大な鍛冶業の工場を持っていた。現在、製錬業のフォルジュは、核産業グループ、アレヴァ・グループの一つになり、原子炉を製造している。

6 航空機、ミサイルなどの製造会社。一九五八年に創立して、七〇年にシュッド・アヴィアシオン社に吸収され、その後、国営化されたアエロスパシアル社となっている。

7 航空機エンジン部品製造会社。

8 設備機材、工業用暖房機器から、ガス、水処理までの機材を製作している会社。

9 大型自動車製造会社、一九八〇年にルノーに買収される。

10 一九二八年創設のフランスの大手化学、医薬品製造会社。

11 国営ラジオ・テレビ放送局。前身であるラジオ局が一九四五年に民営のラジオ局を国営化して創設され、その後、四九年にラジオ・テレビ放送局となり、その組織を再編統合して六四年にORTFとなり、七四年にそれがさらに再編されて、国営のラジオ局と三つのテレビ局、そして二つの制作会社と一つの視聴覚研究所に分岐した。現在は民営化が進んで、多岐に分かれながら、一つのコンソーシアム（企業集団）を形成している。

*7 筆者とジャン＝ピエール・ユタンとの会話。

12 国営放送局のスタジオがビュット＝ショーモン街にでき、そこから多くのディレクターが輩出するが、ここでは、とりわけ、実況中継を中心に作られたルポルタージュを得意とする社会派監督たちのこと。

13 Pierre Abelin（1909–1977）：フランスの保守中道派の政治家、代議員。シューマン、ピネイ、フォール各内閣で政務次官、シラク内閣で海外協力相。

*8 アモンとロトマン、前掲書。

*9 五月のピエール・マンデス・フランスの行動については、綿密な研究がアラン・ペレによってなされている。一九六九年に刊行された政治研究所のDESの回想録『ピエール・マンデス・フランスと一九六八年五月の出来事』（*Pieere Mendès France et les événements de Mai 1968*）には、当時の情報源から選り集められた当事者との長い対談が収録されている。他方、ジャン・ラクーチュールは、『ピエール・マンデス・フランス』（*Pierre Mendès France*, Paris, Le Seuil, 1981）の中で、同じ物語を、十全で卓越した筆で記述している。

14 Grenelle：一九六八年五月二五－二六日に、パリ・グルネル通りの労働省で行なわれた労働組合、経営者団体、国の三者による交渉と合意のこと。署名はされなかった。今日でも社会の複数の分野を代表する組織を招集した重大会議をこの名で呼ぶことがある。たとえば、ニコラ・サルコジが二〇〇九年に始めたグルネル環境会議のように。

*10 ポンピドゥー、前掲書。

*11 ダンセット、前掲書。

15 Yves Guéna（1922–）：フランスのドゴール派政治家、代議員。一九六七－六八年郵政相、続いて情報相。七二年コンセイユ・デタのメンバー。七三－七四年、運輸相、産業相。九七年憲法評議会メンバー。二〇〇四－〇七年アラブ世界会館館長。

*12 筆者とイヴ・ゲナとの会話。

16 セギーの前のＣＧＴ総書記長。

17 一九五五年から放送を開始した一般庶民向けの民間ラジオ局。

18 Bernard Tricot (1920–2000)：フランスの官僚。コンセイユ・デタのメンバー。一九六七－六九年、大統領府の官房長官。

19 ルーマニア、オルテニア地方の都市。

20 フランスには「バカロレア」と呼ばれる大学入学資格を獲得する統一国家試験があり、これに合格すれば、原則としてどの大学にも入学できる。大学は国立大学だけが認可されている。

21 Edgard Pisani (1918– )：フランスの政治家、代議員。マルタ島出身。一八歳でレジスタンスに参加。一九六一－六六年農相。六六－六七年、整備住宅相。一九八五年ニューカレドニア高等弁務官。一九八八－九五年アラブ世界会館会長。

*13 国民議会での採決に向けた議会操作とドゴール派の離脱の様子はトゥールヌーの前掲書に見られる。

22 Louis Vallon (1901–1981)：フランスの政治家、代議員。ドゴールのレジスタンスに参加したが、左派社会党ＳＦＩＯのメンバー。一九六二－六七年、国民議会財務委員会の報告者。

23 Républicains indépendants：独立共和主義者同盟。第三共和制から第五共和制の最初まで続いた右派の政治家の集まり。一九七七年以降「共和党」となり、一九九七年以降は「自由民主主義」と名称を変えた。

24 Michel Poniatowski (1922–2002)：ポーランド王家の系譜。フランスの保守派政治家、代議員。ＲＩ創設メンバー。ジスカール政権時代に内相、厚相を歴任。

25 Michel d'Ornano (1924–1991)：フランスの保守派政治家、代議員。ＲＩ創設メンバー。一九七四年以降、産業相、文化相、エコロジー相を歴任。

26 Raymond Marcellin (1914–2004)：フランスの保守派政治家、代議員。一九六七－六八年五月末まで、国土整備問題担当大臣。以後、内務相を五期に渡って複数の政権で担当。一九七四年、シラク政権で農相。

27 André Bettencourt (1919–2007)：フランスの保守派政治家、代議員、企業家、ジャーナリスト。一九七〇年以降、文化相、外相を歴任。右翼へ政治献金を行なう化粧品メーカー「ロレアル」の創業者ユージェーヌ・シュレールと知り合い、その一人娘リリアンヌと結婚、巨額な富を持つ政治家となる。現在、リリアンヌ・ベタンクールは不正な政治寄金をしたことで様々な嫌疑をかけられ、また不正申告で税務署から巨額の追加徴収を受けている。

*14 *13に同じ。

28 Roland Boscary-Monsservin (1904–1988)：フランスの保守派政治家、代議員。一九五七－五八年農相。六八年当時、ＲＩのメンバー。

*15 *13に同じ。

29 Union des démocrates pour la V$^{e}$ République：第五共和制のための民主主義者連合。一九六七年、ドゴール大統領を支援するためのドゴール派の政治運動体として成立。

*16 *13に同じ。

30 Henri Rey（1903–1977）：フランスの保守派政治家、代議員。六八年五月の後、ポンピドゥー政権の観光相、シャバン＝デルマス内閣の海外県担当相。

*17 もう一度トゥールヌーによって引用されている。

*18 同右。

*19 セヴェリーヌ・ル・グリとミッシェル・ブリュギエールの会話。

31 Georges Gorse（1915–2002）：フランスのドゴール派の政治家、代議員。一九四七年以降、複数の内閣の政務次官、外務次官、ポンピドゥー内閣で海外協力相、情報相を歴任。七三－七四年メスメール内閣の労相。

*20 *19に同じ。

32 Charles de Rohan, prince de Soubise（1715 – 1787）：フランスのルイ一五世、一六世治世下の元帥。オーストリアがプロシアと戦争を起こしたとき、フランス軍がド・スービス元帥の指揮下で、オーストリアを助ける目的で介入したが、一七五七年、ロスバッハの戦いで大敗し、ポンパドゥール夫人の寵愛する元帥の能力不足が笑いものになった。

33 バーナード・ショーの書いた戯曲で、一九一四年初演。古代ギリシャ神話の「ピグマリオン」からインスピレーションを得た。主人公イライザは、花売り娘。この戯曲から映画「マイ・フェア・レディ」が誕生した。「ピグマリオン効果」は、教育心理学の心理的行動の一つで、教師の期待によって、学習者の成績が向上すること。ここでは、そのことを引き合いにした比喩的表現か。

34 マリアンヌはフランス共和国の寓話的人物。一八世紀に流行った名前、マリとアンヌを足したもの。共和国の価値、自由、平等、友愛を体現するという。

### 16 五月一七－二〇日　スト中のフランス

1 五月のパリは、最も美しく心地よい季節と言われる。

2 当時のシトローエンの社長。

3 フランスで普及している一種のトランプ。

4 Georges Chaffard：フランスのジャーナリスト、『エキスプレス』誌のリポーター。*Les orages de Mai*（Calmann-Lévy, 1968）の著者。

5 フランスの県知事、副知事は選挙で選ばれた知事ではなく、政府の代表者として、国から派遣された行政官僚である。

6 正式名は、ジャガー＝ル・クールトル。フランス・スイスの時計メーカー。

7 Jean Fourastié（1907–1990）：フランスの経済学者。とりわけ、ＯＥＣＤのメンバー諸国における第二次世界大戦から第一次石油ショックまでの成長期の三〇年間を「栄光の三〇年」と呼び（*Les Trente Glorieuses, ou la révolution*

*invisible de 1946 à 1975*, Paris, Fayard, 1979）、この言葉は一般化した。

8 フランスの家電メーカー。

9 前年の一九三五年二月にファシストたちが国民議会を襲う事件が起き、その後ゼネストに発展し、極右と全体主義に対抗するために左派統一戦線である人民戦線が結成され、一九三六‐四五年月には、レオン・ブルム社会党内閣が成立したにもかかわらず、労働条件改善を要求して五月七日から多くの工場でストが発生した。パリ首都圏環状郊外では、一〇万人規模のストが行なわれ、ルノー工場もストに突入、六月一〇日には、二〇〇万人がストに入った。

10 Dom Hélder Câmara（1909–1999）：ブラジル出身のオリンダ、レシフェの大司教。ブラジルにおける人権擁護者で解放の神学を訴えた。第三世界の貧困、武器売買、ベトナム戦争、ブラジルの軍事独裁に反対した。「貧困者に食事を施すと、私は聖人だと言われ、なぜ貧困者は食べ物がないのかと問うと、私は共産主義者だと言われる」と語った。

11 La Section française de l'Internationale ouvrière：一九〇五年に創立された労働者インターナショナル・フランス支部。フランス社会党の前身。一九六九年に社会党になる。

＊1 グリモー、前掲書。

＊2 同右。

12 Lycurgus：リュクルゴスは、スパルタの神話的立法者。デルフォイの神託に従い、スパルタに軍国主義的法治を敷いた。

＊3 リウとバックマン、前掲書。彼らは、サルトルの行なったソルボンヌでの討論について、詳しく述べている。

13 サルトルの戯曲 *Huis clos*（『出口なし』一九四四年）の最後に出てくるセリフ。この文章は、サルトルに対する多くの非難を生み出したが、サルトルが導入した対概念、即自と対自から死に関わる思想が読み取れる。サルトル自身もこの文章の意味を説明している。

14 サルトルが一九三八年に書いた小説。サルトルの代表作の一つで、彼の実存主義を最も雄弁に語る著作の一つ。

15 サルトルの戯曲 *Le Diable et le Bon Dieu*（『悪魔と神』）に登場する人物。一五世紀のドイツ人の騎士で、戦闘で右腕を失い、鉄の義手をつけて闘った。ゲーテの戯曲にも出て、ドイツでは有名な歴史的人物。ゲーテ版では、英雄視されているが、史実では、盗賊騎士とされた。

＊4 『ヌーヴェル・オプセルヴァトゥール』は、五月の危機の中で、〈五月〉の運動や左翼のリーダーたちを数度に渡って自社に招き、討論を行なって、運動のイデオロギー的な討論の共鳴箱の役割を果たした。ジャン・ダニエル（創刊者）は、左翼知識人の交差点にいる位置から、戦略的に一方の側と逆の立場の側を対話させた。

＊5 筆者との会話。

＊6 これは、金がなく、ブルジョワの報道機関に貢献させるのは至極当然のことと考えていた異議申立ての連中に

おいては、よく行なわれたやり方だった。

17 五月二一－二三日 戦略家たちの厄介な問題

1 André Barjonet（1921–2005）：フランスのCGT組合活動家。経済専門家。フランス共産党員。グルネル会議に反対して、CGT、共産党を脱退。統一社会党に合流するが、八〇年代初めに政治から引退。

2 Conseil national du patronat français の略称：フランス経営者全国評議会。日本の経団連に相当。

*1 ダンセット、前掲書。

3 コレーズはフランス中部の地方名。シラクの生まれ故郷で自分の選挙区。

*2 筆者との会話。

*3 拳銃の話は、アレクサンドル（前掲書）によって語られ、シラクの伝記作者ツァフラン（前掲書）によって追認されているが、当時、シラクの事務官房だったオリヴィエ・ステルヌによって否認されている（セヴェリーヌ・ル・グリとの対話）。当事者は、否定も肯定もしていない。

*4 同右。

4 一九六五年の大統領選で、大統領選に出馬したミッテランは、ドゴール六六％、ミッテラン二三％という世論調査にもかかわらず、第一回目の投票で、過半数を取れなかったドゴールを決選投票に追い込んだ。第二回投票でドゴールが最終的に勝利したが、四五％を獲得した四九歳のミッテランの評価は高まった。

5 一九五九年、フランソワ・ミッテランは、ブラスリー・リップで一杯飲んだ後、帰宅しようとして車をオブセルヴァトゥワール通りに駐車させたが、追跡して来た車に銃撃された事件。ミッテランは追跡してくる車を直感し、駐車直後、そばの薮に隠れ、難を逃れたとされるが、実際には、ミッテラン自身が同情票を獲得するために仕組んだ襲撃事件と疑われ、人気獲得の手口とされた。銃撃を組織したとされるドゴール派の前議員で極右に近い関係のロベール・ペスケとミッテランは嫌疑をかけられるが、七年後のアムネスティ法で刑を免れた。しかし、その間、ミッテランは政治的に大きな打撃を受けた。ところが、ミッテランの死後、ペスケの告白によると、実際に、ペスケ自身がアルジェリア問題を喚起し、アルジェリアを支持しなくなったミッテランを暗殺する目的だったという。本人は『ミッテランへの疑似襲撃事件』と題する告白本をロベール・ラフォン社から一九九五年に出版、そしてミッテランが仕組んだように見せかけた手紙を書いたと、二〇〇二年一一月に国営放送テレビで放映されたジョエル・カルメット監督作品「ミッテランとオプセルヴァトワール事件」の中で証言している。

6 Michel Rocard（1930–）：フランス左派の政治家、代議員。ミッテラン政権時一九八八－九一年に首相。一九九四年以降、欧州議会議員。六八年当時、統一社会党の書記長を務め、UNEFへの影響力を持った。その後、ロカール主義（市場経済を認め、現実主義、改良主義的路線）

を主張した。

7 Georges Kiejman（1932–）：フランス左派の弁護士、政治家。ピエール・ゴールドマン、ギー・ドゥボール、G・ルボヴィチ、週刊紙『シャルリー・エブド』などを弁護。ロカール政権時一九九〇–九一年、法相。クレッソン政権時一九九一–九二年に文化相。ベレボゴヴォワ政権時一九九二–九三年に外相を歴任。

*5 ラクーチュール、前掲書（*Pierre Mendès France*）。

8 ジャック・モノー（ノーベル賞受賞者）とテオドール・モノー。

*6 *5に同じ。

*7 同右。

*8 ダンセット、前掲書。

*9 同右。

*10 筆者との対話。

9 一九四四年八月二六日に、CGTは公式にラファイエット通り二一三番地に落ち着く。

10 社会主義の流れを汲んだジャーナリスト、政治家。『リベラシオン』の編集長を務めたこともある。六七年以降、政治活動だけに専念。国会議員に選出される。

*11 ミッシェル・ブリュギエールがセヴェリーヌ・ル・グリに語った逸話。

11 Charles Pasqua（1927–）：フランス保守派の政治家、代議員。シラク政権時一九八六–八八年、内務相。バラデュール政権時一九九三–九五年内務相を歴任。一九九九–二〇〇四年まで欧州議員。複数の汚職事件に関係したが、元老院議員の免責特権で、難を逃れた。しかし、二〇〇四年以来、「ソフレミ事件」、「石油と食糧交換」事件で嫌疑をかけられた。〇六年にアンヌマスのカジノ事件で一八カ月執行猶予付きの判決を受け、〇八年に有罪は確定した。

*12 クリスチャン・フーシェの当時の官房室長だったジャン＝ピエール・ダノー。セヴェリーヌ・ル・グリとの対話。

*13 『ル・フィガロ・マガジン』に掲載されたギー・ベアールの語った逸話。

12 Louise Lévêque de Vilmorin（1902–1969）：フランスの作家、詩人。名門貴族の家系で裕福な穀物業と園芸業者の娘としてパリに生まれる。美貌に恵まれ、文学界のミューズとも呼ばれた。サン＝テグジュペリと婚約。その後、破棄。アメリカの富豪、そしてハンガリーの貴族と結婚。多くの恋愛を生き、コクトーとの恋愛、マルローの恋人、親友であり、伴侶だった。有名人を招待しての多くの文学サロンを催した。

13 Gérard de Nerval（1808–1855）。本名は Gérard Labrunie：フランスの詩人。代表作に『東洋への旅』『火の娘たち』『オーレリア、あるいは夢と人生』『キマイラたち』。

14 ジェラール・ド・ネルヴァルの散文詩『火の娘たち』のなかの「デルフィカ」の一節。角川書店から一九四八年に出された中村真一郎訳が初訳。

*14 他の者たちの中でもジャン＝ルイ・ペニヌーが確認作業

を担った。本人と筆者との対話。

*15 ダンセット、前掲書。

15 本名は Philippe François Marie de Hauteclocque ついで Leclerc de Hauteclocque（1902–1947）：ドイツへのレジスタンス時代に Jean-Philippe Lecrec と名乗ったことからルクレール将軍の名で知られているフランスの軍人。パリに最初に進入した解放軍の先鋒という重大な役割を担った。アメリカ軍の装備をもらい、ノルマンディーから部隊を前進させた。一九四七年にアルジェリアを偵察中に飛行機事故にあって死亡、とされている。

*16 筆者との対話。

16 Alphonse Marie Louis de Prat de Lamartine（1790–1869）：フランスの詩人、作家、歴史家、政治家。ロマン派の代表的詩人。フローベールやランボーに批判されつつも近代叙事詩の祖と称される。一八四八年の二月革命で、臨時政府の外相となった。議会での演説がうまかった。

*17 バルジョネは、自著『裏切られた革命』（*Mai dans la Révolution trahie de 1968*, Paris, Didier, 1968）の中で、自分の歩んだ道をもう一度辿った。

*18 アラン・シュナップとピエール・ヴィダル＝ナケ、*Journal de la commune étudiante*, Paris, le Seuil, 1969.

*19 バックマンとリウ、前掲書。

17 Roland Dumas（1922–）：フランス左派ミッテラン派の政治家、代議員、弁護士。一九八四－八六年、八八－九三年外務大臣。一九九五年、憲法評議会議長。外相時代、台湾へのフリゲート艦売買による汚職、エルフ事件で嫌疑を受け、またジャコメッティ・コレクションの汚職に関与して、有罪判決を受けた。

*20 ダンセット、前掲書。

*21 ペレとラクーチュールは、この場面について隣人の言葉として語っている（前掲書）。ジョルジュ・キージマンは、ラクーチュールに細部まで語っている。

*22 同右。

*23 クロード・エスティエは、自著 *Journal d'un fédéré: La fédération de la gauche au jour le jour 1965–1969* の中で、マンデスの代理人がエスティエに、前評議会議長は、ミッテランに予告なしには何もしない、と約束したと表明しているが、ジャン・ラクーチュールは、それについて懐疑的だ。この誤解から、ＰＭＦと未来の大統領の間に、重大な不和が生まれた。

*24 トゥールヌー、前掲書。トゥールヌーは、この閣議の様子を詳細に語っている。ダンセットは、もう少し簡潔に書いている（前掲書）。

18 一九四〇年六月一八日に、ロンドンからＢＢＣ放送によって、フランス国民に、英国の同盟軍と一緒に戦いを継続するよう呼びかけた。そのため、ドゴールのことを「六月一八日の男」と呼ぶこともある。

19 Edgar Faure（1908–1988）：フランス中道派の政治家、代議員、弁護士。レジスタンスを経てドゴールに合流。ニュールンベルグ裁判では、検事副総長を務める。その後、急進党に接近。政務次官を経て、一九五〇年以降、蔵相、財務相、外相、農相、教育相、社会福祉相を歴任。多くの文学作品も残す。〈六八年五月〉後に、教育相に就任。学生の要求（大学自治の学生参加と学際的容易性など）を盛り込んだ教育改革を行なった。

20 Pierre Billotte（1906–1992）：フランスのドゴール派左派の政治家、代議員。一九五五－五六年、フォール内閣で国防相、六六－六八年、ポンピドゥー政権で海外県相。

21 Edmond Michelet（1899–1970）：フランスのカトリック系ドゴール派の政治家、代議員。原理主義的なカトリック信仰から出発。レジスタンスを闘い、ドゴール政権で、一九四五－四六年軍事相、五八－五九年旧軍人相、五九－六一年法相、ポンピドゥー政権で六七－六八年公務相、シャバン政権で七〇－七一年文化相を歴任。

22 Maurice Schumann（1911–1998）：フランスのドゴール派政治家、代議員、ジャーナリスト。フランスの臨時亡命政府のスポークスマンを務めた。最初、ジャーナリストから出発。外務次官を経て、ポンピドゥー内閣で、一九六二年国土開発相、六七－六八年科学研究相、六八－六九年社会問題相、シャバン、メスメール内閣で六九－七三年外相を歴任。一九七四年アカデミー・フランセーズ会員。

23 Louis Joxe（1901–1991）：フランスのドゴール派政治家、代議員。外務次官からキャリアを始め、一九六〇年文相、六〇－六二年アルジェリア問題相、六二－六七年改革相、六七－六八年法相。

24 翌年六九年四月二七日の国民投票で、幾つかの権力の地方分権化と上院、経済社会評議会との合併、地方議会への職業組織、組合の代表の導入を問うもので、本人は投票前に、信任がない場合には辞職すると公言。結果はノンが五二・四一％と出て、ドゴールは辞職した。

## 18 五月二四日　最もつらい夜

1 パリの国鉄中央駅の一つ。文化相に任命されたマルローは、国費をかけて、パリの汚れた記念建造物や古い界隈を洗浄する計画を立てた（一九六二年のマルロー法による）。

*1 実際に会って聞いた証言者の話や当時の新聞など以外に、二四日のデモの様子は、バイナック、ダンセット、アモン、ロトマン、バックマンとリウの前掲書に見られる。

*2 筆者との対話。

2 Jacques Koch-Foccart（1913–1997）：ドゴール派の政治顧問。一九六〇－七四年、大統領府のアフリカ・マダガスカル関連問題事務総長。アフリカ問題の顔と言われた。

*3 ジャック・フォカールと筆者との対話。

3 一九六〇－六五年にあったコンゴの内紛で、カタンガ地方の独立を叫んだ急進派。この場合、ソルボンヌの学生の中でも急進極左の小集団を指す。

*4 アモンとロトマン、前掲書。

4　当時、使われていたゴミ箱は円形のブリキ製。蓋が楯のように利用できる。
＊5　＊4に同じ。
5　当時、証券取引所が設置されていた宮殿。建築家アレクサンドル・テオドール・ブロンニアールによって設計され、ナポレオン一世の命で、一八〇七年から建造が開始され一八二五年に完成した。
6　パリの西部は、裕福層が多い。
＊6　ポンピドゥー、前掲書。
＊7　アモンとロトマン、前掲書。
7　フランスのジャーナリスト。当時首相官邸の顧問の一人。
＊8　著者との対談。
8　米国の作家マーガレット・ミッチェル（一九〇〇－一九四九）が一〇年をかけて書いた唯一の長篇小説。一九三六年に完成。アメリカ南北戦争時、ジョージア州アトランタ市を背景に、南部の気丈な女性スカーレット・オハラの半生を描いた小説。一九三九年にヴィクター・フレミング監督によって映画化され、日本では五二年に公開、世界で空前の成功を収めた。
＊9　グリモー、前掲書。
＊10　ラクーチュール、前掲書。

**19　五月二五－二六日　グルネル会議**

＊1　録音に立ち会ったジャン＝ピエール・ユタンと筆者との会話。
＊2　ダンセット、前掲書。
＊3　フランソワ・ミソッフがセヴェリーヌ・ル・グリに語った対話。
1　一八世紀のシャトレ伯爵夫人が建設を依頼した館。
2　Benoit Frachon（1893－1975）フランスの労働組合員。フランス共産党政治局員。ＣＧＴの書記長を四五年から六七年まで務める。対独レジスタンスでは、フランス共産党の主要な指導者だった。
3　レオン・ブルームの人民戦線の下で、一九三六年に調印されたマティニョン協定は、労働法のその後の展開にとって、画期的な出来事となった。集団契約、労組活動の自由化、雇用者の代表者規定。給与の七％から一五％の値上げなど。当時、百万人がストに入っていた。
4　Charles Petiet（1879－1958）：フランスの自動車産業界の一人。アリエスという車名を作った。フランス自動車ショーの会長を死ぬまで務めた。
5　Paul Huvelin：クレベール・コロンブ社の社長で、仏経営者全国評議会の会長を務めた。
＊4　ジャン＝マルセル・ジャンヌネイと筆者との会話。
＊5　セギー、前掲書。
＊6　クリスチャン・シャリエール、前掲書。
＊7　ＣＧＴ作戦の誤りについては、数人の著者が書いている（ダンセットとバイナック、前掲書）。ダンセットは、圧力をかけるためにストの継続を呼びかけたルノーの労働者たちに対するチラシを公表している。

*8 アレクサンドルとテュビアナ、前掲書。
*9 この二つの説は、アレクサンドルとダンセットによる。
*10 ジャン＝マルセル・ジャンヌネイと筆者との会話。
*11 アレクサンドルとテュビアナ、前掲書。
*12 バックマンとリウ、前掲書。
*13 アレクサンドルとテュビアナ、前掲書。

**20 五月二七日 ビヤンクールからシャルレッティ競技場へ**

1 ビヤンクールは、ブーローニュ＝ビヤンクールの一地区で、当時のルノー国営大工場がセーヌの中州セガン島にあるところとして有名。一九二九年から九二年まで操業して閉鎖した。現在、新しい都市計画が幾つかある。
*1 セギー、前掲書。
*2 ビラは、アドリアン・ダンセットによって作られた。前掲書。
*3 この会合の要約報告は、ピエール・ヴィアンソン＝ポンテ『ドゴール派共和制の歴史』(*Histoire de la république gaullienne*、前掲書)に掲載されている。彼は、会合の間に収録された全録音に基づいて、これを書き上げた。
2 一八七二年八月一〇日は、一日中パリの新しい市当局に支えられて、群集はチュイルリー宮殿を包囲した。パリ・コミューンの蜂起と呼ばれる。フランス革命の歴史家たちは、これを「八月一〇日」と呼ぶ。
*4 筆者との対話。

3 Marc Heurgon（1926–2001）：フランスの政治家、歴史家。一九六五－六八年、PSUの全国書記局のメンバー。エマニュエル・テライとアラン・リピエッツが毛沢東系の「農民と労働者左翼」（GOP）を推進して、除名された。GOPは、ラルザック闘争、リップ社のストのときにも、積極的に支援した。
*5 筆者との対話。
*6 アモンとロトマン、前掲書。
4 Jacques Monod（1910–1976）：生物学、生化学者。一九六五年にノーベル賞受賞。
5 François Marty（1904–1994）：フランス・カトリックの高位聖職者。六八年当時、パリ大主教。
*7 ラクーチュール、前掲書。
6 Edmond Maire（1931–）：フランスの労働組合活動家。一九七三－八八年までCFDT書記長。
*8 アモンとロトマン、前掲書。
*9 プレ、前掲書。
*10 アモンとロトマン、前掲書。
*11 ラクーチュール、前掲書。
7 シャルレッティ競技場に近いパリの旧城門跡。
*12 グリモー、前掲書。
8 Olivier Guichard（1920–2004）：フランス保守派の政治家。フランス解放時に仏軍に加わり、ドイツ降伏まで闘う。国会議員。六八年後、国民教育相、司法相を務める。
*13 オリヴィエ・ギシャール著『わが将軍』（Olivier Guichard,

*Mon Général*, Paris, Grasset, 1980)。

9 一九四五年以来存在する、航空機用のエンジンや宇宙ロケット用のエンジン開発製造会社。二〇〇五年以来、合併してサフランと社名を名乗っている。

*14 生の声で聞いた証言者以外に、すべての著者がシャレッティについて細部まで触れている。バックマンとリウは、最も活き活きした報告をしているし、アモンとロトマンも同様である（前掲書）。

10 Marceau Pivert（1895－1958）：フランスの初等教育教員、組合活動家、社会党党員。一九三〇年代のＳＦＩＯの代表的リーダー。

*15 ペレとラクーチュール、前掲書。

*16 筆者との対話。

## 21 五月二八日　ゲームを射止めたミッテラン

*1 フランソワ・ミッテランの表明は、もれなく紙誌に、そして〈五月〉関連の書籍に掲載されている。

*2 筆者は、この編集の結果を、自分の目で見た。

1 Gaston Monnerville（1897－1991）：フランスの保守派政治家、代議員。一九四七－五八年、五八年－六八年元老院議長。

2 René Sylvain Édouard Billères（1910－2004）：フランスの急進社会党の政治家、代議員。ポンピドゥーとエコール・ノルマルで同期生。一九五六－五七年、五七－五八年、国民教育及び青少年スポーツ相。

*3 トゥールヌー、前掲書。

*4 この文章は記者会見の報告書に書かれており、ドゴール派はそれを無視しようと躍起になっていた。

*5 フランソワ・ミッテランは、彼の回想録『私にとっての真実』（*Ma part de vérité*, Paris Fayard, 1970）において、自分に対する非難に一点一点反論しており、またアドリアン・ダンセットへの手紙でも記している（前掲書）。

3 フランス中部ブルゴーニュ地方の南西部の県。

4 シャトー・シノンはニエーヴル県の県庁主在地で、ミッテランは、この街の市長を一九五九年から務めた。

*6 ダンセット、前掲書。

*7 同右。

*8 Edouard Balladur, *L'arbre de Mai*, Atelier Marcel Julian, 1979.

*9 Jean Lacouture, *De Gaulle*, t. III, *Le souverain*, Paris, Le seuil, 1986.

5 一九六一年四月二一－二二日に四人のフランス人の退役将軍、シャル、ジュオー、サラン、ゼレールが、アルジェリアに駐屯している軍隊を蜂起させ、ドゴール将軍のアルジェリア政策に反対するために、クーデターを起こした。「アルジェのクーデター」と呼ばれる。

*10 *9に同じ。

*11 ダンセット、トゥールヌー、ラクーチュールは、デモ計画について、詳細を書いている。前掲書。

6 一九六〇年から八一年まで、ドゴール将軍に寄与するための非営利市民団体として創設された。最後の時期に内紛があり、資金悪用の疑いがマルセイユの地区責任者ジャック・マシェにかかり、マシェとその家族全員が暗殺された。ミッテランが大統領になり、この会の閉鎖を命じた。

7 ドゴール派のレジスタンス闘士、政治家。一九四〇年に学生デモを組織した。

8 ドゴール派の国民議会議員、退役軍人。

9 ボルシェヴィキに傾倒した一群の新左翼の活動家たちを指す。

10 ドゴールの政治顧問、一九六〇－七四年、エリゼー宮のアフリカ、マダガスカル問題の事務総長。

11 Roger Frey（1913–1997）：ニューカレドニア生まれのフランスのドゴール派政治家、代議員。一九六〇－六一年情報相、六一－六七年内務相。一九六一年一〇月一七日のアルジェリア人のデモを弾圧、多くの死傷者を出す。六七－六八年議会調整担当相。

12 Antoine Sanguinetti（1917–2004）：フランスの海軍大将。ドゴール派左派から社会党へ。人権連盟や平和運動、また国民戦線の台頭に反対する運動にも関与。一九九一年、核兵器廃絶の百人委員会のアピールに署名した一人。

13 Jean Charbonnel（1927–）：フランスの保守派政治家、代議員。一九六六－九五年ブリーヴ市の市長。六六－六七年外務次官。

14 Conseil d'État：国務院とも訳されるが、行政裁判の最高裁判所の役割と、政府の憲法上の諮問機関の役割を併せ持つ。

15 Yves Guéna（1922–）：フランスのドゴール派政治家、代議員、作家。一九六七年郵政相、六八－六九年情報相。一九九五－二〇〇四年、元老院議長およびコンセイユ・デタのメンバー、議長。

＊12 筆者との対話。

＊13 ミッシェル・ブリュギエール、セヴェリーヌ・ル・グリとの対話。この首相顧問によると、クリスチャン・フーシェはスト参加者たちを銃殺するとまで脅かし、この強引なやり方で仕事の再開を獲得したという。

＊14 Lacouture, *Pierre Mendès France*、前掲書。

## 22 五月二九日　ドゴール失踪！

1 Colombey-les-Deux-Églises：コロンベイ＝レ＝ドゥーゼグリーズ。オート・マルヌ県にある六五〇世帯の小さな村。ドゴールが別荘地として家を購入して、有名になった。ドゴール自身、当地で没している。

＊1 ダンセット、前掲書、そして筆者とベルナール・トゥリコとの対話。

＊2 ポンピドウー、前掲書。

＊3 ダンセット、前掲書。

＊4 ポンピドゥー、前掲書。

2 Décret：フランスの政令。

＊5 ダンセット、前掲書。

＊6 もちろんジョルジュ・ポンピドゥーがこの会話の情報

源。前掲書。

*7 トゥールヌーとダンセットがこの会合の詳細を報告している。

3 Raymond Mondon（1914－1970）：フランス保守派の政治家。代議員。レジスタンスの闘士。六九年から七〇年運輸・公共事業相を務める。

*8 執拗な噂によると、この代議員は、おそらくアルバン・シャランドンではないか。

*9 ダンセット、前掲書。

4 Jacques Isorni（1911–1995）：フランスの弁護士、作家、代議員。

5 Alfred Fabre-Luce（1899–1983）：フランスのジャーナリストで、作家。レジスタンス中に、ドイツの敗北を予見。戦後は、アルジェリア独立に賛成し、ドゴールを批判した本を出版して、発禁処分となった。

*10 アレクサンドルとテュビアナ、前掲書。

6 Jean Daniel（1920–）：アルジェリアのユダヤ系家庭に生まれる。フランスの作家、ジャーナリスト。フランス軍ルクレール将軍の下で解放戦争に参加。戦後、ソルボンヌで哲学を専攻。その後、カミュ、サルトル、メルロ・ポンテイなどと親交を重ねる。マンデス・フランスに思想的に近かった。ケネディとカストロとの対談を実現して、一躍有名になる。一九六四年に月刊雑誌『ヌーヴェル・オプセルヴァトゥール』を創刊。

*11 ペレ、前掲書。

7 ヴェルサイユの一画にある仏軍の陸軍主要基地の一つ。

*12 六八年五月直後に出た、〈五月〉を特集した幾つかの雑誌や単行本を読むと、この点について興味深い記述がある。

*13 ヴィアンソン＝ポンテ、前掲書。

*14 フランソワ・ゴーゲル、雑誌 *Espoir*, N°24.

*15 Lacouture, *De Gaulle*, t. III, *Le Souverain*、前掲書。

8 Jean Lacouture（1921–）：フランスのジャーナリスト、歴史家、作家。第二次大戦時は、ルクレール将軍の報道担当官を務めた。その後、インドシナ戦争では、ベトナム解放軍の長ホー・チ・ミンと対談。ベトナム戦争に従軍しながら、抵抗運動を反植民地主義の立場から取材した。『ルモンド』、『ヌーヴェル・オプセルヴァトゥール』に執筆。

*16 Général Massu, *Baden 68*, Paris, Plon, 1983.

9 Philippe de Gaulle（1921－）：シャルル・ドゴールの息子で海軍士官、次いで海軍大将、のちに政治家。六八年当時は、フリゲート艦シュフランの艦長。八二年に退役してから、政治家として、一九八六－二〇〇四年、元老院議員。

10 Jacques Massu（1908–2002）：フランス軍の将軍。大戦のフランス解放の立役者の一人。ルクレール将軍の戦車隊にいた。その後、インドシナ戦争、アルジェリア戦争を指揮し、後者では、拷問を指示したため、問題になった。駐独フランス軍の総司令官。六八年当時、バーデン＝

バーデンに居を構えていた。

11 Alain de Boissieu（1914–2006）：フランス軍の軍人。フランス解放のときの立役者の一人。ドゴール将軍の娘エリザベートと結婚した。

*17 ラクーチュール、前掲書。

*18 筆者とベルナール・トゥリコとの対話。

*19 Alain de Boissieu, *Pour servir le Général*, Paris, Plon, 1982.

*20 同右。

12 Force Française en Allemagne：ドイツ駐留仏軍の略。一九四九年八月一〇日以来、ドイツが占領していた地域の再編成が行なわれ、西ドイツに一九九一年までＦＦＡの名で駐留した。

*21 François Flohic, *Souvenir d'Outre-Gaulle*, Paris, Plon, 1982.

*22 マシュ、前掲書。バーデンの滞在の話は、基本的に、幾つかの部分はフロイックによって、また基地の助手たちによって裏づけられたマシュと彼の妻シュザンヌの本からの引用である。ドゴール将軍は、たとえ在独フランス軍司令官のテーゼを、「マシュはマシュだ」あるいはそれに近いことを言って、すべて認可しなかったとしても、間接的に対話の全部を追認している。

*23 フロイックが聞いたマシュの回答、前掲書。

*24 シュザンヌ・マシュの証言。

*25 ジャン・ラクーチュールは、神話の蘇生は、少し無理があると判断している。前掲書。

*26 ラクーチュールによって引用された部分。前掲書。

*27 マシュ、前掲書。

13 Pierre Messmer（1916–2007）：フランスの政治家。第二次大戦にフランス解放軍に参加。大戦後、植民地担当相を経て、一九六〇年－六九年当時、軍事大臣。その後、ポンピドゥー政権の時に首相を三期務める。フランス・アカデミー会員。

*28 ダンセット、前掲書。

*29 フロイック、前掲書。

*30 ポンピドゥー、前掲書。

14 Fédération nationale des syndicats d'exploitants agricoles（ＦＮＳＥＡ）：一九四六年にできたフランス最大の農業生産者組合。保守的傾向で、近年ではＧＭ作物の通常農地での開発を支持したため、農民同盟など、中小組合から批判された。

*31 Michel Debatisse, *Le Projet paysen*, Paris, le Seuil, 1983.

15 Michel Droit（1923–2000）：フランスの小説家、ジャーナリスト。六〇年代後半、テレビでのドゴールとの対談者。アカデミー・フランセーズ会員。

*32 Charles de Gaulle, *Vers l'armée de métier*, Paris, Plon, 1971.

*33 Charles de Gaulle, *Le fil de l'épée*, Paris, Plon, 1970.

16 François Goguel（1909–1999）：フランスの政治家、歴史家。一九七一－八〇年、憲法評議会のメンバー。ドゴールの第五共和制についての著作多数。

*34 六月の選挙期間中にテレビで行なわれた対談。

17 Pierre Rouanet（1921–）：フランスの政治問題編集者。一九六九年、『ヌーヴェル・オプセルヴァトゥール』誌に入り、後、編集長。右派、ドゴール派の専門家として、ポンピドゥーの伝記、ドゴールの伝記を一九八〇年、八五年に妻と刊行。

*35 ジョルジュ・ゴルスの報道担当ジャン＝ピエール・ユタンが筆者に語ったこと。

*36 ダンセット、前掲書。そしてポンピドゥー、前掲書。

## 23 五月三〇日 蘇生

1 18章訳註2参照。

2 Jean Ferniot（1918–）『フランス・ソワール』紙の記者、論説委員を長く務め、後、『エクスプレス』誌の編集長を務める。作家。

*1 ジョルジュ・ポンピドゥー、前掲書。

3 ドゴールが、一九四〇年六月一八日、BBC放送で、ロンドンからフランス国民にナチスドイツにたいするレジスタンスを呼びかけた有名な放送。17章訳註18参照。

4 フランスの知事は、選挙によって信任され地域政治の責任を持つ日本とは違い、各県に政府が国の代表者として指名して派遣され、国の政策を地方に反映させるための任を持つ。

*2 バイナック、前掲書。

*3 同右。

5 ナポレオン・ボナパルトによる一七九九年（一一月九日）の軍事クーデタ。これでフランス革命の総裁政府は終止符を打たれ、ボナパルトがシェイエスを押さえて第一執政となり、五年後に帝政を敷き、自ら皇帝となる。

6 一八五一年一二月二日の共和国大統領ルイ＝ナポレオンによるクーデタ。ナポレオン三世となり第二帝政を開始。

7 一八五八年五月一三日のヨーロッパのアルジェリア入植者たち、将軍による仏領アルジェリアを維持しようとする疑似クーデタ。

8 Pierre Kreig：パリ市代議員。

9 Roland Nungesser：六八年五月当時、経済財務国務次官。

10 第二次大戦中にドイツがフランスを占領した時代に成立した傀儡政権ペタン将軍の潮流。

## 24 六月 反撃

*1 アモンとロトマン、前掲書。

*2 同右。

1 一九世紀末に創設され、一九二〇年代まで圧倒的な人気を呼んだパリのミュージック・ホール。ミスタンゲット、ジョセフィーヌ・ベーカーなどが出演している。現在も老舗として活動している。

2 Général Raoul Salan（1899–1984）：仏軍将軍。一九五六－五八年アルジェリア政府の最高責任者。六〇年仏領アルジェリアを主張して解任される。その後、スペインへ逃避、スペインからクーデタを起こした将軍たちと合流し地下に潜る。秘密軍事組織OASを指導するが、クーデタ失敗後逮捕され、一九六二年軍事法廷で無期懲役の判決を受ける。八二年に特赦され、レジオン・ドヌール勲章を受ける。

3 Jacques Soustelle（1912–1990）：フランスの政治家、代議員、民族学者。アカデミー・フランセーズ会員。哲学と民族学を修め、少数民族の言語を習得し、メキシコやマヤ文明を研究。初期にはマルクス主義者だったが、ドゴールの亡命臨時政府に合流。アルジェリア戦争初期に総督。その後、ドゴールのアルジェリア政策に失望。仏領アルジェリアを熱烈に支持。OAS支持者として一九六二－六八年イタリアに亡命、六八年に特赦されてフランスに戻る。左翼からはファシストと見られた。他にも金融スキャンダルに名が挙げられている。

4 一九六九年四月の国民投票で敗北したドゴールは退陣し、六月大統領選が組織された。ポンピドゥーが立候補し、当選。

## エピローグ

1 Alfred Sauvy（1898–1990）：フランスの経済学者、人口学者、社会学者。『若者たちの台頭』（*Montée des jeunes*）は、一九五九年、カルマン＝レヴィ社から出版された。

*1 ここは、筆者の独自の意見だというわけではない。雑誌 *Pouvoirs* によって一九八六年に組織された〈六八年五月〉の解釈をめぐるシンポジウムでは、リュック・フェリー、アラン・ルノー、アンリ・ウェヴェール、ジル・リポヴェツキーなどによって発展させられた新しい解釈が示されていた（*Pouvoirs*, N° 39）。筆者は、しかしながら、一九八六年の学生運動について書いた小さな著作 *Un coup de jeune*（『若者の一撃』）に同じような分析を載せたので、それを参照していただくことにしたい。

*2 Duprat et Bardèche、前掲書。

*3 Raymond Aron, *La Révolution introuvable*, Paris, Fayard, 1968.

*4 ドゴール将軍は、*Le Fil de l'épée* をはじめとする複数の刊行物の中で、また多くの演説の中で、自分の視点を表明している。その一つは、戦争中のオックスフォードでの演説である。一九六八年五月一四日の演説を参照のこと。

*5 ジョルジュ・ポンピドゥーは、著書『ある真実を再建するために』（*Pour rétablir une vérité*）の中で、また一九六八年五月一四日の国民議会での演説の中で表明している。

2 Benjamin Disraeli（1804–1881）：イギリスのユダヤ系保守政治家、小説家。当時のイギリスにおける保護貿易主義のリーダーであり、植民地主義の再興を願った。一八七四－一八八〇年、ヴィクトリア女王の下で首相。反対派のグラッドストーンと政権を交替しつつ、議会制民主主義の中での改革を実現した。

3 Pierre Juillet（1921–1999）：フランスの政治顧問。ポンピドゥーの影の参謀。

4 Marie-France Garaud（1934–）：フランスの女性弁護士、保守派政治家。ポンピドゥーの影の参謀。

*6 六八年に関するマルクス主義的刊行物の概要を理解す

るためには、フランス共産党あるいは極左の文献録を参照のこと。

5 Claude Lefort（1924–）：フランスの政治哲学者。全体主義の概念をめぐる考察で知られ、一九六〇－七〇年に、民主主義の哲学を打ち立てる。メルロ・ポンティに師事し、マルクス主義者となるが、ソ連の体制には批判的だった。ソルボンヌ、カーン大学、社会科学高等学院で教鞭に立つ。

6 Cornelius Castoriadis（Κορνήλιος Καστοριάδης）（1922–1997）：ギリシャ出身の哲学者、経済学者、精神分析家。一九四九年に、ルフォールと『社会主義か野蛮か』というグループを創設する。

*7 Edgar Morin, Claude Lefort, Jean-Marc Coudray (Cornelius Castoriadis の筆名), *La Brèche*, Paris, Fayard, 1968.

*8 Alain Touraine, *Le Communisme utopique*, Paris, Le Seuil, 1968. 要約された新版は一九七二年刊行。

7 Jean Delannoy（1908–2008）：フランスの映画監督でシナリオ作家。代表作にジッドの小説の映画化「田園交響楽」（第一回カンヌ映画祭のグラン・プリ）、「ノートルダムのせむし男」、「クレーヴの奥方」など。ヌーヴェル・ヴァーグの監督たちから、職人的、形式主義的と批判された。

8 Jean Nohain（1900－1981）：フランスの弁護士、ラジオの司会者、タレント。

9 Jean-Christophe Averty（1928–）：フランスの放送人。テレビで、ミュージック・ホールや歌のショー番組を初めて確立した。

*9 シンポジウム *Pouvoir* での発表、引用。

*10 Luc Ferry et Alain Renaut, *La Pnesée 1968*, Paris, Gallimard, 1985.

10 Pierre Overney ピエール・オヴェルネイ（1948–1972）：フランに住んでいた「プロレタリア左翼」の毛沢東派の活動家。一九七二年二月二五日午後二時三〇分にルノーの警備員に撃ち殺された。この警備員は、一九七七年三月二三日に極左グループＮＡＰＡＰによって殺された。一九八六年一一月一七日にルノー社長ジョルグ・ベスが、極左グループ「アクション・ディレクト」に殺された時、オヴェルネイの名前が使われた。

11 Henri Weber（1944–）：フランス社会党の政治家。共産党に入党したが、六四年に除籍。六八年当時、クリヴィーヌ、ベンサイドと共に、革命的共産主義者青年同盟（ＪＣＲ）を創設した。社会党には八〇年代に入党。二〇〇四年から欧州議員。

*11 アモンとロトマン、前掲書。

*12 『ヌーヴェル・オプセルヴァトゥール』誌、一九六八年五月八日号。

12 Giuseppe Tomasi di Lampedusa（1896–1957）：シシリア島の貴族出身のイタリアの作家。ここでは唯一の代表作『山猫』にある「何も変わらないために、すべてが変わらなくてはならない」の引用。一九世紀のイタリア没落貴族が、新しい世界に適応して行かざるをえない時代状況をメランコリーと共に自伝的に書いた。この作品は、ルキノ・ヴィスコンティが映画化し、一九六四年にカンヌ映画祭でパルム・ドールを受賞。

*13 とくに *La gauche divine*, Paris, Grasset, 1985 を参照。

13 Christopher Lasch（1932–1994）：アメリカの戦後の代表的歴史学者、社会批評家。代表作に *The Culture of Narcissism*（邦訳『ナルシシズムの時代』）、*The Revolt of the Elites and the Betrayal of Democracy*（邦訳『エリートの反逆』）がある。

*14 Gilles Lipovetsky, *L'Ère du vide*, Paris, Gallimard, 1983（邦訳『空虚の時代』）。

14 Gilles Lipovetsky（1944–）：フランスのエッセイスト、哲学者。グルノーブル大学哲学教授。ポスト・モダン、ハイパー・モダンの思想家として注目された。社会のヴィジョンを、ナルシスティックなネオ個人主義、リポヴェツキーの言葉に従うなら、「第二の個人主義革命」と捉える。

*15 Luc Ferry et Alain Renaut, *1968–1986, itinéraire de l'individu*, Paris, Gallimard, 1987.

# 参考資料


［書誌］

Laurence Wylie, Franklin D. Chu et Mary Terrall, *France, the Events of 1968*, Pittsburgh, Council for European Studies, 1973.

［解釈］

Adrien Dansette, *Mai 1968*, Paris, Plon, 1971.

Pierre Viansson-Ponté, *Histoire de la république gaullienne*, t. II : *Le Temps des orphelins*, Paris, Fayard, 1971.

Philippe Alexandre et Raoul Tubiana, *L'Élysée en péril*, Paris, Fayard, 1969.

René Backmann et Lucien Rioux, *L'Explosion de mai*, Paris, Laffont, coll. « Ce jour-là », 1968〔『5月のバリケード――スチューデント・パワーの105日』岡村孝一訳、早川書房、一九六九〕.

Hervé Hamon et Patrick Rotman, *Génération*, t. I, *Les Années de rêve*, Paris, Le Seuil, 1987.

Pierre Andro, Alain Dauvergne et Louis-Marie Lagoutte, *Le Mai de la révolution*, Paris, Julliard, 1968.

Jean-Raymond Tournoux, *Le Mois de mai du Général*, Paris, Plon, 1969.

Jean-Marc Salmon, *Hôtel de l'avenir*, Paris, Les Presses d'Aujourd'hui, 1978.

Jean Bertolino, *Les Trublions*, Paris, Stock, 1969.

Jacques Baynac, *Mai retrouvé*, Paris, Laffont, 1978.

Christian Charrière, *Le Printemps des enragés*, Paris, Fayard, 1968.

André Fontaine, *La Guerre civile froide*, Paris, Fayard, 1969.

Claude Paillat, *Archives secrètes, 1968-69*, Paris, Denoël, 1969.

Philippe Labro et Michèle Manceaux, *Ce n'est qu'un début*, Paris, Denoël, 1968.

Philippe Alexandre, *Le Duel de Gaulle-Pompidou*, Paris, Grasset, 1977.

［証言］

Daniel Cohn-Bendit, *Le Grand Bazar*, Paris, Belfond, 1975.

Georges Pompidou, *Pour rétablir une vérité*, Paris, Flammarion, 1982.

Maurice Grimaud, *En mai, fais ce qu'il te plaît*, Paris, Stock, 1977.

Édouard Balladur, *L'Arbre de Mai*, Paris, Atelier Marcel Jullian, 1979.

Jacques Massu, *Baden 68*, Paris, Plon, 1983.

Christian Fouchet, *Mémoires d'hier et de demain*, Paris, Plon, 1971-73.

François Flohic, *Souvenirs d'Outre-Gaulle*, Paris, Plon, 1979.

Olivier Guichard, *Mon Général*, Paris, Grasset, 1980.

Michel Jobert, *Mémoires d'avenir*, Paris, Grasset, 1974.

Michel Jobert, *L'Autre Regard*, Paris, Grasset, 1976.

Georges Séguy, *Le Mai de la CGT*, Paris, Julliard, 1972.

André Barjonet, *La Révolution trahie de 1968*, Paris, J. Didier, 1968.

Albert Detraz et les militants de la CFDT, « Positions et actions de la

CFDT en Mai 1968 », Paris, *Syndicalisme* 特別号, 1969.
André Gaveau, *De l'autre côté des barricades*, Paris Simoën, 1978.
Félix Guattari他, *Que sont mes amis devenus ?*, Paris, Savelli, 1978.
Yves Guéna, *Maintenir l'État*, Paris, Fayard, 1970.
Alain Pellet, *Pierre Mendès France et les événements de mai-juin 1968*, mémoire de DES de l'Institut d'études politiques de Paris, 1969.
Jean-Claude Kerbourc'h, *Le Piéton de Mai*, Paris, Julliard, 1968.
Émile Copfermann, *22 mars, ce n'est qu'un début, continuons le combat*, Paris, Maspero, 1968.
Collectif Cléon, *Notre arme, c'est la grève*, Paris, Maspero, 1968.

［記録］
Alain Schnapp et Pierre Vidal-Naquet, *Journal de la commune étudiante*, Paris, Le Seuil, 1969.
Michèle Perrot, Madeleine Rebérioux et Jean Maitron, *La Sorbonne par elle-même*, Paris, Mouvment Social, n° 64, 1968.
Marc Kravetz, Raymond Bellour et Annette Karsenty, *L'Insurrection étudiante, 2-13 mai*, Paris, Union générale d'éditions, 1968.
UNEF, *Le Livre noir des journées de Mai*, Paris, Le Seuil, 1968.
*Les Tracts en Mai 1968*, ouvrage collectif, Paris, Fondation nationale des sciences politiques, Librairie Armand Colin, 1975.
Alain Ayache, *Les Citations de la révolution de Mai*, Paris, Jean-Jacques Pauvert, 1968.
Julien Besançon, *Journal mural*, Paris, Tchou, 1968.
Vladimir Ficera, *Writing on the Wall, May 1968*, New York, Saint Martin's Press, 1979.
Juliette Minces, *Un ouvrier parle*, Paris, Le Seuil, 1969.

［伝記］
Jean Lacouture, *De Gaulle*, t. III, *Le Souverain*, Paris, Le Seuil, 1986〔『ドゴール』持田坦訳、河出書房新社、一九七二〕
Jean Lacouture, *Pierre Mendès France*, Paris, Le Seuil, 1981.
Franz-Olivier Giesbert, *Jacques Chirac*, Paris, Le Seuil, 1987.
Franz-Olivier Giesbert, *François Mitterrand, ou la Tentation de l'histoire*, Paris, Le Seuil, 1977.
Maurice Szafran, *Chirac*, Paris, Grasset, 1986.
Thierry Desjardins, *Un inconnu nommé Chirac*, Paris, La Table Ronde, 1973.
Catherine Nay, *Le Noir et le Rouge*, Paris, Grasset, 1984.
Éric Roussel, *Pompidou*, Paris, Lattès, 1984.

［評論］
Edgar Morin, Claude Lefort, Jean-Marc Coudray (Cornélius Castoriadisの筆名), *La Brèche*, Paris, Fayard, 1968.
Alain Touraine, *Le Communisme utopique*, Paris, Le Seuil, 1968, 1972（簡約版）.

Raymond Aron, *La Révolution introuvable* Paris, Fayard, 1968（Alain Duhamelとの対話）.

Régis Debray, *Modeste Contribution aux cérémonies officielles du dixième anniversaire*, Paris, Maspero, 1978.

Edgar Morin et Marek Halter, *Mai*, Paris, Oswald, 1978.

Max Gallo, *Le Pouvoir à vif*, Paris, Laffont, 1977.

Max Gallo, *Gauchisme, Réformisme, Révolution*, Paris, Laffont, 1968.

Luc Ferry et Alain Renaut, *La Pensée 1968*, Paris, Gallimard, 1985〔『68年の思想——現代の反-人間主義への批判』小野潮訳、法政大学出版局、一九九八〕.

Luc Ferry et Alain Renaut, *1968-1986, itinéraires de l'individu*, Paris, Gallimard, 1987〔『68年-86年　個人の道程』小野潮訳、法政大学出版局、二〇〇〇〕.

Jean-Claude Guillebaud, *Les Années orphelines*, Paris, Le Seuil, 1978.

Juan Ibarrola, *Une période d'affrontement de classes : mai juin 1968*, Grenoble, université des sciences sociales, 1985.

Bernard Brown, *Protest in Paris, Anatomy of a Revoit*, Morristown (New Jersey), General Learning Press, 1974.

Patrick Seale et Maureen McConville, *Drapeaux rouges sur la France*, Paris, Mercure de France, 1968.

Jean-Marie Benoist, *Marx est mort*, Paris, Gallimard, 1970.

René Lourau, *L'Analyse institutionnelle*, Paris, Minuit, 1970.

Jean Thibaudeau et Philippe Sollers, *Mai 1968 en France*, Paris, Le Seuil, 1970.

Maurice Clavel, *Combats de franc-tireur pour une libération*, Paris, Jean-Jacques Pauvert, 1968.

Club Jean-Moulin, *Que faire de la révolution de Mai ?*, Paris, Le Seuil, 1968.

Jean-Jacques Servan-Schreiber, *Le Réveil de la France*, Paris, Denoël, 1968〔『フランスのめざめ』井上日雄訳、タイムライフインターナショナル、一九六九〕.

Jean Ferniot, *Mort d'une révolution*, Paris, Denoël, 1968.

François Fontvieille-Alquier, *Les Illusionnaires*, Paris, Robert Laffont, 1968.

Henri Lefèbvre, *L'Irruption de Nanterre au sommet*, Paris, Anthropos, 1968〔『五月革命』論——突入：ナンテールから絶頂へ』森本和夫訳、筑摩書房、一九六九〕.

Gérard Mendel, *La Révolte contre le père*, Paris, Payot, 1968.

Gérard Mendel, *La Crise des générations*, Paris, Payot, 1969.

Gilles Martinet, *La Conquête des pouvoirs*, Paris, Le Seuil, 1968.

André Philip, *Mai 1968 et la Foi démocratique*, Paris, Aubier-Montaigne, 1968.

Michel de Certeau, *La prise de parole*, Paris, Desclée de Brouwer, 1968〔『パロールの奪取——新しい文化のために』佐藤和生訳、法政大学出版局、一九九八〕.

［党派関連］

Daniel Cohn-Bendit, *Le Gauchisme, remède à la maladie sénile du communisme*, Paris, Le Seuil, 1968〔『左翼急進主義――共産主義の老人病にたいする療法』海老坂武・朝比奈誼訳、河出書房新社、一九六九〕.

Comité d'action Sorbonne-Vincennes-Nanterre, *Après Mai 1968, les plans de la bourgeoisie et le mouvement révolutionnaire*, Paris, Maspero, 1969.

Daniel Bensaïd, Henri Weber et Alain Krivine, *Mai 1968, une répétition générale*, Paris, Maspero, 1968.

Quatrième Internationale, *Mai 1968, première phase de la révolution socialiste française*. 1968.

Serge July, Alain Geismar et Erlyne Morane, *Vers la guerre civile*, Paris, Éditions Premières, 1969.

André Glucksmann, *La Stratégie de la révolution*, Paris, Bourgois, 1968〔『革命の戦略』坂本賢三訳、雄渾社、一九六九〕.

Jacques Jurquet, *Le Printemps révolutionnaire*, Paris, Gît-le-Cœur, 1968.

CAL, *Les lycéens gardent la parole*, Paris, Le Seuil, 1968.

Raymond Marcellin, *L'Ordre public et les Groupes révolutionnaires*, Paris, Plon, 1969.

*Objectifs et méthodes des groupes révolutionnaires*, Paris, Ministère de l'Intérieur, 1968.

Jean-Paul Sartre, *Les communistes ont peur de la révolution*, Paris, J. Didier, 1968.

Claude Prévost, *Les Étudiants et le Gauchisme*, Paris, Éditions Sociales, 1969.

Jacques Duclos, *Anarchistes d'hier et d'aujourd'hui, Comment le gauchisme fait le jeu de la réaction*, Paris, Éditions Sociales, 1968.

Waldeck Rochet, *Les Enseignements de mai-juin 1968*, Paris, Éditions Sociales, 1968.

Laurent Salini, *Le Mai des prolétaires*, Paris, Éditions Sociales, 1968.

Dominique Venner, *La Chienlit*, Paris, Société d'éditions parisiennes, 1969.

Maurice Bardèche et François Duprat, *La Comédie de la révolution*, Paris, Défense de l'Occident, Juin 1968.

François Duprat, *Les Journées de Mai, les dessous d'une révolution*, Paris, Nouvelles Éditions Latines, 1968.

［その他資料］

Guy Hocquenghem, *Lettre ouverte à ceux qui sont passés du col mao au Rotary*, Paris, Albin Michel, 1986.

Jean Wolinski, *Je ne veux pas mourir idiot*, Paris, Denoël, 1968.

Jean-Louis Curtis, *La Chine m'inquiète*, Paris, Grasset, 1972.

Jacques Perret, *Inquiète Sorbonne*, Paris, Hachette, 1968.

Robert Merle, *Derrière la vitre*, Paris, Gallimard, 1970.

Pierre de Boisdeffre, *Lettre ouverte aux hommes de gauche*, Paris, Albin Michel, 1969.

Jacques Laurent, *Lettre ouverte aux étudiants*, Paris, Albin Michel, 1969.

Frédéric Bon et Michel-Antoine Burnier, *Si Mai avait gagné*, Paris, Jean-Jacques Pauvert, 1968.

Alfred Fabre-Luce, *Le Général en Sorbonne*, Paris, Table Ronde, 1968.

Alain Griotteray, *Des Barricades ou des Réformes ?*, Paris, Fayard, 1968.

［分野研究］

Patrick Combes, *La Littérature et le Mouvement de Mai*, Paris, Seghers, 1984.

Alain Delale et Gilles Ragache, *La France de 1968*, Paris, Le Seuil, 1978.

Carmel Camilleri et Claude Tapia, *Jeunesse française et Groupes sociaux après 1968*, Paris, Éditions du CNRS, 1974.

Jean Jousselin, *Les Révoltes des jeunes*, Paris, Éditions Ouvrières, 1968.

Nicole de Maupeou-Abboud, *Ouverture du ghetto étudiant*, Paris, CNRS-Anthropos, 1974.

Jean-Louis Brau, *Cours, camarades, le vieux monde est derrière toi*, Paris, Albin Michel, 1968.

Alain Monchablon, *Histoire de l'UNEF,* Paris, PUS, 1983.

Pierre Dubois et Renaud Dulong, *Grèves revendicatives ou Grèves politiques ?*, Paris, Anthropos, 1971.

Maurice Bruzeck et Philippe Bauchard, *Le Syndicalisme à l'épreuve*, Paris, Laffont, 1968.

Jacques Frémontier, *La Forteresse ouvrière, Renault*, Paris, Fayard, 1971.

Centre national d'information pour la productivité des entreprises, *Les Événements de mai-juin 1968 vus à travers 100 entreprises*, Paris, CNIPE, 1968.

Yannick Guin, *La Commune de Nantes*, Paris, Maspero, 1969.

Georges Chaffard, *Les Orages de mai*, Paris, Calmann-Lévy, 1968.

Épistémon, *Les Idées qui ont ébranlé la france*, Paris, Fayard, 1968.

Sylvain Zegel, *Les Idées de Mai*, Paris, Gallimard, 1968.

Claude Frédéric, *Libérer l'ORTF,* Paris, Le Seuil, 1968.

［写真集］

Gilbert Kahn, *Paris a brûlé*, Paris, Éditions Mondiales, 1968.

Philippe Labro, *Les Barricades de Mai*, Paris, Solar, 1968.

Les photographes de *France-Soir, Les Journées de Mai*, Paris, « Connaissance de l'histoire » 特別号, Hachette, 1968.

Édouard Dejay, Philippe Johnson et Claude Moliterni, *Mai-juin 1968*, Paris, SERG, 1968.

［映像］（1部）

Mai 1968, de Gudie Lawaetz.

Le Fond de l'air est rouge, de Chris Marker.

Histoire de Mai, de André Frossard.

Mourir à trente ans, de Romain Goupil.

Nous l'avons tant aimée, la révolution, de Daniel Cohn-Bendit.

# クロノロジー

一九六六年

一月一〇日　CGT－CFDTの合意
三月　UECの反主流派がJCRを設立
五月　シチュアショニストたちが、ストラスブールの全学生協会の事務所を占拠
七月二一－一七日　ハバナでの三大陸会議
秋　UECの反主流派がUJCmlを創設
一〇月一五日　ブリュッセルでの左翼運動会議

一九六七年

三月　ロディアセタ社のスト
三月一二日　ブリュッセルでの欧州左翼主義者のグループ会議
三月一八日　ベルリエ社のスト
四月　大学生寮で紛争
秋　CALの設立
一一月　農民と労働者の出会い、ナント市
一一月九日　スフロ通りで学生集会
一二月一一－一三日　カーン市における大学シンポジウム
一二月一七－二七日　ナンテールにおける学生スト
一二月　ナント市における労働者と学生のデモ。学生寮での紛争
一二月一二－一三日　社会保障制度擁護のためにパリで授業をボイコット

一九六八年（五月以前）

一月　カーン市のサヴィエム社でスト
一月八日　ナンテール分校におけるミソッフとコーン＝ベンディットの衝突
一月二六日　ナンテール分校で騒動
二月一四日　ナント大学の紛争
二月一七－一八日　ベルリンでの国際左翼主義者デモ
二月一九－二一日　UNEF主催のベトナム人民支援デー
三月　アミアン市で大学シンポジウム
三月一五日　学生寮生の行動デー（UNEF）
三月一七日　CALの最初の総会
アミアンで大学シンポ
三月一七－二〇日　パリのアメリカ企業に爆弾が仕掛けられる

三月二二日　パリのアメリカン・エキスプレス社を、全国ベトナム委員会の活動家たちが攻撃

三月二三日　ナンテール分校の塔を占拠。「三月二二日運動」創設

三月二八日　ナンテールの授業が四月一日まで延期

三月二九日　ナンテールでの座り込み

四月一一日　ルディ・ドゥチュケが襲撃される

四月一二日　パリでの反スプリンガー・デモ

四月二三日　全国ベトナム委員会事務所が極右組織「オクシダン」によって荒らされる

四月二五日　ナンテールで共産党議員ジュカンが左翼主義学生たちによって集会から追放される

四月二九日　南ベトナム支援戦線の展示会がＵＪＣｍｌによって荒らされる

一九六八年五月

一日水曜日　ＣＧＴ、ＰＣ、ＰＳＵのデモ。共和国広場からバスチーユ広場まで

二日木曜日

午前七時四五分　ソルボンヌ文学部の学生協会事務所で火事

ジョルジュ・ポンピドゥー、イラン訪問へ出発

ナンテール大学理事会で八人の学生を処分騒動。授業が無期限中止

三日金曜日　ソルボンヌ中庭で午前‐午後に集会。警察による排除。カルチエ・ラタンでデモ、授業の中止。学生執行部の設置

四日土曜日　五月三日のデモ参加者の有罪判決。ＭＡＵ活動家たちは六日月曜の午後中デモを呼びかけ

五日日曜日　五月三日のデモ参加者の有罪判決。今度は禁固刑

六日月曜日　大学規律委員会でコーン＝ベンディットを含むナンテールの学生たちの処分

デモ、最初のバリケード

騒動が地方の大学にも波及

七日火曜日　学生運動のリーダーたちが政府とのすべての交渉の前提として三つの条件——拘束された者たちの解放、ソルボンヌの再開校、カルチエ・ラタンからの警察力の撤退——を発表

ダンフェール・ロシュローからエトワールまでのデモ

八日水曜日　学生指導者たちとの秘密交渉の端緒

国民議会で、アラン・ペイルフィットの演説。

九日木曜日

大学人たちの奔走
午後の終りにエドモン・ロスタン広場のワイン卸売市場で騒動なくデモ。解散指令は学生の大半から否定的に受け止められた
アラン・ジェスマールは、「三月二二日運動」の最も急進的な立場に合流
アラン・ペイルフィットが授業再開宣言
ノーベル賞受賞者たちがドゴール将軍に沈静化のための取り組みを求める
西部で要求デー
午後、ロッシュ学長、停止状態の授業を次第に正常化してゆくと告知
ソルボンヌ広場で集会。ジャック・ソヴァージョは警官隊が立ち退いたあとすぐ、ソルボンヌを占拠すると表明
ルイ・アラゴンとの言い争い
ソヴァージュの返答に、アラン・ペイルフィットは、ソルボンヌは平静に戻るまで閉鎖すると表明
ロッシュ学長は、大学規律委員会の開催の無期限延期と金曜日の日中に授業を再開すると表明

一〇日金曜日　デモに関するテレビ番組「パノラマ」が放映禁止
午後四時三〇分　ダンフェール・ロシュロー広場で大学生と高校生の集会。カルチエ・ラタンの占拠
午後九時三〇分　バリケード構築
午後一〇時　ロッシュ学長を介して学生と政府の交渉開始。交渉決裂
午前二時　バリケードへの攻撃
午前五時半　暴動の終焉
一一日土曜日　各労働組合は連帯のため、月曜日のゼネストと、また共和国広場からダンフェールまでのデモを決定
エリゼー宮で多くの会見。ドゴール将軍、アラン・ペイルフィットの和解的提案を受入れ
学生と教授たちは委員会を設置し、学部での集会を始める
午後七時一五分　ジョルジュ・ポンピドゥー、アフガニスタンから帰還
午後九時　ポンピドゥー、エリゼー宮へ
午後一〇時半　ポンピドゥーの演説、学生たちの前提条件

に合意

学生、サンシエ・キャンバス占拠

一二日日曜日　拘束された学生解放

一三日月曜日　控訴院、五月五日に有罪となった人々の仮釈放を命令

二四時間のゼネセト

午後　東駅からダンフェール・ロシュローまで組合による二〇万人のデモ。学生たちはシャン・ド・マルスまで継続。地方でもデモ

学生によるソルボンヌ占拠

一四日火曜日　ドゴール将軍、ルーマニア訪問へ出発。将軍は二四日に、フランス国民に向かって演説することを予告

国民議会での議論。ジョルジュ・ポンピドゥーの演説。FGDSと社会党の会派、内閣不信任案を提出

ナント市のシュッド・アヴィアシオン社で山猫スト

ナンテールでは、ある集会でキャンパスを自主管理学部と宣言

アラン・ペイルフィット、ストラスブール大学が実験的に自律的な大学と宣言することを認可

クリスチャン・フーシェ、不満を漏らしに来た警察組合の代表と会見

一五日水曜日　高校や様々な高等教育機関の占拠

クレオン市ルノー工場の山猫スト

学生によるオデオン座の占拠

一六日木曜日　フラン市ルノー工場の山猫スト

国営放送局の前でのデモ中止

ジョルジュ・ポンピドゥーのラジオ演説

一七日金曜日　ブローニュ゠ビヤンクール・ルノー工場スト

CGTがスト運動の指揮をとる

ミッテランとヴァルデック・ロシェの対話

国営放送の各組合連合がストを決定

夕方になって、学生の隊列がカルチエ・ラタンからブローニュ゠ビヤンクールに向かう

一八日土曜日　ドゴール、ルーマニアから帰還

スト参加者、三百万から六百万人

一九日日曜日　エリゼー宮で会議。ドゴールはソルボンヌとオデオン座を解放させるように指示するも、断念

二〇日月曜日　ＣＦＤＴ－ＵＮＥＦの記者会見
　ＣＡＬによる高校の占拠
二一日火曜日　国民議会における検閲問題の討論始まる
　週末以後、ストの運動が激しく広まる
　コーン＝ベンディット追放命令
二二日水曜日　医師会、建築学会、文学学会事務所の占拠
　内閣不信任案の否決
　有罪になった学生の無罪放免法の投票
　共和国防衛全国委員会の創設
夕方　学生のデモ
夜　コーン＝ベンディットの滞在禁止に対する
　異議申立てのデモ
二三日木曜日　国民投票の計画に関する閣議
　夕方から夜にかけて学生デモ
　一五〇の行動委員会の責任に関する会合
二四日金曜日
午後五時半　リヨン駅の学生デモ、朝六時までバリケード
　の夜（カルチエ・ラタン）が繰り広げられる
午後八時　ドゴール将軍のテレビ演説
　リヨンのデモで、警視が死亡
二五日土曜日　グルネル通りで、社会問題についての団体交
　渉始まる
　フリルーズ軍事キャンプにパラシュート部
　隊到着
二六日日曜日　ドゴール、国民投票が失敗だと確認
　ドゴール将軍、クーヴ・ド・ミュルヴィルと
　会い、首相への昇格を示唆
　国営セクターの労働問題についての交渉始
　まる
二七日月曜日
午前七時一五分　グルネルの合意文書成立
午前八時三〇分　ブローニュ＝ビヤンクール・ルノー工場
　はグルネル合意を拒否
午後　閣議は国民投票の計画を承認
午後五時半　シャルレッティ競技場で集会の形で許可さ
　れたデモ。ピエール・マンデス・フランス、
　集会に参加、発言は拒否
午後六時　フランソワ・ミッテランとヴァルデック・ロ
　シェの対話
二八日火曜日
午前一一時　フランソワ・ミッテランの記者会見。権力の
　空席ができれば、大統領へ立候補すると表

明。マンデス・フランスが指揮することになるかもしれない管理運営のための臨時内閣を提案

午後四時　ヴァルデック・ロシェの声明。共産主義者の参加する政府を提案するが、新たな「救いの神」には反対を表明

午後五時四五分　FGDSとPCの交渉

午後九時　ジョルジュ・ポンピドゥー、エリゼー宮へ

二九日水曜日

午前九時半　一〇時の閣議が延期

午前一〇時　ドゴール将軍、ボアシウー将軍と会見

午前一一時一五分　イッシー＝レ＝ムリノー・ヘリポートへ

ドゴール将軍、出発、ヘリコプターで東部へ

午後すぐ　ドゴール将軍、バーデン＝バーデンに到着

首相、ドゴールの失踪を確認

午後二時半　首相官邸で政治会談

午後三時から八時　CGTのデモ、バスチーユ広場からサン・ナザール駅

午後四時　ポンピドゥー、航空監視局によってドゴールがバーデンに行ったことを知る

午後　UDRとRIが五月三〇日にデモをすると

午後四時半　発表、ドゴール将軍へ上奏公表

午後六時半　ユージェーヌ・デカンの記者会見、ピエール・マンデス・フランスへのCFDTの支持を表明

ドゴール将軍、コロンベイに帰還。ドゴール、ポンピドゥーへ電話

午後九時半　ピエール・マンデス・フランスの声明

三〇日木曜日

午前一一時　ヴァレリー・ジスカール・デスタンの声明

午後〇時二五分　ドゴール将軍、エリゼー宮へ帰還

午後二時半　ポンピドゥー、議会解散をドゴール将軍へ説得

午後三時　閣議

午後四時半　ラジオ放送によるドゴール将軍の演説

午後五時半　ジャック・シャバン＝デルマス、国民議会の解散を代議員に告知

午後六時から八時　シャンゼリゼ大通りにて、ドゴール支持のデモ

三一日金曜日　内閣改造

組合交渉、より活発になる

地方でもドゴール支持デモ

パリでの自動車のガソリン配給、正常に戻る

## 一九六八年六月

一日土曜日　ＵＮＥＦのモンパルナスでのデモ。「選挙は裏切りだ！」

三日月曜日　軍隊によって占拠された国営放送局の技術的復旧

四日火曜日　青年ドゴール派のデモ、シャイヨー宮からモンパルナスへ

七日金曜日　ミッシェル・ドロワによるドゴール将軍のテレビ対談

一〇日月曜日　ソショーでのデモで一人の死者。ジル・トータンのフラン市での水死。選挙戦の開始

一一日火曜日　ジル・トータン死後のデモ、三回目のバリケードの夜

一二日水曜日　左翼組織の解散命令。選挙戦期間のデモ禁止

一四日金曜日　オデオン座、占拠者たちの排除

一五日土曜日　政府転覆容疑のサラン将軍と他の有罪者の特赦

一六日日曜日　ソルボンヌで占拠者たちを排除

一七日月曜日　ルノー工場の操業再開。他でも再開は一般化

二三日日曜日　総選挙の第一回投票。ＵＤＲが伸び、左翼は後退

三〇日日曜日　第二回投票、ドゴール派の大勝

# 略称一覧

CAL［comités d'action lycéens］
とくにモーリス・ナジュマンとミッシェル・レカナティによって推進された高校生行動委員会

CFTC［Confédération française des travailleurs chrétiens］
フランス・キリスト教労働者連合

CFDT［Confédération française démocratique du travail］
ユージェーヌ・デカンに指導されたフランス民主労働連合

CGC［Confédération générale des cadres］
管理職総連合

CGT［Confédération générale du travail］
労働総連合。ジョルジュ・セギーとアンリ・クラズキが指導者

CIR［Convention des institutions républicaines］
共和制度会議

CLER［Comité de liaison des étudiants révolutionnaires］
革命的学生連絡委員会。ランベール派のトロツキスト学生組織で、一九六八年四月にFERとなった

CNI［Centre national des indépendants et paysans］
独立派と農民のナショナル・センター

CNPF［Conseil national du patronat français］
フランス経営者全国評議会

CRS［compagnie républicaine de sécurité］
フランス共和国保安機動隊

DST［Direction de la surveillance du territoire］
国土監視局

ENA［Ecole nationale d'administration］
フランス国立行政学院

ESU［Etudiants socialistes unifiés］
統一社会主義学生連盟

FEN［Fédération de l'Education nationale］
全国教職員組合連合。国民教育省の大きな教職員組合の総連合。SNI（社会党系）とSNES（共産党系）

FER［Fédération des étudiants révolutionnaires］（CLERを参照）
革命的学生連合

FGDS［Fédération de la gauche démocrate et socialiste］
フランソワ・ミッテランによって率いられた社会主義者と急進派をまとめた民主社会主義左翼連盟

FGEL［Fédération générale des étudiants en lettres］
文科系学生総連合

FNSEA［Fédération nationale des syndicats d'exploitants agricoles］
フランス農業団体連合会

FO［Force ouvrière］
「労働者の力」という名の労働組合。アンドレ・ベルジュロン書記長。CGTの改革派が独立してできた

JCR［Jeunesse communiste révolutionnaire］
革命的共産主義者青年同盟、フランク派のトロツキスト

（第四インターナショナル）の学生組織。クリヴィーヌ、ベンサイド、ウェベール

MAU[Mouvement d'action universitaire]
大学行動運動。ブリース・ラロンド、ジャン＝マルセル・ブーグローなど

OAS[Organisation armée secrète]
秘密軍事組織（アルジェリア戦争時）

OCI[Organisation communiste internationaliste]
国際派共産主義者組織、フランスのトロツキストの組織

ORTF[Office de radio et télévision française]
フランス国営ラジオ・テレビ放送局

PCF[Parti communiste français]
フランス共産党

PCMLF[Parti communiste marxiste-léniniste de France]
フランス・マルクス－レーニン主義共産党。ジャック・ジュルケのオーソドックスで親中国的な小さな政党

PCUS[Parti communiste d'Union soviétique]
ソビエト連邦共産党

PDM[Progrès et démocratie moderne]
発展と近代的民主主義。ジャック・デュアメルによって推進された野党中道派のグループ

PME[Petites et moyennes entreprises]
中小企業

PSU[Parti socialiste unifié]
統一社会党。ミッシェル・ロカール

RI[Républicains indépendants]
独立共和主義者同盟

SDS[Sozialistisher Deutscher Studentenbund]
ドイツ社会主義学生連合

SFIO[Section française de l'Internationale ouvrière]
労働者インターナショナル・フランス支部。書記長はギー・モレ

SGEN[Syndicat général de l'Éducation nationale]
国民教育省教職員組合。CFDT寄りの教職員組合

SMIG[salaire minimum interprofessionnel garanti]
職業間最低保障賃金。これがSMIC(salaire minimum interprofessionnel de croissance：職業間成長最低賃金）に置き換えられる

SNECMA[Société nationale d'études et de construction de moteurs d'aviation]
航空機エンジン研究製造国営会社

SNES[Syndicat national de l'enseignement secondaire]
全国中等教育教職員組合。仏共産党の影響が強い

SNE-Sup[Syndicat national de l'enseignement supérieur]
全国高等教育教職員組合。書記長はアラン・ジェスマール

SNI[Syndicat national des instituteurs]
全国中小学校教職員組合。社会党の傾向

SNJ[Syndicat national des journalistes]
全国記者組合

ＵＤ－Ｖｅ〔Union des démocrates pour la $V^e$ République〕
第五共和制のための民主主義者連合
ＵＤＲ〔Union pour la défense de la République〕
共和国防衛連合（五月のあと、ＵＤ－Ｖｅと交代する）。
ドゴール主義政党
ＵＥＣ〔Union des étudiants communistes〕
共産主義学生連合
ＵＪＣｍｌ〔Union des jeunesses communistes marxistes-léninistes〕
マルクス－レーニン主義共産主義者青年連合。ＵＪも同じ。ロベール・リナールに率いられたアルチュセール派で親中国派
ＵＮＥＦ〔Union nationale des étudiants de France〕
フランス学生全国連合。副会長はジャック・ソヴァージョ（六八年四月から会長不在）
ＵＮＲ〔Union pour la Nouvelle République〕
新共和国のための連合

訳者あとがき

# 〈六八年五月〉という突風はやまない

本書は、スイユ社のポケット版シリーズ〈ポワン〉で刊行されたローラン・ジョフラン著*Mai 68 : Une histoire du mouvement*の全訳である。初版は一九八八年に出たが、二〇〇八年にも重版され、新たな序文が加えられた。訳書は二〇〇八年版をもとにしている。

本書は、〈六八年五月〉の出来事をクロニクルの体裁で記述したものであり、日を追って展開する事態の推移を理解しやすく、「五月革命」と言われたこの出来事の全体像に迫るためには格好の入門書となっている。本書が〈六八年五月〉のすべての側面を網羅しているわけではないが、幅広い読者を対象に、出来事の推移を日ごとに追いながら、事象の全体を浮かび上がらせている。

物足りないと言えば、当時の左翼政党や新左翼の様々な思想的展開については、現象を追跡し記述したに留まっているし、彼らの政治的立場とその主張は何だったのかは詳細に明記されていない。また労働運動の大きな流れを俯瞰するような見方を与えてくれるわけではない。その他、都市文化礼賛＝消費文化や生産主義に抗した若者たちのうねり、ヒッピー的平和主義や菜食主義、有機農業運動など、「自然に還れ！」と主張した潮流を汲んだ、幅広い意味での環境派の思想（元々の起源はホッブズやルソーなのだろうが）や、フェミニズムの動きについてはほぼ触れられていない。またシチュアシオニスト系の運動についての言及は極めて少なく、ガタリ＝ドゥルーズ系の思想展開の萌芽についてもほとんど述べられてはいない。そうした意味で、この運動に深くコミットした側からみれば、読後の不満が残る。

だが、何はともあれ、本書によって、この歴史的出来事の全体像やその社会的、文化的背景、端的に言ってあの時代の空気は浮かび上がってくる。そして出来事を決定的にするのは、まさにこの「時代の空気」に他ならない。

〈六八年五月〉の事象が「とらえがたい」側面を多く含んでいたとするなら、その一つは、戦後のベビーブーム世代が社会の中でとったあらゆる行動が大胆不敵で、既成の政治運動を大きく凌駕する現象だったからだ。この現象は、言うまでもなく第二次世界大戦後の最も大きな社会変化であり、この世代は、政治的潮流を変えようとしたばかりではなく、文化的様相も大きく変化させたのだ。また当時の政治家たちの挙動の一つ一つに、当時のフランス政治の内幕が伺えて興味深いし、ドゴールの「バーデン・バーデン逃避行」は、いまだに真実のすべてが解明されていない故に、事件の中の事件といってよい、本書のもう一つの山場となっている。

パリ〈六八年五月〉の発端の一つがナンテール分校の女子寮を訪問する権利を男子学生が獲得することだったということ。つまり風紀の問題がフランスの革命的学生運動の出発点だったこと自体が、日本の学生運動と比べるなら、大きな相違点である。また多くのスローガンが書かれたが、その中には名言も多いし、詩的なものもある。時代を超えて残りえるものもあるだろう。

世界で同時多発的に見られたこの時代の若者たちの反抗には、たしかに共通項も多いが、日仏の運動を比較する場合、歴史的文脈や政治的背景は大きく異なっているのだから、単純な比較は意味をなさない。日本では、産学協同が批判され、大学解体が叫ばれ、戦後民主主義への批判があったのに対し、フランスでは、従来の因習的な社会的枠組み全体の撤廃を目指すものであったし、政治的には植民地主義／帝国主義批判からはじまり、成長主義／生産第一主義への批判が自然への回帰に呼応していた。この運動を分析するには、フランスの社会、政治状況とその歴史的過程の特異な諸相を見極める必要があるだろう。フランスにおいては、戦後すぐ始まったインドシナやアルジェリアでの植民地戦争の影響が地下水脈のように継続していたからであり、ベトナム和平会談は、当時パリで行なわれていたからだ。

フランスでは〈六八年〉は戦後の時代展開の結節点となっているから、十年を経るごとに毎回〈六八年〉関連のシンポが開催され、多くの著者によって、無数の本が出版され続けているし、〈六八年五月〉は時代を語る際のキーワードとなっている。〈六八年五月〉の出来事そのものだけではなく、事後の影響がどのようなものであったかについても、掘り下げた考察をすべきなのだろう。たとえば、米国のクリスティン・ロスもその著書『68年5月とその後』(二〇一四年、航思社)で、〈六八年〉の出来事が支配階級とその知識人たちによってどのように語られ、その集団的記憶がどのように忘却され、どのように抹殺されようとしてきたかを、〈六八年以後〉にも焦点を当てて的確に分析しているように、結節点とその後の動きを検証することが要請されている。というのも、この六八年を境に、今日まで続く消費社会と個人主義、そして何よりもリベラル資本主義の浸透が決定的になったという事実が厳然としてあるからである。

その意味で、〈六八年五月〉のヒーロー、ダニエル・コーン゠ベンディットのその後の紆余曲折を追ってみることは、現代という時代の複雑さと困難さを理解する上でも、無意味ではあるまい。

ダニエル・コーン゠ベンディットは、六八年五月当時、兄ガブリエルの思想に感化されつつ、アナーキズムや無政府主義的共産主義を渡り歩いていたことは本書の中でも触れられているが、〈五月〉後もしばらく、この政治潮流の中にいた。コーン゠ベンディットは〈六八年〉後、ドイツ国籍を選択し、ドイツに拠点を移している。そしてフランス政府は彼に対する国外追放措置を七八年まで解かなかった(蛇足だが、彼がフランス国籍を認められたのは、今年の五月だ)。その間、彼はフランクフルトで、保育士、書店員など、転々と職業を変えながら、アナーキスト系の活動家たちと交流を重ね、この間に、後にドイツ緑の党の重鎮となったヨシュカ・フィッシャーと出会う。一九八四年に緑の党に加盟、フランクフルト市議会議員に立候補して市議となり、副市長を務めた。そして、彼はヨーロッパ連盟主義を鮮明にし、欧州議員となり、緑の党の欧州でのネットワークを強化し、「フランス緑の党゠ヨーロッパ・エコロジー」を結成させた。ジョゼ・ボヴェや、ノルウェー出身で金融事件の取り締まりに成果を上げた、仏・ノルウェー両国籍の検事エヴァ・ジョリーなども仲間に加えた。彼の政治的立ち位置は、社会民主主義に近く、議会制民主主義、市場経済を否定せず、改良主義的に欧州を政治統合することである。そのため、欧州憲章の投票でもウイを投じ、ユーロ統一を支持した。この憲章は、言うまでもなく市場の自由競争を肯定するもので、その点では保守リベラルと変わりがない。一定の民営化にも賛成した。ある意味で、彼は議会民主主義の中で可能と思われるリアル・ポリティクスを遂行することを選択したとも言えるのだが、またこの選択は、一部のエコロジストたちとの離反を引き起こした。また脱成長派からは、ペテン師と揶揄されたモリエールの戯曲の主人公をもじって「エコ・タルチュフ」と呼ばれたりした。それは、市場の自由競争、成長主義が惑星規模の環境破壊をさらに悪化させているという視点から見ると、うまく偽装されたマーケティング戦略、つまり「カナダ・ドライ」のようなものとしか映らない。たしかに、〈六八年〉のアクターたちの主流は、既成の共産主義には戻らなかったものの、個人主義、自由主義的な社会改良路線に回帰してしまったように見える。

この社会民主主義的路線の駄目さ加減は、今日のフランス社会党がよく体現している。経済的には、市場原理を肯定していく限り、ほぼ間違いなく、ネオ・リベラルの財界・産業界に足をすくわれるところに行き着いているのである。この経済の「リベラル」は、政治の「自由主義」とは異次元のものだ。だから、環境問題にもブレーキがかからずに、企業側の都合の良いように流されてしまっているのが現状である。このような展開／変節／転向は、環境派の流れの内側にも散見される。環境大臣にもなったブリース・ラロンドが好例である。彼はコーン゠ベンディット以上にあきらかに右傾化して、シラク政権と協働した。あるいは、〈六八年〉とは直接関係ないが、ガイア論の科学者、未来学者のジェームス・ラブロックでさえ、地球温暖化を心配するあまり、地球を救うには原子力の推進以外にないという倒錯した立場を取るに至っている。実現可能な政治路線を追い求めすぎると、現状との妥協を余儀なくされるといういつものジレンマに落ち込むのである。

本書のエピローグについて、一言だけ触れておきたい。これは二〇年後に書かれた〈六八年〉に対する著者ジョフランの総括と言えるものだが、実際、こうして読み直してみると、後三年で事件から半世紀経とうとしている現在の時間の中で、もう一度立ち止まって考えなくてはならない問題点が露出して来る。とりわけ、ソ連崩壊後三〇年の、急激で加速度的変化は、著者の総括を、様々な点において、無効にしてしまうほど強烈な変化だと思われる。たとえば、二〇年後においては、著者が好んで引用するトクヴィル的解釈――歴史は段々と社会的差異の消去へと向かい、少しずつすべての市民を共同の運命に引き戻しつつ、平等に向かって不可避的に進み行く――とする観点はまだ意味を持ち得ていたが、今日ではほぼ無効になってしまったように感じられる。現実は、むしろ正反対ではないか。現状は「社会的格差をますますはっきりさせ、特定の市民が莫大に利益を享受し、すべての市民が、運命の共同性に向かうどころか、不平等に向かって不可避的に進み行く」と、言い直さなければならないだろう。人間社会の不平等が強まる中で、人類の存続そのものを決定的に危うくする環境破壊を人類自身が作り出しているのではないだろうか。IT革命は、見かけの平等性（誰もがコンピュータ、ネット、フェイスブックなどを使いこなす）の陰で、平等とはほど遠い今日の自己矛盾に満ちた状況（格差、不平等、収奪、ネオコロニアル、戦争の蔓延など）をますます助長しているように思える。

それゆえ、このエピローグに対しては、時間の収縮と伸展の中で加速度的に変化する時代について、新たな視座からの批判が要請されているのだ。

ところで、日本でも二〇〇六年前後から、日本の〈六八年〉に関連する書籍が少なからず出版された。この頃から、新旧世代による再読が試みられているのはさいわいだ。日本では、長い間、この出来事を否定／肯定する以前に、むしろ隠蔽してきたのではなかったか。ポスト六八年において、新左翼党派間での激しい暴力連鎖として現れた過去には、左翼もなかなか触れたがらない。事実の隠蔽と否認。この傾向は、戦後、連綿と続いている。戦争責任／戦後責任、天皇制、重大案件として今日再び沸騰している日本軍「慰安婦」問題しかりである。このような否認は必ずしも日本だけの固有の傾向とは言えないが、戦後、戦争責任を自らの手で清算できなかった日本は、もう一度、歴史的事実と真摯に向き合うしかないだろう。

さてここでは、極私的なアングルから、当時を振り返りつつ、私自身の中で〈六八年〉の問題意識がときには断絶しながらも、どのように継続しているのかを整理してみよう。

私が本書を訳出することに決めたのは、畏友鵜飼哲の提案に端を発するが、私自身が最年少とはいえ、〈六八年〉世代の末端に属し、そこに世代的責任の一端を感じつつ、何よりも私自身があの時代の問題意識を、福島原発大震災後の今日に至るまで、いまだに引きずり続けているせいなのである。

日本でも同じように六八年から七〇年安保に向かって大きな激動が起こった当時、たいした知識も政治意識もなかった一九歳の私が、どの党派に属することなく、ノンセクト・ラディカルとして行動した一年半程度の学生運動を体験した過程で、その運動の限界を感じ、運動も学業も放り出して、七〇年夏にフランスに遊学に来てしまった。フランスの〈六八年〉の激動については、当時の私自身はほとんど無知に等しかった。年子の兄や、年長の活動家たちが神田での「カルチエ・ラタン闘争」の戦略を語っていたとき、パリの出来事を小耳にし、何となくカッコイイと思った程度で、カルチエ・ラタンがどういう場所か知らなかったし、ましてやその闘争の激しささえ知る由もなかった。フランスに来てから、何年か経った後に、幾つかの関連書物やドキュメンタリー映画などを見てから認識を新たにしたといったほうがいい。そして、〈六八年〉の重要性を再認識するようになるのも、〈六八年〉後に続く様々な出来事に遭遇することによってであった。

だが、思い起こしてみると、あの時代、一陣の突風のように過ぎ去っていった巨大な動きは一体何だったのだろうか。あの時代の胸が焼けつくような想い、パッシオンと思考がとぐろを巻きながらねじれて弾けるような衝動が突風のように吹き抜けていく、といった感覚、そして思考するよりはからだが走ってしまう自己矛盾に似た感情をどう規定すればよかったのだろうか。思えば、当時フツーの高校生にすぎなかった私は、やっと人種差別問題にいくらか覚醒し、学園祭でK・K・Kの仮装行列を行なったくらいで、日韓条約や米国がトンキン湾事件をきっかけにベトナムに介入して北爆を行なったというニュースがおぼろげに記憶に残っている程度だ。知識も教養も不十分な当時の私が、大学に入るや、いきなり大人の政治的感性が要請される別世界に紛れ込み、七〇年安保闘争を控えた大きな政治潮流の中に飛び込むことになってしまった。当初の私は、上級生たちが朗々と政治思想を語る（ように見えた）のを、唖然として聞いていた。マルクスの著書も社会思想の本もほとんど読んだことさえなかった私には晴天の霹靂であった。それがいきなり、学費値上げ反対闘争だの、七〇年安保条約更新反対だのというイッシューが出てきて、折しも、ベトナム戦争反対や三里塚闘争もピークを迎えていた。高校時代までの私がいかに政治に無意識で現代史に無知であったか、そのことに愕然とした。また高校までの歴史教育で、現代史がひどく疎かにされていたことを再認識した。瞬く間に、政治思想や社会思想の中にどっぷり浸かっていくことになるのである。

当時、私が通っていた武蔵野美術大学では、開校以来初めてのバリケードストライキが行なわれた。闘争中の大学自治会の会合での締めくくりは、いつも「インターナショナル」を歌っておしまいになる。歌は覚えたものの、その起源がパリ・コミューンにあるとは当時知る由もなかった。大学の活動家集団の間で、まったくの初心者にとっては、すべてが驚くことばかりだった。大学の運動組織による合宿があると、マルクスの『経済学・哲学草稿』や『ヘーゲル法哲学批判』、あるいは『マルクス・エンゲルス選集』やルカーチの断章を読む勉強会や合宿が行なわれた。最初は難解だったが、読んでいる間、草稿を書いたマルクスがたったの二十六歳で、人間の人間による疎外を看破していたことにいっそう驚いた。あの有名な「……疎外された労働は、人間から……」に始まる箇所だ。人間の人間による〈疎外〉という言葉が、今でも忘れることのない最初の政治哲学の言葉としてたち現われる。

そのうち、様々な政治思想や状況が少しわかり始めると、今度は、それらの政治思想を吹聴している学生運動家たちの生活の現実感と、政治理念を理解しようとする思考とが乖離しているのに気がついた。おそらく、そこにこそ、当時の学生活動家たちの教条的な思考の硬直さの理由があり、それは彼らの言語表現の貧困さとなって現れていたに違いない。

ストライキ中には、私の大学でも解放区よろしく、様々な講師を迎えて、自主講座なるものが開かれた。その講師の中には、当時はまだ新進の詩人吉本隆明がいた。自主講座で聞いた彼の話は、口べタな語り口で、当時の私には難解すぎて、よくわからなかった。彼の代表作『共同幻想論』も途中まで読んで投げ出してしまったから、彼の信奉者にはならなかった。蛇足だが、その後、ほとんど吉本の動きをフォローしておらず、時折、日本から聞こえて来るこの日本の「戦後最大の思想家」の音沙汰を耳にする程度だったが、3・11以前から原発推進派だった吉本の、亡くなる少し前に福島原発事故について語った言葉「……発達してしまった科学を後戻りさせるという選択はあり得ない。それは、人類をやめろ、というのと同じです」には、まったくあきれ果ててしまった。これが日本の「大思想家」なのか、これが全共闘運動に多大な影響を与えた思想家の言葉なのかとわが耳を疑った。この「偉大な思想家」は原発の多くの点に無知で、科学と技術を混同し、自然放射線と人工放射線を混同している。またチェルノブイリでも、それ以前の核過酷事故でもどれほどの人々が放射能の犠牲になったのかもよく知らないらしい。

それはさておき、私は一九七〇年春に渡仏し（以来今日まで、パリ首都圏に定住しているわけだが）、秋から私が入学したパリ国立美術学校（日本の芸術大学に相等）では、学校側といがみ合った学生運動の活動家たち——とりわけ建築科の学生——がまだ活動していたし、美術学校周辺で機動隊と学生たちがイタチごっこをするような事態が頻繁に発生していた。その後、マルヴィルでの高速増殖炉反対闘争（七七年）やラルザックの反基地闘争（七三－八三年）、プロゴフ原発建設反対運動（八〇年）を知るにつけ、それらの運動に〈六八年〉世代の多くが関与していることを知った。〈六八年〉世代というのはむろん、パリだけの話ではない。フランス全国にいるのだ。

チェルノブイリ事故があった八六年、人類が惑星規模の事故を起こしてしまったことに私は慄然とした。そして、それは私の価値観に決定的な衝撃を与えた。それから日仏の反原発運動の様々な活動家たち、環境派の人たちと出会うことになった。古株の活動家たちは、〈六八年〉を経験した、ほぼ私と同世代の人たちだった。また二〇〇一年に出版した『ゲランドの塩物語』（岩波新書）の取材過程（九五－九八年）で、塩田の再興と組合設立運動にも、六八年世代の関与がなければ、今日の「ゲランド塩」の世界的名声はありえなかったことを知った。

二〇〇〇年をすぎて、私はようやくパレスチナを二回訪れた。そのとき、当時の「日本赤軍」の闘士たちが、英雄のように現地で扱われているのを知って驚いた。私はパレスチナのオリーヴ・オイルをフェアトレードで日本に輸入して生協で販売し、パレスチナの農民を支援するという計画を抱えてでかけたのだったが、緊迫した戦時下のような場を体験したことから、改めて中東史を播く機会になった。それからしばらくはパレスチナ支援運動の中で私は多くを学び、他者を認識することの困難さを最も象徴的に示しているこの地の問題を、他人事とすることがもはやできなくなった。また同時並行して日本軍「慰安婦」問題にも取り組んだ。果たされていない日本の戦後責任に、個人としても関与の仕方がありうるのではないかと思ったからである。

現在は、原発事故／核の問題に集中して取り組んでいる。福島以前から、そして福島以降はいっそう集中してこの人類の文明的な課題に向き合っている。最初の政治用語に話を戻せば、技術が根底的に人間を〈疎外〉しているのが、核の問題であり、経済優先が人間を〈疎外〉しているのが、福島原発事故の被災者たちの現状である。

足早に私自身の過去を振り返ってみたが、福島原発事故が継続する現在において、当時の大学運動では、核がまったく問題にならなかったこと、安保条約を語っても核の問題が、天皇制と同じようにすっぽり抜け落ちていたことに、今更ながら唖然とするばかりである。たとえば二〇〇一年に出版された『この百年の課題』（朝日選書）でも、核は主題の一つともならなかった。だが、日米安保条約、日米地位協定、日米原子力協定が、そもそも日本の戦後の植民地的状況とそこから脱し切れていない現状、広島・長崎で原爆に懲りたはずの日本に五四基も原発が立てられた経緯を規定しており、なおかつ、米国の主導する国際原子力マフィアによって強力に日本が支配されている事態については、あいかわらず多くの人々が無関心のままだ。福島原発事故は、これらの点をふまえて、チェルノブイリを問い返し、また広島・長崎まで遡及し、核開発の起源から再審することを私たちに課しているのである。また震災と津波で被災した地域は、新たな産業戦略特区という、本来の農業を根こそぎにしかねないネオ・リベラルな政策の脅威にさらされている。

どの問題の底辺にもいつも同じ問いかけが潜んでいる。ますます混迷を深める福島事故後の状況の中でも私の中に、六八年当時の初源的な問いかけがますます強く響いている。「人間とは何か?」「人間はどこに行こうとしているのか?」と。

最後に、翻訳を職業としない私の訳文の前半を綿密に読んで点検してくれた畏友木下誠、多忙の中、後半をチェックしてくれた榎本譲、新郷啓子諸氏にこの場を借りて、厚く謝意を表したい。インスクリプトの丸山哲郎氏にも同様の感謝を表したい。もし本書が、多少とも読やすいものになっているとすれば、これらの友たちのおかげである。

また長期にわたった翻訳作業に協力してくれた妻エリアンヌにも謝意を捧げたい。

パリにて
2015・5・26
コリン・コバヤシ

カバー写真：1968年5月6日、放水砲を浴びせるCRSと学生の衝突

photo credit
book jacket：Fondation Gilles CARON/ Getty Images
p. 81：Fondation Gilles CARON/ Getty Images
p. 96：GERARD-AIME/ Getty Images
p. 134–135：Keystone-France/ Getty Images

【著者】

Laurent Joffrin（ローラン・ジョフラン：本名ローラン＝アンドレ＝マリ＝ポール・ムシャール）
1952年ヴァンセンヌに，フランソワ・ボーヴァル出版社の社主ジャン・ムシャールの息子として生まれる．父は極右政党『国民戦線』の献金集めに十数年奔走し，ジャン＝マリ・ルペンと親しい極右思想の持ち主だった．政治高等学院で経済を学んだ後，パリ・ジャーナリスト養成センターを卒業．1977年，フランス・プレス通信社（AFP）を皮切りにジャーナリズムに専念．運動から距離をとる．80年代，『リベラシオン』編集長だったセルジュ・ジュリーは1980年にジョフランをリベラル路線に導くために採用し，経済部を設置．その後社会部配属となり，編集委員となって，セルジュ・ダネイ，アレクサンドル・アドレールなどと論評欄を担当した後，『リベラシオン』紙と『ヌーヴェル・オブセルヴァトゥール』誌の編集長として二つのプレスの間を往還する．88年－96年，月刊誌『ヌーヴェル・オブセルヴァトゥール』誌編集長．96－99年，『リベラシオン』紙編集長．99－2006年，『ヌーヴェル・オブセルヴァトゥール』誌編集長．06年－11年，ロスチルドが主要株主となった『リベラシオン』紙発行人．2011年，『ヌーヴェル・オブセルヴァトゥール』誌編集長．2014年3月，編集長を辞職．2014年から現在まで，『リベラシオン』紙編集長をジョアン・ユフナジェルと二人三脚で担当．同時にラジオ放送『フランス・アンテール』の番組「ポワン」の時評欄を担当．また文化番組「ディアゴナル」の制作者．ラジオ，テレビにもしばしば登場する．運動経験としては，68年当時，高校の行動委員会委員．71年，仏社会党に入党，社会主義青年運動の事務局長として牽引．リオネル・ジョスパン，ベルトラン・ドラノエらと親しく，仏社会党のシンクタンクCERESに接近．ジャン＝ピエール・シュヴェヌマン，アラン・ゴメスらと協働．レジス・ドブレ，マックス・ギャロもいた政治クラブPhares et Balises，またリベラル－大西洋主義のサン・シモン財団の会員だったときもある．
主著に，本書の他，*La Gauche en voie de disparition* (Seuil, 1984.『絶滅過程の左翼』)，*Les Batailles de Napoléon* (Seuil, 2000.『ナポレオンの戦い』)，*Le Gouvernement invisible* ( Arléa, 2001.『不可視の政府』)，*Le Grand complot* (Robert Laffont, 2013.『偉大なる陰謀』）などがある．

【訳者】

コリン・コバヤシ（本名：小林實）
1949年東京生まれ．美術家，ライター，フリージャーナリスト．信州出身の両親を持ち，幼少時代から信州の山岳や自然，農業に親しむ．1969年，武蔵野美術大学のバリケード・ストを経験．翌年同大短期学部を中退して7月渡仏．以降，現在までパリ首都圏定住．1970－74年，パリ国立美術学校で学ぶ．86年以後，制作活動と平行して，美術・社会批評をはじめとする著述・ジャーナリズム活動を開始．さらにマイノリティ，移民，下層労働者，エコロジー，食，農業問題などをテーマに取材を行う．運動関係では，70年代後半からの反核・反原発運動から出発し，グローバリゼーションを横断的な視点から見ることを通し，様々な社会・政治問題に関わる．90年代は，『はんげんぱつ新聞』『情報室通信』にしばしば寄稿．1995－99年，フランスの天日塩ゲランドの塩田再興運動を取材．2000年以降，二度パレスチナへ旅し，パレスチナ民衆支援運動に深く関与．その結果，オルター・トレード・ジャパンを通じてゲランド塩やパレスチナ・オリーブオイルの日本の生協への導入を実現させる．パレスチナ支援運動のほか，日本軍「慰安婦」問題で，有志たちとパリで「ナヌムの家」上映運動を展開．3・11以降，原子力・核を廃絶するために日仏の運動に精力的に関わっている．
著書に『ゲランドの塩物語』（岩波新書，2001年），『国際原子力ロビーの犯罪』（以文社，2013年），編著に『市民のアソシエーション――フランスNPO法100年』（太田出版，2003年），主要訳書にP・ブルデュー＋H・ハーケ『自由交換』（藤原書店，1995年），『パレスチナ市民派遣団議長府防衛戦日記』（太田出版，2002年）がある．

68年5月

ローラン・ジョフラン

訳　者　コリン・コバヤシ

2015年7月10日　初版第1刷発行

発行者　丸山哲郎
装　幀　間村俊一
発行所　株式会社インスクリプト
〒101-0051 東京都千代田区神田神保町1-40
tel: 03-5217-4686　fax: 03-5217-4715
info@inscript.co.jp
http://www.inscript.co.jp

印刷・製本　中央精版印刷株式会社
ISBN978-4-900997-46-2
Printed in Japan